中国少数民族设计全集

The Design Collection of Chinese Ethnic Minorities

景颇族

中国少数民族设计全集编纂委员会 编

山西人民出版社　人民美术出版社

图书在版编目（CIP）数据

中国少数民族设计全集 . 景颇族 / 中国少数民族设计全集编纂委员会编；樊进，樊世东，汤懿著 . —太原：山西人民出版社，2019.10
ISBN 978-7-203-11110-8

Ⅰ . ①中… Ⅱ . ①中… ②樊… ③樊… ④汤… Ⅲ . ①景颇族 – 民族文化 – 研究 – 中国 Ⅳ . ① K28

中国版本图书馆 CIP 数据核字（2019）第 223270 号

中国少数民族设计全集 . 景颇族

编　　者：	中国少数民族设计全集编纂委员会
著　　者：	樊　进　樊世东　汤　懿
责任编辑：	魏　红
复　　审：	刘小玲
终　　审：	阎卫斌
装帧设计：	谢　成

出 版 者：	山西人民出版社　人民美术出版社
地　　址：	太原市建设南路 21 号
邮　　编：	030012
发行营销：	0351 - 4922220　4955996　4956039　4922127（传真）
天猫官网：	https://sxrmcbs.tmall.com　电话：0351 - 4922159
E — mail：	sxskcb@163.com　发行部
	sxskcb@126.com　总编室
网　　址：	www.sxskcb.com

经 销 者：	山西出版传媒集团·山西人民出版社
承 印 者：	山西出版传媒集团·山西新华印业有限公司
开　　本：	889mm×1194mm　1/16
印　　张：	28.75
字　　数：	340 千字
印　　数：	1—1 000 册
版　　次：	2019 年 10 月　第 1 版
印　　次：	2019 年 10 月　第 1 次印刷
书　　号：	ISBN 978-7-203-11110-8
定　　价：	360.00 元

如有印装质量问题请与本社联系调换

中国少数民族设计全集编纂委员会

总 主 编　（按年龄排序）
　　　　　　张夫也　王立端　戴晋明　廖 军　王 琥　李豫闽　过伟敏　顾 平
　　　　　　王 强　李 岗
执行主编　王 琥
编务统筹　张明山

中国少数民族设计全集编辑工作委员会

主　　　任　刘伟冬
编　　　委　（排名不分先后）
　　　　　　王 琥　王 峰　王 强　王立端　王浩滢　白 波　过伟敏　许 星
　　　　　　许边疆　李 岗　李 丽　李豫闽　成光虎　肖 飞　余 强　汪传跃
　　　　　　罗 力　杨明朗　陈 述　陈见东　邱 珂　胡万明　顾 平　郑 静
　　　　　　郭立忠　姬 莹　张夫也　张泽国　张明山　张秋平　张耀引　梁盛平
　　　　　　樊 进　谢 玮　熊 伟　熊 微　熊建新　蔡克中　葛 芳　鞠 斐
　　　　　　魏 洁　廖 军　戴晋明

中国少数民族设计全集出版工作委员会

主　　　任　胡彦威　周 伟
执行主任　姚 军　欧京海
编务统筹　阎卫斌　周小龙
编　　　辑　（排名不分先后）
　　　　　　王新斐　史美珍　冯 昭　冯灵芝　吉 昊　吕绘元　刘小玲　任秀芳
　　　　　　孙 琳　孙宇欣　李广洁　李建业　李 靖　员荣亮　张小芳　张志杰
　　　　　　张书剑　何赵云　陈俞江　吴春华　武 静　周小龙　柳承旭　郝文霞
　　　　　　赵 玉　赵晓丽　席 青　秦继华　高 雷　郭向南　阎卫斌　崔人杰
　　　　　　傅晓红　蔡咏卉　翟丽娟　樊 中　薛正存　魏 红　魏美荣
整体设计　谢 成

中国少数民族设计全集·景颇族

本册著者　樊　进　樊世东　汤　懿　李向前（景颇族）
　　　　　　孙志荣（景颇族）

参与撰写　单芳霞　鞠　斐　林恩迎　张孙晨　刘艳斌
　　　　　　卢慧敏　郑楚俲　乔安琪　赵　顺　孙诗雨
　　　　　　徐德乾　季　艳　王苗露　魏释然　陈圣鋆
　　　　　　徐芷璇　王丽佳　邱丽媛　张一舟　安居盟
　　　　　　孙伟叶　吴佳恒　许晋苏　赵令仪　郭　墙
　　　　　　杨钰群　茅珺玉　李　青　范朝辉

求同存异 和合共荣

刘伟冬

中华民族，是一个由56个民族组成的大家庭。在漫长的文明发展史中，汉族和各少数民族都为中华文明的繁荣发展贡献了自己的聪明才智。纵观中华文明史，其实就是一部各族群之间"求同存异，和合共荣"的文化演进史。

从根子上讲，4000年前的"中国"，仅指北方中原地区，居住在这里的相传是上古时期黄帝部落和炎帝部落的后裔，故而自称"炎黄子孙"。其时的"中国"，不过是黄河中下游（西起陇山，东至泰山）区域。在千年发展与民族融合之后，尤其是晋末"衣冠南渡"，南迁的中原汉族与南方百越民族彻底融合，来自北方的鲜卑等民族融入汉族，使汉族前所未有地壮大发展，逐渐形成后来疆域辽阔、人口众多、物产繁盛、文化昌明的中华民族的主体族群。特别值得强调的是，自从作为一个民族整体之后，中华民族就从未中断过自己的民族发展史——这在世界历史上是硕果仅存、独一无二的。

中华民族具备兼容并蓄、虚心好学的民族天性。仅以设计学范畴的事例讲：在数千年文明发展历史中，中华民族在不断向外输出优秀的文明成果（如烧造之陶瓷砖瓦、营造之榫卯斗拱、织造之丝绸刺绣、锻造之"失蜡"分模等），影响全人类的日

常生活与生产方式的同时，也不断地吸纳域外各民族的优秀文明成果，如汉魏之印度佛教和西域音乐、隋唐之西亚服饰和家具、宋元之东洋印染和漆艺、明清之西洋机器与建筑……在中华民族内部，这样的文化交流更是从未停止过，而且是风生水起、枝繁叶茂，愈发流畅、深入，中华民族各族群之间"求同存异，和合共荣"的文化大演进，共同创造了中华民族极为灿烂辉煌的造物文明历史。仍以设计学范畴为例：原本是匈奴人发明的单足绳圈，被晋代的汉族人设计成铁质双镫；最早是鲜卑人原创的毡毯卷边，被晋代的汉族人改造成"高桥马鞍"，这宗中国式马具设计案例，被誉为"13世纪中国传入欧洲的最重要文化成果"（李约瑟语）。再如，西域（今新疆地区）是全世界最早的皮靴生产地，哈尼族为主的红河地区出现了全世界最早的梯田。再如，全世界最早的"干栏式建筑"和全世界最早的稻米人工育种、栽培，均起源于长江中下游的百越地区；全世界最早的竹藤编结器物起源于闽越地区……由中华民族共同创造、发明，后来又影响了全人类文明进程的优秀造物设计案例很多，不胜枚举。几千年中华民族的文明史，就是各种文化多元融合、共同发展的最好例证。不了解中华民族内部各族群的文明交流史，就无法真正理解中国文化史，也不能理解为什么中华民族总是能在逆境中成长强大。甚至可以说，能否完整地理解中华民族的文化史，是检验每一个当代中国知识分子（特别是文史哲专业的学者）文化立场的"试金石"。

随着改革开放的逐渐深入，各民族地区的经济与社会状态已发生了天翻地覆的变化。令人遗憾和担心的是，由于各地区政策执行力度不平衡，保护措施不得力，少数民族的文化特性正在逐步衰退，有些地区的少数民族文化特征甚至已经消失殆尽，仅仅存在于徒具形式，充满口号、标语的民族文化村旅游景点中。有学者预言，再不加快整理抢救工作，中国的少数民族可能在物质形态和文化内涵的特征上，若干年后将不复存在。

从少数民族地区反映古代中国社会某些面貌的文化遗存看，这些少数民族之所以一直与汉族地区差距巨大，存在多方面的原因，其中历代汉族统治者对少数民族的歧视政策是主要原因。此外这些地区本身就处于偏僻荒地，不是沙漠就是山区，自然条件远不及汉族聚集地区，社会发展水平滞后。20世纪50年代，有相当比例的少数民族在当时仍处于原始农耕社会或奴隶制社会，不要说通电、通水、通汽车，不少人一辈子连铁器长什么样都没见过。部分少数民族聚集地的各种自然条件也较差，缺肥少水，基本生活来源，一靠老天爷恩赐的"望天收"农作物；二靠家庭手工作坊制作些竹藤编结物和土织、土陶等土特产来换取粮食；三靠养猪、兔、羊和鸡、鸭、鹅等家禽来换取日用品，如灯油、农具、衣物和油盐酱醋等；四靠为土司、头人和大户们出卖劳力（社会底层奴隶身份），年老即被抛弃。中华人民共和国成立后，党和政府在这些地区实行社会主义改造，打倒以土司、巫师和头人为首的剥削阶级，将土地和生产资料一律收归集体所有，解放了全体少数民族民众，使他们历史上第一次有了自由劳作和生活的权利。

中华人民共和国成立之初，党和政府就高度关注民族事务问题，为如何保护、关心各少数民族制定了一系列方针、政策，也为当代中国社会处理民族问题、保护民族文化树立了光辉典范。中央人民政府政务院于20世纪50年代初发布了《关于民族事务的几项决定》，为新中国民族政策奠定了最初的思想基础，其主要内容是：一、各大行政区军政委员会（人民政府）须指导各有关

省、市、行署人民政府认真推行民族区域自治及民族民主联合政府的政策和制度，并随时向政务院报告推行经验，请示者须事前向政务院请示。二、各大行政区军政委员会（人民政府）须指导各有关省、市、行署人民政府认真并有计划地实行政务院在1950年颁发的《培养少数民族干部试行方案》，并将该项工作进行情况定期加以检查，每半年向政务院报告一次。中央民族学院及西北、西南、中南各军政委员会和新疆省人民政府的民族学院，必须依计划实行，并向政务院报告。三、政务院于1951年下半年适当时间将同时召开有关少数民族的卫生、教育及贸易三个专业会议，责成政务院文教委员会、中财委指导中央卫生部、教育部、贸易部开始筹备，并责成中央民族事务委员会协助进行。有关部门如农业部、文化部也须派人参加。四、责成中央人民政府各委、部、会、院、署、行注意建立有关民族事务的业务。五、在政务院文教委员会内设民族语言文字研究指导委员会，指导和组织少数民族语言文字的研究工作，帮助尚无文字的民族创立文字，帮助文字不完备的民族逐渐充实其文字。六、扩大中央民族事务委员会委员名额，责成中央民族事务委员会提出补充名单的建议，并于1951年下半年召开中央民族事务委员会扩大会议，检查与总结关于推行民族区域自治及民族民主联合政府的经验。

20世纪50年代，中央人民政府和政务院，曾多次组织"中央慰问团""土改工作队"和"普查工作队"等，花费大量人力和物力，深入各少数民族地区，进行了大量较为翔实的社会历史调查。50年代这轮由政府统筹、由中央民委组织行政领导和人类学、社会学专家学者以及民族同志组成工作队与考察队的少数民族大考察活动，1953年正式启动，1956年结束（个别地区延期至1958年才结束）。直接成果之一，就是为1956年国务院公布的55

个少数民族的正式定名和划分，提供了可靠的依据。

从当时考察的资料看，各少数民族的社会发展水平参差不齐，不少民族呈现类似汉族曾经历过的各种历史发展状况，为我们今天考察、了解并研究过去的历史以及各学术分支问题，提供了绝好的活体范本。比如以"设计发生学"研究为例，以山寨（村落）为主的初级社会组织形态，原始手工业在农耕环境中的地位，原始造物的手工技艺与设备、工具等，都是我们极感兴趣的研究对象。

在西北、西南和东北各少数民族聚集地区，有些古时流传下来的本民族手工造物技术，迄今仍保存良好。其吸收了汉族和其他兄弟民族的技术长处之后演变出来的各时段手工造物技术，则印证了各民族互相融合、取长补短的史实。更有些原始手工艺，特别具有艺术和历史研究价值。以维吾尔族人为例，本世纪初，笔者在新疆喀什城艾格孜艾日克老街看到几样手工艺绝活：其一是整条街的维吾尔族乐器店，除了热瓦普、曼陀林和冬不拉等少数维吾尔族知名乐器外，全是些笔者叫不上名来却似曾相识的弹拨乐器和拉弦乐器，于是从心里认可了"西域古乐成就了中国传统民乐"这句话所言不谬。其二是亲眼所见一个拖着鼻涕的不到10岁的维吾尔族小男孩，拿着电砂轮在铜壶上信手飞快地刻着精美细腻的图案，一不要底稿，二没有图纸，真是佩服得五体投地，也相信了"汉族人长于热铸，西域人长于冷锻"这个说法。其三是在喀什近郊著名的大巴扎"金器一条街"上看见近百家金店生意红火，家家门前毡毯上都围坐着一群金店伙计和顾客，正在热烈讨论、共同设计着花样繁多的未来金饰嫁妆，感受到了"中国传统样式的金银首饰工艺，最富有创意的设计和最先进的工艺制作，原来在维吾尔族人手里"这句大实话。还有，笔者

求同存异　和合共荣

在云南景洪县城集市上，曾亲眼见过景颇族老乡用古老的"焖烧法"烧出的红彤彤的土陶——跟笔者一知半解的仰韶彩陶的烧制工艺几乎一模一样。还有，笔者在大西北甘陕宁各省亲眼所见的回族、保安族、裕固族和东乡族老乡巧手做出的那些花样繁多、样式复杂的面塑造型，真是个个精妙绝伦。这方面的事例实在太多了。

50年代的少数民族地区社会大普查，以及半个多世纪以来社会各界对其丰富而珍贵的考察、研究，意义深远，价值极为重大。这些地区客观上保存的较为完整的、与数千年前中国原始社会最初形态近似的许多社会特征，为我们研究社会的最初形态形成和当时的经济、文化、政治的基本状况以及"设计发生学"的相关课题，提供了珍贵的类型学"活化石"范本，价值非凡。改革开放以来，这些少数民族地区也获得了前所未有的巨大发展，人民生活日新月异；但与此同时，少数民族地区的民族性在不可避免地愈发衰减、退化，甚至消失。如果我们再不采取保护措施，若干年后，各少数民族的许多宝贵民族文化遗产将无法挽救地彻底消亡，这部分同属于全人类精神财富和中华民族集体智慧的宝藏，我们将再也看不到了。

在"设计发生学"问题上，我们一向秉持文化多元论的观点，认为人类文明是全世界人民共同创造的，各国家、地区、民族均做出过大小不一、形态各异的贡献；同理，中华民族的灿烂文明是中国的各族人民共同创造的，每个民族都对中华传统文化做出过贡献，也都应当得到尊敬和肯定。中国的各少数民族在中华文明漫长的演化过程中，都曾经以自己独特而充满智慧的文明成果，补充、完善甚至改良着中华文明。比如，古代西域的龟兹古国各民族创造或引自西亚的弹拨乐器和拉弦乐器以及音律、曲

式，彻底改造了中国古代音乐，新创作出代表中国古乐精髓的江南丝竹；南疆的维吾尔族和北疆的哈萨克、塔塔尔、塔吉克等族首创了制革术，并引进古波斯革皮书籍装帧术和制靴术、制毡术、毛衣编结术；海南岛的黎族率先种植棉花并纺织棉布，传入内地后棉织业逐渐形成中国古代手工行业的"天下第一营生"……保护少数民族的民族文化特性，就是保护我们的历史遗产，就是传承我们的文明。我们应进一步发扬文化兼容的优良传统，把振兴中华的百年民族复兴梦，逐步落实为将大中华建设成为中国各民族共同拥有的美好家园。

由上千名来自全国各高等艺术院校的教授、研究生组成的55支团队参与编撰的《中国少数民族设计全集》（55卷），正是有识之士基于对各少数民族的民族文化特性正在快速衰减、消亡的严重现实问题的深切忧虑而进行的抢救、发掘、整理中国少数民族文化遗产的重要文化工程。经过两年精心筹划，六年努力写作，在国家出版基金管理部门的支持下，在山西人民出版社和人民美术出版社的策划和组织下，目前《中国少数民族设计全集》的书稿编撰工作已基本完成，即将付梓。在长达八年的漫长过程中，全国兄弟院校各团队涌现出的各种可歌可泣的事迹经常感动着笔者，并不时鞭策着全体作者克服千难万险，一路向前。有的分卷作者身患绝症仍不眠不休地忘我工作，有的分卷作者遭遇各种意外仍坚持工作。特别是，很多民族同志公而忘私、不计较个人得失，有人不惜将自己赚钱的企业关张歇业，全身心地投入各自所负责分卷的繁重编撰工作中；有人义无反顾地将自己珍藏多年的本民族实物、资料和研究成果无偿提供给相关分卷作者。大家万众一心，克服各种复杂得难以想象的困难，以确保这部凝聚了众人八年心血的巨著，能按计划如期完成。借此机会，笔者谨

代表本丛书编委会全体成员，向领导、编辑和作者们表示衷心的感谢！

　　作为一项文化创举，笔者深信《中国少数民族设计全集》必将在未来岁月的长期检验中，愈发显现其非凡的、独特的文化价值。

2017年夏季于南京

前言

　　景颇族历史上是一个高山民族，仅在云南就有千余年的历史，其经历了复杂而曲折的迁徙，同时又融合了同源异流式和异源同流式的发展史。现在以云南省德宏傣族景颇族自治州为主要聚居区，2010年时人口达到14.78万，主要分布在德宏州的盈江、陇川、潞西、瑞丽、梁河等5县的山区。此地群山缭绕，与缅甸接壤，国境线长达544千米。本书即以此区域为主要考察范围。从景颇族传统建筑、传统服饰、传统餐饮、传统生活用具、传统生产用具、传统手工艺、传统民俗和宗教造像方面，共选取了92个较为典型的实物案例，每个案例从其设计功能、材料、工艺、审美文化等方面进行了有侧重的分析研究，力求从设计学角度对所选个案进行分析，以点带面地展现景颇族人民在生活和生产中的智慧，彰显景颇族设计造物的文化魅力。

　　景颇族传统建筑方面，选取了民居、火塘、晒台、院门等9个案例。景颇族传统建筑的总体的建筑样式是"架木为楼，分处人畜"。木构草房是景颇族最为普遍的民居，虽各地建造方式有所差异，但总体建筑样式基本一致，一是就山坡取平而建，采用千脚房的悬空结构，以隔绝潮湿的地面环境。二是就近取材，以各类木料作为主要框架结构，辅以竹、茅草、藤条、铁钉等。三是以卯榫结构为主，辅以编织、捆绑、钉镑等方式加强构筑结构。火塘是云南少数民族生活饮食的配套设施，其周边常铺设的蒲草席也是与之相适宜的辅助器物。景颇族的院子里通常会设一个晒台，用来晾晒各类农作物和衣物等。其不设门锁的院门或通道的设计是很有特色

的，是为了防止牛、猪等大型的家畜进出而设，通过门框内的横木左右移动来实现开关门，展现了传统景颇族生活环境的朴素和谐。家畜建筑和生活材料的存放往往设计在一个统一的建筑结构里面，比如猪圈柴棚、牛棚灶房等的设计，相近的功能放在一起显得自然方便。木炭窑是纯粹为生产木炭而设计的水泥建筑，通常设在相对空旷的坡台上，便于建构和使用，其烟道的设计较有特色。

　　景颇族传统服饰方面，选取了黑上衣、护腿、挎包、腰箍等19个案例。由于季节变化不大和物质材料的相对匮乏，总体变化不大。其服饰种类因族群、性别、年龄、地位等的不同而有所差异。在景颇族的创世说里，最初的景颇族服饰分为阴阳服饰，即男女服饰。传统男子服饰又分为中老年服饰和青年服饰。中老年男子服饰总体尚黑，一般用黑、红、白等布做包头，留长发，缠成发髻。其上衣以黑色为主，对襟，用银吊作扣子。裤子短而宽，裤口用红色、白色线绣上花边。腰束宽约5厘米、长约100厘米的织花腰带，用黑布绑腿，腿套黑藤圈。青年男子的传统服饰较为轻松，绣花包头，包头巾一端设有各色毛线绒球，垂吊在右耳边。身穿白色衬衫，黑色对襟，其余与中老年服饰相仿。未婚男子常把情人赠送的耳环、项圈戴在身上。景颇族女子传统服装是景颇族装饰中最复杂最有民族特色的设计。小姑娘一般留长发，出嫁后做髻，四五十岁后，包红、黑色包头。两耳各穿上下两孔，上孔戴扁银牌，用线吊于肩上，下孔穿银质长管，两端坠有长珠。颈间常带红褐色的玛瑙、银质项圈，手腕带银质手镯。上衣穿黑色斜纹布或黑色绒布料的对襟，袖管细长，无领，银吊作扣，短及腰间。腰系红、绿、白等色腰带。同时还套有黑色藤圈或草编、竹编腰圈。下身穿自织的满花或半花围裙。腿着满花或半花的自织护腿，套黑藤圈。已婚妇女要带高包头，以显示受人尊重。在目瑙节上姑娘的服饰是很有特

色的：黑平绒紧身上衣，上钉数排半球形的银泡，在阳光下熠熠生辉，如银色的孔雀翎一样耀眼迷人。传说中景颇族女子依照孔雀翎上的花纹，钉上一些兽类的角质、贝壳等以显示贵重，常作为她们的节日盛装和嫁妆。服装上出现的图案较多，在筒裙、护腿、筒帕、腰带、包头帕等上面的图案反映了景颇族人的审美观念和美学思想。传统的筒裙就有几十种不同的花纹图案。以红、黑两色为基本色调，辅以黑蓝、大红、深红、柠檬黄、紫色、浅蓝、白色、粉红色、绿色等点缀，整个图案色彩对比强烈，鲜艳夺目。

景颇族传统餐饮方面，选取了竹筒烤饭、竹筒黄鳝、拌蕨菜、凉拌石姜等10个案例。景颇族的居住地在亚热带山区，适宜各类植物生长。农作物有旱谷、水稻、高粱、各类蔬菜以及南瓜、黄瓜、冬瓜等。大自然为景颇族人提供了丰富的食材，野生的动物、昆虫、菌类等等，都成就了景颇族人的美食。景颇族在烤制饮食方面别具一格。竹筒烤饭、烤肉不仅使用环保的天然可循环的材料去制作，还能将竹筒、芭蕉叶等的清香气味融入米饭或肉香里。牛肉、麂子肉等腥味较浓的肉晒成干巴，再用火烤熟吃。"春筒不响，吃饭不香。"景颇族几乎每顿饭里都会配有春菜。野菜、野果、瓜、豆、各类干巴、干鱼、虾都可以作为原料，豆豉、大蒜、芫荽、葱、姜、辣子、芝麻、花生、核桃等作为作料，佐料越齐全，春菜的味道就越鲜美。景颇族传统的饮料有水酒和米酒，其次是茶和咖啡。新娘到婆家第一件事就是酿酒。景颇族人的生活中离不开酒，"不喝酒，就不能讲故事。"无论男女老幼、赶集串门、杀牛祭鬼还是婚丧嫁娶，景颇族人的筒帕里总是放着一个小巧的竹筒——"丁壶"，彼此共喝一壶，表示以礼相待，彼此尊重。嚼烟是景颇族古老的习俗。将烟丝、石灰、芦子等在嘴里缓慢嚼。据说可以提神醒脑、防虫杀菌、固齿开胃，但久嚼会有瘾。

　　景颇族传统生活用具方面，选取了实物信、叶礼杯、洞巴、无膜笛、象脚鼓等23个案例。景颇族是一个古老的民族，流传到今天的树叶信成为一种独特的通信和交流信息的方式，可以表示礼节、"拉事"、宣战和停战、思念与问候，特别是常作为青年男女恋爱时情感交流的语言，很有一番韵味。景颇族常用芭蕉叶来作为生活中的临时器具，叶礼杯就是一个典型的案例：制作简单，使用方便，环保绿色，充满了人文特色。毛竹是景颇族离不开的最佳生活材料之一。由于其本身的超强韧性、强度等特点，可以制作各类生活器具，如干巴竹筒、竹笋皮帽、竹制跷跷板等等，从多个维度来满足景颇族人切实的生活需求。除了强壮的毛竹，还有金竹等竹节较细较长的竹子，为许多乐器的制作提供了优良材料，比如吐良、洞巴、无膜笛等。象脚鼓是仿生设计的优秀案例，集木艺、皮革、漆艺、乐器于一身。

　　景颇族传统生产用具方面，选取了竹筒取火、竹笋皮防鼠盖、竹制弓箭等13个案例。长时间野外生存的景颇族人，需要在极端条件下进行生火取暖烧烤，竹筒取火是其典型的野外生存技能。竹笋皮防鼠盖利用了最平常的材料，最简单的工艺，达到了最优秀的防鼠功效，令人惊叹。舂菜舂米是景颇族人最常见的粮食加工方式，木舂米臼、耳柄石舂米臼是普通的小型家用舂食工具，水碓是合理利用大自然的水的力量来减轻人体劳动强度的优秀设计。竹柄铁锄、竹粪筐、捕鱼篓、竹制弓箭等以竹为主要材料进行了加工制作，使其得到充分合理的应用，在日常的农业生产和渔猎围捕中，景颇族的生活智慧使他们的生活质量有了很大的提高。

　　景颇族传统手工艺方面，选取了腰机、织锦、鸡笼等6个案例。景颇族与其他民族一样有着优秀的传统，是在不断满足生产生活的需要中逐步产生发展的。主要以编竹器、纺织、煮酒、熬火药等为

主，辅以少量的首饰、打铁、打刀等等。除了纺织和煮酒以外，多数是男人的手工艺，这些都是过去衡量一个景颇族男人能力的重要科目，是不是一个好猎手，有没有编竹器的好手艺等等都是作为其日后家庭生活幸福与否的指标；同样，考察一个小姑娘是否聪明能干的一个重要指标就是看其有没有高超的纺织技术。在传统农耕社会中，这些技术的掌握程度，直接决定了这个家庭生活水平的高低。在手工编织方面，景颇族的表现更为出色。前人的编织手艺不仅手教口传，还会编成歌，代代相传，仅竹器的编织方式就有三四十种之多。

景颇族传统民俗和宗教造像方面，选取了春菜舞、织歌舞、背礼篓、祭"家堂鬼"共12个案例。景颇族是一个能歌善舞的民族，将日常的生活场景设计成欢快的舞蹈令人耳目一新，如春菜舞、织歌舞、背礼篓等。万物有灵是景颇族信奉的思想，认为人的死亡只是肉体的终结，其灵魂不灭，精神永存。祭"家堂鬼"、瑙双鸟冠、农尚桩、董萨等案例就说明了这一点。景颇族的目瑙纵歌是具有悠久历史传统的大型歌舞盛会，是景颇族物质和精神文化最为集中和强烈的展现。

本书采编过程中得到了云南省德宏州原宣传部部长李向前先生、德宏州民族团结报的孙志荣记者的大力支持，他们为笔者前往景颇族考察提供了可靠坚实的保障，笔者考察期间得到了当地景颇族兄弟姐妹的热情友好的款待，在此一并致谢！在本书的编纂过程中，得到了各方同仁的倾情参与和大力支持，正是大家的共同努力才使本卷得以顺利完成，在此表示衷心的感谢！他们是中国传媒大学南广学院的汤懿、郑楚佟老师，苏州经贸职业技术学院的樊世东老师，南京艺术学院的硕士研究生单芳霞、刘艳斌、张孙晨、端木义梦等。在本卷的编纂方向上得到王琥教授的悉心指点和鼓励，同

　　时也得到了南京艺术学院图书馆、南京艺术学院设计学院图书馆、南京图书馆的热心帮助，在此一并致谢！

　　在编纂本书过程中，笔者深深地被景颇族人民的智慧感动着，因篇幅所限，不能将这些优秀设计一一展现，编纂过程中，参阅了不少学者的研究论著，随着查阅资料的增多，更感到自己知识水平的匮乏，再加上自身学识不足和时间仓促等因素，案例的选取和分析可能有许多值得商榷的地方，在分析研究的准确性和科学性上肯定还有诸多不足之处，在此祈请各方家不吝批评指正！

樊　进

2015年8月于金陵

目录

第一章　景颇族传统建筑

景颇族民居　2

景颇族火塘　11

景颇族晒台　17

景颇族竹木院门　22

景颇族院墙通道　27

景颇族竹篾墙悬挂系统　30

景颇族灶房牛棚　34

景颇族柴棚猪圈　40

景颇族木炭窑　45

第二章　景颇族传统服饰

景颇族女子植物装饰　50

景颇族女子包头　55

景颇族织锦女盛装　61

景颇族女子盛装　68

景颇族织锦筒裙　75

景颇族腰箍　82

景颇族护腿　88

景颇族男子头上装饰　94

景颇族老年男子黑上衣　98

景颇族男子包头　103

景颇族青年男子传统服装　110

景颇族深色长裤　116

景颇族挎包　121

景颇族瑙双挎包　127

景颇族腰带　133

　　景颇族耳饰　140
　　景颇族玛瑙珊瑚组合项链　145
　　景颇族银项圈　151
　　景颇族银手镯　157

第三章　景颇族传统餐饮

　　景颇族拌蕨菜　164
　　景颇族凉拌石姜　167
　　景颇族舂干巴　169
　　景颇族舂鱼　172
　　景颇族木瓜蜜饯　176
　　景颇族牛肉干巴　180
　　景颇族包烧菌菇　183
　　景颇族竹筒黄鳝　186
　　景颇族竹筒烤饭　189
　　景颇族绿叶鸡　193

第四章　景颇族传统生活用具

　　景颇族实物信　198
　　景颇族矮竹凳　202
　　景颇族独木凳　205
　　景颇族木椅　209
　　景颇族圈椅　214
　　景颇族竹篾凳　218
　　景颇族黑漆方桌　222
　　景颇族提梁竹筒　226
　　景颇族叶礼杯　229

　　景颇族铜锅　232
　　景颇族竹茶水壶　237
　　景颇族竹碗　241
　　景颇族干巴竹筒　245
　　景颇族舀水竹筒　249
　　景颇族笤帚　253
　　景颇族草席　257
　　景颇族竹编针线盒　261
　　景颇族无膜笛　265
　　景颇族吐良　268
　　景颇族象脚鼓　271
　　景颇族洞巴　275
　　景颇族竹筒跷跷板　278
　　景颇族竹制采血管　282

第五章　景颇族传统生产工具

　　景颇族竹筒取火　288
　　景颇族木舂臼　291
　　景颇族耳柄石舂臼　294
　　景颇族水碓　298
　　景颇刀　302
　　景颇族弓箭　308
　　景颇族防鼠竹笋皮盖　312
　　景颇族竹根铁锄　316
　　景颇族木锨　320
　　景颇族竹篓　323
　　景颇族捕鱼篓　328

  景颇族驮架　332
  景颇族竹粪筐　336

第六章　景颇族传统手工艺
  景颇族织锦图案　342
  景颇族腰机　349
  景颇族竹藤圆凳　353
  景颇族鸡笼　357
  景颇族牛皮盾　361
  景颇族棕树皮蓑衣　366

第七章　景颇族传统民俗和宗教造像
  景颇族志歌舞　372
  景颇族春菜舞　376
  景颇族背礼篓习俗　381
  景颇族祭"家堂鬼"　385
  景颇族传统婚俗　389
  景颇族戈崩恩东　393
  景颇族金斋斋　396
  景颇族目瑙纵歌　399
  景颇族瑙双鸟冠　410
  景颇族农尚桩　416
  景颇族目瑙示栋　421
  景颇族董萨　428

第一章 景颇族传统建筑

景颇族民居

图一 景颇族民居主图

　　景颇族是高山民族，其传统民居多依山选址建设，根据人口、生产、生活、政治地位等不同的需求会出现大小、长短、高低、繁简等等多样性的变化，在不同的历史条件和社会环境下会出现不同的变化。这些传统的民居被称为"千脚房"，属于我国传统的木结构建筑，又有着景颇族独特的风格，体现出雄壮进取而又朴素浑厚的建筑风格。本案例选自云南省德宏州盈江县卡场镇草坝村，其总体建筑长约为20米，宽约为12米，高约6米，建筑面积约为240平方米。

　　本案例是传统的景颇民居，在位置选址、构造设计等方面都体现了景颇族木构草房的特征。其建在山腰处一个相对平缓的台面上，视野开阔，景色宜人。西侧北侧都有山体庇护，尤其西侧紧靠山体坡面，与山体走势形成一定的区位关系，增加了建筑的抗风能力。此山体坡面石质较多，不易滑坡。其东、南、西三面可见阳光，房前屋后都有较开阔的平台，其主入口面南向阳。

　　本案例为尖顶两面坡的结构，呈南北走向分布。其主要建构柱基石47个（另有3根半柱设在中横梁），火塘柱基石20个，由这67个基石而起的立柱形成了较为壮观的柱形阵列。从20世纪30年代的资料来看，有的民居超长，长度不少于90米，这样的长房子便会形成数百个柱脚,号称"千脚房"也在情理之中了。

本案例的房屋从柱基上起47根房柱,共8排,第一排是一根中柱,其余7排每排7根立柱,为整个建筑的主要重力支撑结构,其中中柱高度近6米。这样的立柱排列,房屋整体呈圭形,南向凸起的房檐,气势博大,表现出坚毅阳刚的性格。第一排的中柱往往是景颇族家族实力的象征,上面多挂有牛头。越有财力其立柱越粗壮,有的还在上面雕刻出两对乳房,象征生生不息。本案例的立柱间由21根横梁悬空相连,体现出建筑的横向收拢连贯。另外南面第一排的最下面的横梁下沉到地面,形成一个横向地梁,方便进出。在房屋立柱的顶端榫接纵向的屋梁,房柱的下端,铺设有地板,加强了房柱下部的纵向连接。这样整体建筑就成了结实的笼形结构,在多方向上具有了承载力量。本案例中间的一层横梁加入了上弯的设计,其位置正处于人进出的主要通道之上,使人有了非常开阔的空间感,这与中原的一些建筑具有一定的相似性。对建筑两侧的屋檐进行了加大设计,并在房檐最外侧的纵梁上增设了斜向的支柱。这样的房檐,一方面可以防止雨水淋湿柱体,增加建筑的使用年限;另一方面也为摆放杂物和鸡等禽畜提供了休憩的空间,在视觉上增添了房屋的棱角,增强了视觉冲击力。

本案例由南进入后,其左侧三间依次为青年房、主人房和尊房,尊房隔壁为后门进入的厅,右侧依次为客厅(青年房和主人房相对应的位置)、厨房、储物间,每个房间大小相近,客厅为两个房间大小。青年房、主人房、尊房、厨房、客厅都设有火塘,可以用来取暖、除湿和烹饪。外来的客人一般都围绕在火塘边休息和就寝,由房主作陪。各房屋之间用简易的宽毛竹板(毛竹展开形成的似断还连的长方形板)纵横编织而成墙,

图二　景颇族民居名称图

里外再用成组的竹子或木棍纵横夹持，沿中间横梁进行分割排布，横梁之间通常排布较为密集的竹竿，用来放置劳作工具、食物、杂物等，也可以悬挂玉米等作物。通道两侧的竹墙上设有毛竹横竿，上铆接数量不等的短枝，用来挂衣物。

本案例是现存为数不多的较为完整的传统木构建筑。其选址向阳，两面靠山，基础扎实。空间设计合理，可以满足较大的家庭居住。高耸的房顶带来舒适的居住感受，雄壮有力的造型给人较大的安全感，具有较为典型的景颇族民居建筑风格，有着一定的研究价值。

图片来源
图一、图五至图七　樊进　摄影
图二　吴佳恒　制图
图三至图四、图八　郑楚伩　制图
图九至图十　Mr.Green（美国）　摄影

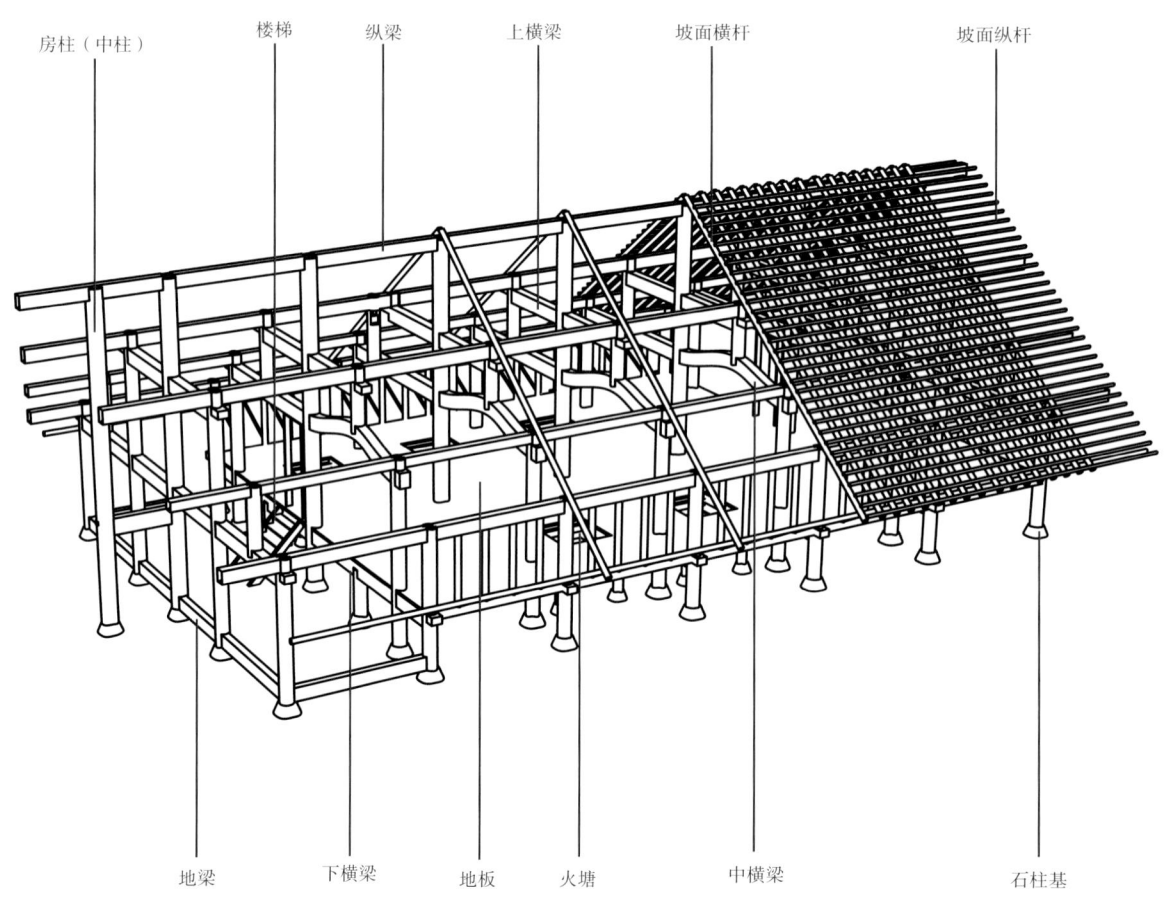

图三　景颇族民居结构图

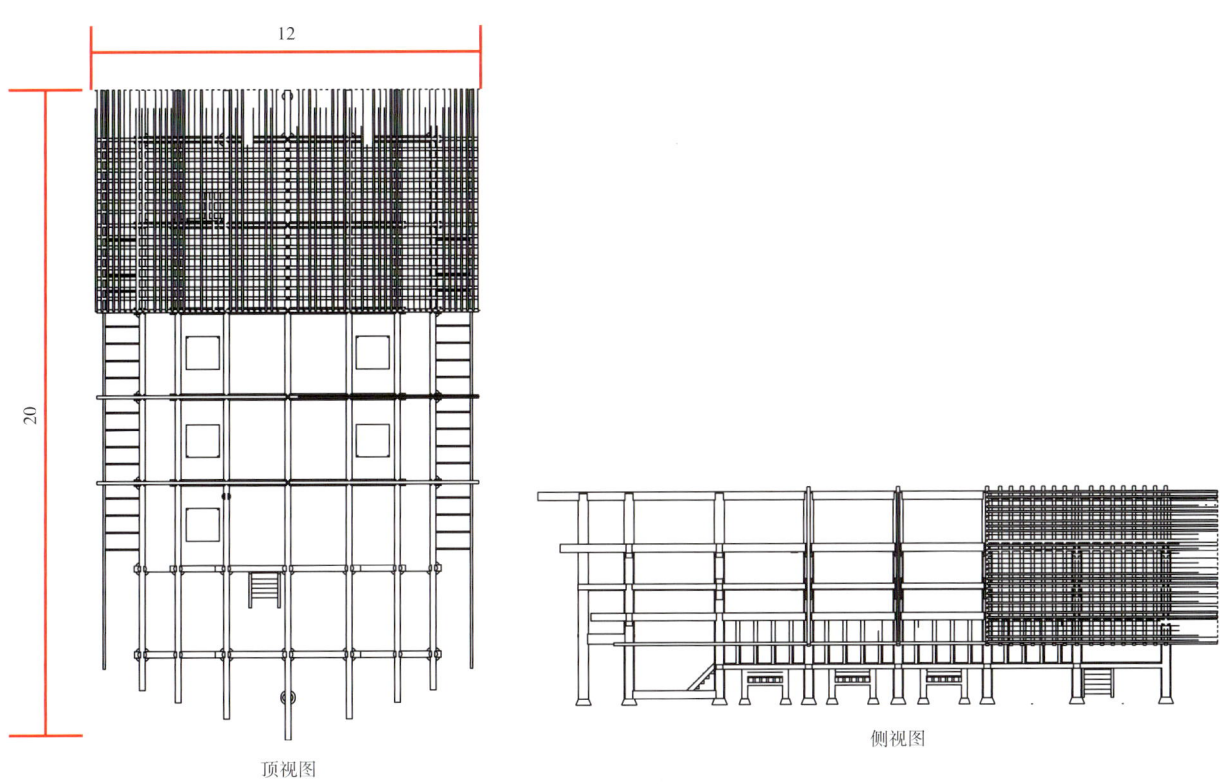

图四 景颇族民居三视尺寸图（单位：m）

图五　景颇族传统民居北面图

图六 景颇族民居南、北面房檐图

图七 景颇族民居内部结构图

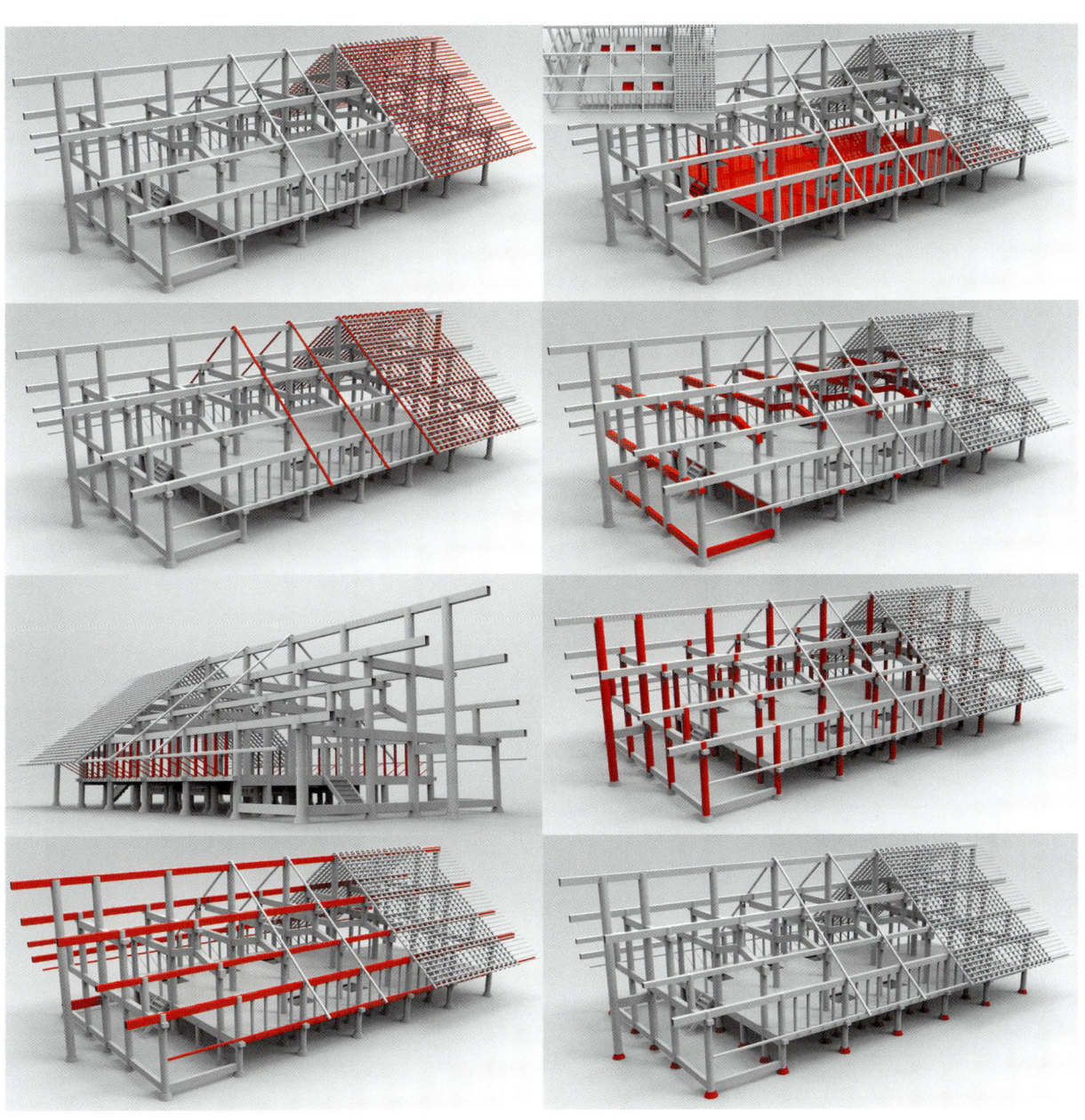

图八 景颇族民居构件模拟图

图九 景颇族传统民居情景图(一)

图十 景颇族传统民居情景图(二)

景颇族火塘

图一　景颇族火塘主图

　　我国西南部属于亚热带气候，雨水多，住所潮湿，在高山地区昼夜温差相对较大，在此居住的景颇族人与其他少数民族一样在其居住的建筑内部都设有火塘，用来生火烹饪和除湿御寒，是景颇族人家的"三大宝"之一。每家通常设有多个火塘，除了厨房的火塘外，在客厅、尊房等需要取暖除湿的地方也会建造火塘。火塘大小不一，通常为一至两平方米。本案例选自云南省盈江县卡场镇草坝村麦冬寨，是设在客厅中的火塘，其塘口呈长方形，长约1.4米，宽约1.3米，地面至火塘口约0.7米。

围绕着火塘的布局是一个垂直空间的系统设计，包括地面垒土围合、地板嵌土围合、锅架和置物架4个主要结构。火塘通常设在房间中央的位置，是由地面到地板，再到室内空间和房梁的垂直设计，有机地结合了地面和房屋的结构，将室内外空间充分地联系到一起。由于火塘本身使用了较多泥土、木料和石块等材料，其重量较大，多单独形成力量支撑，不凭借房屋结构的力量，反而由于其独立支撑对火塘周边地板形成了牢固的力量支撑，以弥补地板中间由于开孔形成的结构力不足的情况。火塘塘口顺着地板铺设结构自然围合成一个四方形，其内部周边用木板、竹板和木棍等材料形成相对密合的V

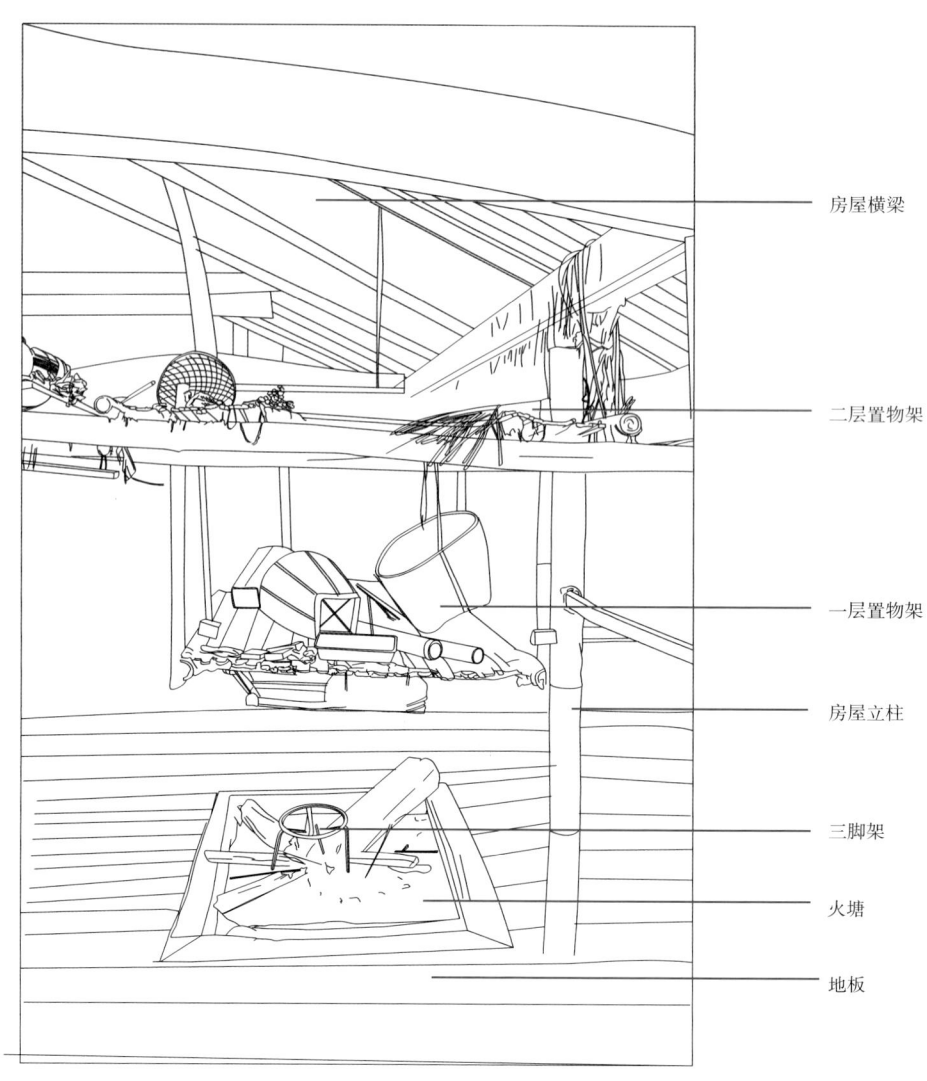

图二　景颇族火塘结构名称图

字形，内部填上较为干燥的泥土再夯实，用来隔热。其上常设有圆形铁三脚架（过去用三块石头支出一个三角的稳定支点）用来架锅，常用各种大小的木柴来生火，客厅的火塘通常用来烧水、烧烤，也可以做饭菜等。景颇人喜欢吃烤制食品，可以将肉食放在火塘上烤，也可以将土豆、绿叶包食品放到热的木灰里面进行焖烤。火塘上方设有三层置物架，下面一层通常放置一些木柴、木炭等常用的木料，也会悬挂一些使用频次很高的常用物品；第二层置物架上一般摆放日常生活用品和食材等，比如干巴等烤制食品。有时也会在上面铺设篾席铺放谷物，以充分利用火塘的热量。第三层置物架上面放置一些生产生活用具等。方形的火塘自然分成四方座位，最上方的座位需要留给尊贵的客人，右侧为主人座位，左侧为来宾座位，最下方为儿童座位，座位的等级明确，不可违反。火塘除了烹饪之外还有一大功能就是用来除湿驱寒取暖，火塘周围的地板上铺有蒲草席，

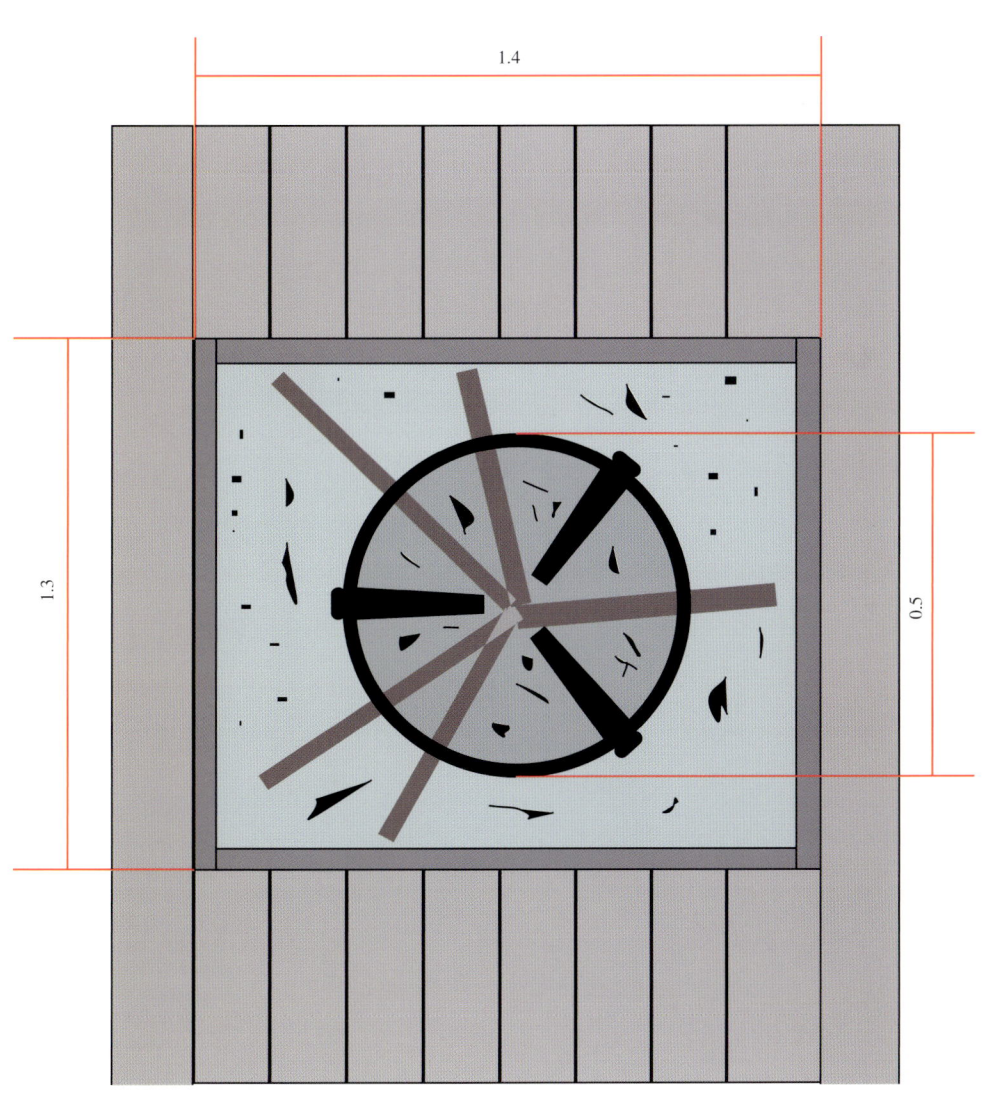

图三　景颇族火塘俯视结构及尺寸图（单位：m）

其上可以放置被褥等物品，用来御寒。晚上主人会陪同客人在火塘两侧睡觉，若客人是男女结伴而来，即使是夫妻，也必须分开来睡觉，不可同席。火塘还是一家人情感交流和娱乐的地方，吃饭、喝酒、聊天、看电视等都在此处。火塘燃烧的木柴所产生的油烟，随着岁月的累积常黏附在室内的器物上，尤其是建筑栋梁支撑、生产生活的器具上，会起到一定的防虫防腐的作用。除此之外，火塘还可以焚烧生活垃圾，食物的皮、包裹食物的绿叶等都可以在此变成燃料来发挥作用，大量的木柴和植物就转化成了草木灰，是优质的天然植物肥料。

火塘是景颇人生活中具有核心地位的构建设施，强大的实用功能让火塘具有神圣的宗教象征意义，每逢节日，唱歌跳舞常围绕火塘进行，由此形成的火塘文化深深融入了景颇族人的生活。

图片来源
图一、图六至图七　樊进　摄影
图二至图五　张孙晨　制图

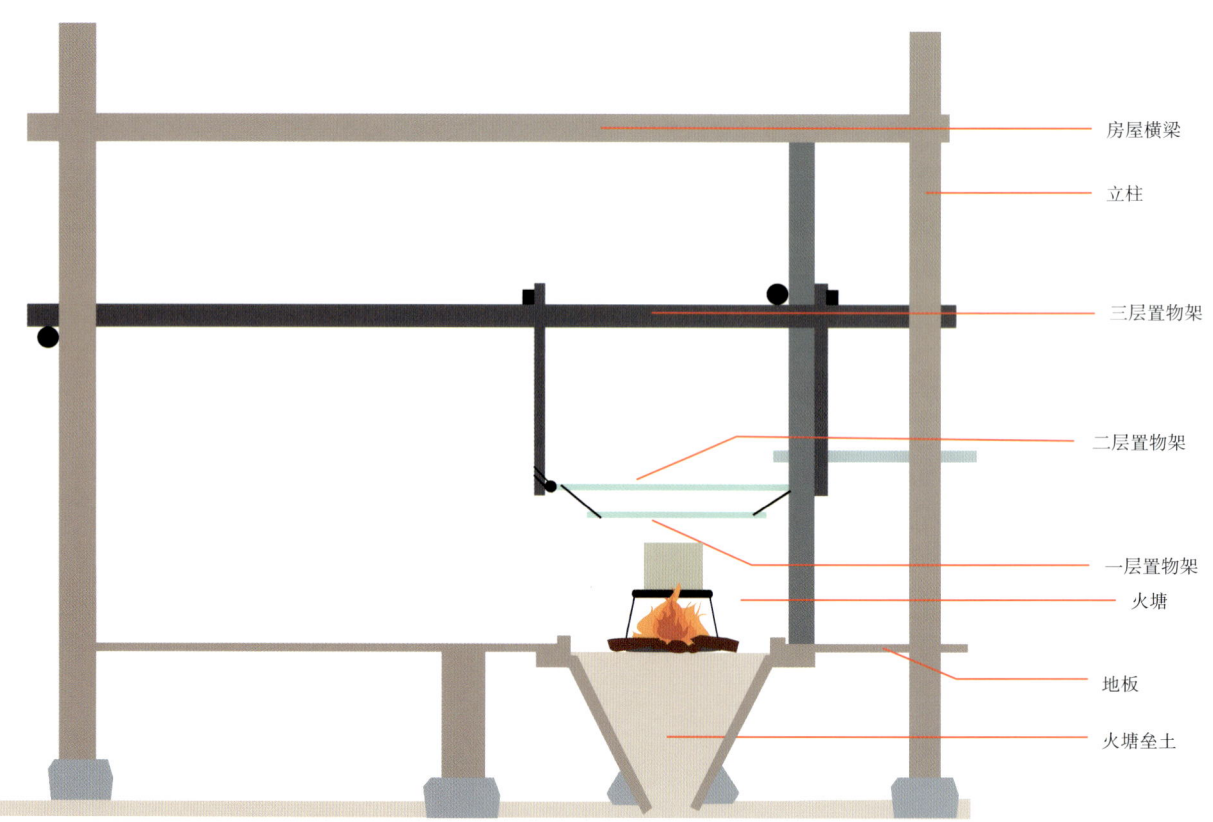

图四　景颇族火塘整体结构示意图

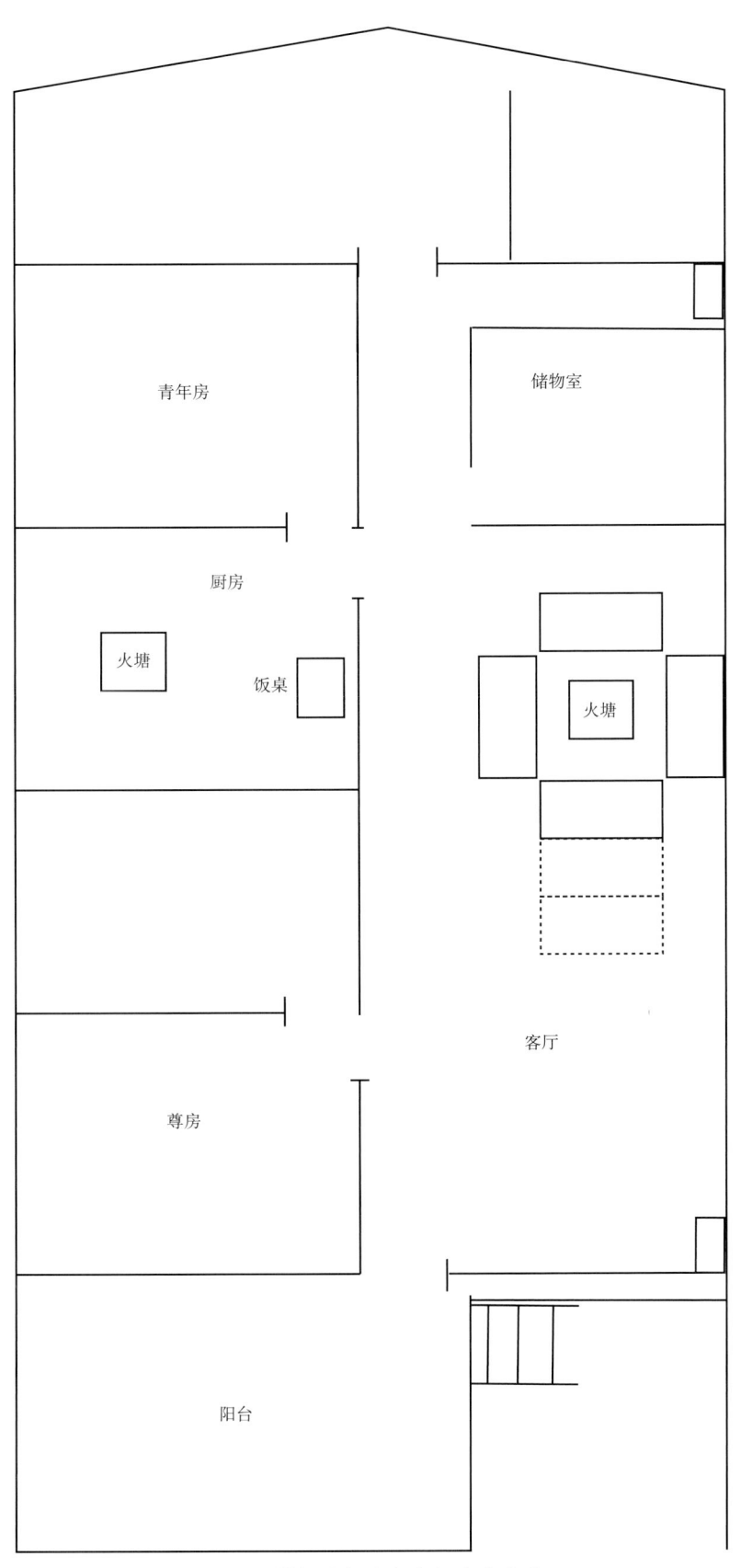

图五　景颇族火塘家庭摆放平面图

图六 景颇族火塘局部情景图(侧、挂顶结构、底部)

图七 景颇族火塘架情景图

景颇族晒台

图一 景颇族晒台主图

景颇族的晒台是晾晒粮食的基本建筑设施，常建于每户的院内。通常选在向阳、通风且日照时间长的位置。由于景颇族居住在山区，潮湿多雨，不易找到既干燥又平整的地面，故有了设计架空的晾晒平台的需求。本案例选自云南省盈江县卡场镇草坝村麦冬寨，其建于院落内部的西南角，位置开阔，日照时间长且通风。此晒台长约4.3米，宽约3.1米，高约1.4米。

景颇族晒台多数是户主自我搭建的，根据自己的需求来选择材料，规划位置，设计面积和形状、结构方式以及尺寸等。本案例的建筑材料有原木、竹竿、竹板、塑料纤维布、藤篾等。其中原木桩为晒台的立柱，是整个晒台的纵向支撑结构，3排3列共9根，立柱的顶端有三种基本形态，一种是树干自然形成的Y形枝杈结构，另一种锯凿出的下凹的槽形结构，还有一种是顶端锯切出的L形结构，这三种结构都可以很好地支撑和固定其承接的横梁。立柱的底部深埋土石之中，再夯实加固。立柱顶端南北横架三根横梁，横梁用韧性较足的竹篾或藤条捆绑在立柱顶端。横梁之上铺设一排长短、粗细相当的竹竿，竹竿直径在0.06米左右，竹竿与横梁多用藤条绕捆到横梁之上，这样可以将三根底部的横梁与立柱形成的合力再次组合，形成一个整体的力量。在竹竿层面之上铺设竹板，竹板之上用竹条与底部的竹竿捆系到一起，使竹板层稳固，再次增强了平台的整体力量，同时也使晒台更加平整。在竹板层面上可以铺设防雨布或其他材料的整体防漏的平面。

一般来说，晒台多呈方形，这也与其纵横相交捆绑的搭建方式相符合。由于晒台通常较高，一般需要在晒台边架设独木梯，方便上下，木梯顶端斜靠在横梁与立柱交接处，用绳索固定，较高的木梯还会在这根立柱底部增加斜向支撑的立柱，以增强上下晒台的稳固性。横梁、竹竿等也会根据需要进行长短的调节，比如本案例在木梯与交接处的竹竿加长了很多。一方面利于上下木梯的抓扶；另一方面可以增加晾晒背篓、衣物等物品的空间。

晒台是潮湿的生存环境下的必然产物，它凝结了景颇族的生活生产的经验，体现了朴素又机巧的设计智慧。

图片来源
图一至图三、图八　樊进　摄影
图四至图七　张孙晨　制图

图二　景颇族晒台的另一视角图

图三 景颇族晒台局部图

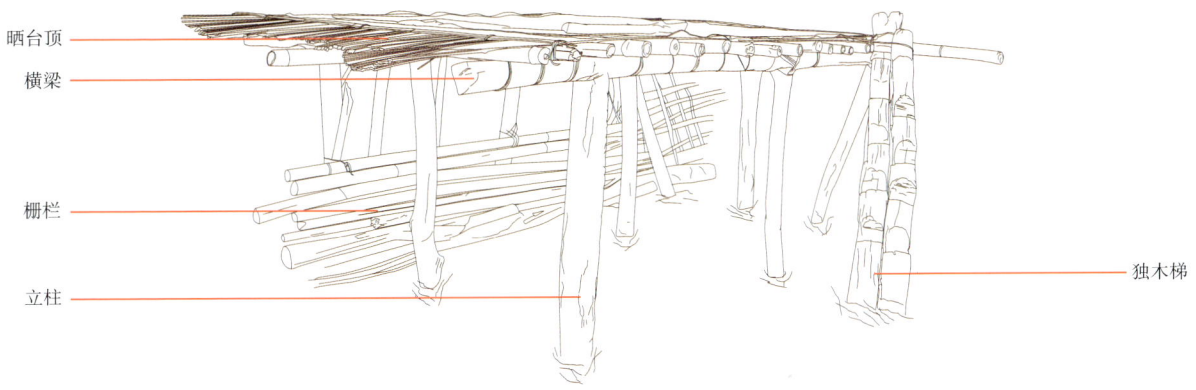

图四 景颇族晒台名称图

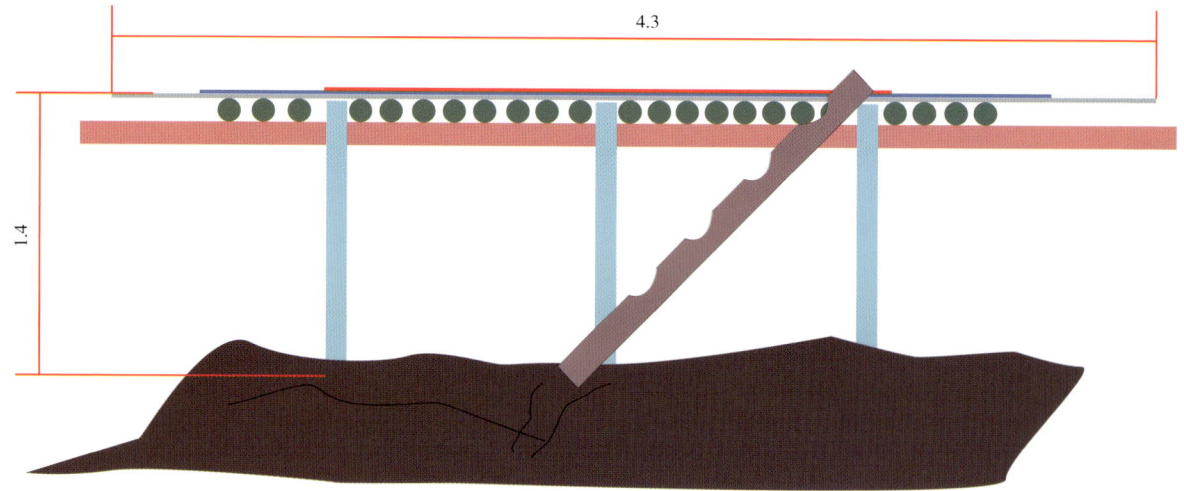

图五 景颇族晒台正面结构尺寸图（单位：m）

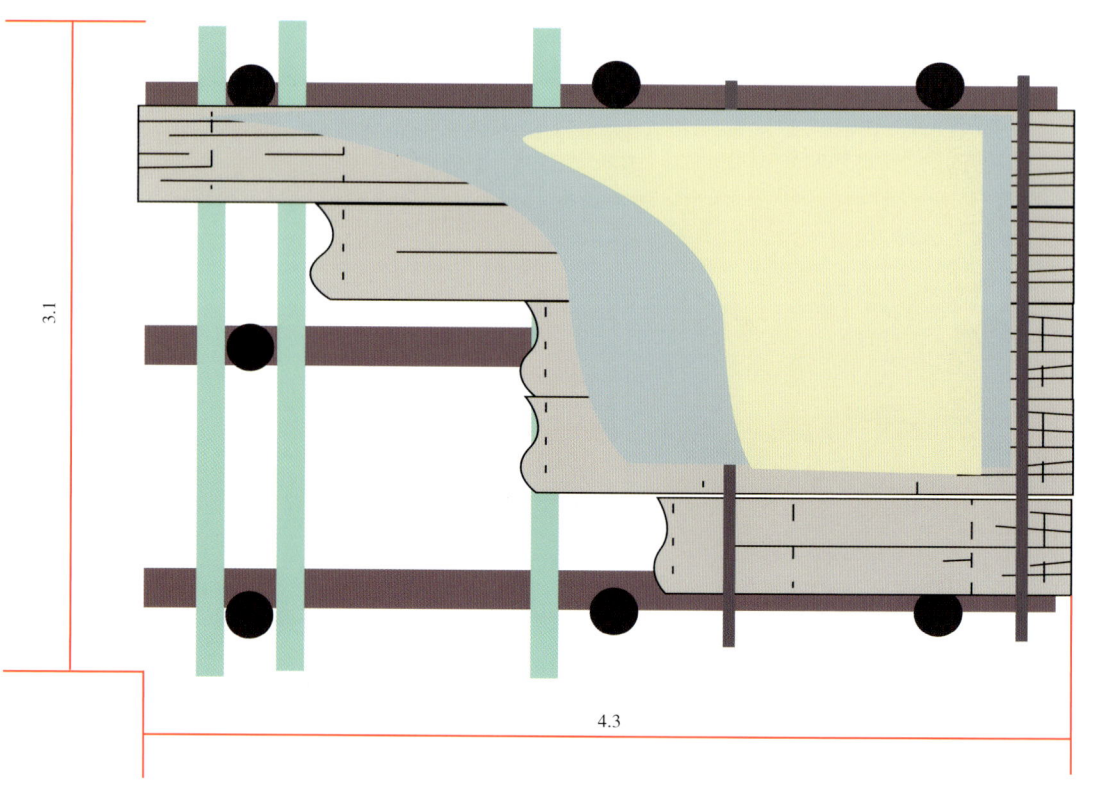

图六 景颇族晒台尺寸图（单位：m）

图七　景颇族晒台立柱与横梁承接方式示意图

图八　景颇族晒台情景图

景颇族竹木院门

图一　景颇族竹木院门主图

景颇族是传统的高山民族，一般是依山就势地建筑家舍，建筑外围通常采用竹木材料围成简易的篱笆式院墙，并在主出入口开设一院门，其院门与院墙的设计风格是一脉相承的。本案例是在云南省德宏州盈江县的草坝寨中收集到的，具有浓郁的景颇族特色。

这一院门设计造型与整体的篱笆院墙造型相协调。一方面，采用左右穿插的灵活方式来达到院门的开合；另一方面，将连接篱笆的立柱进行了强化，转变为粗壮的门框，且上下设有一排穿孔。篱笆用竹竿和木棍制作而成，可以将整个院子围成一圈。篱笆的制作十分简单，将两根粗细差不多的木棍插在地上，木棍之间大约留出一根竹竿直径的距离，然后将竹竿横向直接插进两根木棍之间，竹竿与木棍之间用竹篾条或者绳索系牢固定，竹竿与竹竿之间的连接处也可用绳索缠绕固定，这样篱笆就得以连接起来。院门的开合方式是其比较有特色的地方，在院门两侧（篱笆的边缘）分别竖立两块长木板或者较粗的竹竿，并分别用绳索固定在篱笆上，两侧的长木板（竹竿）侧面，从上至下开洞，洞最高可以达到1.6米左右，相当于到一个成年男子的肩膀处，洞口的大小比一根竹竿的直径略大。当院门需要关闭时，只需要将数根长竹竿从一侧洞口穿至另一侧洞口就可以了；若需要打开院门，则需要将长竹竿从洞口抽出，人就可以走出院门。

景颇族的篱笆院门材料易寻，制作工艺简单，使用方便，在景颇族当地十分常见，景颇人几乎每家每户都会建造。院门的开口大小也可根据自家的实际情况做出相应的调整，景颇人根据当地的实际需求制造出这种篱笆院门，既是因地制宜的设计，也反映了当地淳朴和谐的民风。

图片来源

图一至图三、图七　樊进　摄影

图四至图五　张孙晨　制图

图六　张孙晨　樊进　制图

图二　景颇族院门情景图

图三 景颇族院门局部结构图

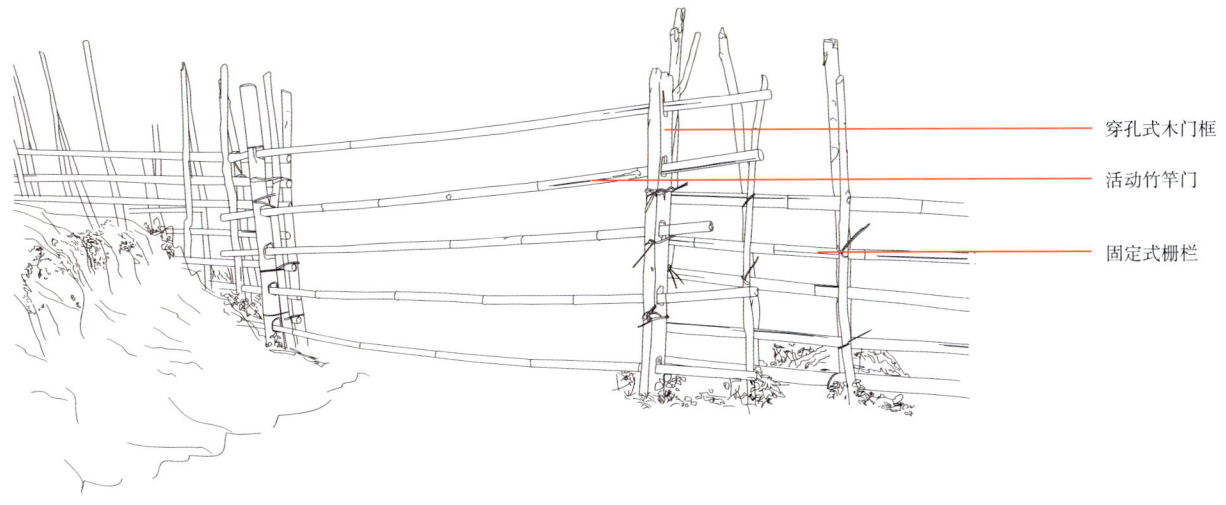

图四 景颇族院门名称图

穿孔式木门框
活动竹竿门
固定式栅栏

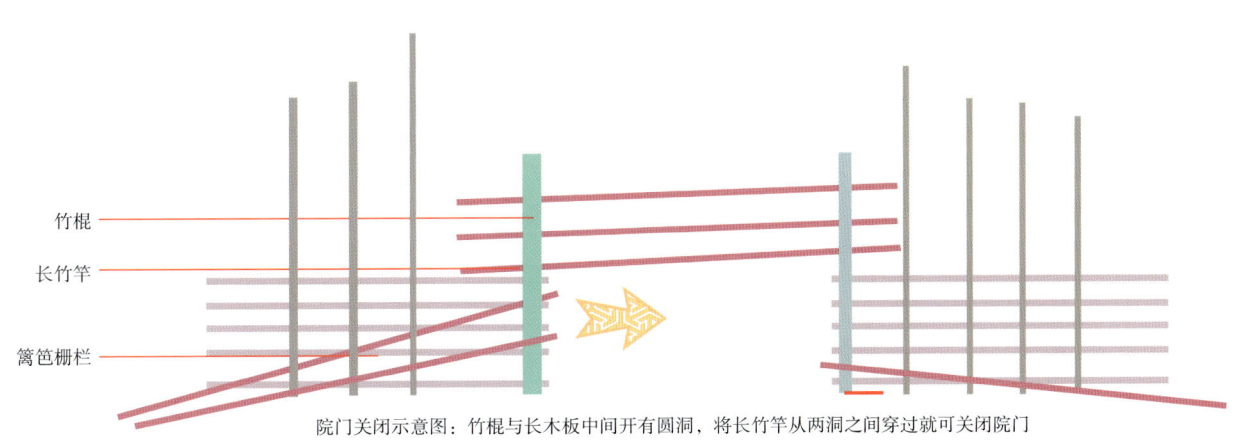

竹棍
长竹竿
篱笆栅栏

院门关闭示意图：竹棍与长木板中间开有圆洞，将长竹竿从两洞之间穿过就可关闭院门

图五 景颇族院门开合方式示意图

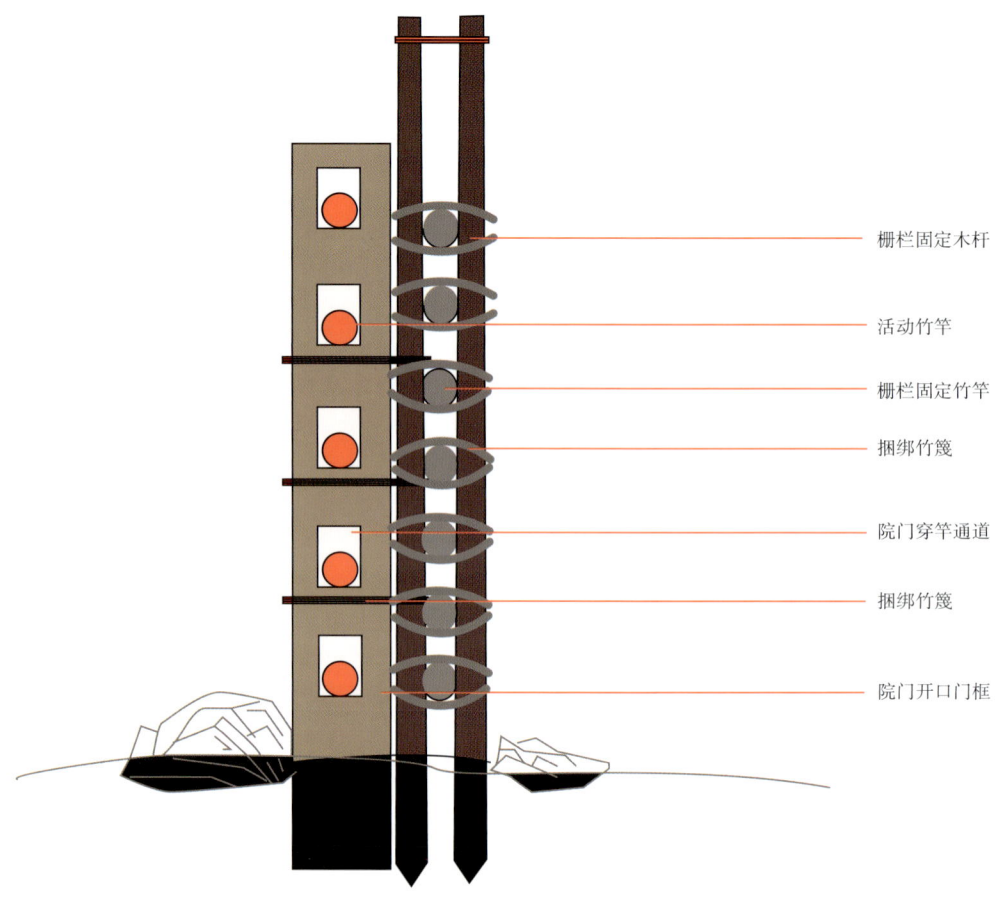

图六　景颇族院门侧面结构示意图

栅栏固定木杆
活动竹竿
栅栏固定竹竿
捆绑竹篾
院门穿竿通道
捆绑竹篾
院门开口门框

图七　景颇族院门延展图

景颇族院墙通道

图一　景颇族院墙通道主图

　　景颇族大多居住在海拔 1500~2000 米的山区，山区独特的自然环境与地形共同造就了起伏不定的院墙形式，院墙是人居区域与种植区域的分野，院墙常设有多个通道以方便进出。景颇族的院墙通道多样，其中栅栏、木梯的组合具有一定的代表性。本案例选自云南省德宏州盈江县卡场镇草坝村麦冬寨，是其中的一个院墙通道，其开设于竹竿栅院墙的东侧，通道的出入口宽约 0.7 米，内侧高度 1.35 米。

　　本案例的院墙通道设在一山坡上，是方便上下山坡的通道。此通道由竹竿栅栏、上下两个独木梯、扶手杆以及独木梯的支撑结构组成。进出口为"凹"字形的部分，其宽度可以容一人通过。其两侧的竹竿垒筑较为密集，两侧之外栅栏较为稀疏。上坡一侧的通道离地面较高，上下独木梯要较为小心，抓好扶手。景颇族的院墙栅栏不是为了防盗，而是为了防止山区的野兽袭击。长竹竿之间的加固方式较为简单，即用细竹条进行捆绑。院墙的长度并不完全统一，一般根据实际情况来建造。其木梯的制作方式与独龙族等高山民族一样，都是用一根硬质的长圆木砍出或锯出踏步。木梯斜插入泥土中，与院墙相距约 0.3 米，同时与院墙面基本保持平行的状态，木梯上端靠在院墙上端的缺口边,木梯与地面呈三角形,增加了木梯的稳定性。靠近木梯的两边均竖有竹竿,可以充当扶手,当地人想要翻越院墙时,只需要手扶竹竿,走上木梯至院墙缺口处,就可以轻松跨过院墙。在院墙的另一面,还会建造一个类似的木梯,方便人下来。

本案例的景颇族的院墙通道是一个系统的结构,院墙与木梯的结合体现了景颇族人文建筑与自然环境的完美结合。因地制宜的设计,体现了借势取道、因陋就简的设计思想。

图片来源
图一、图五　樊进　摄影
图二至图四　张孙晨　制图

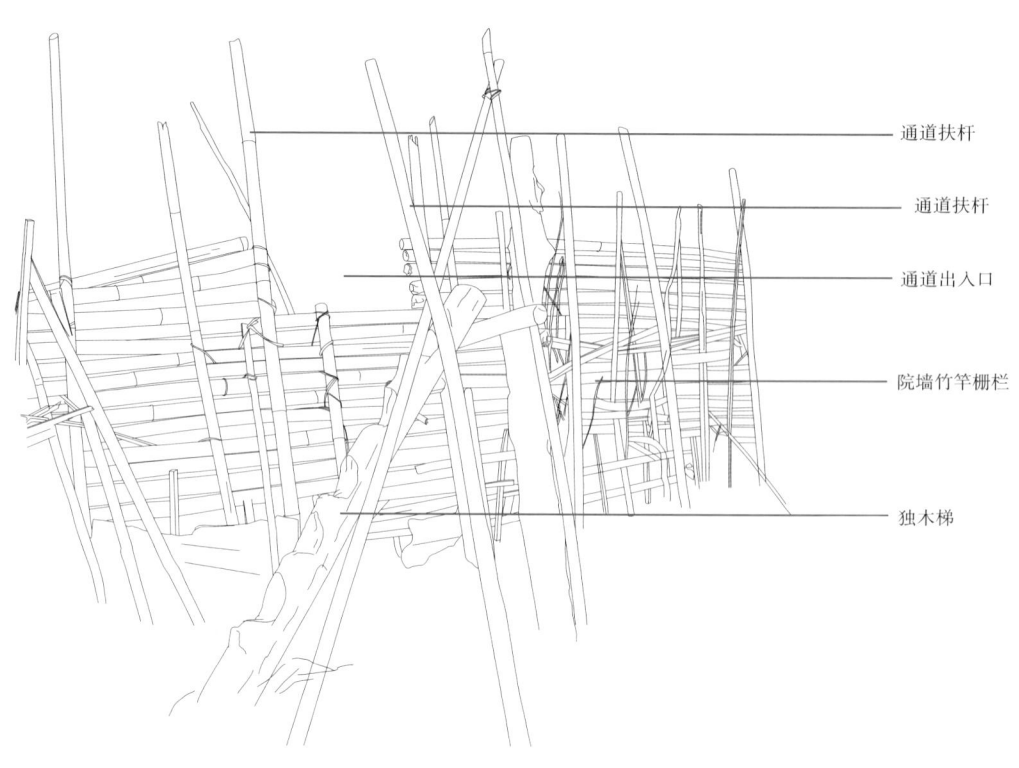

图二　景颇族院墙通道名称图

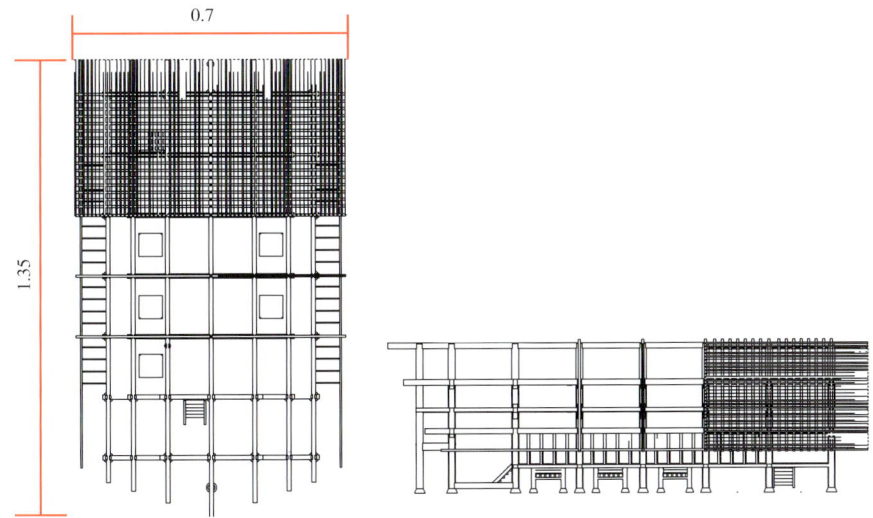

图三　景颇族院墙通道正面结构及尺寸图（单位：m）

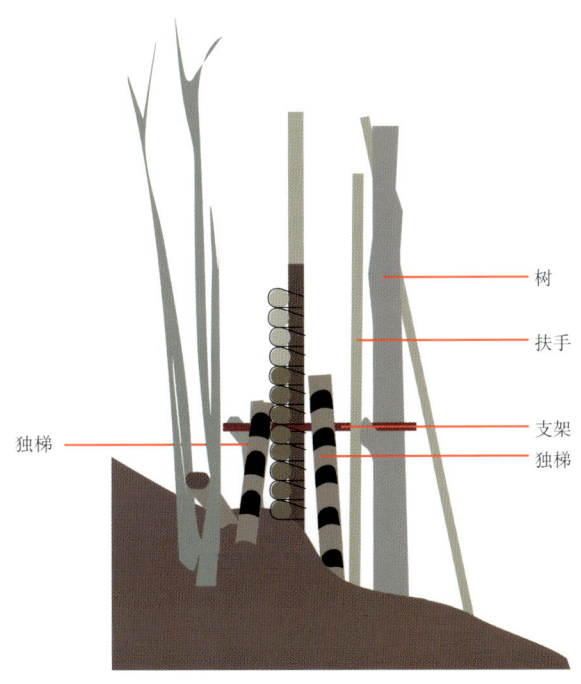

图四　景颇族院墙通道侧面结构图

图五　景颇族院墙通道使用情景图

景颇族竹篾墙悬挂系统

图一　景颇族竹篾墙悬挂系统主图

　　景颇族的民居建筑是一个非常完备的设计体系，其室内的竹篾隔墙除了用来划分室内空间外，还兼具了悬挂物品、插塞工具的功能，形成了一个较为有特色的悬挂系统。本案例采自云南省德宏州盈江县卡场镇草坝村。

竹篾墙是景颇族传统民居用来分割空间、封闭墙体的主要材料，且形式多样。传统景颇族大多居住在深山里，竹资源非常丰富，为竹篾墙的普遍应用提供了非常好的原材料。由于景颇族人与竹子长期打交道，对竹子有着深入的了解，在竹子的选用和加工方面有着高超的技艺。景颇族聚居在山区，海拔一般在1500到2000米左右，气候温和，霜期一般仅一两个月，年平均温度在18℃至24℃之间，这样的气候环境也为竹篾墙的存在提供了客观条件。竹篾墙主要有经纬交织的编织和竹竿展开成板两种方式。这两种结构方式直接决定了竹篾墙悬挂器物的方式。经纬交织的竹篾墙装饰效果好，是一种制作较为讲究的墙面，其缝隙较小，通常需要额外捆绑横向竹竿来悬挂杂物，本案例便是这

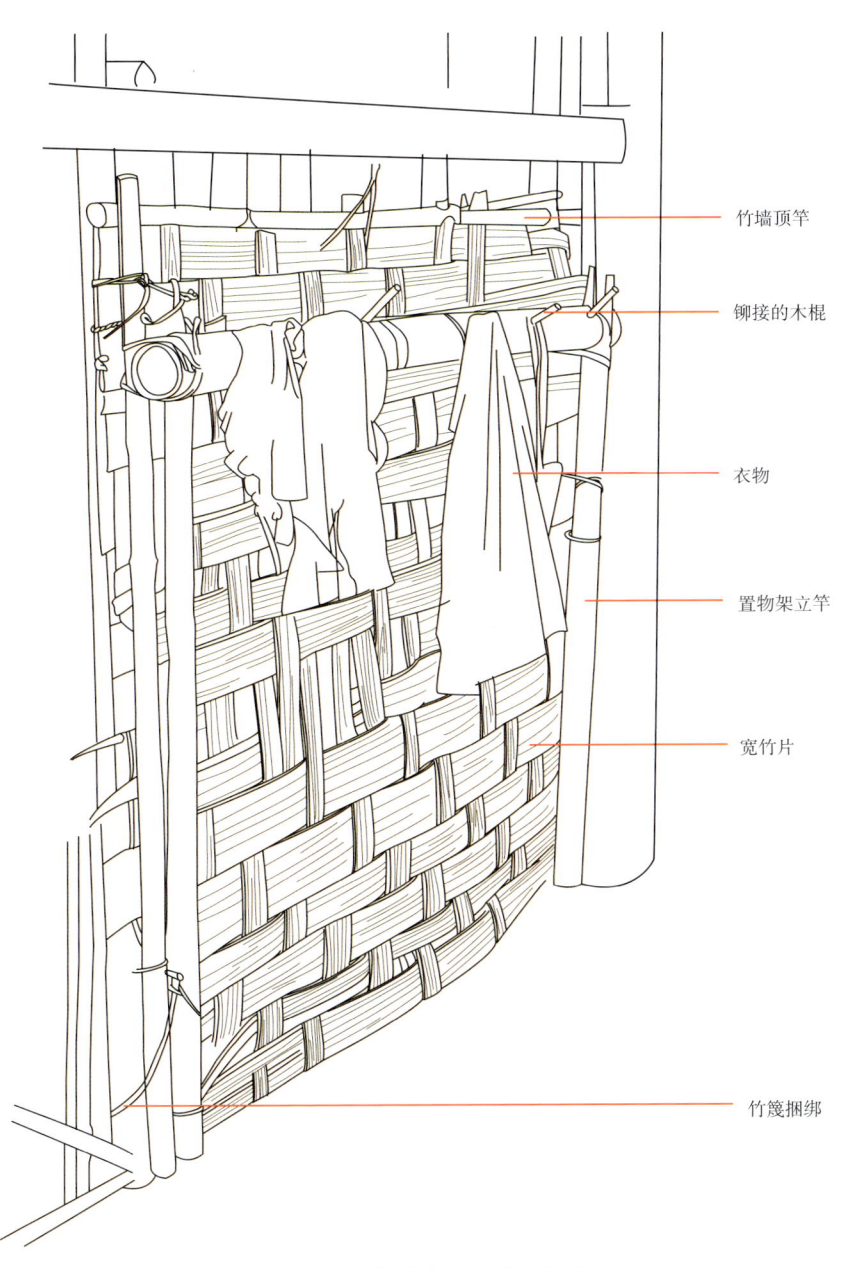

图二　景颇族竹篾墙悬挂系统名称示意图

样的结构。由竹竿剖开展平成竹板的竹墙，其纵向结构支撑力量足，表面光滑，其用横竿固定后，便可以在横竿与竹墙之间插放砍刀之类的工具。本案例的竹篾墙体位于客厅通道的西侧，其内侧用较粗的毛竹作为支撑，并连接到房屋横梁；其外侧用较宽的竹篾编织的竹席平铺并固定。再在外侧设置主要的悬挂框架——两根立柱一根横竿构架成的n形毛竹框架，其横竿离地面1.6米左右，横竿上半侧穿数个孔洞，再铆入长10厘米左右的木钉，用以悬挂衣物、挎包等日常用品。

景颇族竹篾墙的悬挂系统设计，有效地解决了日常及时挂取物品的问题，是建筑空间的细化设计。其合理地运用了不同竹制品的性能结构，设计出了相应的悬挂方式，展现了物尽其用、灵活多样的设计智慧。

图片来源
图一、图五　樊进　摄影
图二至图三　卢慧敏　制图
图四　卢慧敏　樊进　制图

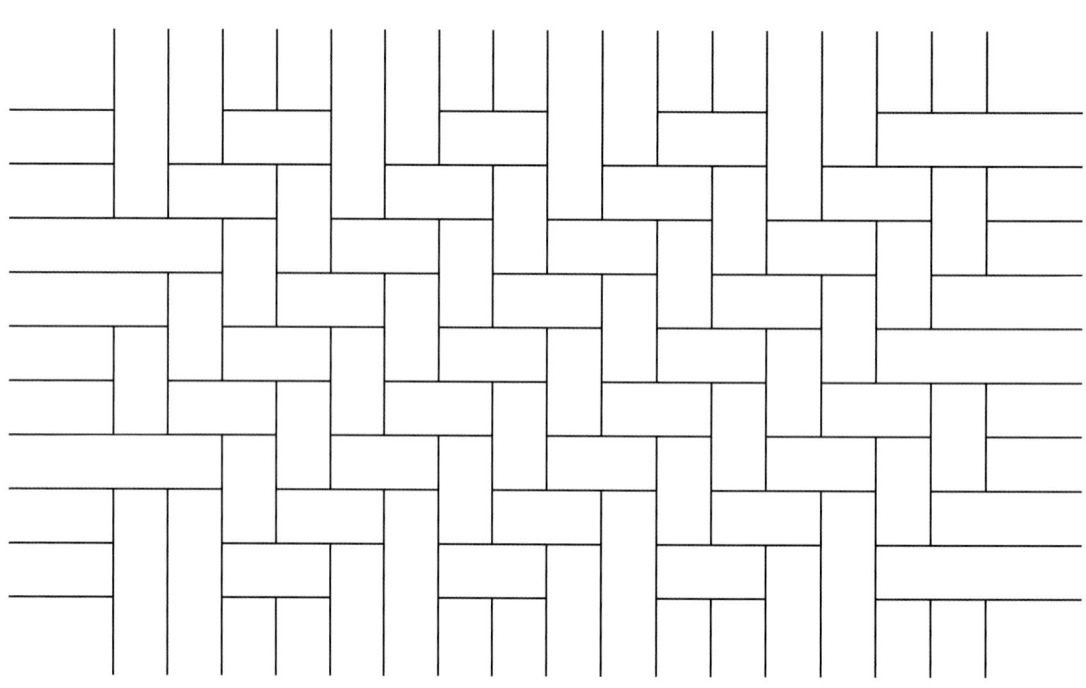

图三　景颇族竹篾墙编织方式示意图

图四 景颇族插塞景颇刀的竹篾墙

图五 景颇族竹篾墙悬挂系统使用情景图

景颇族灶房牛棚

图一　景颇族灶房牛棚主图

传统的景颇族建筑通常是人居为主，牛等大型牲畜通常圈围在主体建筑的前后房檐下，人居住在二层，牲畜在一层。养牲畜的建筑也有独立于人居建筑之外的。本案例采自云南省德宏州盈江县卡场镇草坝村麦冬寨，是一个独立的养殖牲畜的建筑，与人居建筑进行了分离，这与传统的人畜混住的样式有着根本的不同，是集养猪圈牛喂鸡功能于一体的多功能建筑。其主体建筑总长约8米，宽约4米，高约3.6米。

本案例建在院墙的西北角，与院墙融为一体。其地基较高，高出院内的地面0.3米。地基下方夯入了石头可以增强地基的牢固和稳定程度。此建筑由三列三排的立柱支撑，中柱最高，左右相等，形成两面坡的传统房屋结构。三组上下横梁连接三排立柱，构成横向的收拢力量，房顶纵向的三根纵梁与三排立柱连接成一个笼形的框架结构，具有较强的稳固性。房顶铺设了较厚实的茅草，形成了较大的重力，增强了房屋的稳定性，具有较强的抗风能力。建筑的左侧为灶房，用来煮猪食，在灶房南面地面上，由东至西搭设两个较粗壮的铁三脚架，上各置一口大锅，在锅的上方悬挂了简易的置物架，是火塘的一个简约版本。火塘的对面设置了置物架，上面用来放置常用的基础饲料。在正门的对面开设了一后门，此后门下去是一片种植猪草的地方，供猪日常食用。在正门前屋檐下和院内放置了一个石质的猪食槽和两个粗毛竹剖开的竹制猪食槽，这是喂猪的场所。每次猪食用完之后，院内散养的鸡群便来收拾残局，使物尽其用。灶房的隔壁是一间供牛休养的屋棚，其三面用竹竿横向上下排列，用木棍内外加固，形成栅栏式的墙体，牛棚的门框为两个窄木梯样式，中间的空当处可以穿插毛竹，用来开合牛棚，与景颇族院门设计原理相同。在灶房南侧，依靠屋檐设置了摆放鸡笼的台架，向南又搭建了一个简易的一面坡的鸡棚。

本案例在选址、功能布局、使用的便捷性和综合性方面有着出色的考量，整体来看是一个值得参考的生态养殖建筑组合体。

图片来源
图一、图五至图七　樊进　摄影
图二　吴佳恒　制图
图三至图四　樊进　制图

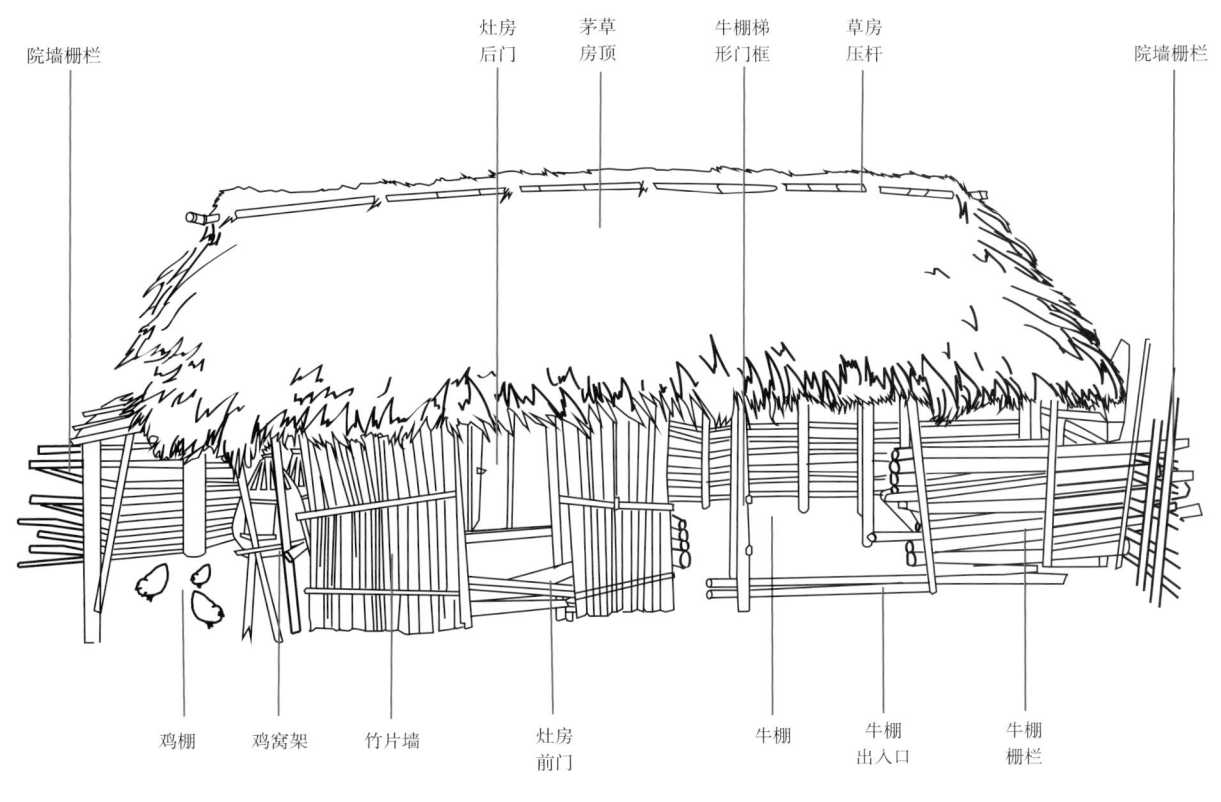

图二　景颇族灶房牛棚名称图

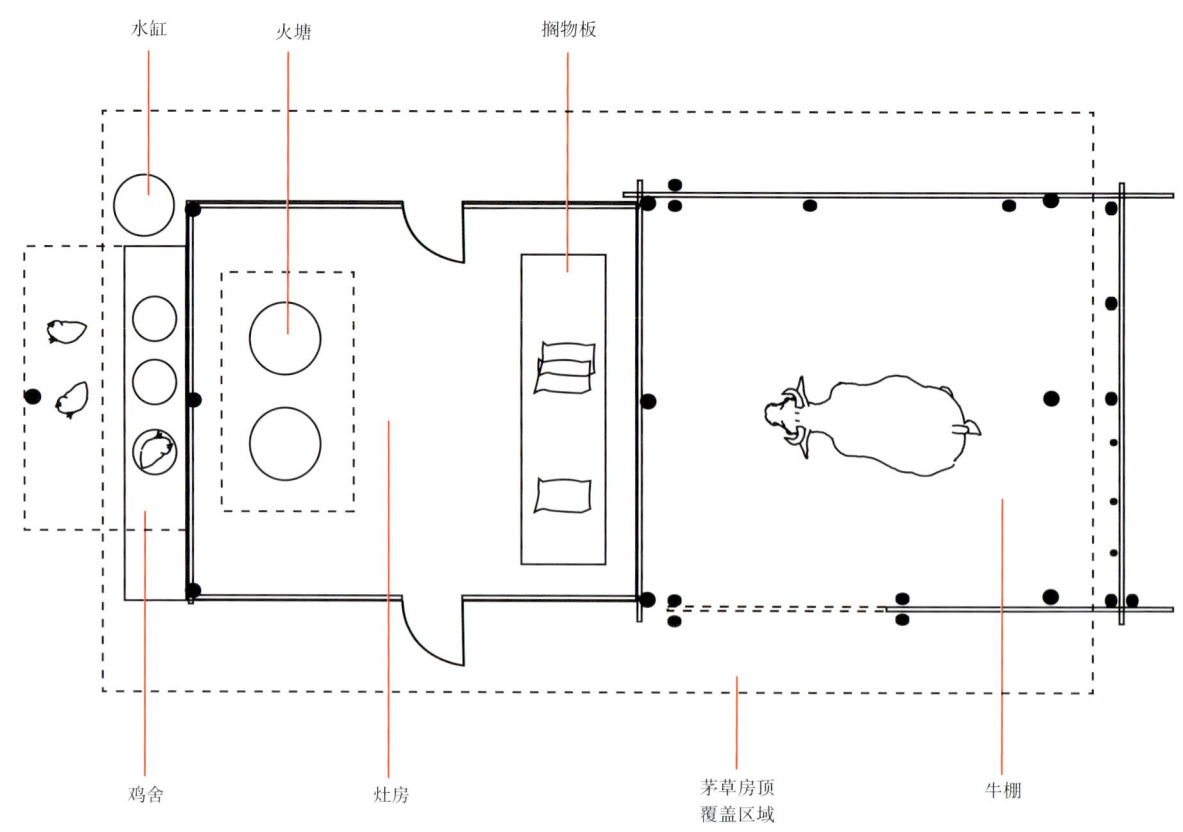

图三 景颇族灶房牛棚平面布局图

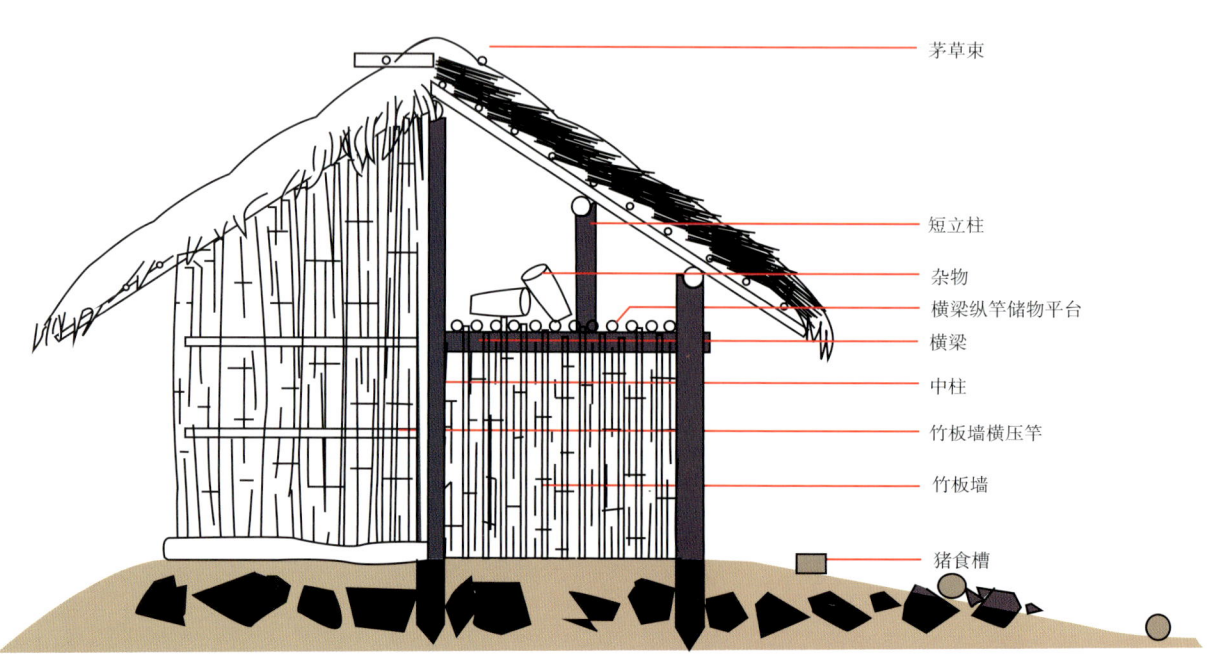

图四 景颇族灶房牛棚剖面图

图五　景颇族灶房牛棚情景图

图六　景颇族灶房情景图

图七　景颇族牛棚情景图

景颇族柴棚猪圈

图一 景颇族柴棚猪圈主图

景颇族的牲畜养殖方式是圈养和散养相结合，其圈养的建筑有独立建筑，也有和住房、柴棚等建筑相结合的组合建筑。猪圈和柴棚的建筑组合方式具有一定代表性。本案例拍摄于云南省德宏州盈江县卡场镇草坝村麦冬寨。猪圈与柴棚并列排开，柴棚呈长方形，宽约1.2米，长约3米，高约2.55米，猪圈长约2.3米，宽约1.9米。

本案例的柴棚猪圈共用一组中柱，是整体性很强的建筑组合，结构布局合理科学。猪圈的内边缘置于平台边缘，紧挨斜坡边缘，地势较低，有利于粪便等杂物排出。此组合建筑的中柱为最高处，固定于地面以下，三根中柱位于柴棚中间。猪圈位于东面中柱北侧，占小半的长度，大半长度为柴棚的位置。猪圈全部区域被北面的大坡面覆盖，都在中柱以北，中柱以南只保留了0.4米左右的短坡面。柴棚顶为南北对称的两面坡形，其坡度与猪圈一致，坡面将劈好的干柴完全覆盖。其顶部上面铺有白色半透明的厚塑料布，防雨性能优良。同时塑料布白天能够聚集一定的热量，增加木柴和猪圈的干燥程度。猪圈分为前后两个部分，前端为猪的进食区域，后方为猪的休息区域，中间用竹篱笆隔开，但在中间开了一个小门，可以让猪进出。此区域用毛竹竿上下垒排成墙，在四角交界处穿以纵向插连杆，用于固定竹墙。与柴棚一样，猪圈顶篷也铺满了横向和纵向的细竹篾。在猪的进食区域，顶棚用塑料布遮盖，而在猪的休息区域则用瓦片遮盖，达到避光、避声、防寒的效果。整个建筑物结构连接是传统的榫卯结构和竹皮捆绑相结合的方式。立柱与横梁间采用半卯榫的连接方式，即将立柱顶端削去一半，然后将横梁架在上面，最后再用竹篾缠绕绑定，这样可以使横梁与立柱的连接更加牢固。猪圈不仅可以和柴棚连接在一起，也可以放置到房屋边缘，也能独立地置于院落内部。

本案例用一组建筑组合解决了猪的圈养问题，使人畜分开，生活环境更为整洁清新；另一方面解决了干柴的存放问题，节约了建筑材料，增加了空间的使用功效，是一个实用性很强的案例。

图片来源
图一至图三、图七　樊进　摄影
图四至图五　张孙晨　制图
图六　张孙晨　樊进　制图

图二　景颇族柴棚猪圈其他视角图

图三　景颇族柴棚猪圈的内部结构图

图四 景颇族柴棚猪圈名称图

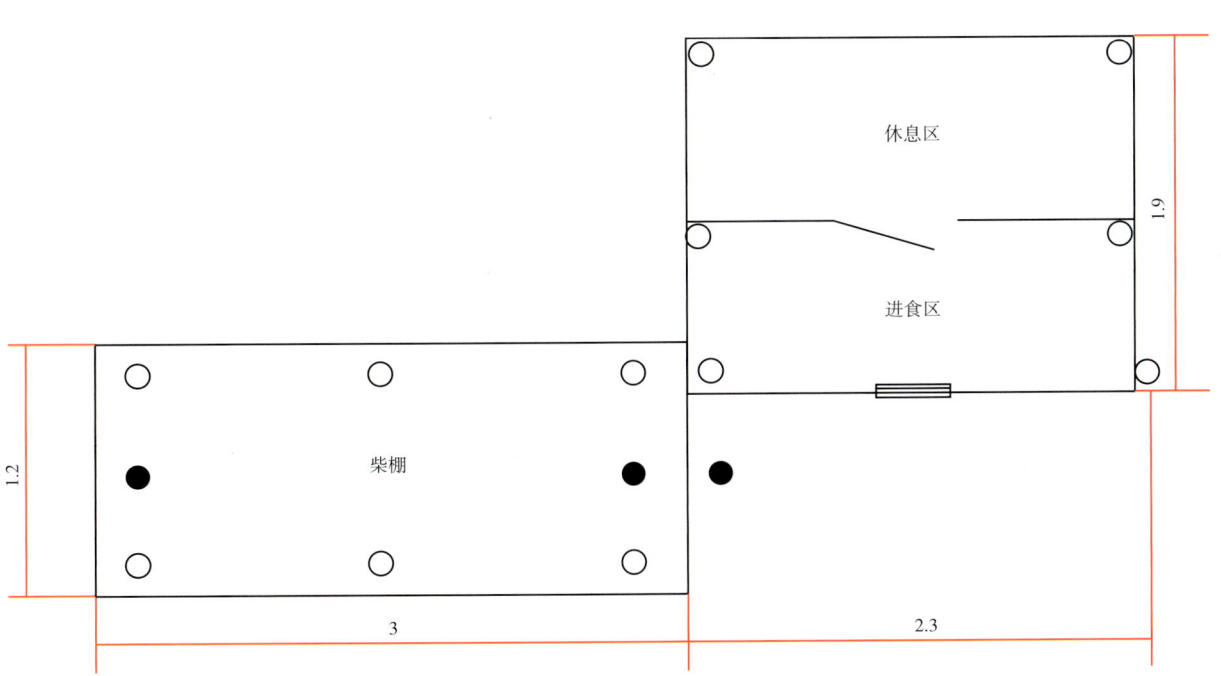

图五 景颇族柴棚猪圈俯视平面图及尺寸图（单位：m）

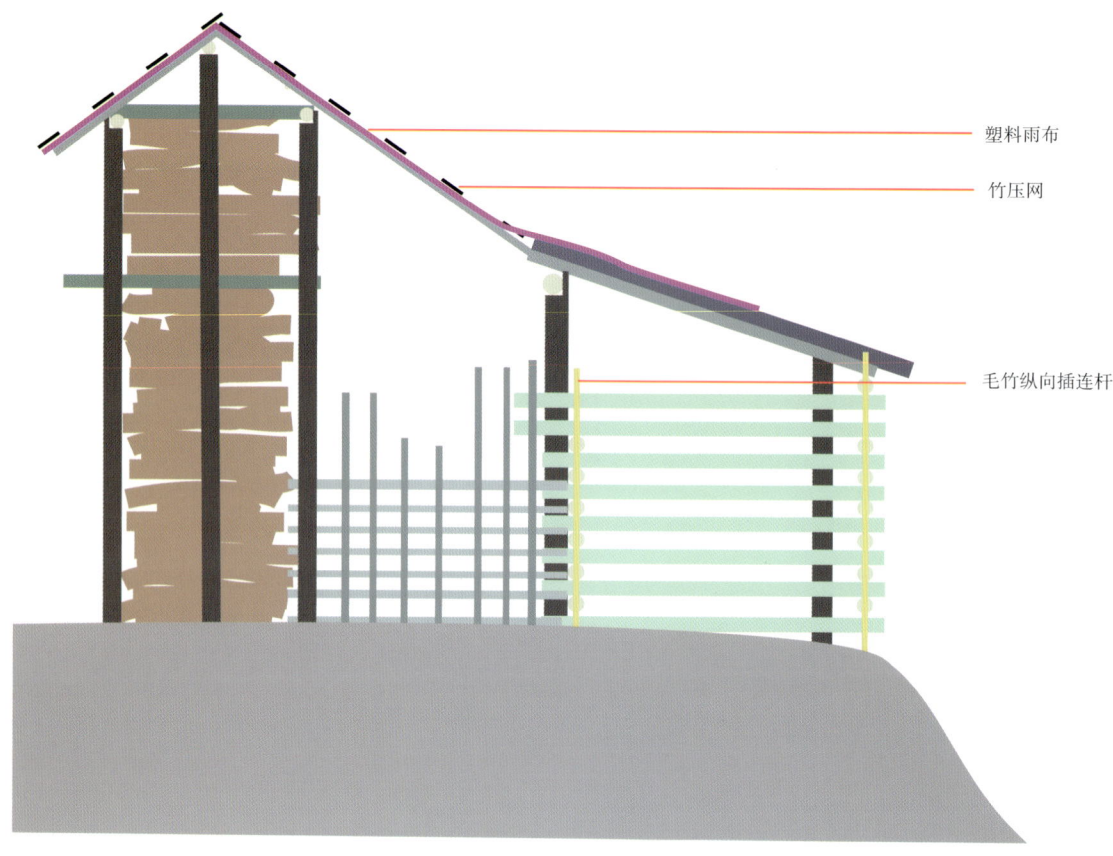

图六　景颇族柴棚猪圈侧面结构图

塑料雨布
竹压网
毛竹纵向插连杆

图七　景颇族猪圈延展图

景颇族木炭窑

图一 景颇族木炭窑主图

景颇族人在生产领域也有许多因地制宜的设计，比如用来制造木炭创收的木炭窑。本案例选自云南省德宏州盈江县卡场镇，20世纪八九十年代，景颇族人在一个较为空旷的地带建设了一组的木炭窑，整体为圆形的隆起结构，内部直径约4.4米，高约2.3米。

这一批窑口选在有约2米落差的地势之间，窑口的地势低且开阔，方便进出物料，从窑身底垂直而起是高约1.4米的平台，窑体大部分埋入其中，仅露出一半多的圆尖头，这样的设置利于用周围泥土来使窑体保温。从木材到木炭一般有两种方法，一种是窑烧法，一种是干馏法。本案例是典型的窑烧法。其结构造型与中原的窑体类似，也是圆柱体的窑身，圆形穹顶，是传统的民间定期木炭窑。区别是其窑身由砖围合垒砌而成，穹顶则用螺纹钢筋做框架，再用水泥浇筑而成。在穹顶开约直径0.13米的圆形烟道气孔洞，在进出口对面的窑体从底而上设置了4个烟道气孔。若遮盖住穹顶部的烟道气孔就是传统的下降气流式定期木炭窑或下式木炭窑。若关闭对面4个烟道，保留穹顶的烟道气孔，就近似上升气流式定期木炭窑，只是其底部没有直接加热的供火方式，因此，穹顶的孔洞更多的是用来观察和控烟控温，俗称火眼。这种穹顶式圆形窑可以让进入窑体的热气流得到更好的循环。热气流从下进入燃烧室上升至穹顶，再下降至窑底，之后通过窑体底部的烟道排出。这样可以使燃烧室的内部温度均匀，不留冷点。这样的窑形结构在理想的状态下，可以达到近2000℃的高温，而且可以有计划地分时控温。

综合来看这个景颇族的木炭窑不仅具备了民间传统砖窑的特点（穹体结构、砖砌墙体、土台保温），还进行了现代材料的革新（钢筋水泥整体浇筑穹顶），结实耐用。木炭窑的设计也是民族文化交流的结果，在窑体的设计上也进行了自我探索，有着一定的创新价值。

图片来源
图一、图五至图八　樊进　摄影
图二至图三　刘艳斌　制图
图四　刘艳斌　樊进　制图

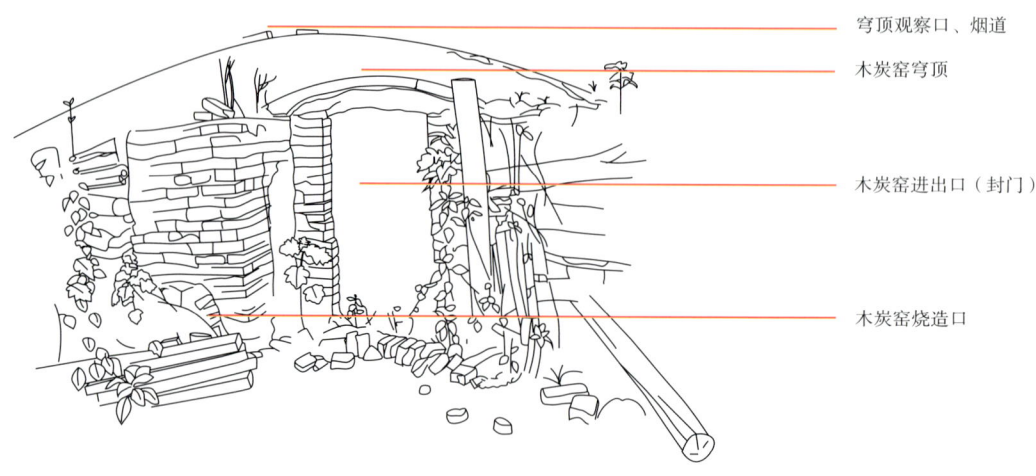

图二　景颇族木炭窑名称图

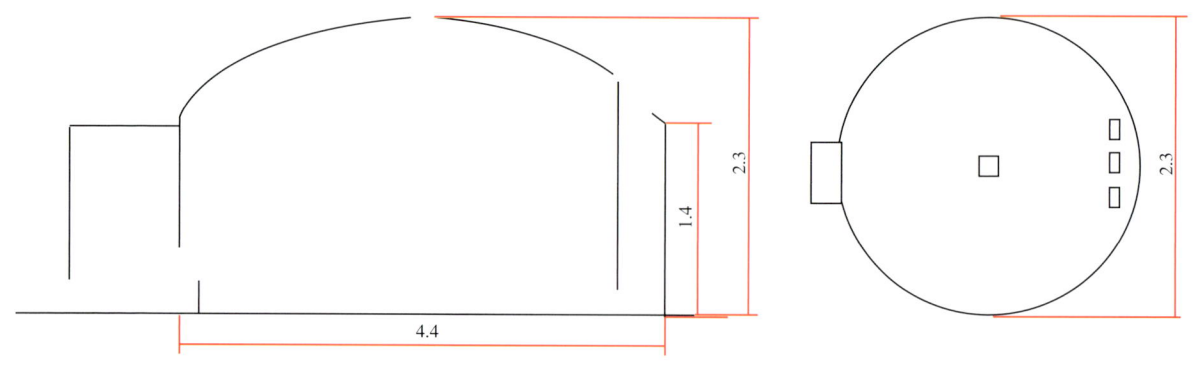

图三　景颇族木炭窑尺寸图（单位：m）

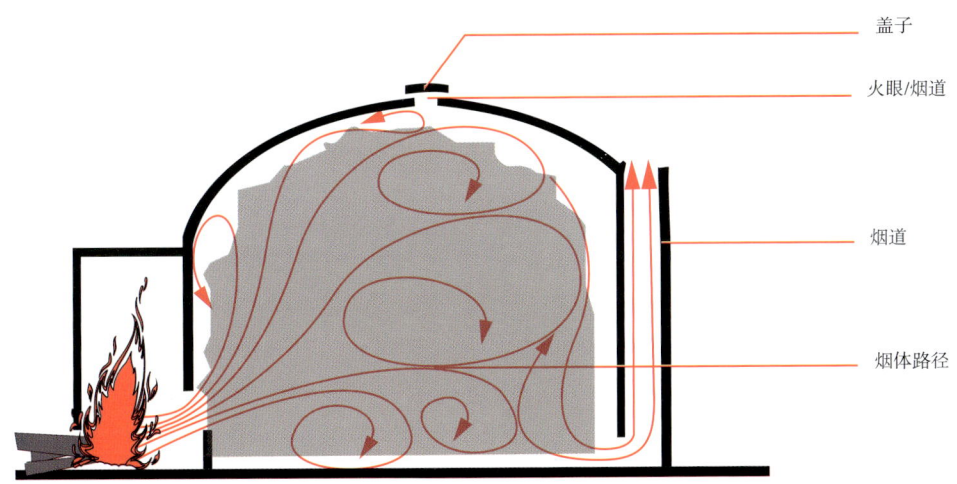

图四　景颇族木炭窑烧造原理示意图

图五　景颇族木炭窑内部图

图六　景颇族木炭窑延展图

图七　景颇族木炭窑穹顶情景图

图八　景颇族木炭窑烟道出口情景图

第二章 景颇族传统服饰

景颇族女子植物装饰

图一　景颇族女子植物装饰主图

　　景颇族女子用植物装饰身体、搭配服装，具有一种原始朴素的自然情怀，这样的造型别具一格，与景颇族人崇尚和敬畏大自然以及相信万物有灵有着密切的关系。本案例的植物从形态上判断是由插在头发上的蕨叶和戴在颈肩和腰间的竹管组成。景颇族女子头上装饰的是一根完整的蕨类植物的羽状复叶，长约45厘米，宽约15厘米，其脖颈和腰间绕系着并列式竹管串，竹管长约17厘米，直径约2厘米。本案例源自《中国少数民族头饰文化》，这种装饰多出现在目瑙节或其他重要的仪式、节日上。

　　这一组身体装饰选用了蕨类和竹类两类植物的典型材料特征，这两类植物与景颇族的生活息息相关。蕨类植物中的蕨菜是景颇族饮食当中的一道知名特色素食，竹子几乎是景颇族人生活生产的方方面面都离不开的绿色环保的多功能材料，直接用它们进行身体装饰，反映了景颇族人对于大自然的崇敬和歌颂。羽状蕨叶选材便捷，制作简易，只需用发箍和小黑夹固定于头发之上；竹管选用粗细长短一致的竹材，在一头横向开口，之后用黑绳穿成串。串的长短因人而异，因佩戴位置而异。羽状蕨叶具有较强的阵列秩序感，形式修长，间隙均匀，节奏轻重自然有序，具有一定的聚合发散的视觉效果。绕系在颈肩、腰间的竹管串以身体为中心，向四周发散式排列开来，呈放射状，在视觉上与头发上的蕨叶相呼应，具有强烈的节奏感和视觉扩散效果。绿色的蕨叶采用的是新鲜的叶子，在景颇族女子黑色浓密的长发衬托下显得更加油亮和神秘。竹管串是经年的淡黄色，颈肩上的竹管串在黑色衬衣的搭配下更为醒目，而腰间的竹管串在红色裙裤之上显得更为热烈。串联的竹管在运动中相互撞击，发出清脆悦耳的敲击声，则增强了舞者的节奏感和表演的感染力。这种采用与自身密切相关的植物进行设计的表达方式反映了其民族率真的性格、朴素的风俗习惯和奔放的感情，具有鲜明的节奏语言和原始的设计风格，也表现出景颇族人与自然的和谐相处的关系。

景颇族女子的植物装饰具有朴素的唯物主义风格，体现了景颇族远古装饰文化信息的遗存，传达了景颇族人对自然美的追求。景颇族人对自然的文化信仰饱含了其对生存环境的映照，对大自然的敬畏，对于我们今天工业大发展背景下的服饰装饰设计有着一定的启发意义。

图片来源
图一至图二　邱丽媛　制图
图三、图五　刘艳斌　制图
图四　邱丽媛　樊进　制图
图六至图七　樊进　制图

参考文献
李春生编著.中国少数民族头饰文化.北京：中国画报出版社，2002.

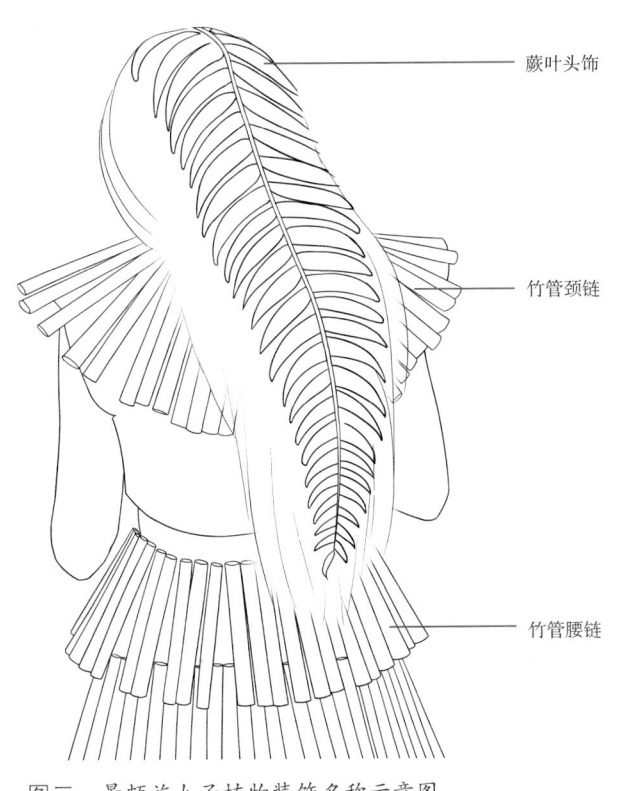

图二　景颇族女子植物装饰名称示意图

不规则的叶片，基本形成左右对称的格局

图三　景颇族女子头上装饰对称示意图

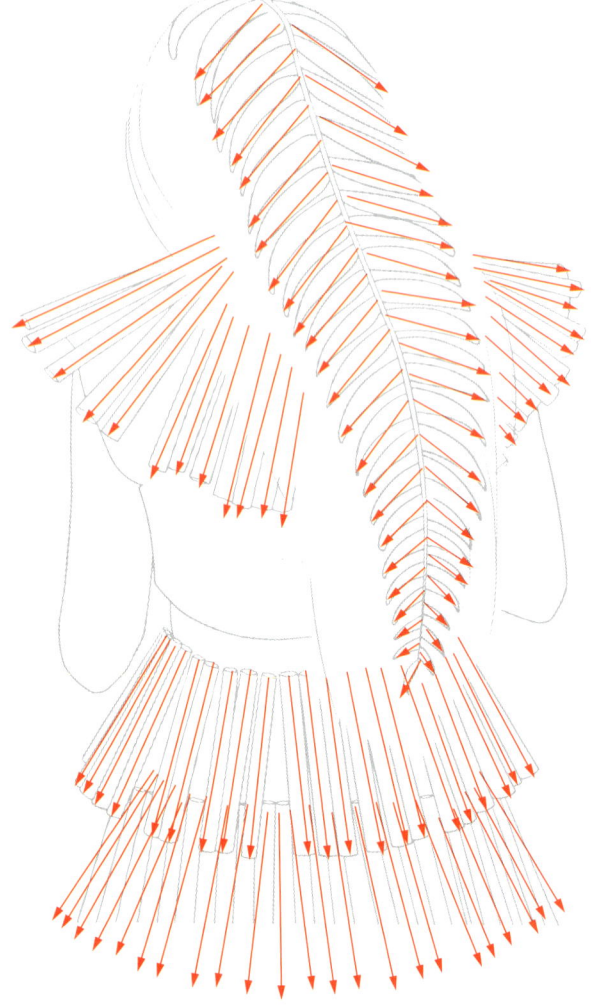

图四　景颇族女子植物装饰视觉形态分析图

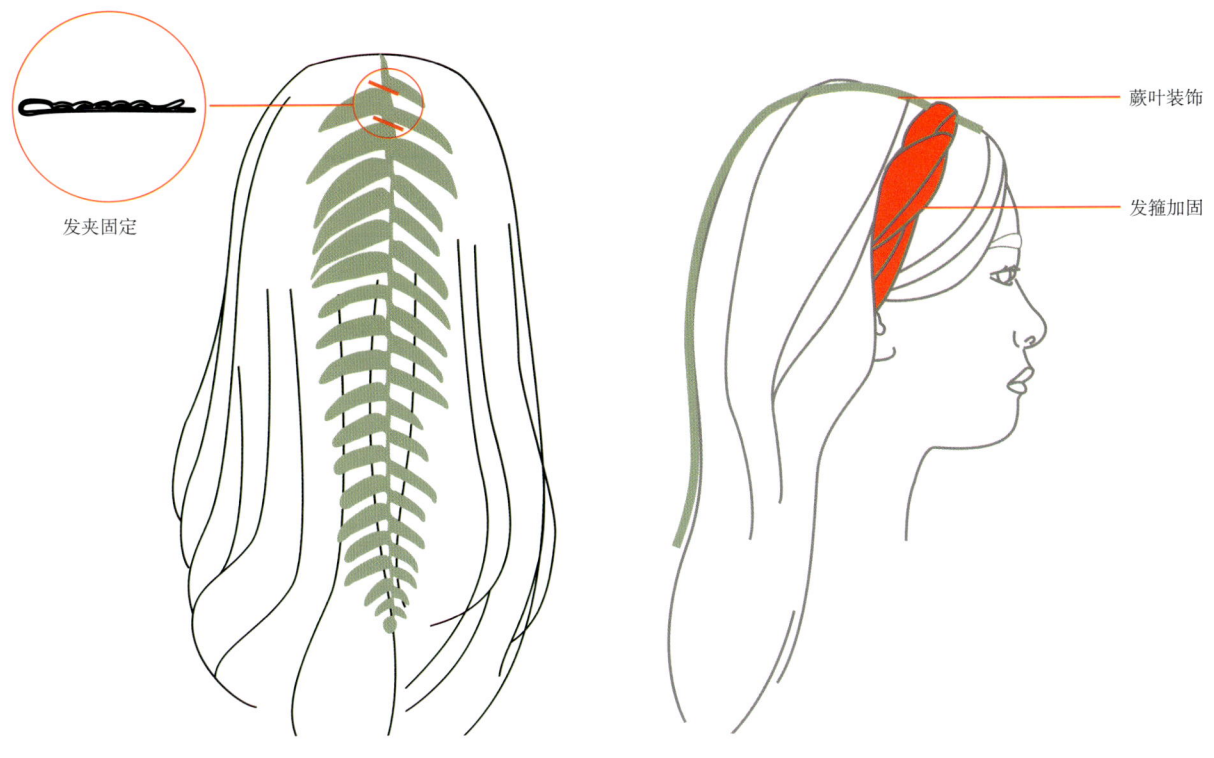

图五　景颇族女子植物装饰固定方式示意图

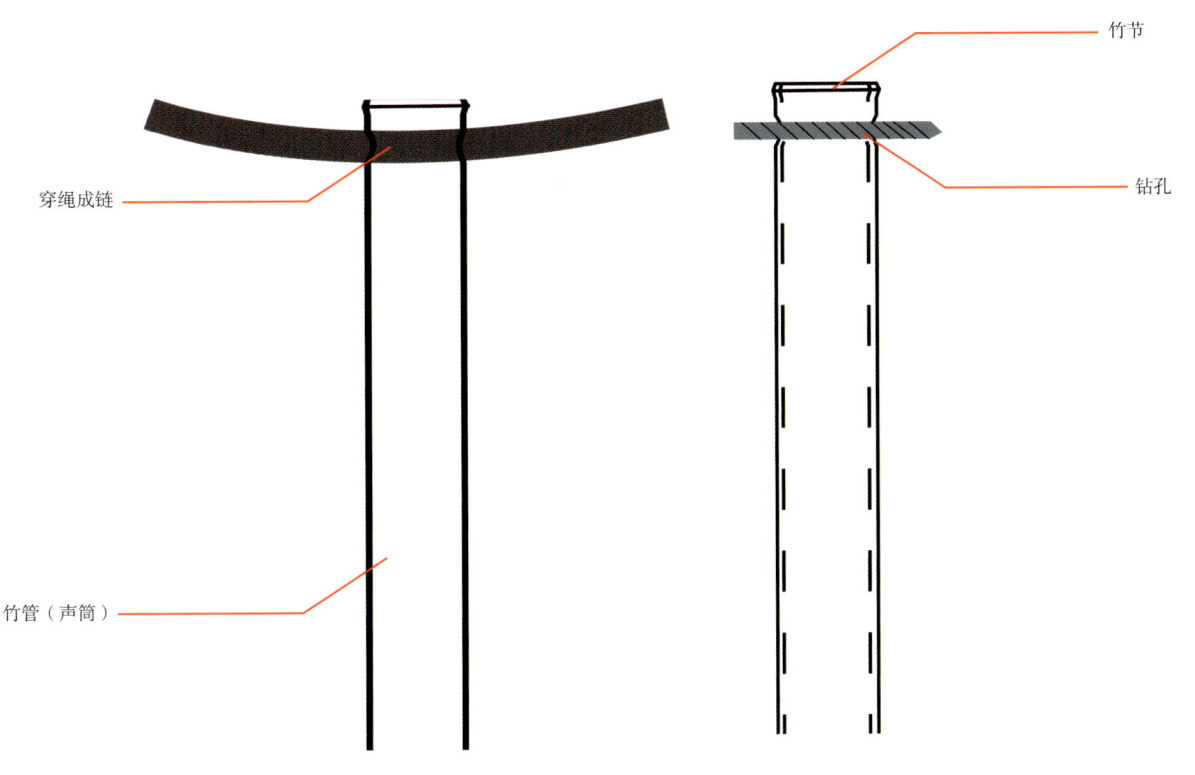

图六　景颇族女子植物装饰竹管结构分析示意图

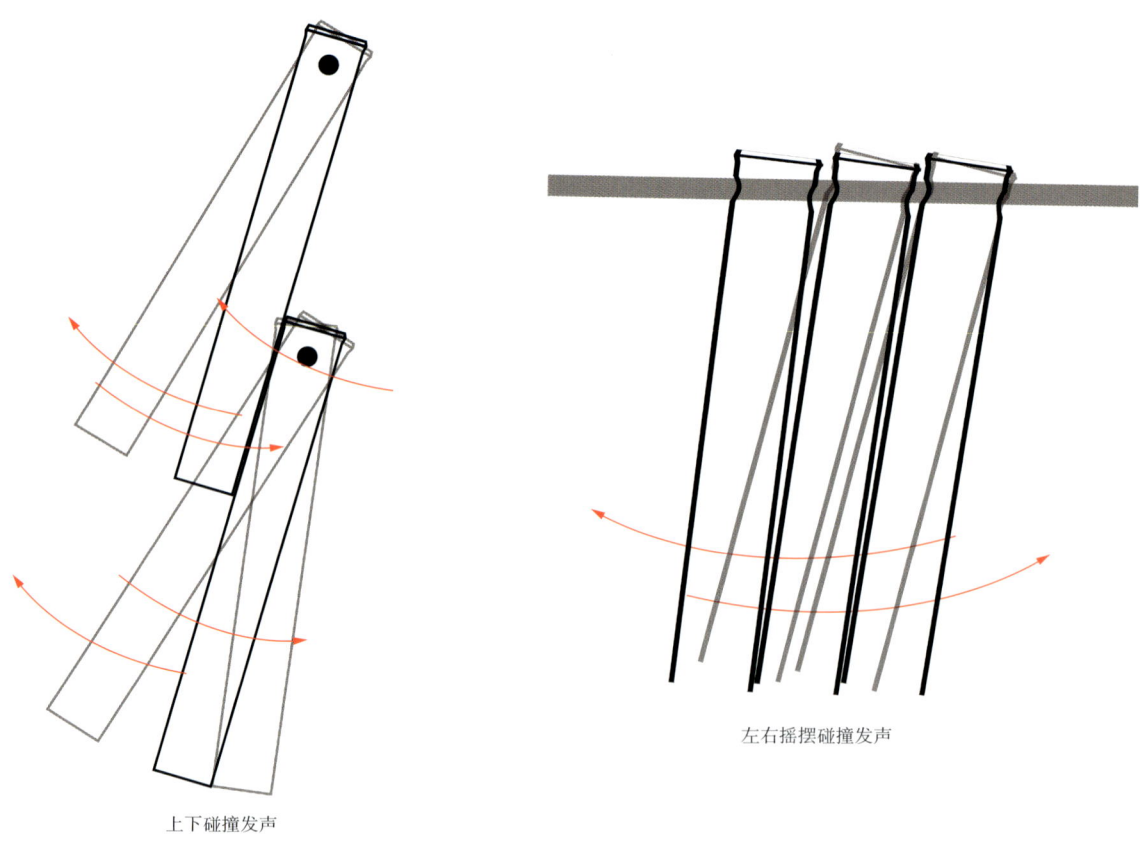

图七　景颇族女子植物装饰发声方式分析示意图

景颇族女子包头

图一 景颇族女子包头主图

包头是景颇族已婚女子的必备装饰，景颇语称之为"屋摆"，是头部的主要设计造型。景颇族女子婚后常带红毛线织造的包头，40岁后开始蓄长发，在头顶上作发髻，外部包裹红黑色或黑色、蓝色等长头巾，长的头巾可达400~600厘米，缠绕之后的体积和高度都较为庞大。如今景颇族包头大致有矮筒状、长筒状和尖顶状三种，这和不同的景颇支系或区域有一定的关系，这些造型夸张的包头在重要的节日或活动中都会盛装佩戴。本案例选自云南省德宏州盈江县铜壁关乡，是当地改良后的景颇族女子包头，属于矮筒，其长约99厘米，宽约20厘米，厚度在0.2~1.8厘米之间，是一位精神矍铄的景颇老太太喜爱的包头。

本案例是环绕包裹耳部以上头部的包头，其展开平铺后是一个长条形，由三段不同质地的长方形布拼接而成：第一段为两层黑色绒布相对缝合而成的长方形，它是包头环绕包裹的起始部分，一般从头的右侧太阳穴的位置开始向后脑方向缠绕，可以绕到左耳附近；第二段为织多种图案的长方形红底单面织锦，这些图案有菱形"课令"纹、青蛙纹和竖条纹，此织锦四周缝缀凸起的以红色为主的五彩绒线球；第三段以红、黄、绿相间的彩带为主，在与织锦主体连接的地方，编织了由腰鼓形的金属色长珠组成的菱形结，起到加固和装饰的作用。传统包头的佩戴方式为包裹一圈后将多余的部分由下而上塞进头和包头间隙，并将尾部垂坠在外侧。此部分垂坠的须状装饰样式也多种多样，有的是几缕彩色的线，有的是线上穿闪亮的珠管，有的在尾部垂坠彩色的绒球。在20世纪30年代左右，其包头相对较长，可以绕头部几圈，此时的包头尾部就直接塞进外部的包头圈层的缝隙之中，以方便固定。现代女士包头大多只保留了其装饰性的功能，简化了传统包头的层次，为了方便，有的直接将其缝织成固定的筒状，根据头型尺寸，做出不同规格的包头，可以直接佩戴，上面的结扣或者彩条直接缝制在上面，垂在右耳一侧。本案例色彩设计以黑红色彩为主，对比鲜明。黑色绒布上无图案装饰，是包头的基层，红色部分为主要的装饰部分，红黑比例接近黄金分割比例。目前所见的景颇族妇女的织锦包头与他们的筒裙色调和纹饰是一个体系下的不同组合。装饰的图案和元素基本相同，有的包头装饰图案较为复杂，有25~30种之多，每一种图案的背后都有其特有的文化含义，它们同样记载着景颇族迁徙的历史，记载着景颇族在与自然环境对话中创造出的特殊文化符号。

包头作为景颇族有代表性的服饰之一，在不同的历史时期会有不同的变化。据目前所见资料可知，我国20世纪20到50年代，包头较为朴素，多为单色的黑或蓝布裹头，有的体量很大，也有平素的缠裹，没有固定的样式；现在所见女士包头形制样式都有了明显的变化，在视觉和造型上都有着一定程度的革新，装饰性也大大增强。这种变化充分反映了景颇族文化的包容性和开放性，也正是这些特性使景颇族现代服饰的多样性得到了长足的发展。

图片来源
图一、图六、图八　樊进　摄影
图二、图四至图五　刘艳斌　制图
图三　陈圣鋆　制图
图七、图九至图十　李向前.景颇族文史画册.昆明：云南民族出版社，2007.

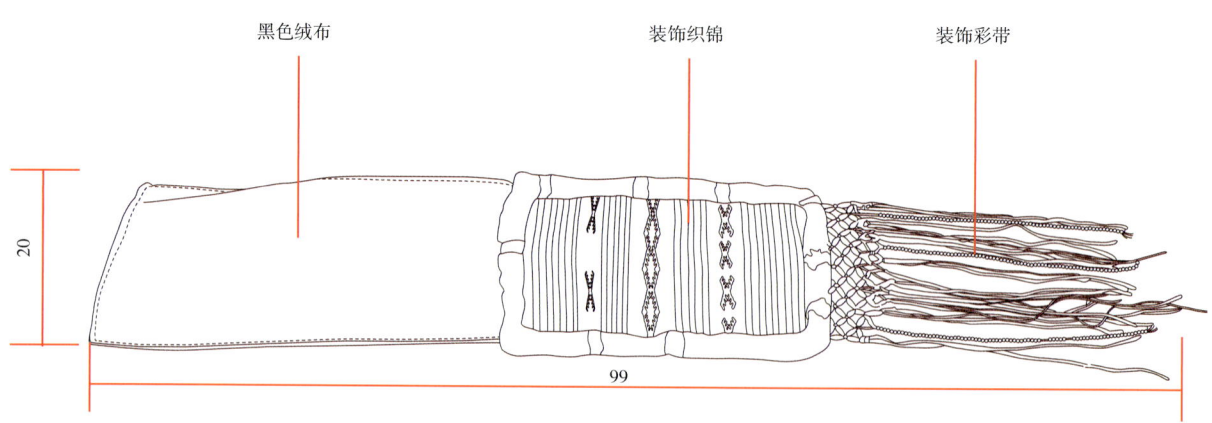

图二　景颇族女子包头名称尺寸图（单位：cm）

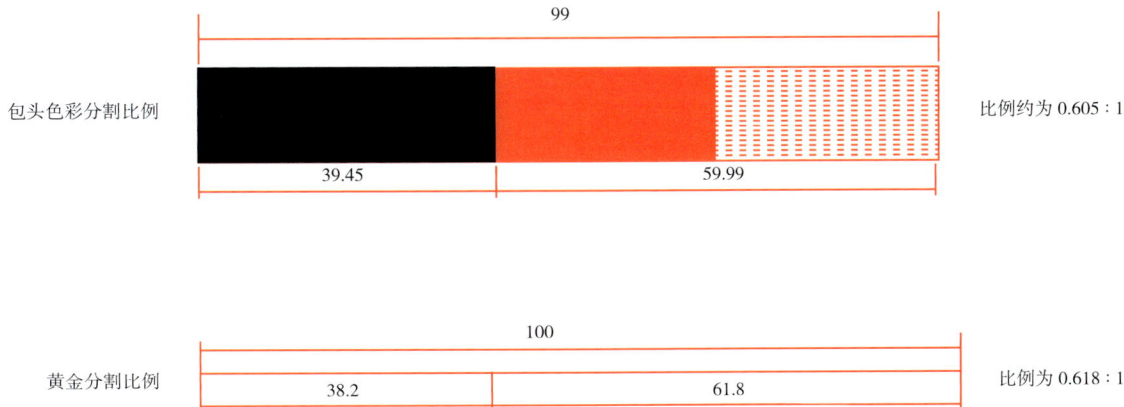

图三　景颇族女子包头比例分析图

图四　景颇族女子包头色彩分析示意图

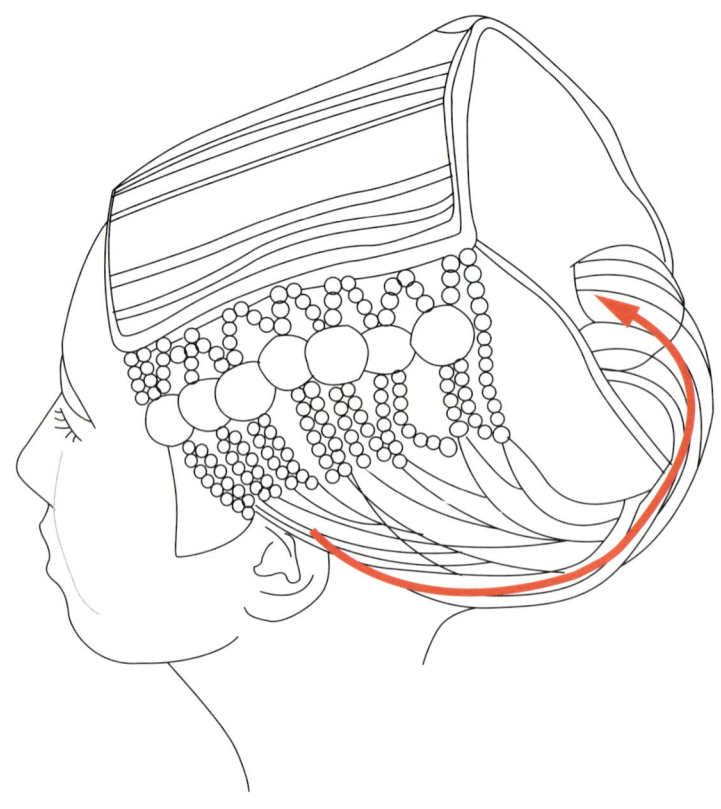

图五　景颇族女士包头佩戴示意图

图六　景颇族女士包头使用情景图（一）

图七　景颇族女子包头使用情景图（二）

图八　景颇族女子包头延展图

第二章　景颇族传统服饰

图九 景颇族老年女子传统包头情景图

图十 景颇族女子盛装中传统的黑色包头情景图

景颇族织锦女盛装

图一　景颇族织锦女盛装

景颇人的盛装服饰是景颇人在盛大、重大节日时穿着的服装。这些服装最能体现一个民族的鲜明特色，在款式造型、用料、贵重程度等方面都是一次隆重的展示，身体上下能装饰的部分都尽可能去修饰。景颇族女盛装通常会在黑色的上衣上缀满银泡等，而本案例另辟蹊径，用精制的红蓝布等缝制并进行设计造型，也同样精彩。这件女盛装选自云南省怒江州泸水县，拍摄于云南省民族博物馆，其形制与该县的景颇族支系茶山人非常相近。

本案例整体分为四个部分：包头、上衣、筒裙、贝壳腰带。在颜色搭配方面以对比手法为主。包头以黑布为基本色调，上面缀满朱红、粉红、玫红、暖绿、中黄、乳白色的毛线织成的褶皱状花朵，其展开为一条黑色长条绒布，两头缝缀六色的褶皱状花朵；其上衣以深蓝色为基调，在肩袖连接处、袖口和上衣下中部绣了红色为主的图案。其中肩袖连接处的装饰部分是红底白中带粉红的花加蓝叶的花片，花丛中点缀了白、黄、蓝色的小点，其花卉图案的排列方式是四方连续，在肩部正中位置则用白线缝了一排白色圆形的纽扣，中间七粒，两头各两粒，花片四周有白色和中绿色条状收边，显得精致扎实。两侧袖口处各绣了两条宽度相等的花片，里面是蓝底白点的有序图案，外侧是红底上由黄、蓝、白色等组成的图形。在上衣的下中部续接了一块朱红色的布，其宽度约占上衣总高度的 1/3，其上边与蓝衣相接处设有一条白色收边，它是上衣红蓝两色的分野之处，紧邻的白色收边上面用白色线缝缀四对白色的纽扣，左右两侧各两对，处于白色收边三等分的位置点上。从折翻过来的白底红花的衣领可以看出，其设色的方式刚好与肩袖连接处以及袖口前端的装饰花片是相反的，有一种反转式的对比效果。这两种对比自然和谐，呼应性强。承接上衣的是黑底绣彩色纹饰的筒裙。筒裙视其高度，通常由三段景颇织锦缝合而成，本案例的纹饰也分为上中下三个部分，上部和中部相对简约，以大面积黑色为主，在连接处有数条暗红、中黄、中绿、白色等横向平行线装饰。中部下方连接处有 W 形连续折线状波浪纹，此折线由朱红、中黄、粉红三色自上而下组合而成，其间隙绣有黄色和绿色的菱形的南瓜子纹。下部装饰最为繁盛，作为整体服装的收尾部分，其运用了大量的宽窄条纹，这些条纹用黄色或红色为底色，里面纹饰对应的用红色或黄色进行同类对比。在筒裙的正前方自上而下绣一条以红色为底的彩带，其上绣有罂粟花图案。罂粟花图案采用了四方连续的排布形式，其色彩分为蓝、绿、黄、粉红四种花色，这四种花色斜向 45 度纵向叠加。此图案左右两侧分别用近似 X 和反 S 的图形纵向等距排列。在这两组长条图案外侧分别绣有半罂粟花的图纹。在筒裙束腰位置系有三圈白色贝壳穿成的腰带，贝壳在人类的原始时期就作为财富的象征，在这里则更增添了装饰色彩。在正面筒裙的两侧设有红、蓝、白相间的外部装饰裙体，在边缘装饰有白色的纽扣。

泸水县茶山人是景颇族支系之一，其保留了景颇族古老的民风民俗，在服装上面也有着独树一帜的设计风格，从本案例的分析可以看出，其与其他支系的盛装有着一定的相同元素和搭配方式，也有着别样的装饰手法和穿着方式，给人耳目一新的视觉感受，令人印象深刻，具有重要的学术和实践价值，有待于进一步研究和挖掘。

图片来源
图一　樊进　摄影
图二至图三　孙伟业　制图
图四　汤懿　赵顺　制图
图五至图八　李向前.景颇族文史画册.昆明：云南民族出版社，2007.

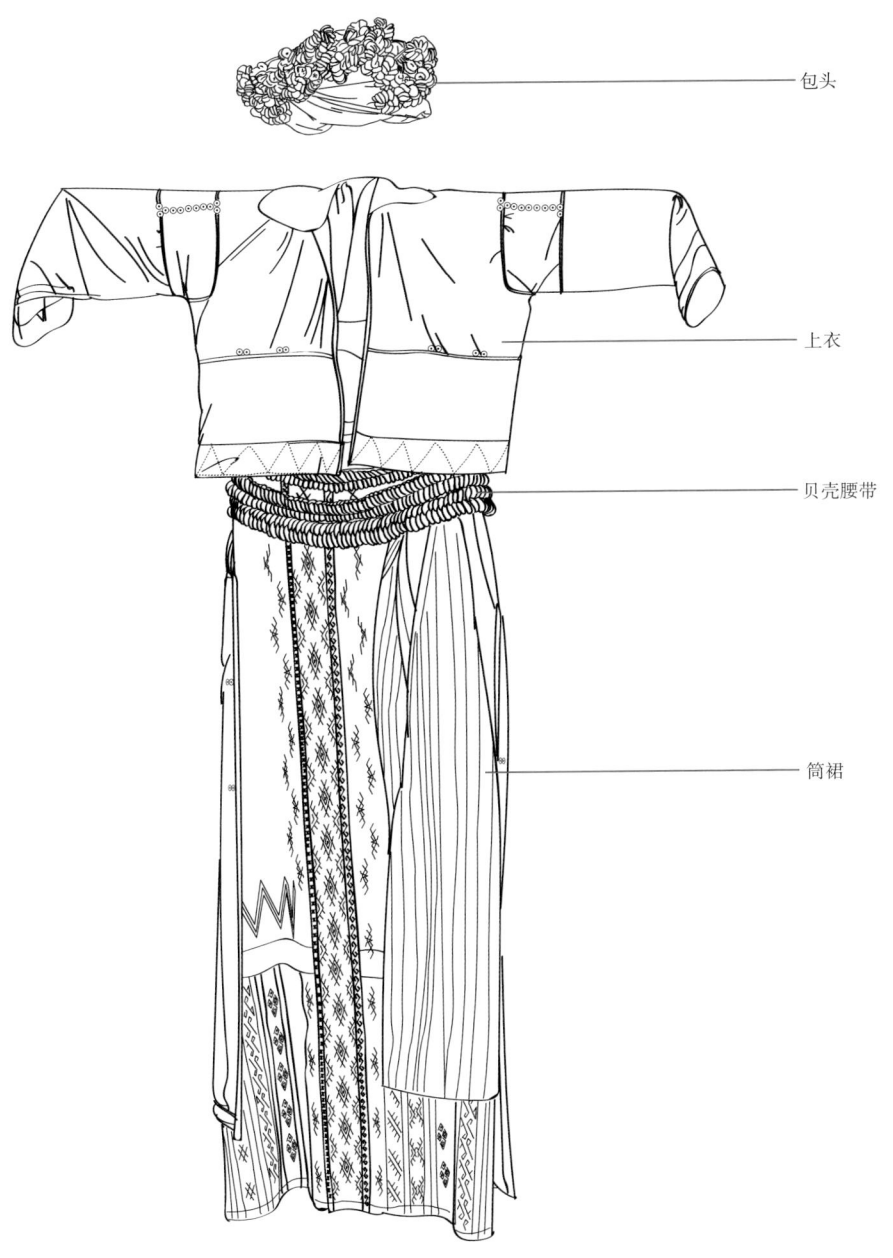

图二　景颇族织锦女盛装名称图

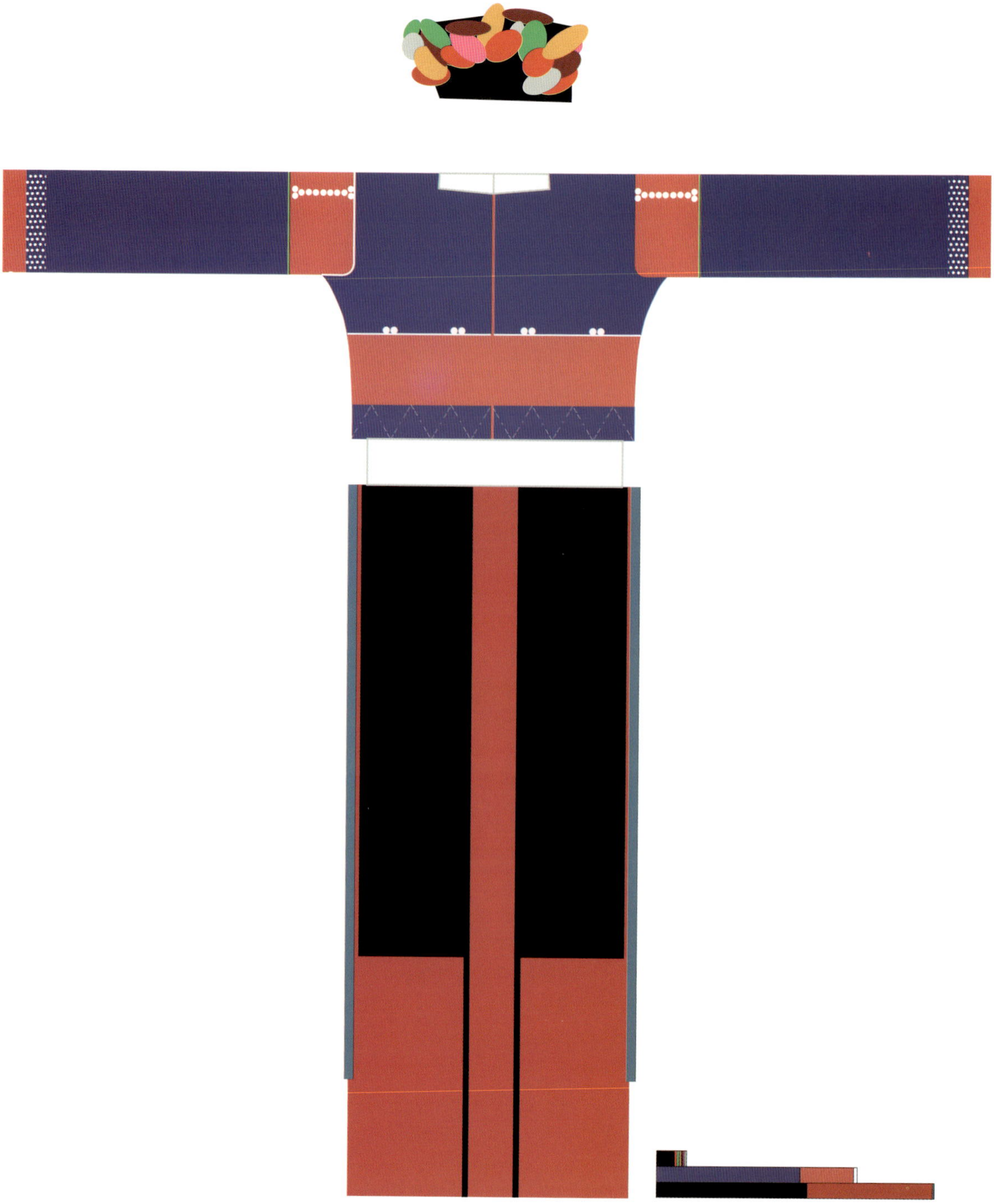

图三 景颇族织锦女盛装色彩分析图

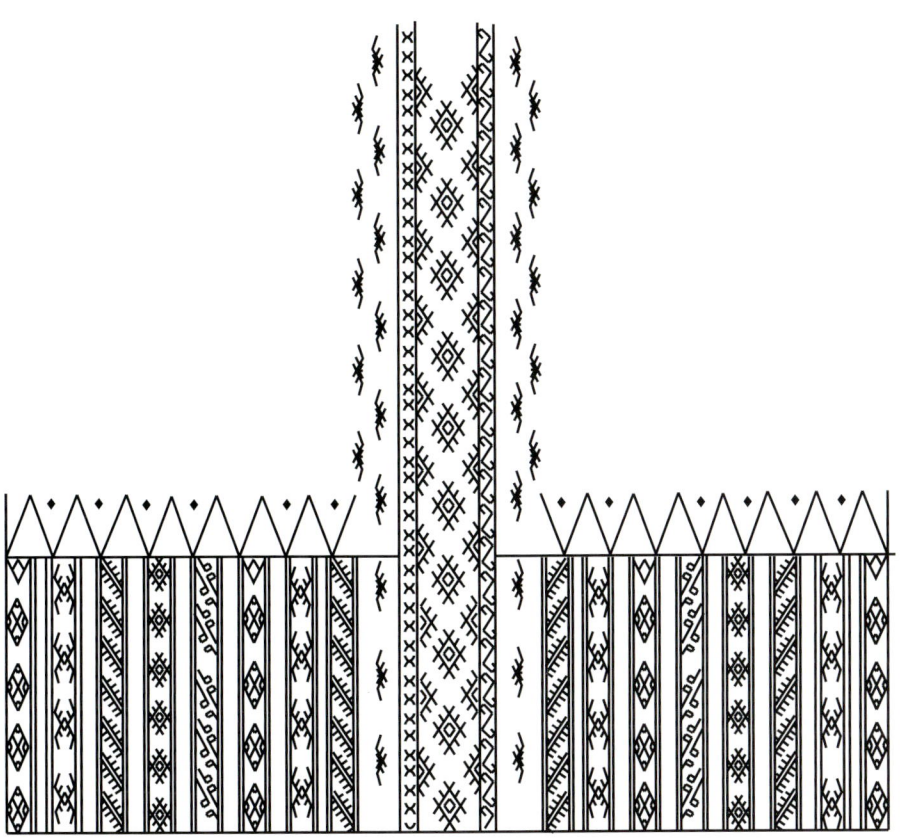

图四　景颇族织锦女盛装筒裙图案示意图

图五　景颇族织锦女盛装延展图（一）

第二章　景颇族传统服饰

图六 景颇族织锦女盛装延展图（二）

图七 景颇族织锦女盛装使用情景图（一）

图八　景颇族女子织锦女盛装使用情景图（二）

景颇族女子盛装

图一 景颇族女子盛装主图

景颇族女性传统服饰具有浓郁的民族特色，而且在不同的区域其服装也有着不同的表现方式，这一点在景颇族女子盛装上体现得尤为明显。本案例便是选自云南省德宏州盈江县长平区阿都寨的景颇族女子盛装，由以红色为基调的彩色头帕（包头）、系有银泡的黑色对襟上衣、彩色腰箍、红黑为基调的筒裙和绑腿五部分组成。头帕高约13厘米，周长约54厘米，对襟上衣长43.5厘米，袖长45厘米，腰箍径30厘米，筒裙高90厘米，绑腿通高 25 厘米。（案例选自李昆生、周文林主编的《云南少数民族服饰》，2001 年由云南美术出版社出版）。

本案例的景颇族女子盛装是目前较为多见的一类款式。其在色彩设计布局方面，整体以黑色、红色和银色为底色，在服装上点缀了黄色、紫色和绿色的图案，红黑两色是景颇族人喜爱的色彩，也是经典的色彩搭配，以此为背景的图案在点、线、面的设计中采用了黄色作为明度较高的色彩，将黄色的补色——紫色作为相应的对比调和，其明度较低，在红色的背景之上既有热烈的扩张效果，又有冷静的收缩效果。银泡在黑色的上衣上面显得更为亮眼，其球形的凸起圆面和有珠粒效果的锥形银穗等在平面的布局上面显得层次丰富且灵活多姿。在纹饰符号方面，主要体现在头帕、筒裙、绑腿和腰箍之上。头帕为红色布，以织锦的方式来制作，头帕中间的装饰区域是图案的集中地，上下两排五彩绒球，中间二方连续的菱形织锦图案，中间夹杂黄色、紫色和绿色的线织成的图案，有"党强"图案、螃蟹图案以及数列线性条状图案等。下身的织锦筒裙由上下两部分拼缝而成，上段是黑绿色的棉布，平素无纹饰，

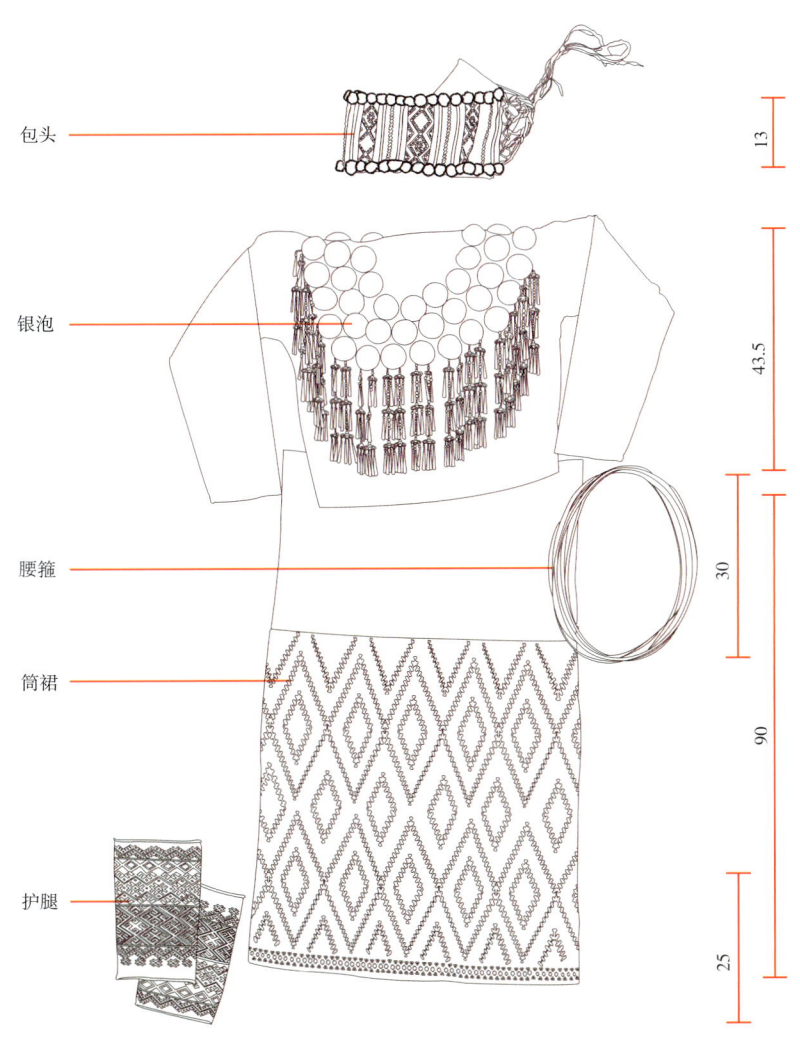

图二　景颇族女子盛装名称尺寸图（单位：cm）

下段以红色织锦为主，织以两组相对的黄色折线纹，沿折线纹上下织以紫色、洋红色、深红色和黄色的V形折线。相对的折线形成菱形的单元组合，从某种程度上既保留了景颇族人曾经跋山涉水迁徙的象征意义，也能够在不同的组合形式下形成相对灵活且坚韧的菱形，保留了进取的锐气。这样折线组合的菱形形成嵌套式图案，二方连续纵向排列。筒裙的红色部分也由两段织锦拼合而成，其下摆位置设有类似X或V形交叉纹的纹饰边，横向三组。黑色对襟上衣为圆领斜襟结构，在其肩、胸及背部缝缀了3圈大银泡，最下面的一圈银泡在每个银泡的下边缘穿两孔，每孔穿挂一串三层银穗坠，每层设左右对称两个。其上面两层为一个挂圈和三个缀圈结构。第一层左右两侧穿挂银缀，第二层在中间圈环也穿挂银缀，第三层也就是最下面一层，其穿挂结构为一挂圈四个缀圈结构，即缀挂了四个银穗缀。这样的排布由一个银泡到两个银缀到三个银缀到四个银缀，是一个明显的数量递增的关系，在视觉上和逻辑上给人生生不息的感觉。景颇族女子腰间系有彩色腰箍，通常由篾片和麦秆制成，表面髹五色漆。现在多流行在表面多裹以不同纹饰的彩色布，从图形纹饰上来看，本案例多是如此手法。本案例的绑腿是在黑色织锦上面织红色菱形罂粟花、青蛙等图案，装饰性很强。

本案例的景颇族女子盛装是盈江县的盛装服饰之一，有着较为明显的民族特征，也有鲜明的个人特色。在整体样式、设色布局方面有着较为一致的共性，在具体的纹饰处理方面也有着自己的喜好和理解，图案的表现方式有自己的考虑。这些图案和纹饰在现代的景颇族女子的便服中也有了进一步的表现，图案形态趋于多元，在沿用传统的菱形图案的基础上，又增添了新的变化，采用明显的大开大合、解构变换重组的手法，使其图案变化非常丰富。随着服装材料工艺的革新，景颇族女子服装在样式、色彩和图案等方面都会出现新的设计变化和革新，但其内在的文化动力会随着深入生活的程度而不断增加。

图片来源

图一　李昆声，周文林.云南少数民族服饰.昆明：云南美术出版社，2002.

图二至图五　陈圣鋆　制图

图六、图八　樊进　摄影

图七　李向前.景颇族文史画册.昆明：云南民族出版社，2007.

包头

筒裙

护腿

图三　景颇族女子盛装织锦图案结构与色彩分析

"包干嘴"图案

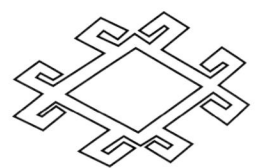
老虎脚印,属于小图案,也叫"课筐"

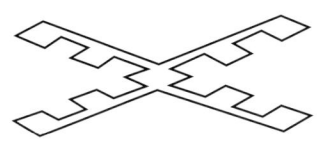
"奇缅课",也叫"同掐"图案

"螃蟹"图案

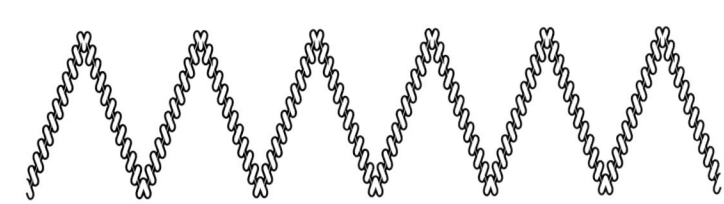
"课令"图案,意为椭圆圈图纹

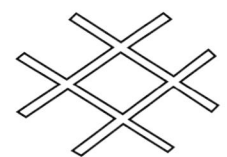
"毛噪课"图案

"起撮"图案,意为尾接尾

"起麻课"意为散脚趾

"省国"图案

图四 景颇族女子盛装织锦图案结构分析图

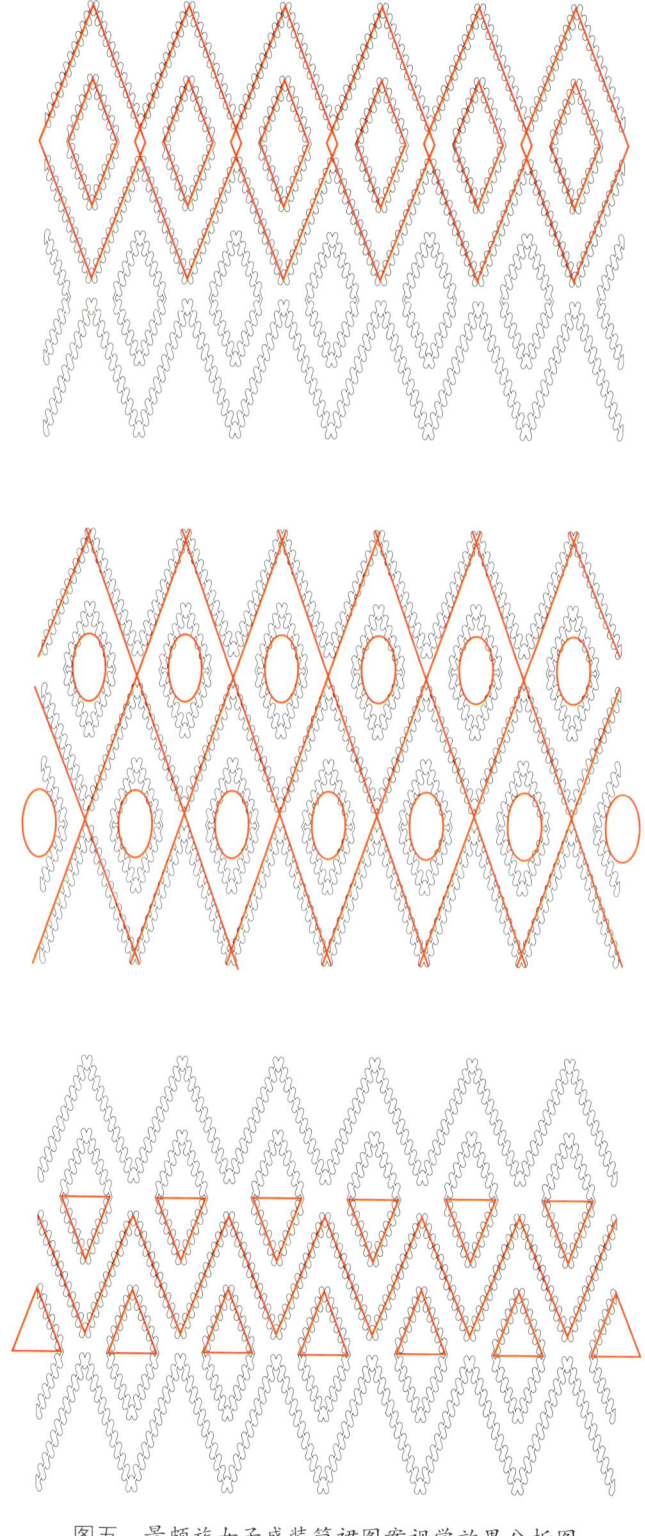

图五　景颇族女子盛装筒裙图案视觉效果分析图

图六 景颇族女子盛装使用情景图（一）

图七 景颇族女子盛装使用情景图（二）

第二章 景颇族传统服饰

图八　景颇族现代女子常服

景颇族织锦筒裙

图一　景颇族织锦筒裙主图

景颇族传统筒裙是景颇族织锦方式中最具代表性的，因其图案丰富、色彩艳丽、装饰感强烈深受景颇族女性的喜爱。传统的筒裙多由麻、毛、棉、丝、草等材料织成，早期的筒裙装饰花纹在两端，用简略的线条色带来表现，被称为"拾罗勒布"。后期的装饰面积逐渐增大，成为中间的主要部分，整体装饰较为丰富，图案变化多样，有热烈奔放、生机勃勃之感，被称为"嘎东勒布"，中间上层部分，颜色较为素淡。筒裙常采用素锦和彩锦两种工艺相结合的手法。本案例的景颇织锦筒裙是云南省德宏州潞西市的一款机排自序图筒裙，长约143厘米，宽约76厘米。

景颇族传统的筒裙由多层（块）织锦缝合拼接而成。本案例便是由上中下三条织锦缝合而成。这种拼合主要受制于织锦的幅宽，一条织锦，其宽度可以作挎包，多条的缝合便可以做筒裙、衣服和毯子等之类。其两侧是红色彩锦，是装饰性较强的裙边，中间为筒裙主面。传统的景颇族筒裙通常中间是棉麻类素锦，两侧为羊毛等彩锦。本案例在上层中间保留了一段黑色素锦，其余部位为红底彩锦。通常中老年的筒裙中间部分以素锦和纹饰较少的彩锦为主，年轻人的筒裙相对绚烂多彩些。本案例在设色方面依然是沿用景颇族喜爱的传统黑红色系为主，在红色织锦上织以黄、蓝、紫、白、绿色的图案。整体呈现的是红黑两色的对比，间以黄、蓝、紫、白、绿、黑色的线性图案的穿插。整体布局采用了四平八稳的对称手法。筒裙的主面以红色织锦为底，织以两排菱形套色组合，黄色菱形为外框，在菱形内部和上下间隙织以黄、蓝、紫、白、绿五色菱形纹。这些菱形是由代表景颇族当地的特色蕨类植物的叶子的图形围成的，两边连续的半圆图案类似于景颇族传统织锦图案中一种叫"起麻课"的图案。在底部裙摆位置织以类似"同掐"图案的 X 形，上下两排交错相连，以二方连续的布局排列。在中间黑色素锦两侧各穿插织一列等边三角形，同上五色，色彩分布较为自由。菱形装饰区两侧用黑色竖条予以划分，向外又各设一列黄色蕨叶图案组成的波浪线、五色断线和"同掐"图案。这些菱形图案可以看作是由对称的折线组合而成的。景颇族的筒裙按照制作工艺分为机排自序图案和手工挑花两种，手工挑花筒裙，在织锦上绣花，工艺相对复杂，图案内容丰富多样，数量较多，几何布局图案变化多端。机织筒裙图案相对固定，装饰效果有现代感。

景颇族的筒裙通常图案丰富、色彩艳丽、工艺精巧，多为青年女性在节日庆典、婚庆场合、走亲戚、参加重要活动时穿着。成年人的筒裙，通常由三块横幅织锦拼成，儿童裙则是由二块横幅拼成。筒裙由一块长方形布围合扎紧而成，也会在腰部再系一圈红色织锦腰带系扣固定。这样的筒裙展开就是一块毯子，卷起来就是背袋，一装多能，也反映了景颇族人迁徙中的服饰文化变迁。

本案例的织锦筒裙是景颇族织锦的精华表现之一。在设色、图案布局方面都体现了浓郁的景颇族特色。景颇族的筒裙图案有几百种，组合形式多样，变化丰富，每个图案都是一种符号，其背后有特别的文化意义，讲述着景颇族人的生活故事，像一部象形文字的书籍，记录了景颇族的文化密码。

图片来源

图一　石木苗.景颇族织锦.昆明：云南民族出版社，2007.

图二　林恩迎　刘艳斌　制图

图三　樊进　制图

图四至图七　刘艳斌　摄影、制图

图八至图九　李向前.景颇族文史画册.昆明：云南民族出版社，2007.

图十　樊进　摄影

参考文献

石木苗.景颇族织锦.昆明：云南民族出版社，2007.

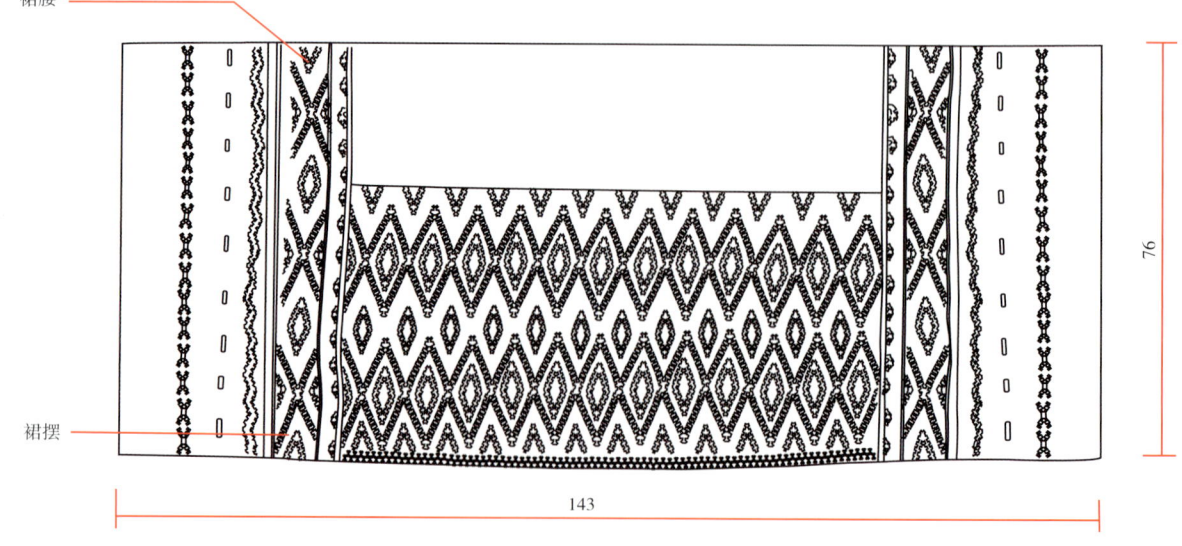

图二　景颇族筒裙名称尺寸示意图（单位：cm）

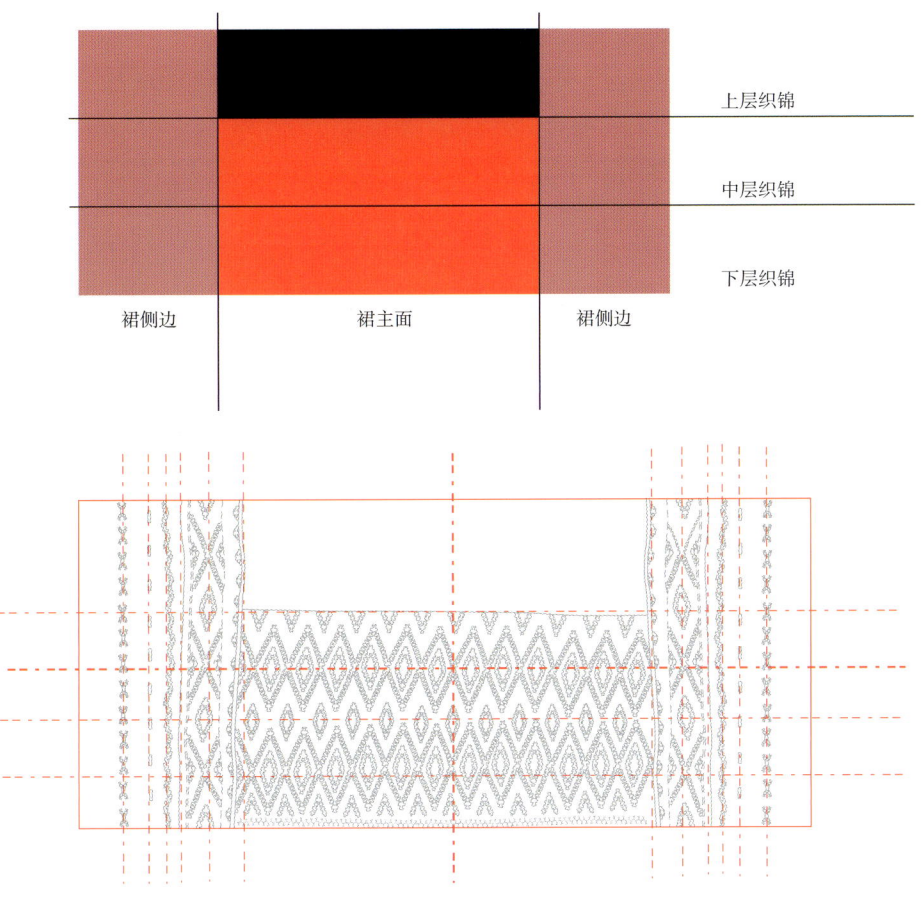

图三 景颇族筒裙结构分析图

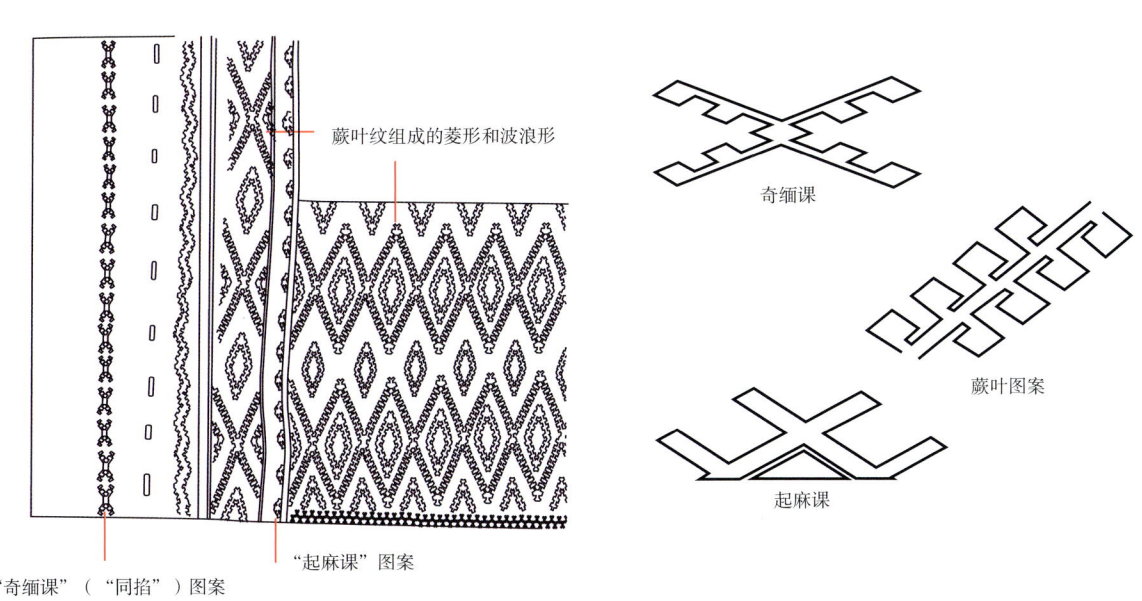

图四 景颇族女子筒裙局部图案分析示意图

陇川地区的服装。图案有（从上而下）"同掐"、折线图"课列"等图案，属于手工挑花图案

陇川王子树一带服装，蓝色方形图纹为"干作"，波浪线图纹属于机排自序图，小"课列"图案

图五　景颇族筒裙图案分析图（一）

景颇族支系的传统筒裙，"课同默"（或"课同拼默"kotong pyit me)，即栅栏式筒裙，属于手工挑花图纹，其特点是图案拆拼带有一定的随意性，织图比较自由，图案比较零碎而丰富

图六　景颇族筒裙图案分析图（二）

第一步,将筒裙从后腰向前身围裹。右手将筒裙右上边先贴紧身体,左手向右牵紧筒裙左上角

第二步,左手牵住筒裙左上角向腰部右侧围合,将右牵拉的筒裙右上部压合在下,利用外层筒裙与腰部的力量将内层的筒裙包裹严实

第三步,将筒裙右上角塞入第一层筒裙和腰部之间,利用相互叠加形成的摩擦压力来固定。这三步通常一气呵成,常会用收腹和呼吸来配合

第四步,通常会在腰部系一红腰带,增加牢固度的同时增加装饰性

图七 景颇族女子筒裙穿戴方式示意图

图八 景颇族筒裙延展图

青年装　　　　　　　老年装

图九 景颇族筒裙使用情景图

图十　景颇族筒裙织造图

景颇族腰箍

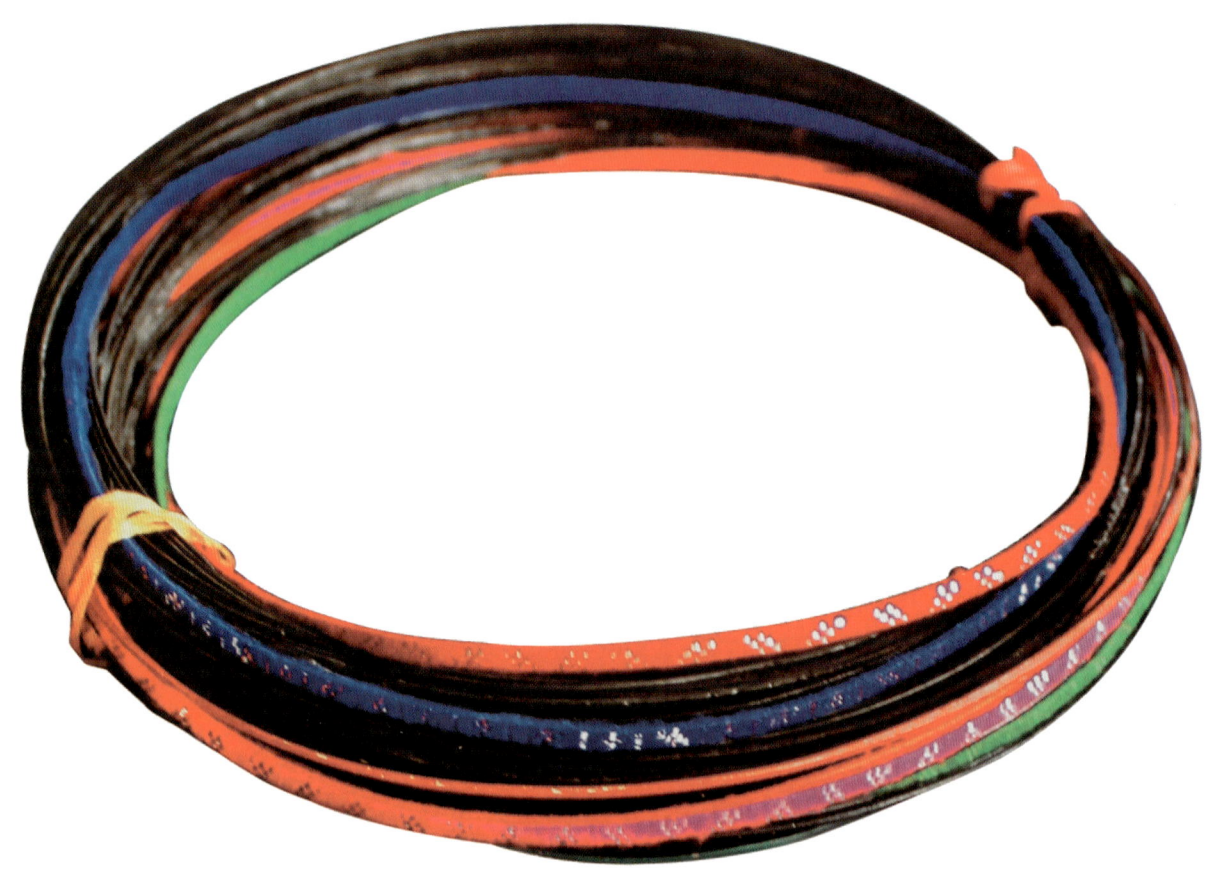

图一　景颇族腰箍主图

腰箍是云南少数民族较为常见的腰部装饰，起始于用藤篾缠腰束衣，以使生产劳作更加便捷，后逐步演化成服装的一个装饰部件。景颇族的传统腰箍多以藤条、竹篾、草筋等为框架，外髹黑漆，现在的腰箍在此基础上进行了改良，色彩多样，纹饰丰富。本案例的腰箍以传统的黑色腰箍为主，其间并置数根现代改良的彩色腰箍。黑色的腰箍多以藤条为骨架，外髹黑漆；彩色腰箍宽约1厘米，多用竹篾做骨架，再用色彩鲜艳的布或者线包裹。这组腰箍是传统腰箍与现代改良款式相结合的设计。腰箍的周长通常根据人的腰围大小来进行设计，一般直径在35~40厘米之间。

腰箍是景颇族女子在节日或重要场合穿戴的重要装饰，其色彩样式多与其服装相契合。本案例中腰箍的色彩以黑色为基础底色，以红、橙、蓝、紫、绿腰箍为亮彩，各彩色带上缝缀圆点状银色亮片，这些亮片有以三片两排共六颗组成斜向45度或135度的平行四边形，其整体成斜向带状，这些斜向带状图案呈轴对称重复排列。有的在一组对称排列的带状组合中间增加一个与倾斜相平行呼应的等边三角形。这些亮片图案风格与景颇族传统三角形或菱形图案相一致,体现了其传统文化的影响力。这些亮片也随着佩戴者在舞蹈或行走过程中的腰胯运动而左右上下进行摇摆,显得熠熠生辉,与盛装的服饰相映成趣。腰箍佩戴数量没有严格的要求,多时可达几十圈,其相对松散地挂绕在腰间,显得婆娑有致。景颇族腰间的装饰,除了腰箍还经常系由数十根红色长线编织而成的长穗,其形态近似拂尘,也常系红色腰带。

如今"首戴骨圈,插鸡尾,缠红藤"的装饰已成为历史,景颇族腰箍同样也随着材料技术的不断革新和新工艺使用,变得更加实用美观,也随着使用环境和生活方式的变化而发生新的革新。作为景颇族人装饰的重要组成部分,是从实用设计到装饰设计变迁的一个缩影,这里面蕴含着景颇族文化旺盛的生命力,反映了景颇族文化的传承和发展。

图片来源
  图一 李向前.景颇族文史画册.昆明:云南民族出版社,2007
  图二、图五至图六 刘艳斌 制图
  图三至图四 陈圣鋆 制图
  图七 樊进 摄影
  图八 李向前.景颇族文史画册.昆明:云南民族出版社,2007. 樊进 摄影
  图九 李向前.景颇族文史画册.昆明:云南民族出版社,2007.

参考文献
  祁德川.中国景颇族.银川:宁夏人民出版社,2012.
  蔡雯.景颇密语.昆明:云南人民出版社,2012.
  祁春英.中国少数民族头饰文化.北京:宗教文化出版社.1996.

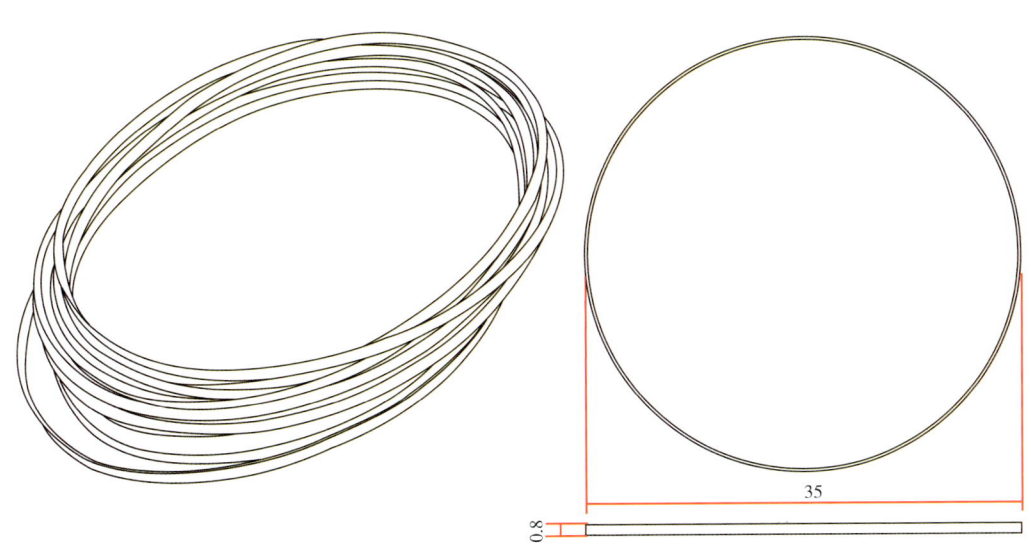

图二 景颇族腰箍尺寸示意图(单位:cm)

图三　景颇族腰箍图案及色彩分析示意图

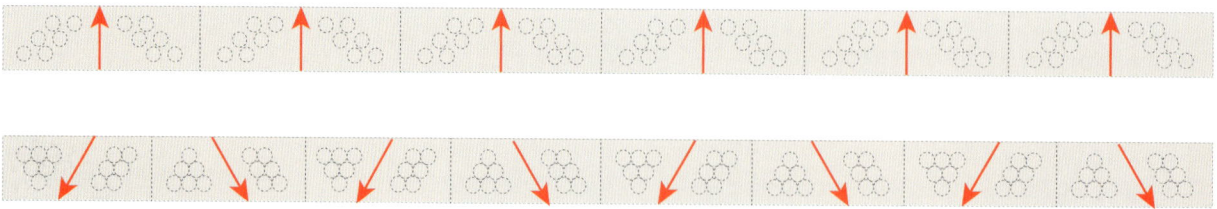

图四　景颇族腰箍图案分析图

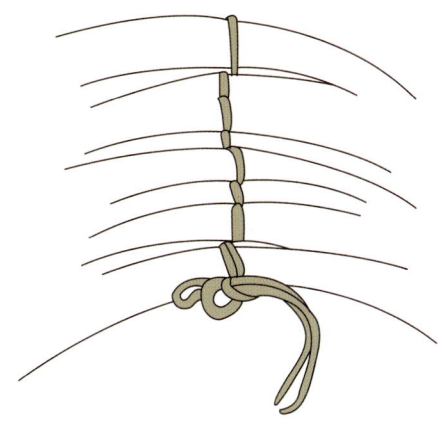 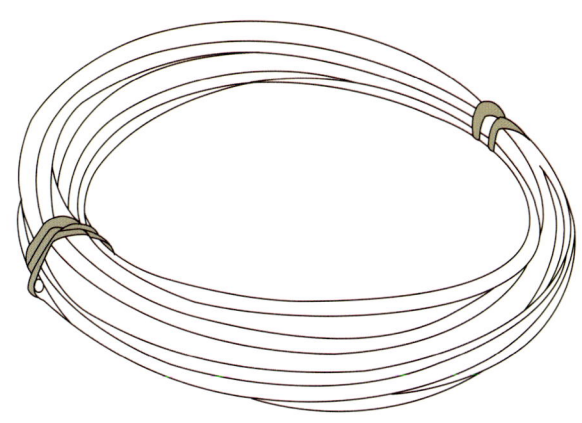

图五　景颇族腰箍捆绑方式示意图

 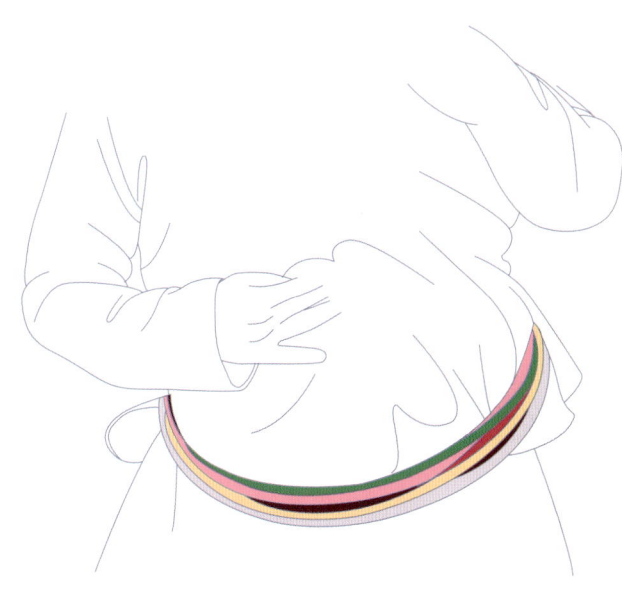

图六　景颇族腰箍延展图（一）

图七　景颇族腰箍延展图（二）

图八　景颇族腰箍使用情景图

图九　景颇族腰箍佩戴情景图

景颇族护腿

图一 景颇族护腿主图

护腿是景颇族在传统的生活和生产劳作中用以御寒和保护腿的防护设计，在一定程度上可以避免植物茎叶、针刺、蚊虫等客观因素带来的侵害。随着野外劳作强度的降低，景颇族服装中的护腿多了美化装饰的元素，成为景颇族服装不可分割的一部分，使景颇族服装更为整体协调。本案例选自云南省德宏州盈江县铜壁关乡，是景颇族支系典型的护腿样式，其长度约为33厘米，直径约为16厘米。

本案例从视觉上分为上中下三段，层次分明，装饰效果突出。在色调和纹饰图案方面与景颇族筒裙等服装一脉相承。护腿上段为黄色粗布，下段为黑色棉布，皆为素色，无纹饰。其中段为织锦图案，也是装饰最为复杂的区域。上段和中段是一块底布，中段的彩色图案是在黄色底布上挑花而成。上段下段两部分除收口用红线以外都为素色，中段图案较为华丽，但很有规律。以菱形方框为基本元素，采用四方连续的架构来排列布置，在菱形框架内挑有黑色、蓝色、红色、绿色、粉红色等色点，这些色点除红色色点是用四针挑出与菱形相套的菱形以外，其余的色点都水平排列挑三针，呈一字形。菱形图案与上下两段的连接处挑以黑色菱形，再沿菱形上下边缘用红线进行并列重复挑花，增强红黑黄三色的对比强度。下段为青黑色棉布，最下端收边，既美观，又方便固定。另外，在下口边缘缝缀红色或彩色绒球，增强装饰效果。景颇族护腿的款式、色调和花

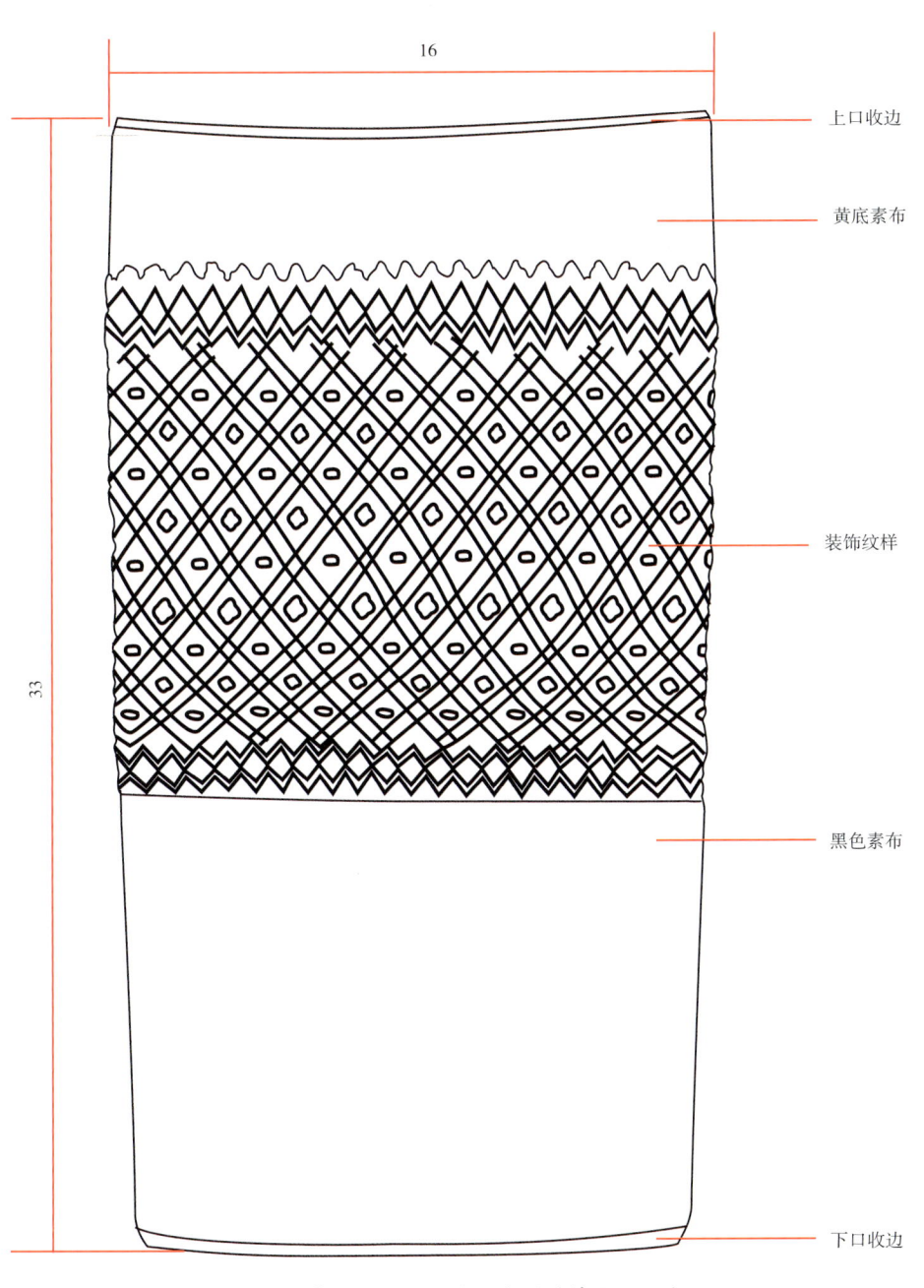

图二　景颇族护腿名称尺寸图（单位：cm）

纹常与织锦筒裙相配套，或相互应和，或形成鲜明的对比，充分突出了筒裙上的刺绣与色彩之艳丽，营造出和谐、浑然一体的穿搭效果。护腿所绣图案主要由景颇族传统的波浪形、三角形等图形组成，内容相对固定。从明度上来讲，本案例从下往上是由黑到明的变化过程，与景颇族支系的护腿风格相一致。本案例的景颇族护腿的结构是由一块黑色棉布和一块黄色粗布缝合而作为基本体，再在黄色粗布上手工挑花，之后将这样长方形的布两端对接缝合。手工织造一个护腿通常要花 3 至 4 天的时间。目前景颇族护腿的穿戴多是采用从脚部套进的方式，也有采用按扣的。

景颇族护腿的内容及装饰风格是与景颇族女子盛装相匹配的，是景颇族服饰中一个有机的组成部分。从生产劳作时的防护品到景颇族服饰文化传承的载体，体现了景颇族人对生活变化的一种适应性的变迁。

图片来源
图一、图三至图四　樊进　摄影　制图
图二、图五至图七　刘艳斌　制图
图八　石木苗.景颇族织锦.昆明：云南民族出版社，2007.

参考资料
蔡雯.景颇密语.昆明：云南人民出版社，2012.

图三　景颇族护腿图案及色彩分析示意图

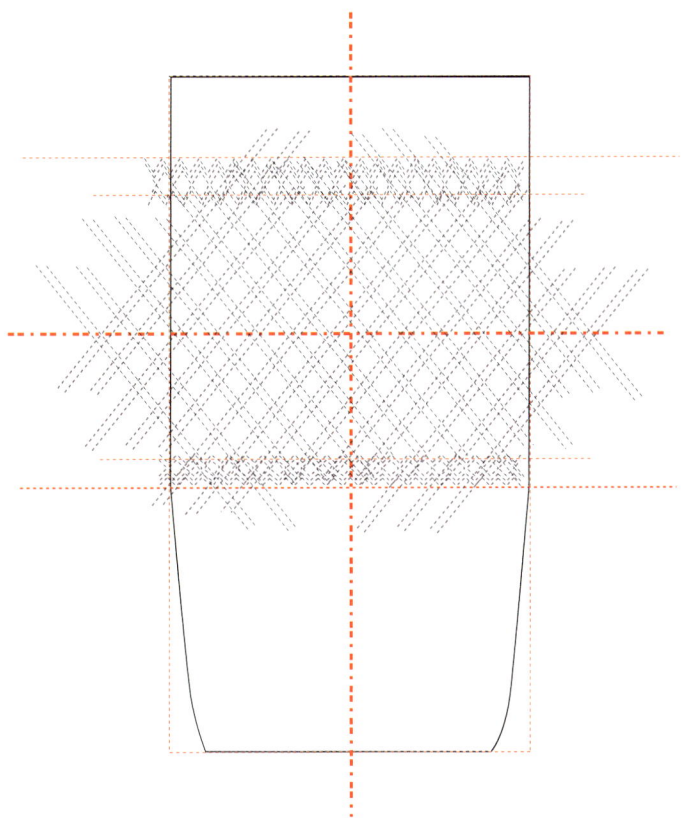

图四 景颇族护腿结构分析图

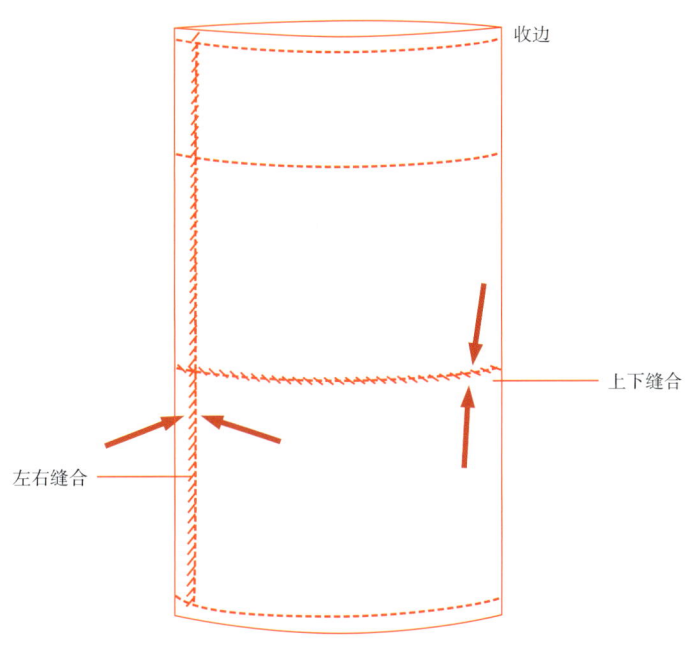

图五 景颇族护腿拼接示意图

护腿反面

图六　景颇族护腿反面细节图

图七　景颇族护腿使用情景示意图

图八 景颇族护腿延展图

景颇族男子头上装饰

图一 景颇族男子头上装饰主图

景颇族男子在平日常戴包头，在盛大节日或活动时也会戴特定的头饰。本案例便是在盛大活动中景颇族男子佩戴的头上装饰，以孔雀羽毛、彩色绒球为主要装饰元素，其整体高约45厘米，直径约20厘米。

本案例整体分为三个部分，一是固定用的红色布带，二是装饰用的彩色绒球，三是装饰用的孔雀翎尾。红色布带作为箍巾从额头绕过颞骨，最后在脑后打结系紧，前高后低，宽约5厘米。靠右耳位置系挂一圆形乳白色装饰造型，其表面设有凸起的珍珠状颗粒围合成的乳白色装饰盘，有6组，中心设一组，其他5组均分布在圆形四周。每一组中有6个点，一点为中心，5点在外围成圆形。围绕这乳白色装饰盘的边缘缀有8个直径3厘米多的彩色绒球，它们紧挨着围成一个绒球圈。在此圈下方系有前长后短的较小绒球串。在绒球圈正上方靠内侧，向斜后方插三根孔雀尾羽，高中低依次排列。这类头饰是纯粹的装饰，像一种华丽夺目的标识。在整体的材料选用上也具有景颇族人的特色。红色头带是景颇人喜爱的材料和色彩，乳白偏黄的花形图案低调而严谨，各种彩色绒球，将红、黄、蓝、紫、橙的色彩表现得特有温度，拉近了与人之间的距离。凌空高立的孔雀羽毛则显示出雄性的勃勃生机。这样的装饰在走动或起舞时，具有鲜明色彩的绒球串上下左右来回摆动，加上三根凌空的孔雀翎尾的摇曳抖动，使佩戴者格外引人注目，视觉冲击力强，充分展示了景颇族男子骁勇豪爽的性格，可以较好地烘托节日氛围。孔雀在景颇族具有神圣的地位，被誉为"百鸟之王"，象征着吉祥如意。在"目瑙纵歌"节中领舞的两位"瑙双"都会头戴孔雀帽和犀鸟嘴，其象征意义在景颇族文化中同样重要。景颇族也会借用"孔雀开屏"的形象，代表爱情与繁衍，来表达求偶的意愿，展示景颇族男性的热情豪迈和对爱情真挚的追求。雄性孔

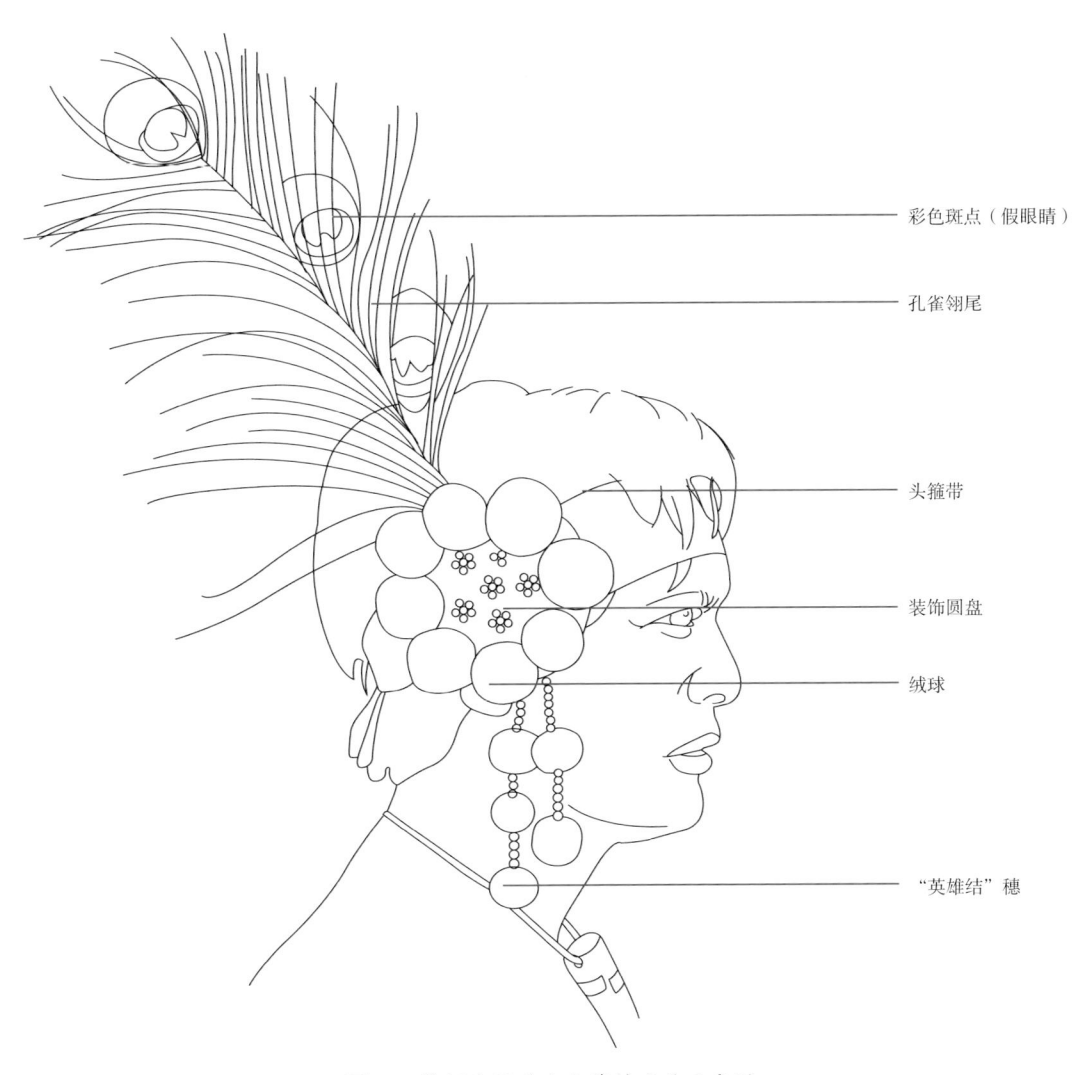

图二　景颇族男子头上装饰名称示意图

雀尾羽上的图案形状奇异，羽毛多彩鲜艳，具有绚丽而神秘的光泽感，其翎尾上的假眼在阳光下闪烁着迷人的神采。将孔雀翎尾插戴在年轻力壮的男子头上，显然具有相得益彰的效果，同时配合身上多彩的服饰更显其整体的意义。

本案例是具有独特景颇族文化的头饰设计，其造型充满野性的张力，蕴含着景颇族人民对力量和阳刚文化的赞美，将相对鲜艳的色彩用柔和的绒球和羽毛装点在青年男子的头上又具有一定的调和作用，既具有简明直接的率真性格，又显示出温婉可爱的生活气息，不失为一个优秀的具有原生态特色的设计。

图片来源
图一　邱丽嫒　制图
图二　刘艳斌　制图
图三　樊进　端木义梦　制图
图四　樊进　制图
图五　端木义梦　制图

参考文献
李春生.中国少数民族头饰文化.北京：中国画报出版社，2002.

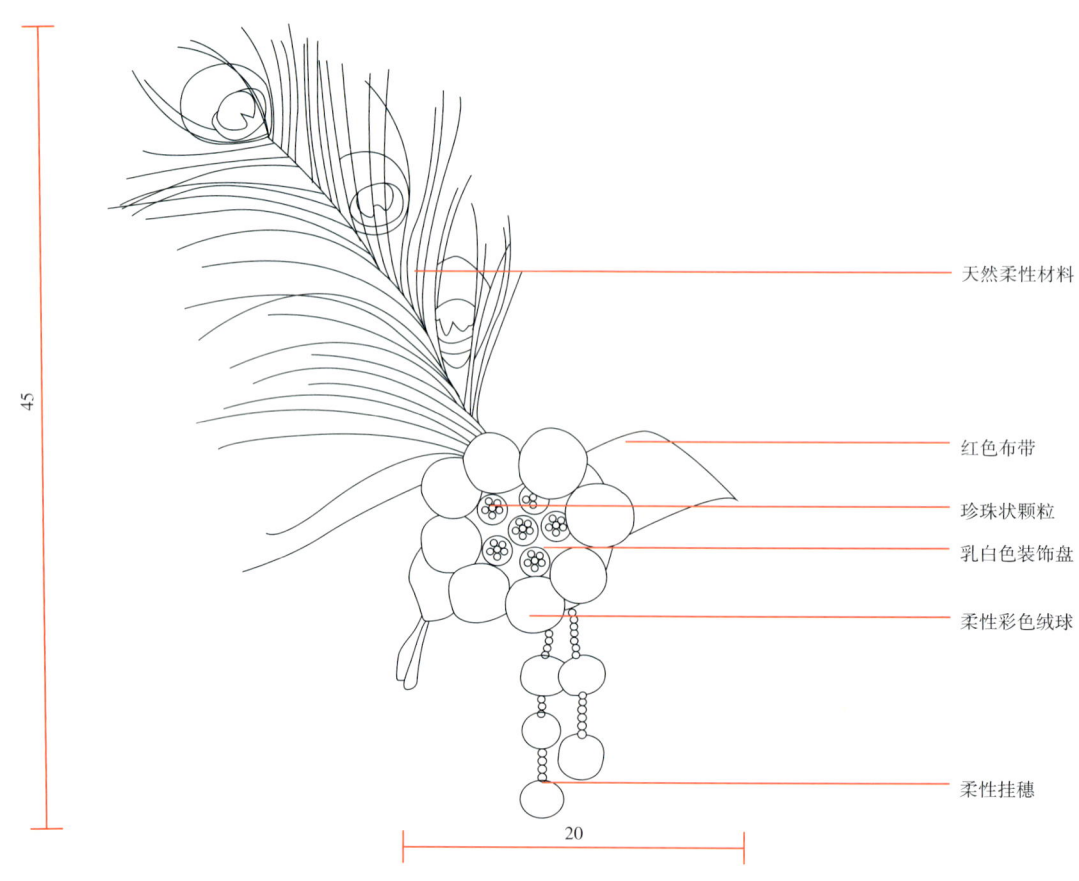

图三　景颇族男子头上装饰材料尺寸分析示意图（单位：cm）

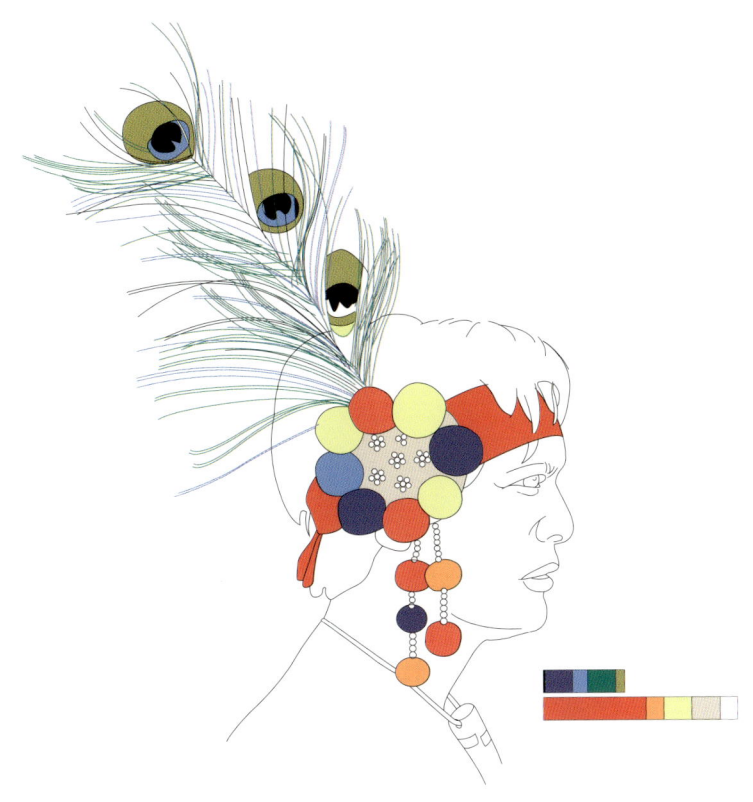

图四　景颇族男子头上装饰色彩分析示意图

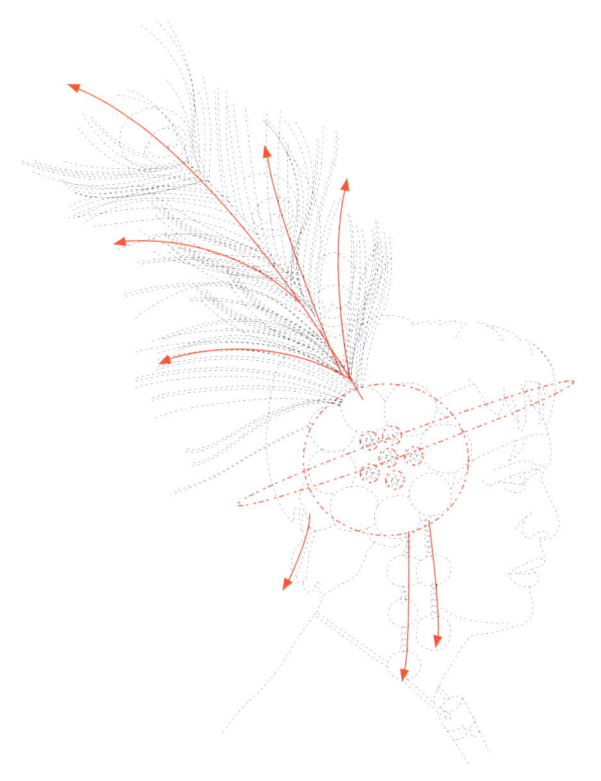

图五　景颇族男子头上装饰形态分析图

景颇族老年男子黑上衣

图一 景颇族老年男子黑上衣主图

景颇族崇尚黑色，在其传统服装中也有着充分的体现，景颇族老年男子上身穿青黑色对襟圆领上衣，下着黑色宽大的长裤，包头也多为黑色，各支系基本相同。典型的黑上衣，其纺织材料主要是棉花、羊毛、麻等，用手捻或者纺车纺织而成，然后再机织成布，用树叶和其他天然植物原料进行加工，制成青黑色染料染色。本案例选自云南省德宏州陇川县，黑上衣为棉布材质的便装，高约83厘米，袖长159厘米。相对于景颇族其他多彩的服饰，整体黑色的上衣显得简约朴素，是最常见的景颇族老年男子的传统上衣。

本案例的尺寸与现代的衬衫颇为接近，口袋的位置也大致相同。上衣左右两侧各设一口袋，对称设计；左侧小口袋位于人体心脏位置，适合右手灵活地取放物件，其相对的右侧位置没有口袋，为非对称设计。上衣袖口为收口设计，穿起来显得干练。本案例圆领方身，方圆相对，不注重收腰的设计，而是宽身直腰的剪裁方法，较为实用，方便运动和劳作中穿着，宽松舒适，是景颇族男子服装的常见样式。扣式为一字盘扣，是最基础的盘扣，与满族、汉族的盘扣相近，采用一根袢条编结成球状的扣坨，另一根对折成扣带，扣坨和扣带缝在衣襟两侧并相对。景颇族男子黑上衣在早期多用染色的麻、棉和毛织成衣服，并加以少量装饰，这类风格的衣服在重大的节日里也会有表演者穿着。其上衣上半部分的胸、背、领、肩、袖是黑色或青蓝色棉麻材料，由多片对称缝合，在胸腹部和袖口常用染成红色、黄色的羊毛线织锦来衔接，有线性的图案，也有相对简洁的菱形元素组合或解构再重构的图案，也会在领袖和对襟边缘用白色或色带进行收边，即是进行装饰的壮年、老年服装,其相对青年人的服装要低调沉稳许多。

古代景颇族的服饰,多与狩猎、游牧活动及高寒山区的自然生态相适应,"衣皮服毡","织皮冠之",从头上的帽子到身上的衣服,都曾用猎物的皮做材料。明代以后,景颇族服饰有了新的特点。明景泰《云南图经志书》卷五说:云龙州"男子顶髻戴竹兜鍪,以毛熊皮饰之,上以猪牙鸡毛羽为顶饰。其衣无领袖,兵不离身。"这些明显带有游猎特色的服饰,构成了古代景颇族服饰的基本特征。现在人们的生活环境发生了翻天覆地的变化,其传统的服装样式必然随着新时代不断发展,无论材料工艺、造型结构还是穿着习惯、审美文化都在不断变化当中。本案例在技术、形态上与中原区域的类似,较为明显地体现了我国各民族之间的广泛深入的文化交流现象。

图片来源
图一、图六　樊进　摄影
图二　林恩迎　刘艳斌　制图
图三至图五　刘艳斌　制图
图七　台湾中央民族研究院
图八　岳灵玉　摄影

参考资料
祁德川.中国景颇族.银川:宁夏人民出版社,2012.
李向前.景颇族文史画册.昆明:云南民族出版社,2007.

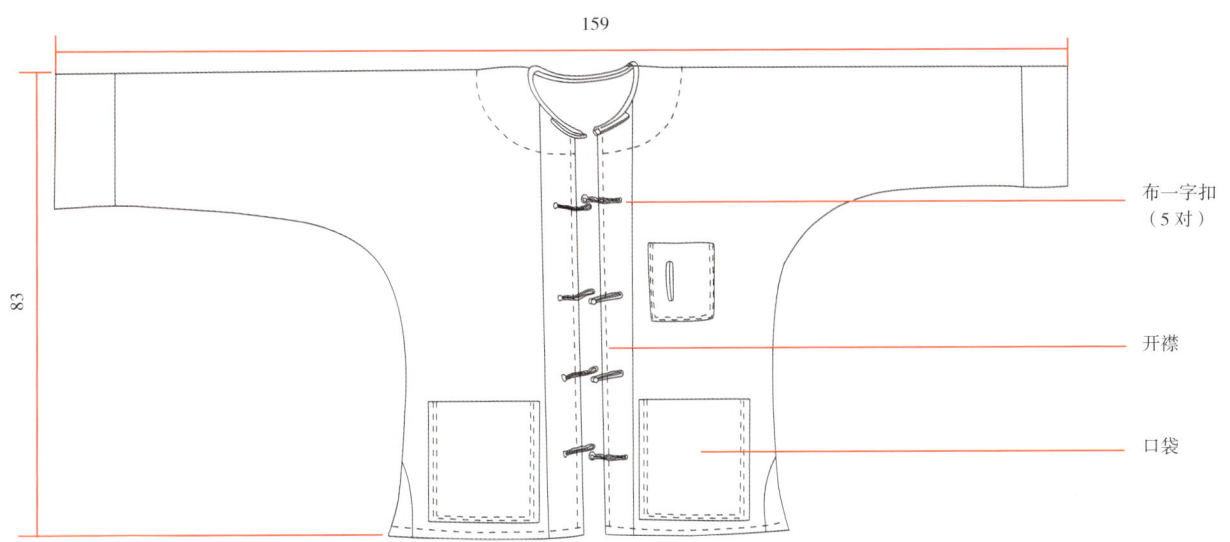

图二　景颇族老年男子黑上衣名称尺寸图(单位:cm)

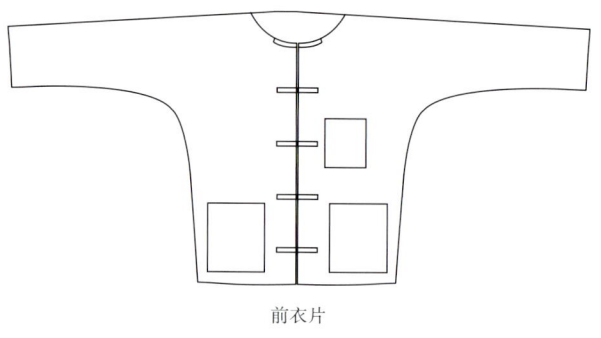

前衣片

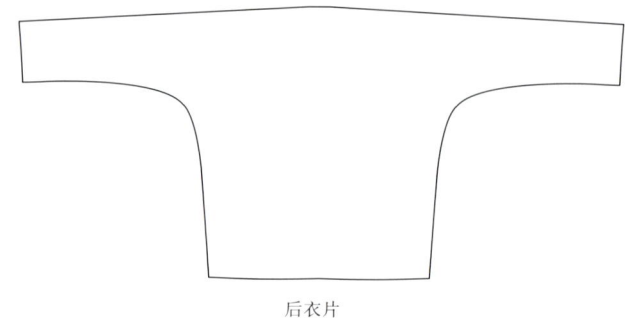

后衣片

图三 景颇族老年男子黑上衣开片示意图

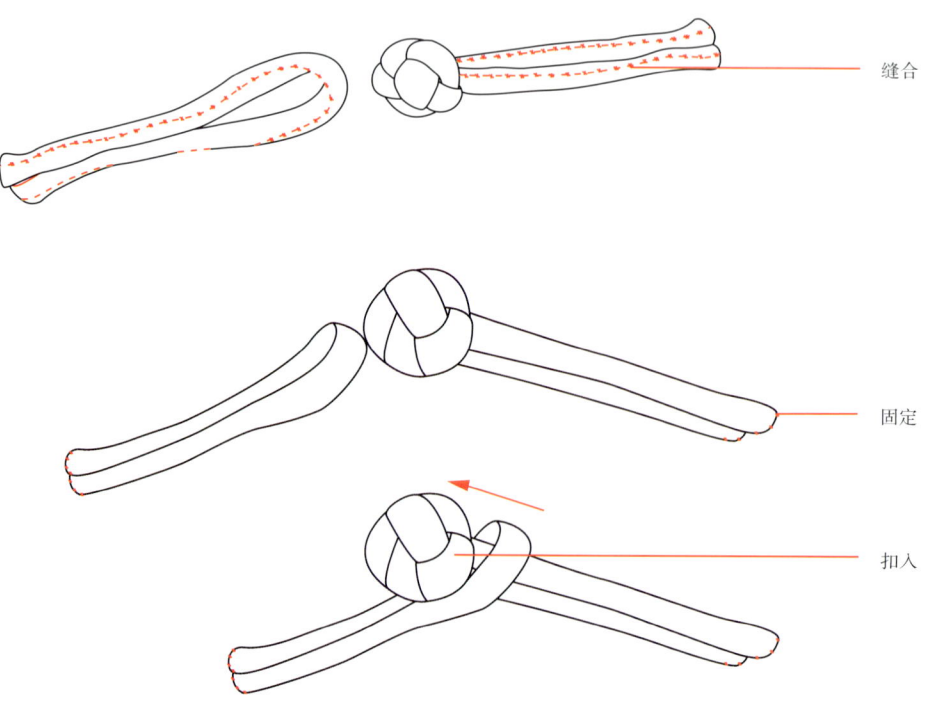

图四 景颇族老年男子黑上衣一字扣固定方式示意图

图五 景颇族老年男子黑上衣背面缝合示意图

图六 景颇族老年男子上衣实物图

图七　景颇族老年男子上衣使用情景图（一）

图八　景颇族老年男子黑上衣使用情景图（二）

景颇族男子包头

图一 景颇族男子包头主图

包头即缠绕包裹头部之意,通常选用各类布料纤维来造型,也称头帕。景颇族男子包头有传统样式和改良样式两种。传统的男式包头与女式包头相似,都是用长条织布通过一定的缠绕方式来使用的,其完全展开后是一块长方形的布,通常长度为 283~316 厘米。这样的包头可以用来御寒,也可以在特殊情形下起到系绑或包裹等的作用。这种缠绕的布包头多为老一辈景颇人习惯使用,现在社会较为普遍地在戴非常便捷的"帽式"包头,也就是改良的包头设计。本案例选自云南省德宏州盈江县玉麦寨,是一块适用于中青年男性的包头,属于改良设计。其侧面对叠的长度约 28 厘米,高度约为 12 厘米。

景颇族的改良包头造型源于传统包头。传统包头的都是采用长条布进行叠压呈多层长条状,再按照相互叠压的方式缠绕头上,包裹住前额后脑,贴紧左右耳根上侧,最后将布条尾布插入内层再拉紧,多出的部分自然下垂。包头的形态也会根据布条的缠绕方式而变化,这也决定了后期改良的包头的外在形态。改良包头模仿包头的外在形态,包括布条缠绕的褶皱、层次和收尾的垂穗，在其内部填充一些弹力棉等予以支撑造型，同时也具备一定的保暖功能。本案例便是用紫、红、黑、黄四色相间的格子布来制作包头的外轮廓，模仿缠绕的结构做出层次，底部一圈最宽，且前后一致。额前部分共五层四个褶皱，后脑部分共三层两个褶皱。底层以上的褶皱层次逐渐向内收紧，形成前高后低中间凹的结构。最后的收尾布条缝制在右侧中间的宽条与窄条之间，其形态上扬，较窄，在上边有明黄色格子色带，此颜色在整体红紫色背景的衬托下，较为显眼。头部将布料裁成数根细线条，再编织成多色的流苏状垂穗，这部分是传统包头打结部位的形式遗留，现在转变成了纯装饰性的包头配件，有的包头会在穗子上缝上红、绿、黄、蓝等色的绒球。包头的内衬是柔软的黑色棉布，夹层内部填充近 0.5 厘米厚的弹力棉。包头底圈是包头固定于头围的部分，它的周长决定了包头的大小，其佩戴时直接套在头上即可，与帽子一样方便。景颇族男子的包头根据年龄区分差别较大，中青年偏爱黑色、绿色，或更加鲜艳丰富的款式，老年男性更喜爱传统的红色、黑色或白色包头。有种黑绿两色交织的传统包头称做卡苦包头，是人们为了纪念景颇族神话中鱼女和干桑的爱情故事而设

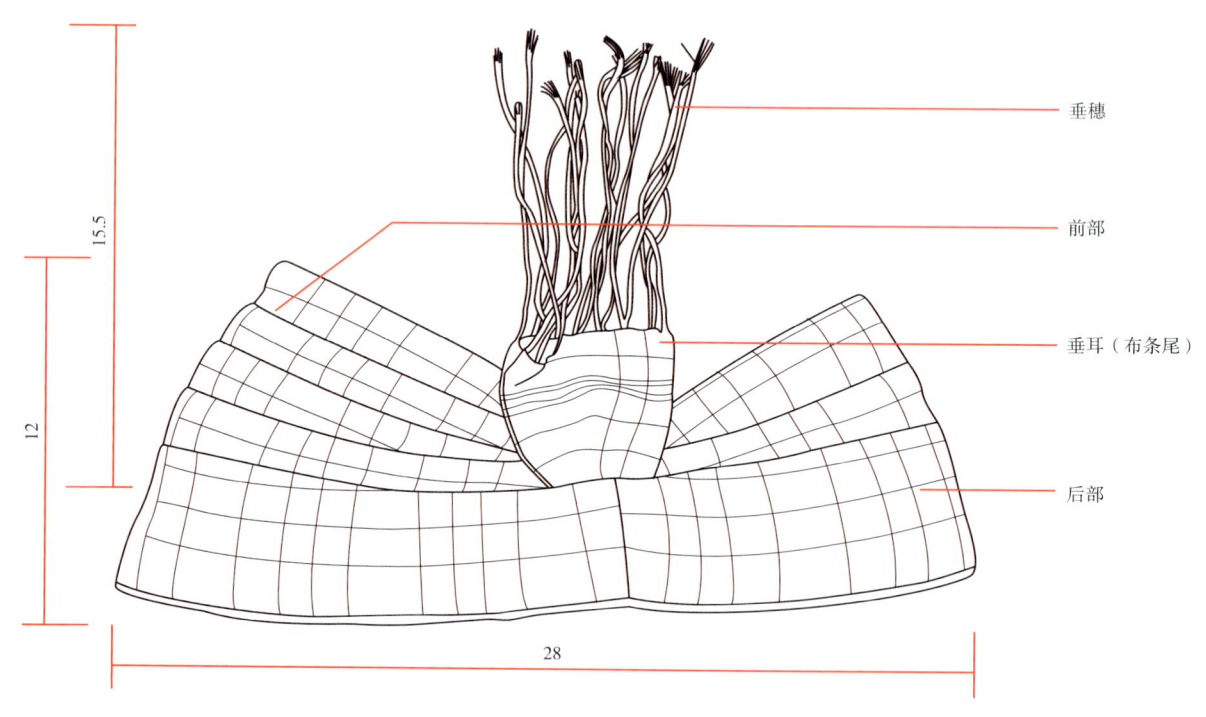

图二　景颇族男子包头尺寸名称图（单位：cm）

计的，警醒着人们彼此信任的重要性。

本案例是改良包头的一种样式，其整体外在造型脱胎于传统样式，但在具体的结构和穿戴方式上与传统包头有着根本的不同，使用更加便捷了，这主要是在结构上进行了优化。在外观造型上突出了文化符号的传承，其反映的对文化的内在执着和变通，是更为令人欣喜的。展示了景颇族人民对美好生活的追求。

图片来源
图一、图六至图七　樊进　摄影
图二至图五　刘艳斌　制图
图八　1、2、3、4　李向前.景颇族文史画册.昆明：云南民族出版社，2007. 　5、6　樊进　摄影
图九　李向前.景颇族文史画册.昆明：云南民族出版社，2007.

参考文献
祁德川.中国景颇族.银川：宁夏人民出版社，2012.
蔡雯.景颇密语.昆明：云南人民出版社，2012.
祈英春.中国少数民族头饰文化.北京：宗教文化出版社.1996.

图三　景颇族男子包头局部色彩分析示意图

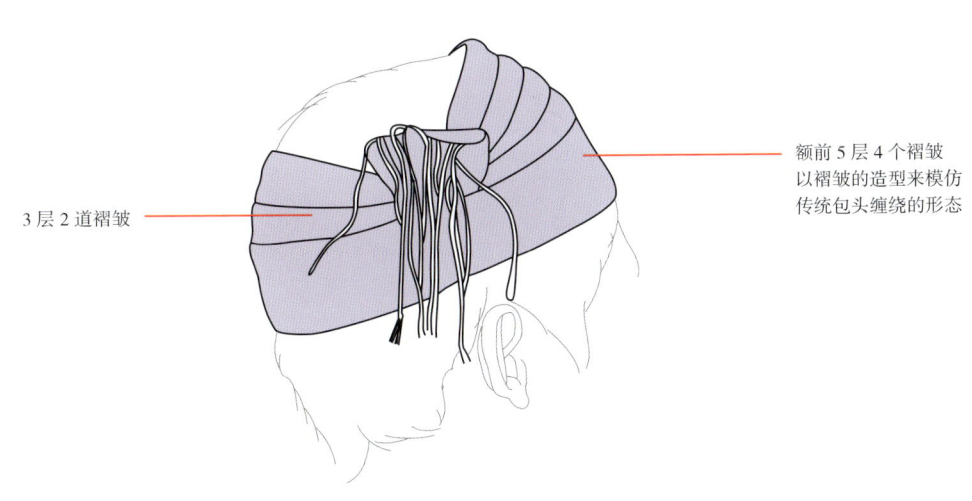

图四　景颇族男子包头褶皱分析示意图

图五　景颇族男士包头穿戴示意图

图六　景颇族男子包头其他视角图

图七　景颇族老年男子包头使用情景图

图八 景颇族男子包头延展图

图九　景颇族男子黑包头使用情景图

第二章　景颇族传统服饰

景颇族青年男子传统服装

图一　景颇族青年男子服装主图

景颇族青年男子服饰以黑白两色为主色,在节日中更是喜穿白色上衣,黑色长裤,头系黑色头帕。本案例为云南省德宏州潞西市景颇族男子的节日盛装,与云南省怒江傈僳族自治州泸水市片马镇的景颇族青年服装相似,是20世纪80年代的服装,外套为对襟圆领上衣，下着黑色宽大长裤，选自云南民族博物馆。

景颇族运用麻棉进行自织自造服装的历史悠久，出现了不少较为经典的白色调为主的服装设计案例。本案例的青年男子上身穿白色立领对襟高衩长衫，在对襟、袖口、领口以及开叉处都有丰富的挑花图案。对襟两侧主要图案为纵向两排波浪纹，从上贯穿到下，两侧为五彩菱形相连的图案，采用挑花工艺制作。两个袖口处拼接＜形纹织锦，上有弯钩形的线性纹样排列。这些＜形纹织锦以青、洋红、粉绿、深红、中黄、玫红、浅

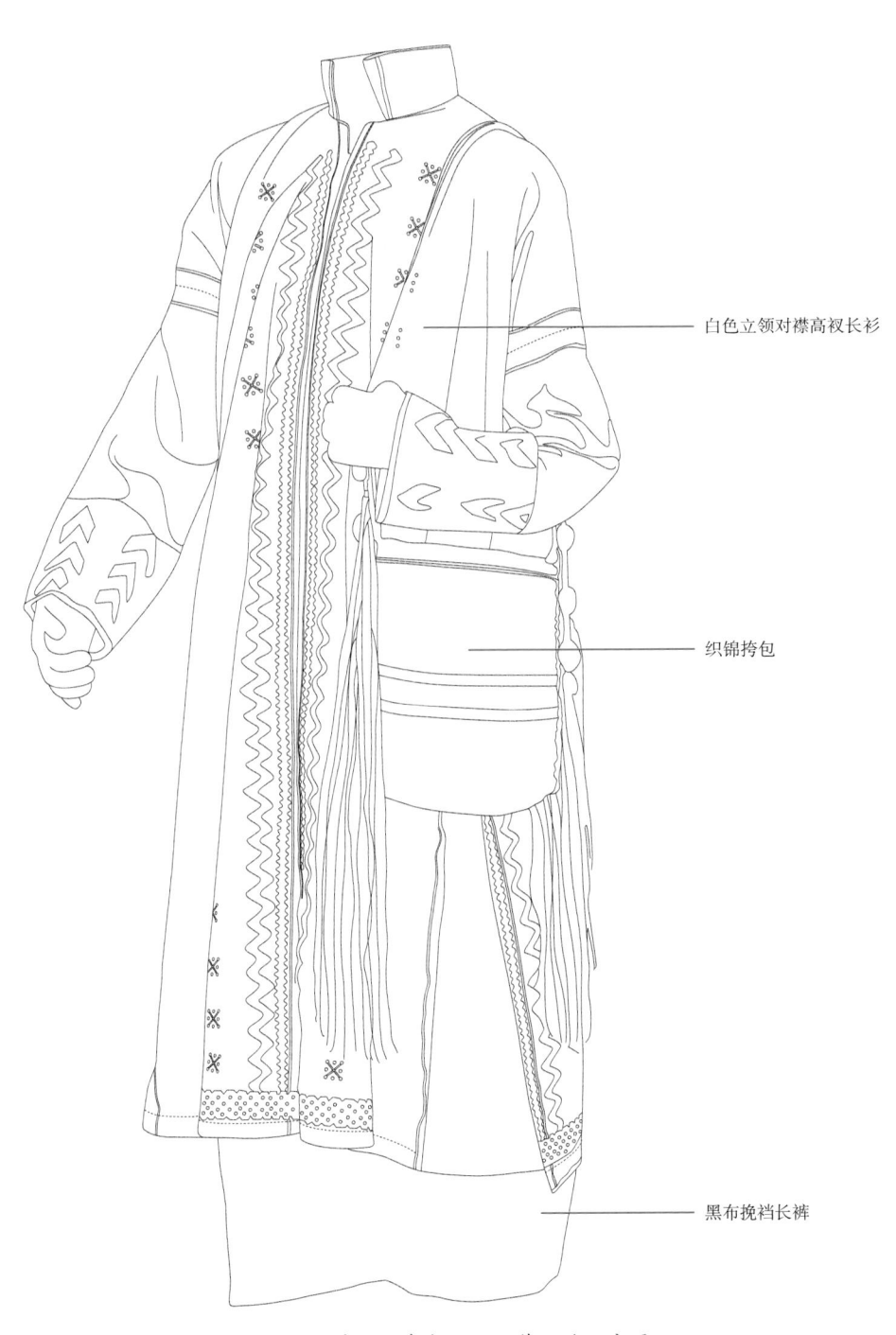

白色立领对襟高衩长衫

织锦挎包

黑布挽裆长裤

图二　景颇族青年男子服装名称示意图

蓝等色彩相互交换前后排列成组色，再间隔黑红色带并列相连，顺袖口的方向排列；长衫两侧的开叉较高，且开叉后有底衬，即前叉插入后叉，后叉边缘做装饰，这种开叉样式较有特色。肩背织锦挎包，白色背带中间纵织一条红线，红色挎包主体装饰横排几何纹挑花，为景颇族代表性纹饰，如"毛噪课图案"、"拜赔"图案等。挎包两侧饰长条大流苏，上下共四条，走动时潇洒飘逸。下身穿宽大的黑色长裤，不贴身，在温度较高的南方舒适性较强。与这套服装相配套的是一顶黑布包头，其两头缀有彩色绒球。本案例总体的色彩是从上到下是由黑（彩）到白（彩）再到黑这样的变化过程。白色最多，与白天阳光下的色彩多样或许有一定的联系。景颇族男子有尚武精神，骁勇善战，狩猎护寨常佩红色筒帕和景颇刀。这套服装更多表现了景颇人的文化属性，体现了当下生

图三　景颇族青年男子服装色彩分析示意图

活的稳定和祥和的氛围。

本案例与早期的浅白色服装比较，其色彩和图案都大幅度地增加了，是改进中的一种青年服装样式。从服装的色彩和纹饰中反映了景颇族的文化历史，其中或许还有值得进一步研究的色彩搭配与文化的关系。

图片来源

图一　李进增，陈永耘.云岭飞歌：云南少数民族文物辑萃.北京：文物出版社，2011.

图二至图六　刘艳斌　制图

图七至图八　李向前.景颇族文史画册.昆明：云南民族出版社，2007.

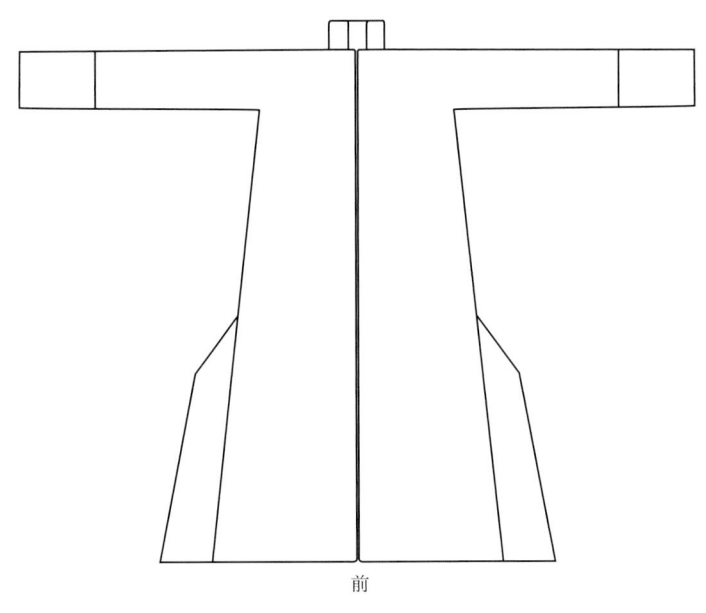

前

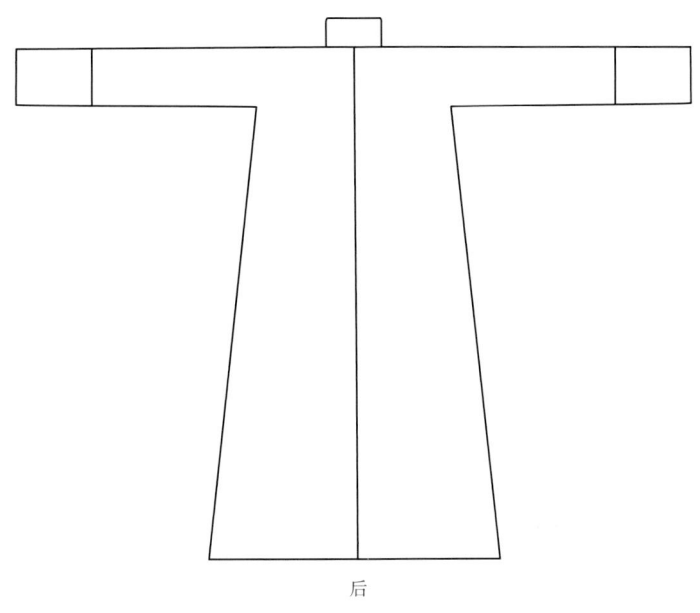

后

图四　景颇族青年男子服装前后开片示意图

图五　景颇族青年男子服装对襟图案分析示意图

图六　景颇族青年男子服装袖口图案分析示意图

图七　景颇族立领浅色长衫实物图

图八　景颇族青年服装使用情景图

景颇族深色长裤

图一　景颇族深色长裤主图

深色长裤是景颇族男子最喜爱的下装之一，也是高山民族日常户外常穿的服装款式之一，主要有黑色和蓝色，青年或中老年男子都喜穿着。本案例选自德宏州陇川县，为藏青色长裤。腰口对叠长为62厘米，总长115厘米，为中老年男子所穿。

景颇族的传统服装多采用手工拼装缝合而成。本案例的长裤便是裁剪多个部分之后再缝合而成。从上到下由腰口、腰头、裤裆、裤腿、脚口5个主要部分组成。宽松的腰口保留了较多的收缩空间。当腰围较小时，可以将腰头部分折叠束紧；身体发福，腰围增大时，可以适度放出所需的尺寸。这种设计带有明显的实用性。这种拼接不同于一般剪裁方式，其裤腿的拼合缝在正面、背面和内侧面，不同于通常的裤子裤腿两侧缝合。其裤裆部的缝合也在侧面，不在裤裆的中线，这些都是景颇族长裤的重要特色。这种多片料的裁剪缝合方式需要更多工作量，尤其双线缝合需要接头先进行绲边再缝合，在一定程度上增加了裤腿的牢固程度。其裤腿非常宽松，上下一样粗细，无束脚，使腿部始终处于相对流动的空气之中，增加了透气性和舒适感，便于自由行走。同时，其裤裆的位

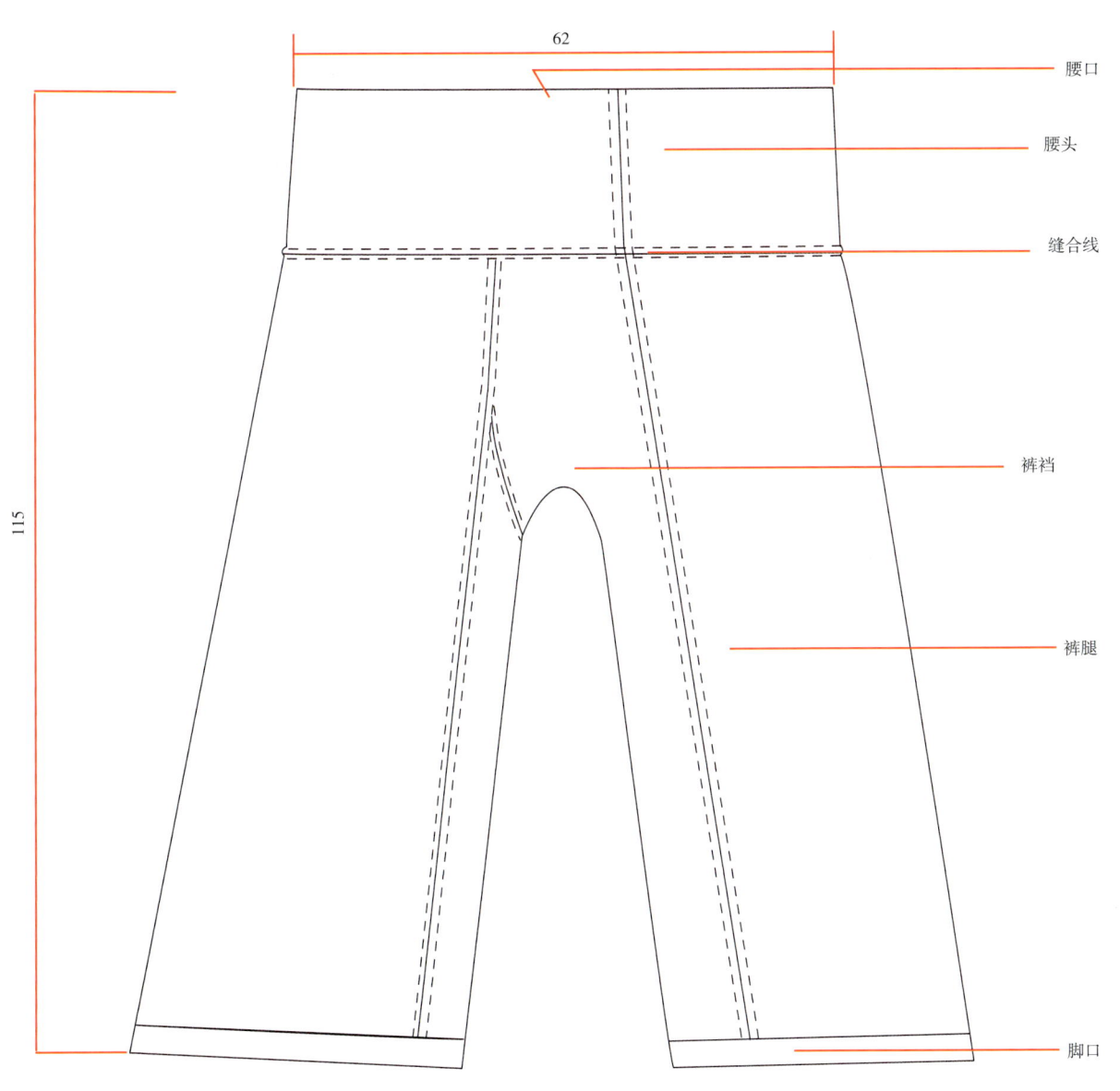

图二　景颇族黑裤名称尺寸图（单位：cm）

置设计较低，与如今流行的一些低裆裤较为相近，宽松舒适。此裤的裤腿相对于其主人是较长的，穿起来可以接近于脚面。这样的长度增加了其防护性，利于在山间户外活动，免被蚊虫等叮咬，也能够保护腿部不被草叶树枝等所划伤。

深色长裤是较为朴素实用的裤型，没有多余的装饰，穿起来较为宽松舒适，实用性强，是日常户外所穿的较为典型的裤型之一，是民间设计注重功能性的朴素表现。

图片来源

图一　樊进　摄影
图二、图四　林恩迎　刘艳斌　制图
图三、图五　刘艳斌　制图
图六　李向前.景颇族文史画册.昆明：云南民族出版社，2007.

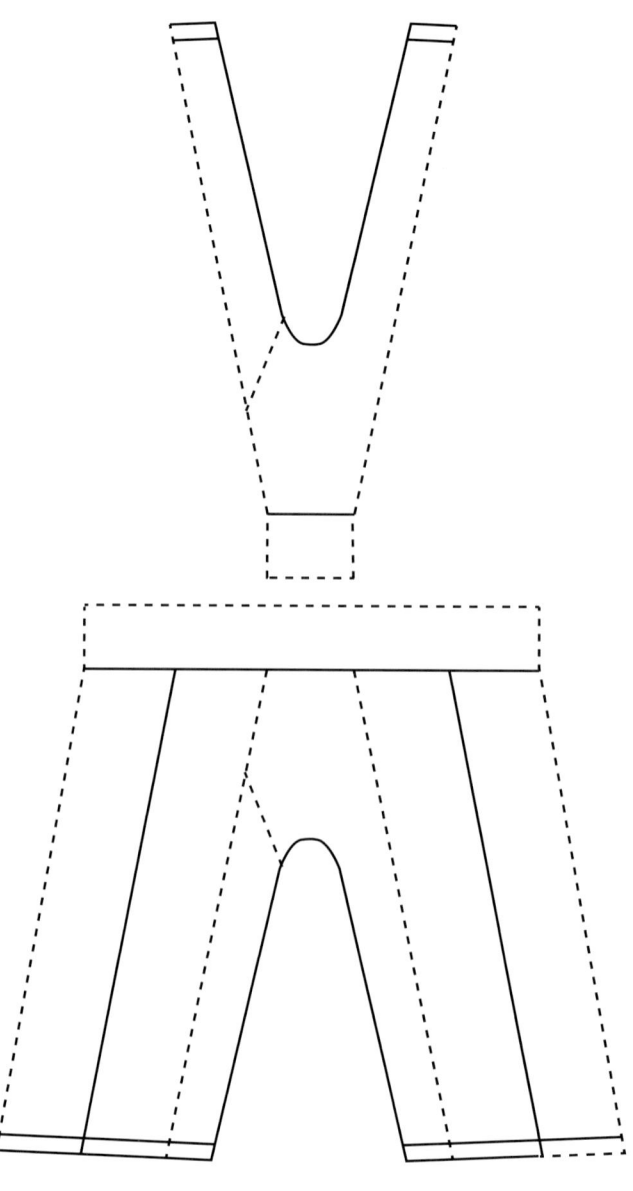

图三　景颇族深色长裤裁剪示意图

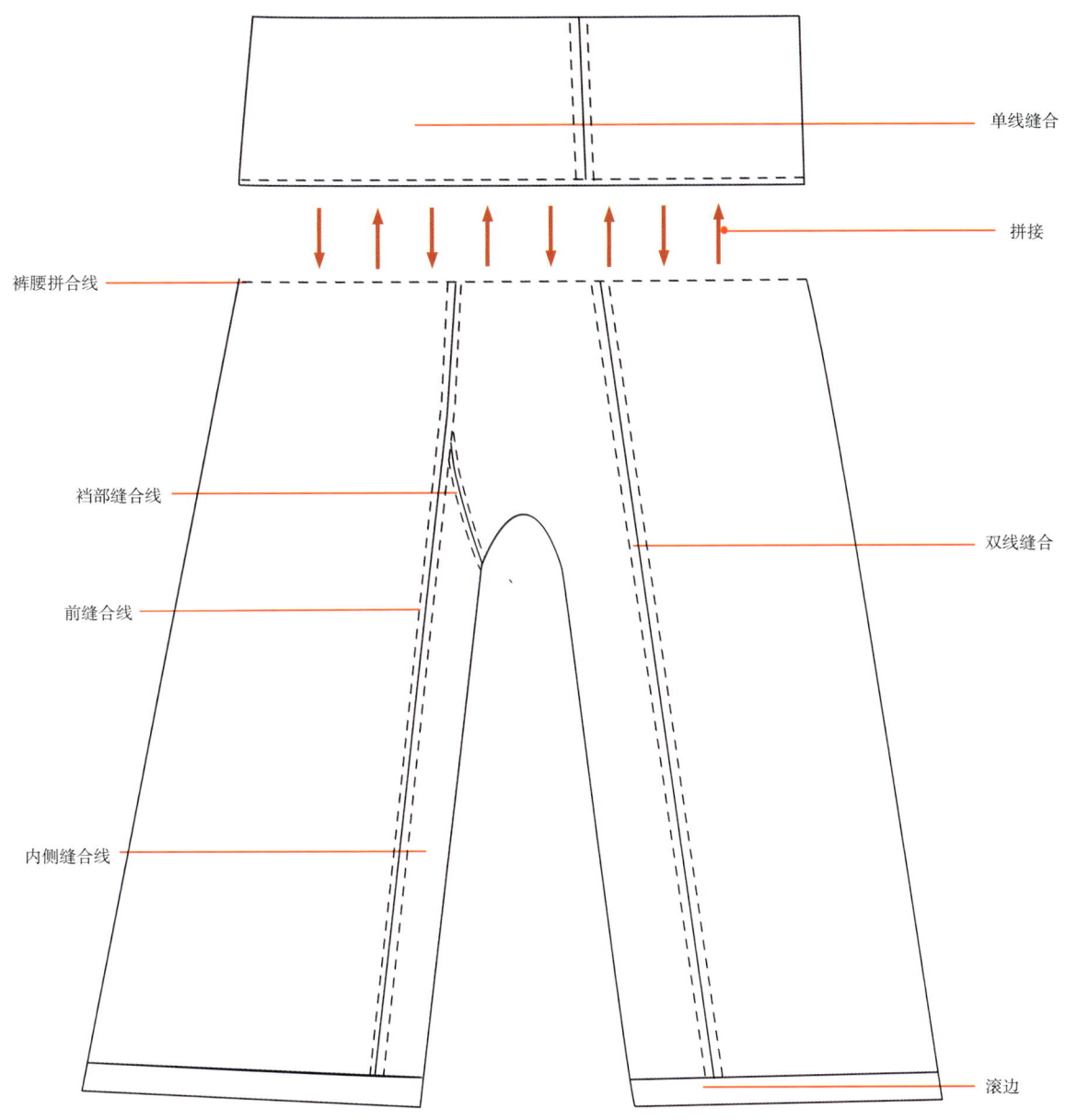

图四 景颇族深色长裤拼接缝合示意图

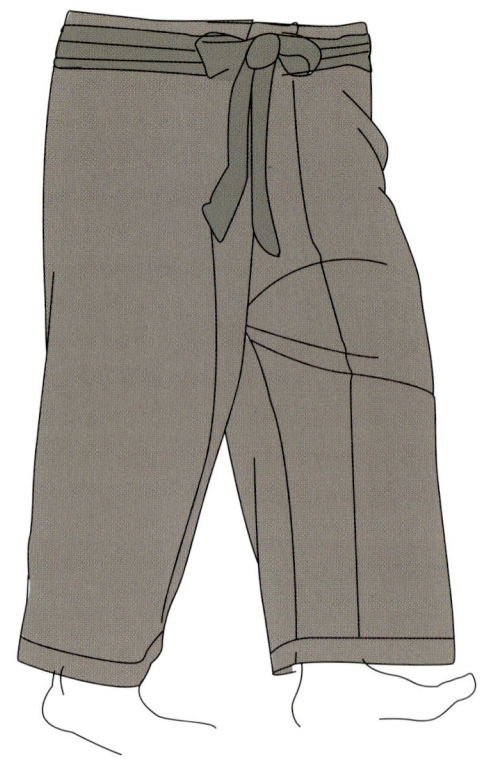

图五　景颇族深色长裤穿着示意图

图六　景颇族深色长裤使用情景图

景颇族挎包

图一　景颇族挎包主图

景颇族织锦挎包是景颇族人日常生活和节日庆典中穿戴的必备品，分为生产劳动包和装饰性彩包两种。生产劳动包为白色，由棉麻线、手捻棉线和成品白线通经断纬纺织而成。中间穿插两根黑色或红色经线，将包带和包身隔成一道黑色或红色长条，无其他花纹图案，简单素雅，织一个包一般需要四五天的时间。装饰性彩包织制工艺则比生产劳动用包复杂得多，通经断纬织底布，挑线起花和机排图纹织花纹，花纹内容固定，图案相对丰富，一般在上街、集会、做客和节日时佩挂。

如案例所示，景颇族的挎包采用了平织工艺，黑色包带，红色包身，整体为暗纹斜织，装饰二方连续的五彩几何花纹和边框。挎包从上至下分为包带、银泡、包身、银坠和绒球垂带5个部分。全长大约110厘米，其中，包带长约60厘米，垂带长约20~30厘米，包身长20厘米左右。包身挂满了绒球和银饰，从上到下依次是三排整齐的银泡和三层银坠。织锦包图案丰富，根据统计有二三十种，不同支系、不同地域的织锦包有一定区别。例如"喇期"支系的传统挂包以黑色为底，其上用各色彩线织花，包身、包带也都有独特的花纹图案，包身正面上部排多块长方形织布条，布条边饰有彩带，包身下方边角处吊有彩线和红色布条，包带正前方吊几块彩线的织布条。花纹图案独树一帜，与众不同，显得原始、古朴、素雅和谐。

挎包又分为日常用和节庆用两种。日常

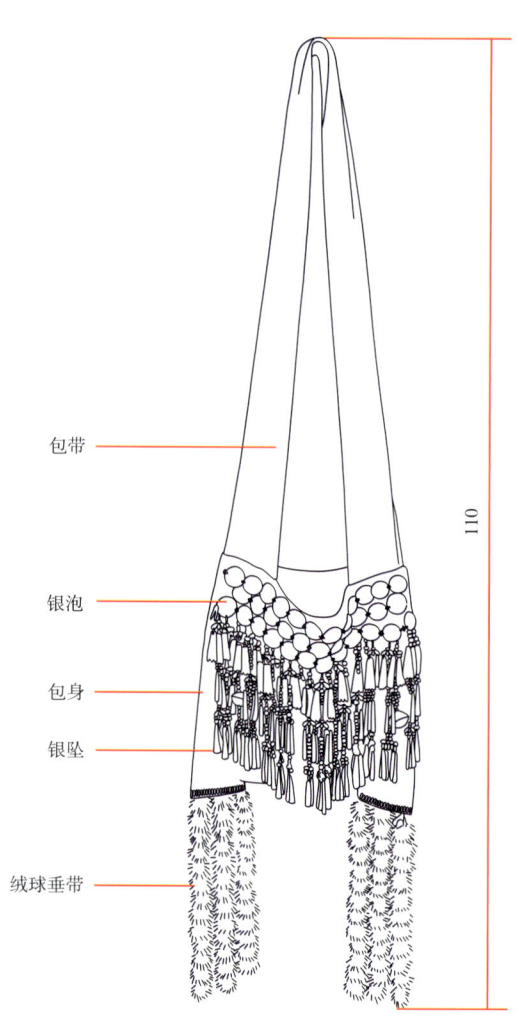

图二　景颇族挎包结构尺寸图（单位：cm）

用的挎包一般是红黑包带，只在包面和垂带上略作装饰。节庆用的挎包又称"礼包"，除了织锦图案装饰，如牛角弯花、蚯蚓花、虎瓜花、红木花、红毛树花、藤子花、毛虫花、南瓜子花、蜂窝花等，有的还缀满银泡、银坠、绒球、彩穗、料珠等，色彩鲜艳。银饰在织锦的衬托下熠熠生辉，装饰感强烈，是景颇族艺术品中的杰出代表。

图片来源
图一、图八至图十　樊进　摄影
图二至图七　刘艳斌　制图

参考文献
祁德川.中国景颇族.银川：宁夏人民出版社，2012.
蔡雯.景颇族密语.昆明：云南人民出版社，2012.

图三　景颇族挎包色彩分析图

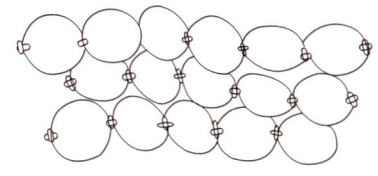
银泡，用线连接固定

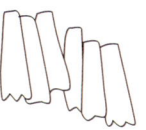
锯齿状银片

长条形银片

连续性小银片

球形装饰

图四　景颇族挎包构成元素示意图

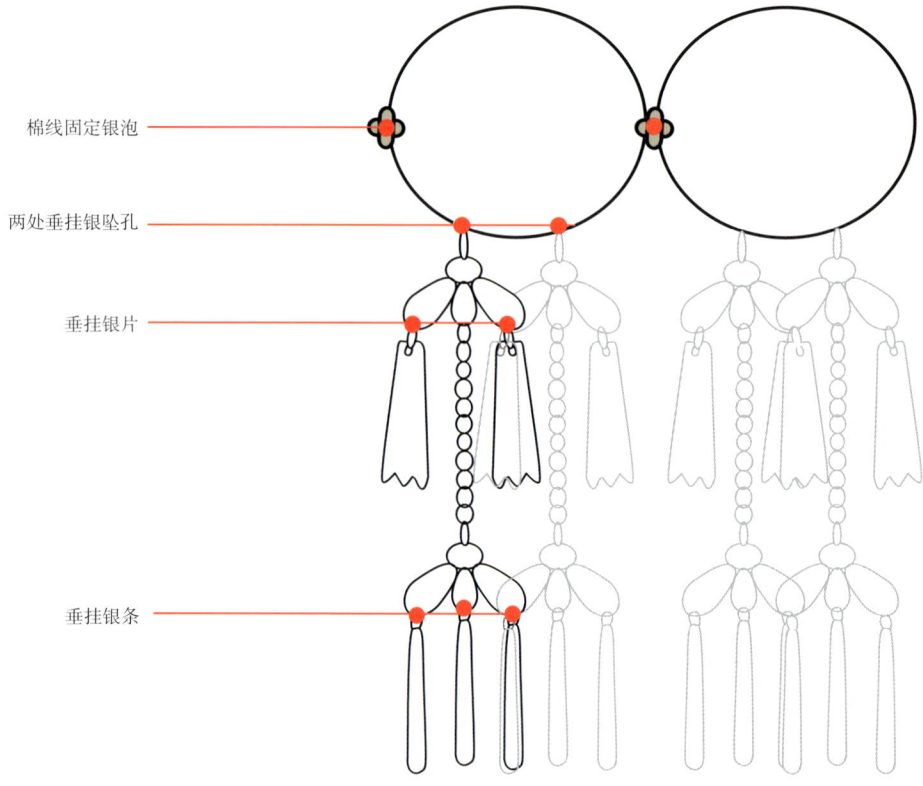

图五　景颇族挎包局部构成示意图

标注：棉线固定银泡；两处垂挂银坠孔；垂挂银片；垂挂银条

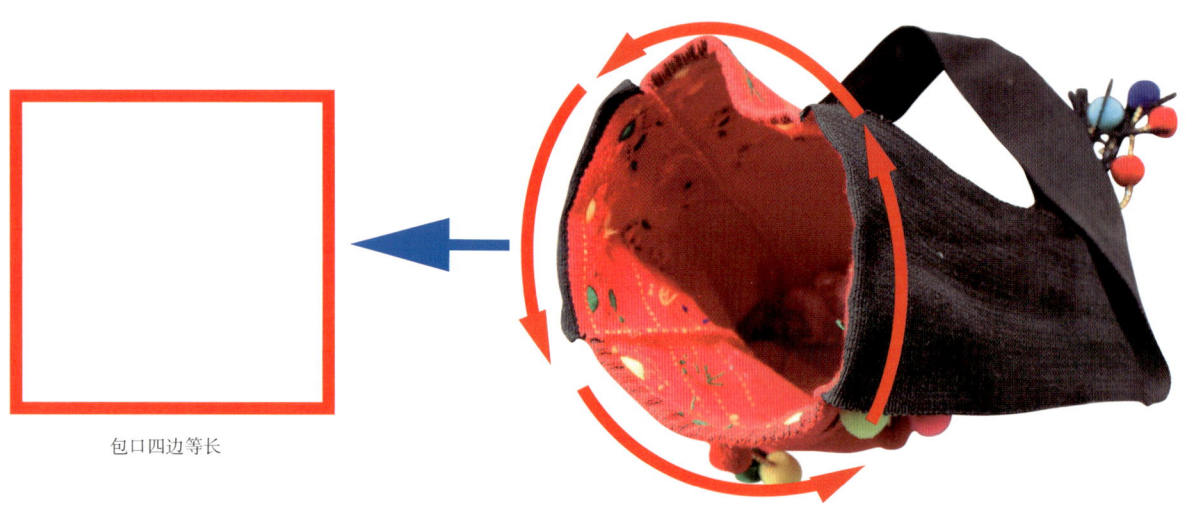

包口四边等长

图六　景颇族挎包包口四边等长示意图

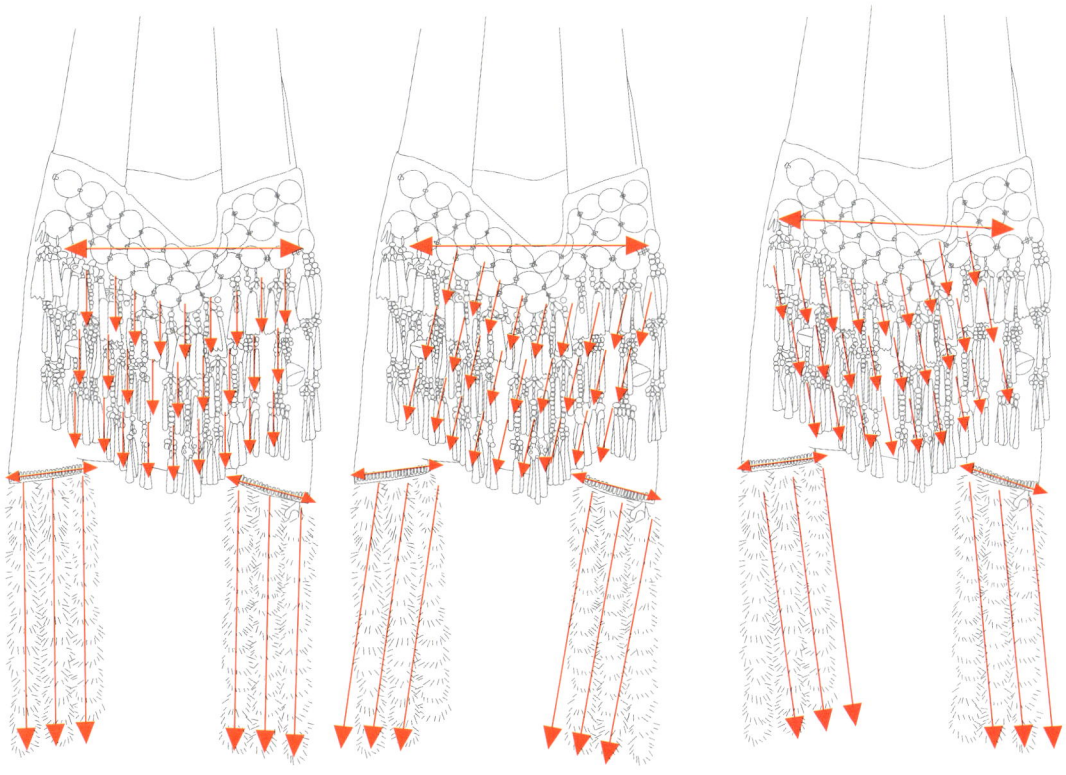

图七 景颇族挎包动态趋势示意图

图八 景颇族挎包细节图

第二章 景颇族传统服饰

125

图九　景颇族挎包背面图

正面　　　　　　　背面

图十　景颇族挎包延展图

景颇族瑙双挎包

图一　景颇族瑙双挎包主图

瑙双是景颇族在举行"目瑙纵歌"时带领景颇族群众进行跳舞的领头人，即领舞者，他是目瑙纵歌的灵魂舞者，没有瑙双领舞是不能开始舞蹈的。瑙双需要将景颇族迁徙的历史，用舞蹈形式展现出来。因此，瑙双的造型带有浓郁的景颇族色彩，他们通常戴着头插有孔雀尾、犀鸟头的竹篾冠，身穿艳丽的龙袍，腰挂长刀，斜背挎包，手持木刀，载歌载舞。由瑙双夸张的帽饰可以看出，瑙双所佩戴的挎包必然是与其整体身份相匹配的。从某种角度上来讲，瑙双的挎包是景颇族男性挎包的升级版本，具有一定的指代或象征意义。本案例为私人收藏的瑙双挎包，造型具有浓郁的景颇族特色。

整体而言，无论从工艺的复杂程度、装饰布局的考究程度还是造型的完整程度，传统瑙双的挎包可以看作是景颇族普通挎包的升级版本，其设计风格也较为多样。本案例的瑙双挎包，其主体为织锦工艺，图案为传统的几何波浪形、三角形、折线与三角形组合、粗细直线型、花形以及其他具有象征意义的纹饰，每一块子图案又由5至6个条纹织锦构成，制作工艺精致，较好地体现了瑙双的地位。整体来看此装饰面从上到下由二方连续的红、蓝、黄、绿等彩色三角形、菱形、波浪形、柱状形分别组成的带状图案作为上部装饰，中间用深浅双色线分区。下方是一组蓝紫色、灰红色的色带，较上方的色带要宽，此部分是平素的放松空间。以上两部分约占整个装饰面的1/2，下面的1/2主要用三角形形成的连续折线、波折线、菱形图案为主围绕中间的长方形图案进行装饰，此长方形图案分为左右对称的两部分，中间由一条立起来的波折线来分野，图案以浅橄榄绿色为底，上织蓝、粉红、浅绿、橄榄绿的菱形组合图案，大小、深浅相互映衬。方形图案下方饰有一排近圆形的花叶图案和一组交叉组合的彩色造型。包带贯穿包身两侧的边缘，用红、灰、黑、白四色多股棉线编织而成，造型类似传统女性头上的麻花辫，下方散开成彩色线穗状，包带与包身连接的上方各有一组白色的长线穗。传统的瑙双挎包装饰性很强，而且有着较为鲜明的主题性。比如图二的瑙双挎包黑色包带，朝外的一层缝缀4排白色扣子，包带与包身相连接的地方，左右各镶嵌两朵硕大的圆形装饰，其边缘和中心都以海贝为装饰元素，中间缝缀的四个海贝组成一朵花，在红底的衬托下显得洁白无瑕；红色包身上的装饰工艺有两层：第一层装饰工艺为挑花，波浪纹相间的传统几何图案；第二层的编织镶嵌工艺较为复杂，主要分为上下三段，分别是缝缀的扣子，刺绣几何纹的长方形布片和用铃铛或海贝连接的红色流苏，造型婆婆摇曳，另外其包身四周还上下对称地分布着数根飘带。

瑙双挎包的造型复杂，装饰手法丰富，立体感强烈，层次分明多变，有紧密的装饰纹饰结构，也有简单的布局，可以看作是景颇族挎包艺术中的代表作品之一。景颇族人民把审美追求和生存信息联系在一起，使得服饰艺术具有传播民族文化信息和调节社会关系的属性。从瑙双挎包上，我们不仅看到了实用艺术变成装饰艺术的发展过程，还看到它逐渐演变成一种象征的寓意，起到引导和凝聚社会秩序的文化功能。

图片来源
图一、图四至图六　李向前.景颇族文史画册.昆明：云南民族出版社，2007.
图二至图三　吴佳恒、林恩迎　制图

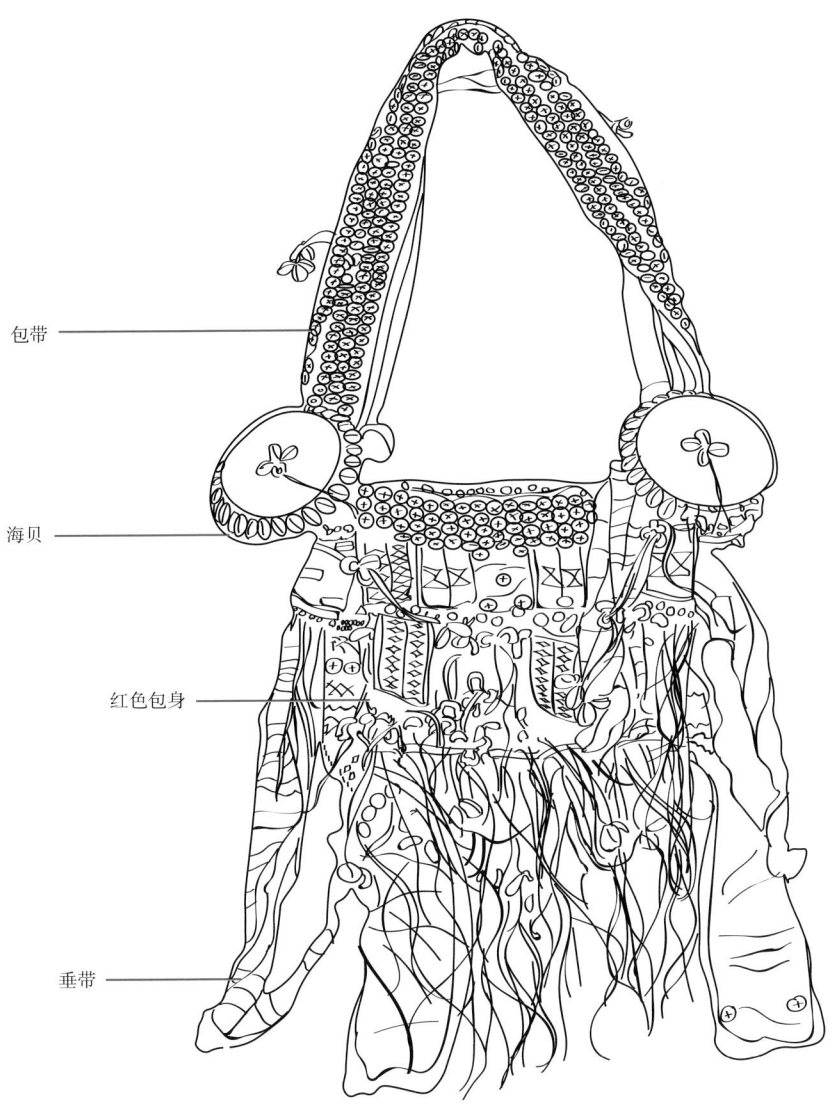

图二 景颇族瑙双挎包线稿名称图

编织包带

编织包身外围

织锦图案

垂穗

图三 景颇族瑙双挎包名称图

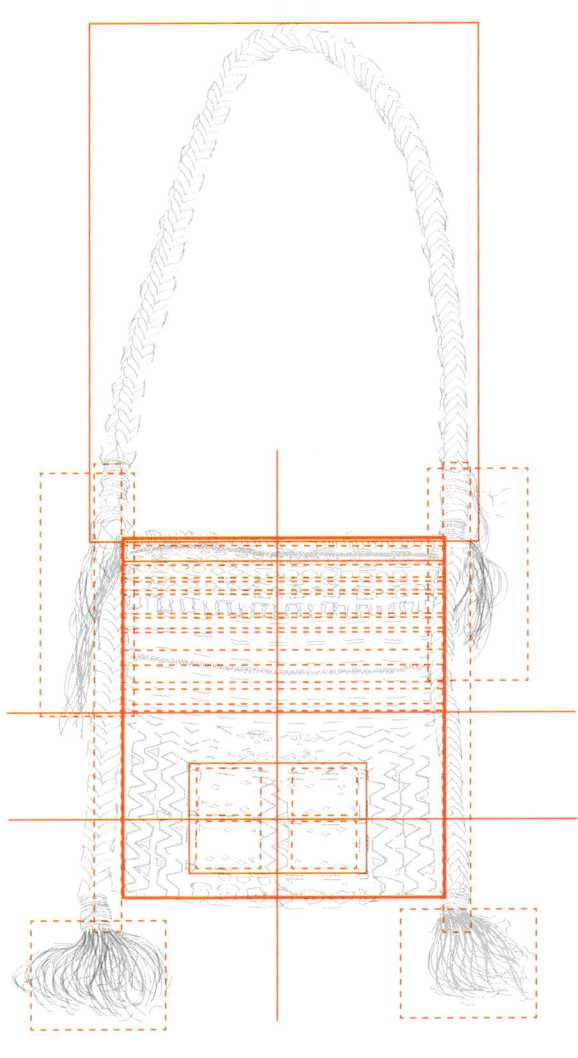

图四 景颇族瑙双挎包结构图（一）

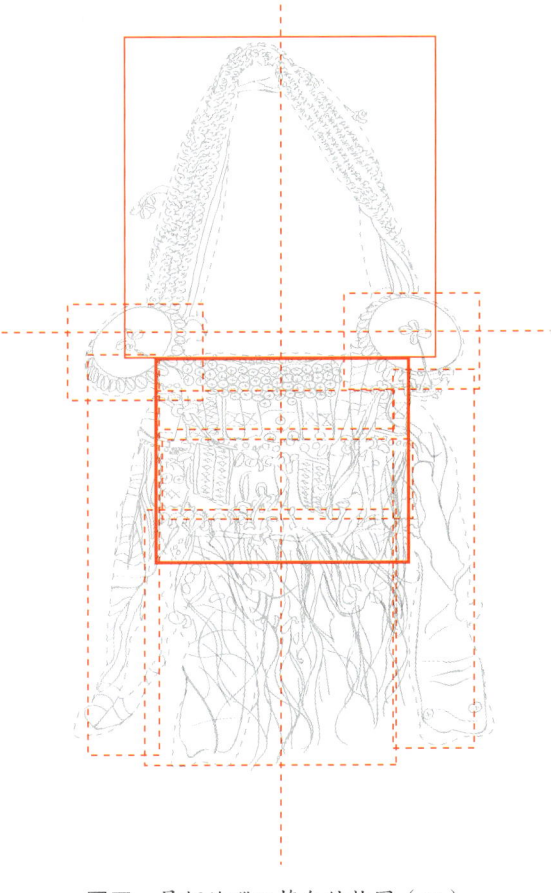

图五 景颇族瑙双挎包结构图（二）

图六　景颇族瑙双挎包实物图

景颇族腰带

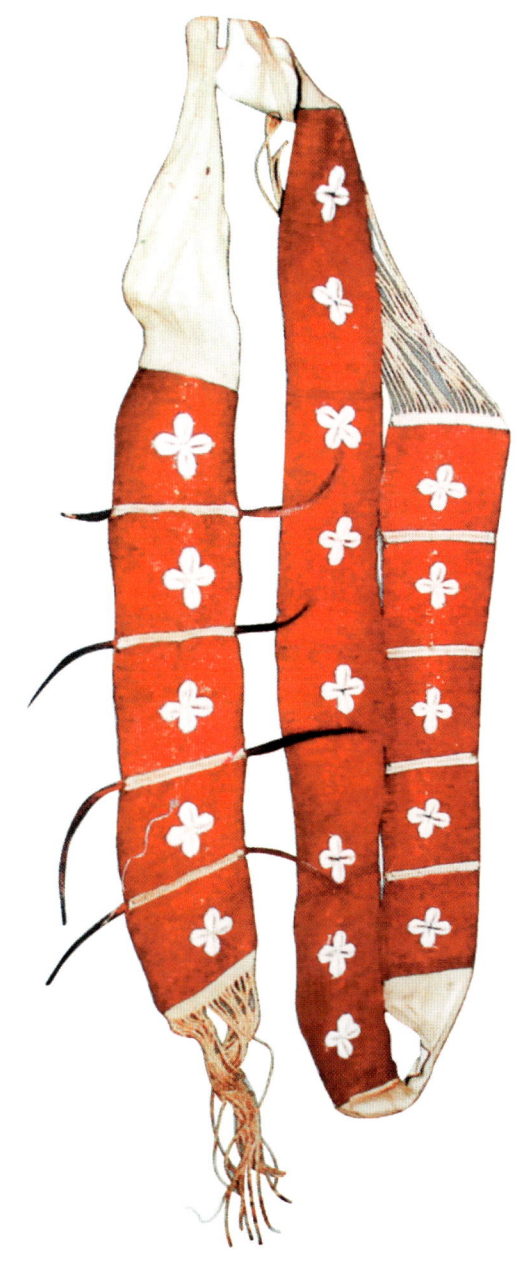

图一　景颇族腰带主图

腰带是景颇族服装中的主要部件，传统的景颇族服装由长衫和上衣下裤组成，这使得腰部的系束和装饰有了现实的需求。传统的景颇族腰带有海贝壳穿成的，也有用织锦做底海贝壳做装饰图案的，还有用单纯的布料做底，再加上挑花图案而做成的等等。在这些腰带里面，瑙双使用的腰带装饰最为讲究。本案例为与景颇族瑙双服相配套的腰带，其红白色相间，以海贝壳为装饰，是在目瑙纵歌等重要节日或活动中使用的腰带，是与盛装相配套的服饰部件。

本案例在色彩上采用了景颇族喜爱的红色与白色并置和叠加的表现方式。红色织锦与白色的布和海贝壳并置有着明显的对比效果，鲜艳而醒目。颜色两端为白色线性流苏，中间各设一段等宽的红色织锦，此织锦上等距横向设四道白色管状通道，将织锦分成五段方形，每块方形正中缝缀四个海贝壳组成的花形，其内插入红褐色等的羽毛。用海贝壳点缀，这些海贝壳四个一组，呈花朵形状，共 18 组，寓意开花结果，繁衍生息。海贝壳在新石器时代晚期就被当作货币用于商品交换，由海贝壳串成的饰品，象征财富与地位。在 20 世纪二三十年代可以见到海贝壳穿成的腰链，层次较多，较为奢华。用针线将海贝壳两头扎紧固定，再做出花样用来装饰并赋予其新的意义，既有传承古朴的文明属性又有对自己文化的演绎和解读。在目瑙纵歌节上，头插孔雀翎、穿长衫、佩景颇刀的祭师"董萨"和领舞的"瑙双"都会佩戴这种腰带。腰带长度一般都超过 200 厘米，笔者所见的董萨佩戴的腰带长度约 220 厘米。这样的长度主要是用于装饰，其束腰时，将腰带的中心从后腰往前系束，其系束的位置刚好是腰带中间的两段白色部位，多出来的两头，使系有海贝壳的一面向外自然下垂。除了这些在特殊场合应用的腰带以外，景颇族还有装饰性较强的其他款式的腰带，这些腰带有两种基本样式：一种是完全的素色，以红色为主，两端缀有彩色绒球，这类腰带以男子腰带为主。另一种是中间素色，两头进行较为讲究的设计，做出各色的织锦挑花等装饰效果，最后缀上流苏，此类设计以女子腰带为多。腰部是景颇族装饰的重要部位，除了系束腰带以外还会在腰侧系挂红色长穗或点缀各色绒球。

景颇族腰带款式十分丰富，根据使用环境和佩戴人群的不同也会有针对性地调整。调整时要求既要有丰富的花色也有相对固定的样式和色彩，反映了景颇族人在个人喜爱和民族文化的认同方面的共通性，团结有序又极具个性色彩。

图片来源

图一、图七至图九　李向前.景颇族文史画册.昆明：云南民族出版社，2007.

图二至图五　刘艳斌　制图

图六　樊进　摄影

图十　樊进　制图

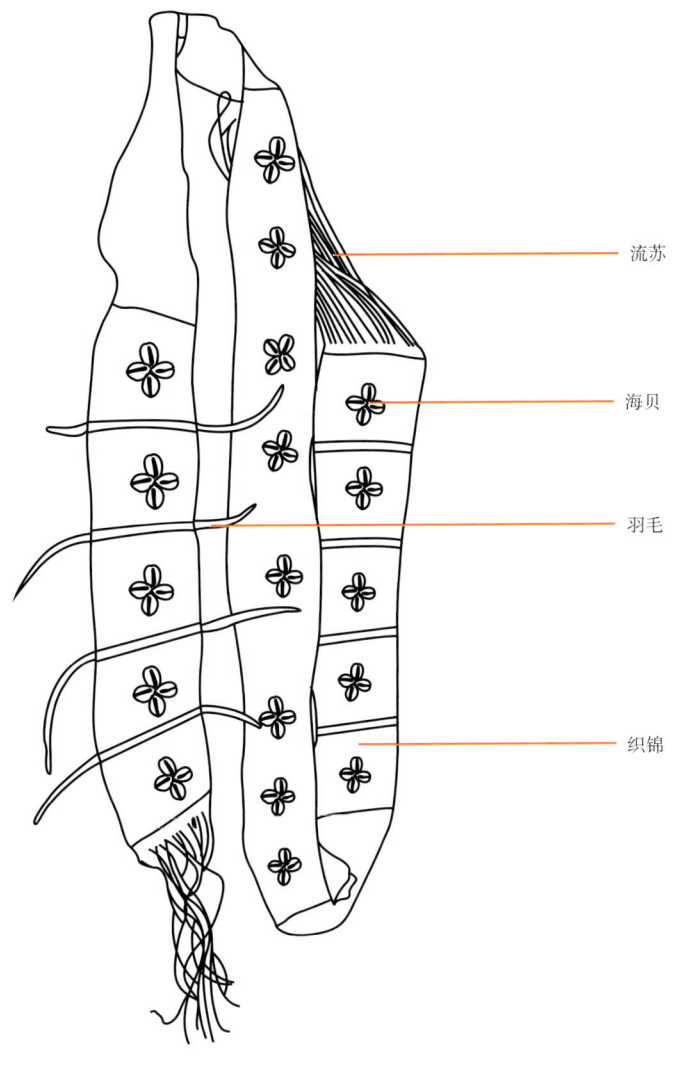

图二　景颇族腰带名称示意图

流苏
海贝
羽毛
织锦

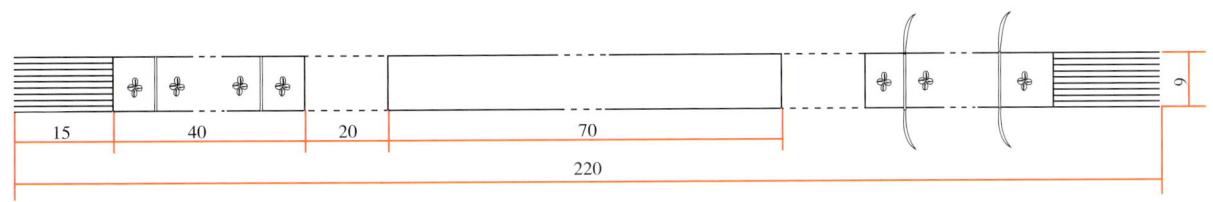

图三　景颇族腰带展开尺寸示意图（单位：cm）

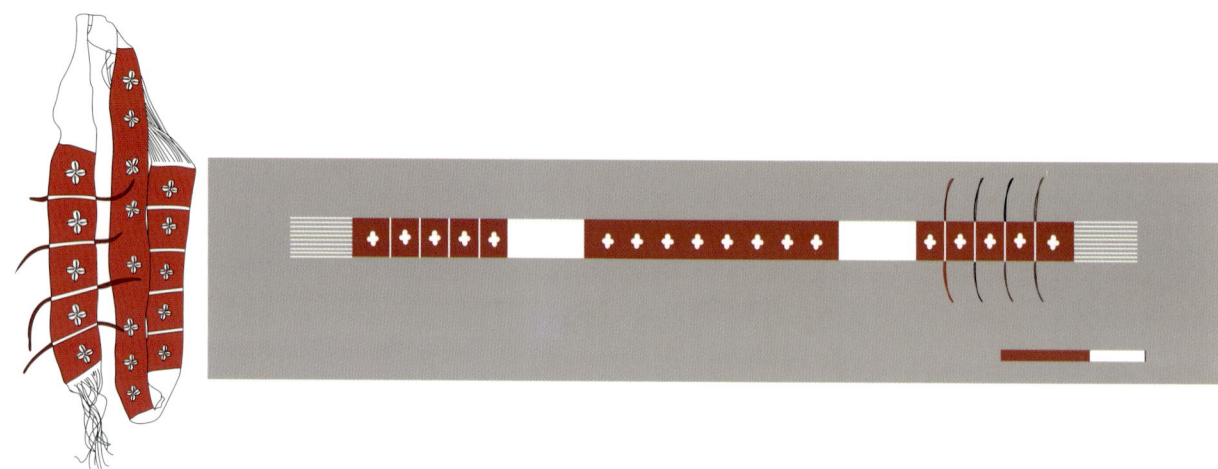

图四 景颇族腰带色彩分析示意图

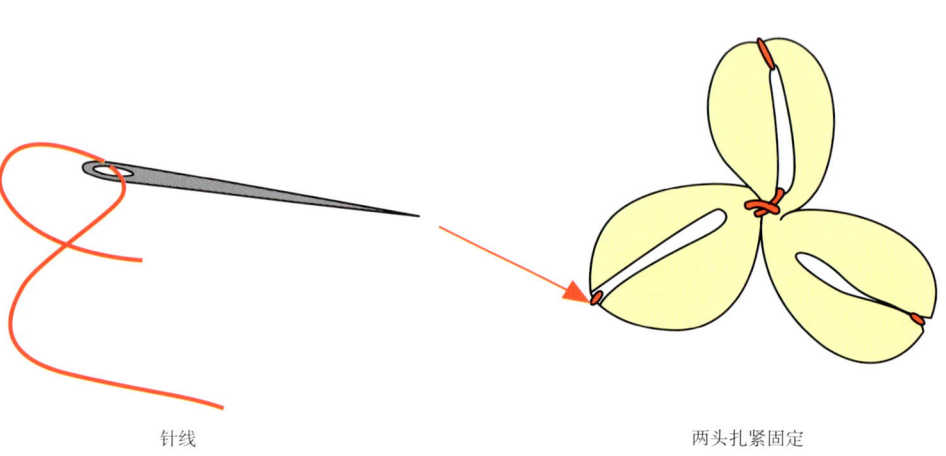

针线　　　　　　　　　　　　两头扎紧固定

图五 腰带针线扎紧工艺示意图

图六 景颇族祭师"董萨"腰带实物图

图七 景颇族女子腰带延展图

第二章 景颇族传统服饰

137

图八　景颇族腰带佩饰实物图

图九　景颇族腰带使用情景图

图十 景颇族祭师"董萨"腰带示意图

景颇族耳饰

图一 景颇族耳饰主图

耳饰是人体装饰的重要部分，景颇族女子同样如此，而且在历史上留下了许多令人印象深刻的造型，既有坚硬直率的夸张造型，也有温婉灵动的婆娑风姿。本案例是一枚银质带流苏的耳挂，是现在景颇族女子常用的首饰造型之一。

本案例的耳饰通体由银质材料打造而成，采用了传统的拉丝、剪切、锻造、钻孔、编织等传统工艺手法。本案例由四部分组成，最上面为耳钩，是穿挂于耳眼的部分，下面是最为精彩的部分，整体呈十字花形，其左、右、下三瓣为等腰弧形，头部尖形，上瓣为一等腰梯形，其长度是其余三瓣的约2倍，宽度相仿。沿此四瓣组成的花形边缘向内依次锻造出两圈颗粒较为细腻的珠粒形态，这些珠粒围合了一圈数倍大的凸起圆半球粒，围合的整体形态与各瓣的形态相同。中间的花心部位锻造出一颗直径最大的凸起半球，其外部也同样围合了两圈细小的凸起状珠粒形态。这些锻造凸起也呈大小不同的半圆形珠粒形态，可归纳成花瓣和花心五个部分，每个部分装饰呈周边小中间大的分布规律。凸起的圆形形态与景颇族银泡的造型一致，或有某种内在的联系，至少在装饰手法上同出一辙。十字花形从左到右等距依次垂挂七根垂链，每根垂链下方穿挂一片花苞形银片。下垂的银链体态轻盈，随风飘动，佩戴起来摇曳多姿。此类耳坠与景颇族银泡垂坠效果一致，相得益彰。

本案例的造型与景颇族银泡及其垂坠的造型元素呈现的视觉效果有着一定的相通之处，凸显了景颇族文化中体现的生殖崇拜的特殊意义和由此演化出来新的装饰文化。另外这些圆形元素从某种角度上也有着果实的隐喻，与植物性形态的花朵形状有着一定的关联，表达出开花结果，多子多福的朴素期盼。

图片来源

图一　李昆生，周文林.云南少数民族服饰.昆明：云南美术出版社，2002.

图二至图七　刘艳斌　制图

图八　李向前.景颇族文史画册.昆明：云南民族出版社，2007.

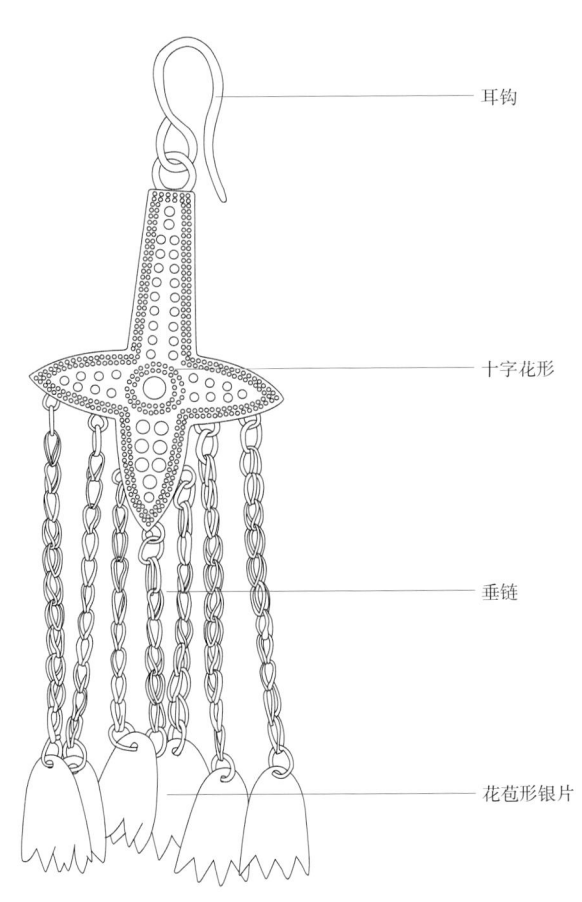

图二　景颇族耳饰名称图

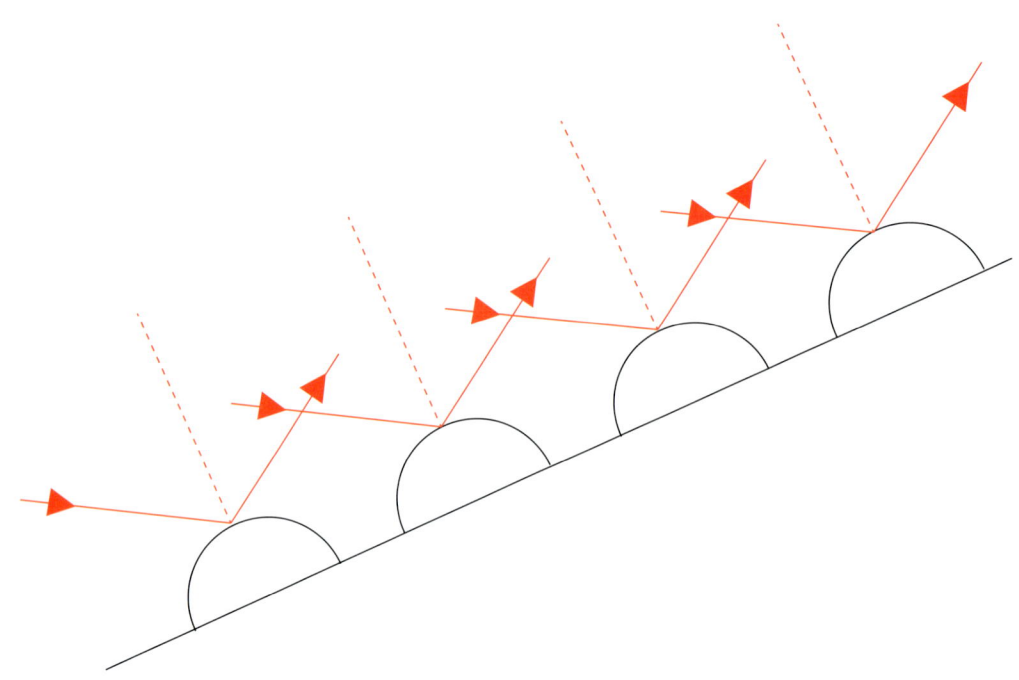

图三　景颇族耳饰银泡光反射示意图

图四　景颇族耳饰半圆凸点分布示意图

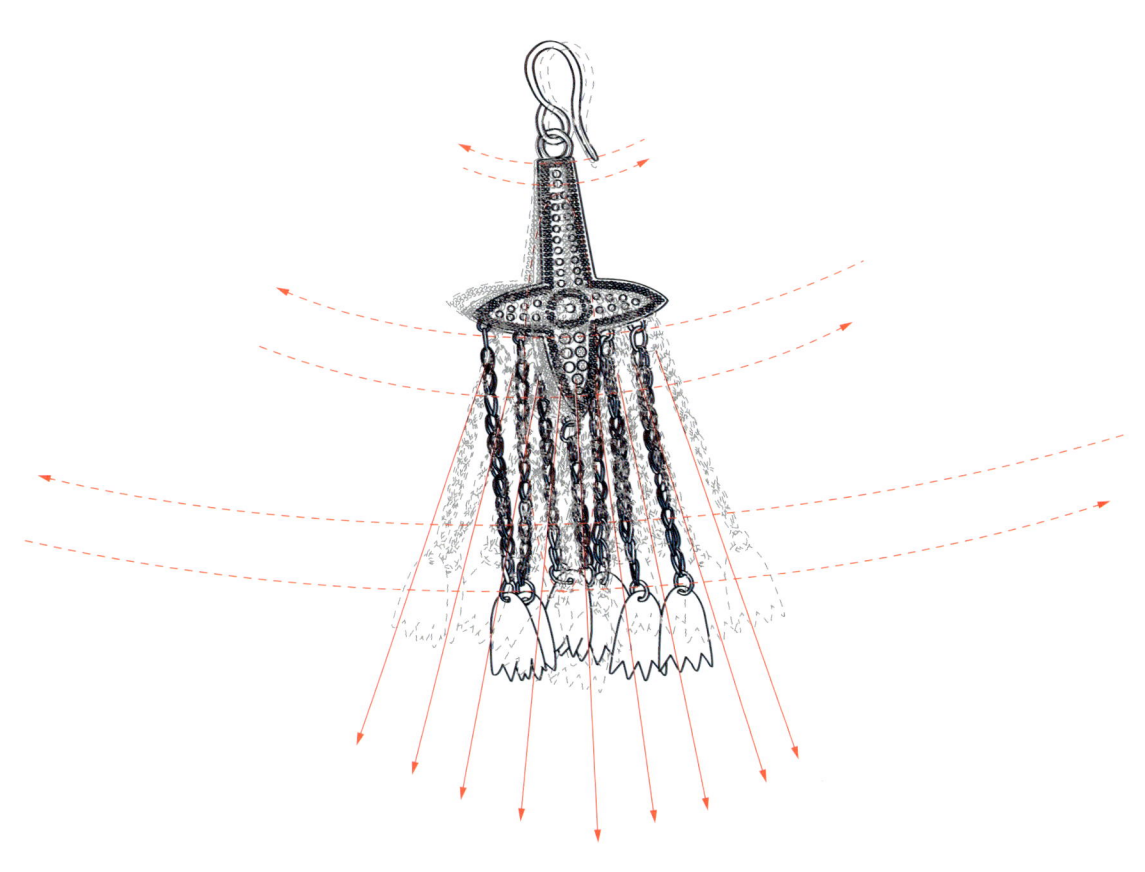

图五 景颇族耳饰动态示意图

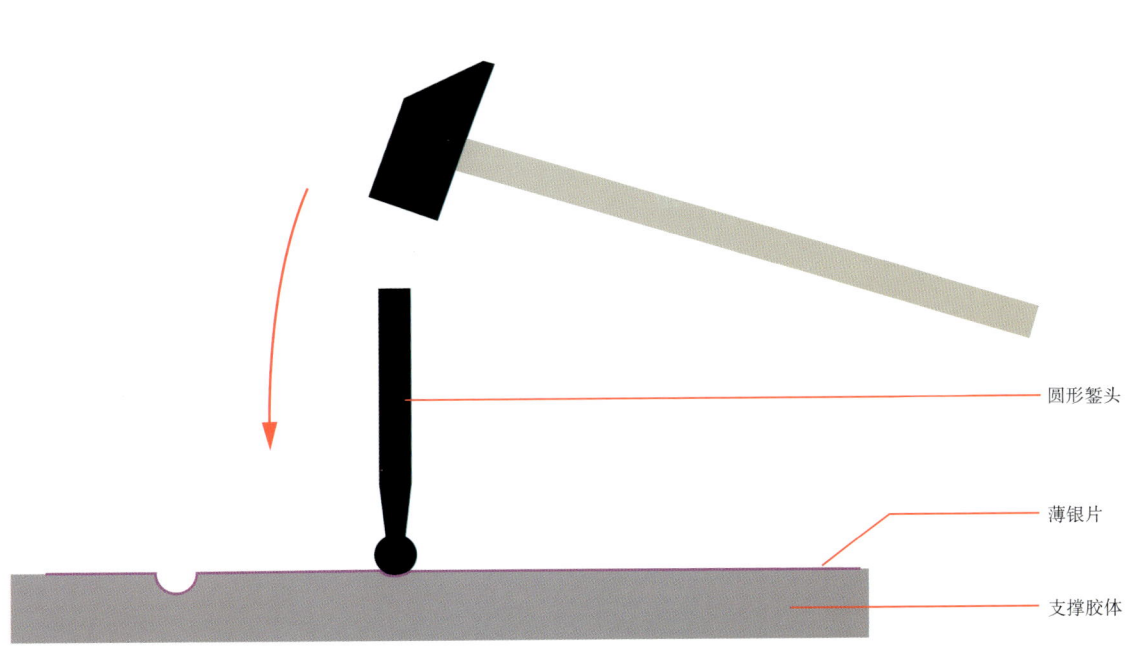

图六 景颇族耳饰半圆凸点制作方法示意图

图七　景颇族耳饰佩戴示意图

图八　景颇族耳饰延展图

景颇族玛瑙珊瑚组合项链

图一　景颇族玛瑙珊瑚组合项链主图

景颇族女子大多喜爱佩戴玛瑙珊瑚类的红色系的项链，这是一种具有悠久历史传承的文化现象。景颇族中称为"布迪"链珠和"拾瓦囊"的都是柔性的项链，其造型元素及穿挂组合方式和中原出土的古代项链较为接近。景颇族人不论是节日还是日常生活中都会佩戴，这类项链可以单根佩戴，也可以多根组合佩戴，本案例就是由5串独立项链组合而成的。其选自云南省德宏州盈江县，是挂在衣服外面的以玛瑙为主的组合项链。它由1串较大颗粒的南红玛瑙项链、3串小颗粒玛瑙项链和一条双股珊瑚珠串项链共同组成，每条项链长度基本都在90厘米左右。

这组项链在色彩上以红色的玛瑙和珊瑚为主，以黑色琉璃隔珠、灰白色玛瑙、白色象牙（或其他骨质）等为辅，也有个别的绿色隔珠。景颇族服饰中的黑、红、白是最常用的色彩，案例当中腰鼓形的象牙有纯度较高的象牙白，也有年代较长的发黄的白。黑色琉璃珠的纯度较高，其上熔缀纯度较高的白点，最外侧的大颗粒项链的玛瑙，是较暗的水红色，其他玛瑙接近橘黄色。双股的珊瑚珠介于橘红与粉红之间，此部分的红色以天然的南红玛瑙和珊瑚色泽为主，较为素淡雅致，显得温和亲切。黑色配珠是琉璃质地，色彩沉稳，其上白色点缀随性自由。新旧的象牙白和灰白色的玛瑙珠粒构成了这组项链的白色系的几个层次。这些色彩放在一起具有较强的对比效应，在较暗的水红色、醒目的橘黄、橘红形成的大基调里并不显得突兀。不同色彩和明度的搭配使整个项链有了节奏感和视觉的愉悦性。此项链的组合基本上是按照对称的排列方式穿成的，每一串中最大颗粒的腰鼓形都穿在项链底部，并以此为中心左右基本对称，玛瑙颗粒中的红玛瑙珠串大都为直筒状，少许间隔的腰鼓状和球形多是以中间隔珠出现。项链从形态上来说是由腰鼓形、直筒形、圆片形和球形等元素组合而成。此组项链每个元素中间都有钻孔，用较结实的软性绳线串联成一体，佩戴舒适性强。

景颇族的此类项链组合搭配较为自由，没有固定的模式，可以是纯粹一个品类的饰品组合，也可以是多品类的饰品组合，比如本案例既有玛瑙、珊瑚和琉璃等的项链组合，也有宝石类和银质饰品的混合搭配，还可以将装饰和实用集于一身，比如将装饰性的项链和钥匙链同时佩戴在颈部。

本案例是景颇族女士较为常见的颈部装饰，是实用性较强的项链，此类项链与原始时期的一些装饰方法和组合方式非常相近，有着浓郁的原始气息。在色彩囊括了红、黑、白这些景颇族喜爱的传统色彩，对称性的元素排布方式给人庄重稳定的视觉效果，整组项链由点连成线，再由线组合成面，层次感强，是当地较为典型的宝石类组合项链。

图片来源
图一、图五至图六　樊进　摄影
图二　杨钰群　陈圣鋆　制图
图三　陈圣鋆　制图
图四　卢慧敏　制图
图七　李向前.景颇族文史画册.昆明：云南民族出版社，2007.

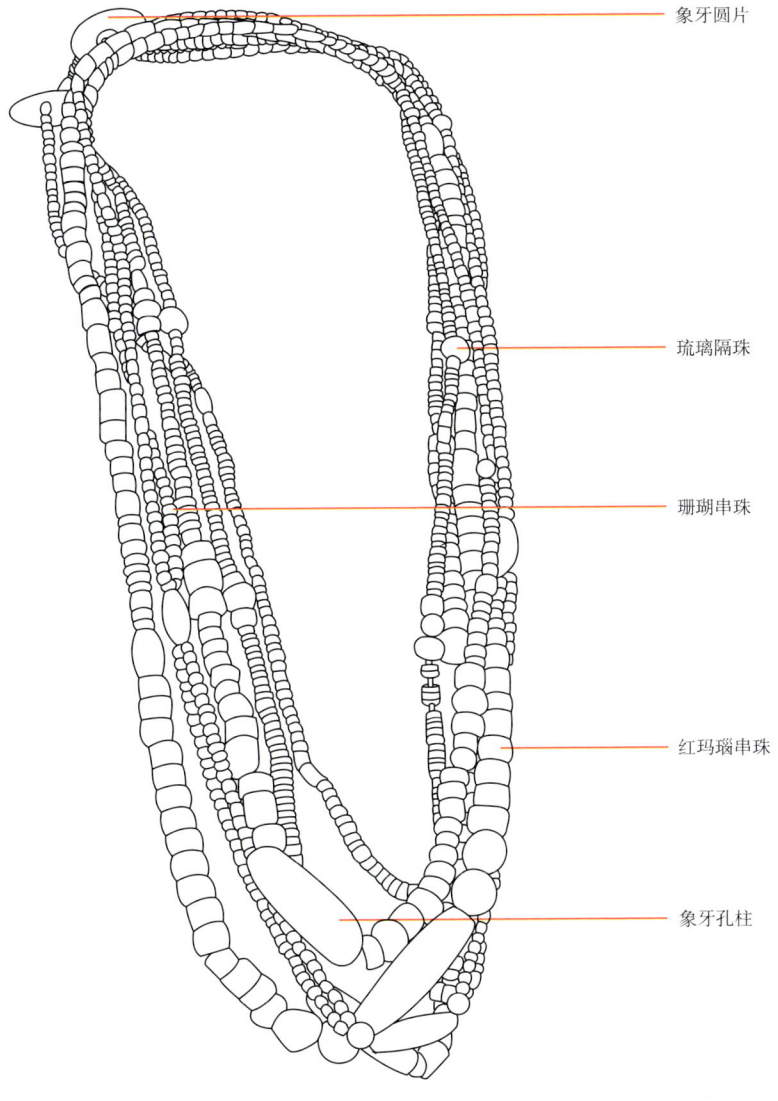

图二　景颇族玛瑙珊瑚组合项链名称示意图

图三　景颇族玛瑙珊瑚组合项链基本结构和色彩示意图

第二章　景颇族传统服饰

147

图四　景颇族玛瑙珊瑚组合项链佩戴方式示意图

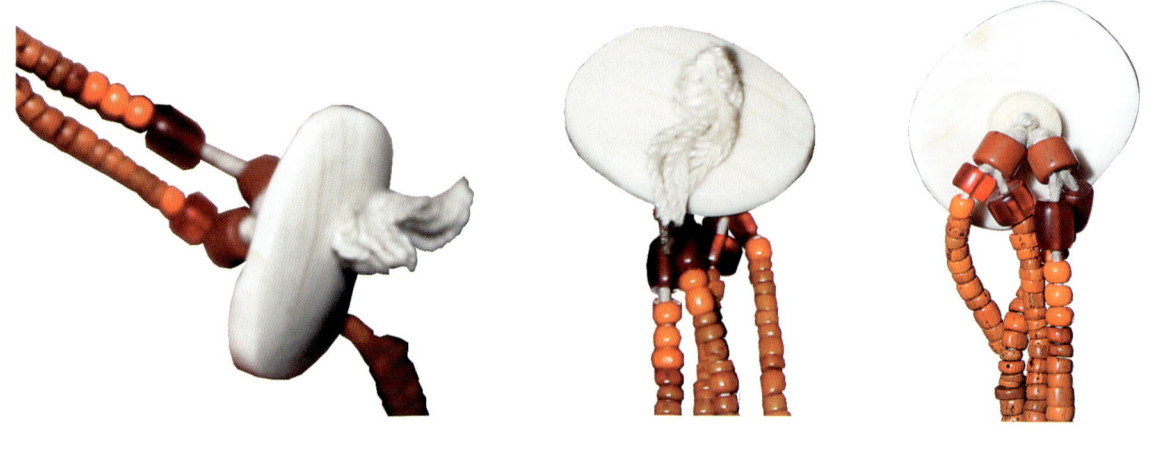

图五　景颇族玛瑙珊瑚组合项链收尾结构图

图六 景颇族玛瑙珊瑚组合项链延展图

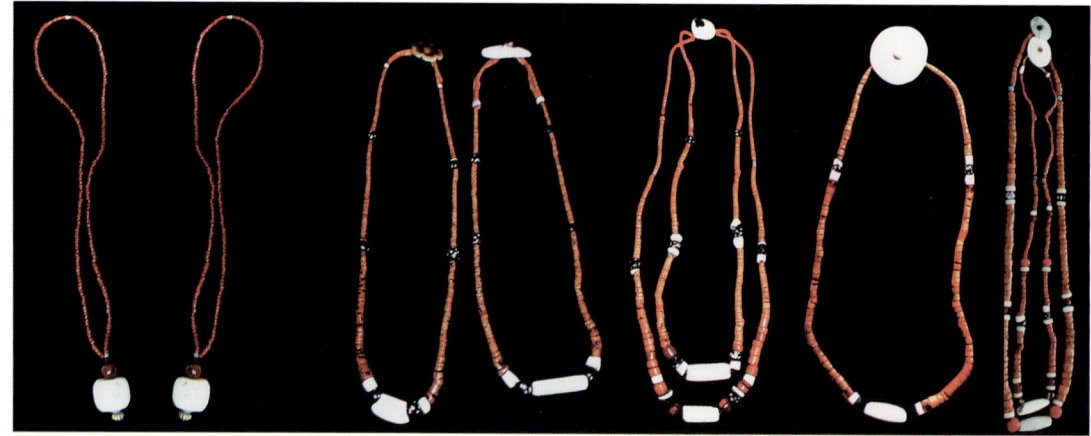

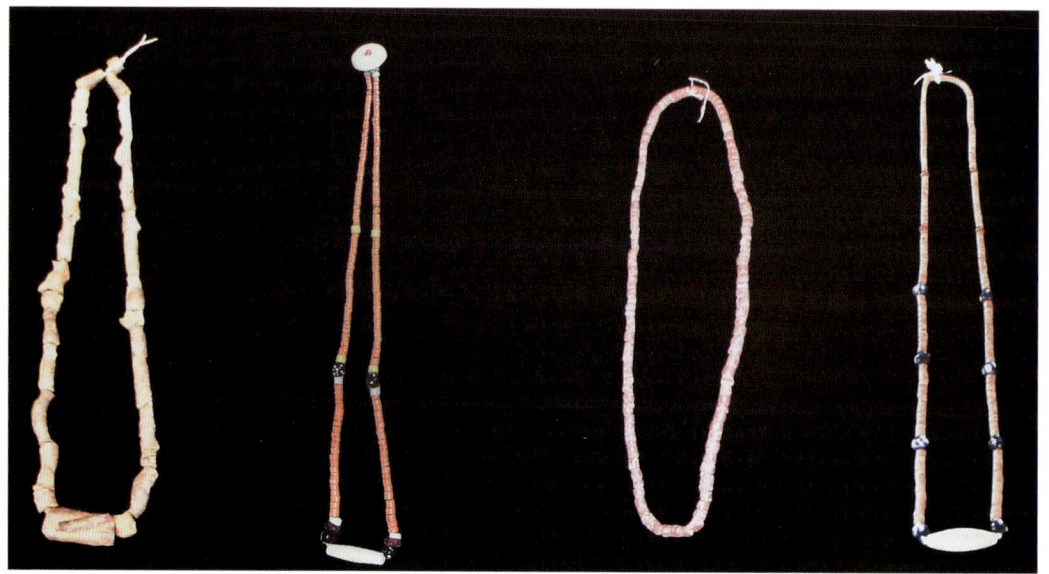

图七 景颇族"布迪"链珠和"拾瓦囊"项链

景颇族银项圈

图一 景颇族银项圈主图

景颇族女子在日常和节日里都会佩戴各式各样的银项圈,而且还会将银项圈与项链等进行混搭佩戴,因为在当地这些首饰除了能够彰显人的美丽以外,还是财富和能力的象征,佩戴的首饰越多象征地位越高,个人的存在感越强。将大量银子制成的首饰集中穿戴在身上,也反映出迁徙民族的特征,这种现象与传统的银本位应该有着较为密切的联系。本案例选自云南省德宏州盈江县玉麦寨,是两个錾刻吉祥纹样的项圈同时叠加佩戴的，直径约23厘米，项圈圈体最宽处约1.7厘米。

本案例的银项圈是一组没有镶嵌的素银项圈，由于银材料是亲生物金属，对人体有着一定的裨益，同时对环境有着敏感的变化，可以使人免受一些常见病菌的侵扰。本案例两个银项圈中内侧的稍短，与外侧的项圈刚好形成并列的内外关系，两个银项圈錾刻的图案都是蝴蝶花纹饰。錾刻部分是项圈的主体，大约占项圈的2/3。錾刻通常是将一块相应的银片展开成平面，再将需要錾刻的图形用平口、弯口、圆口等各类形状的錾刀刻出相应的线条。这些图形一般用对称的手法进行组合。錾刻纹饰的中心是一只张开翅膀飞翔的蝴蝶，也像一朵盛开牡丹花的侧面造型，整个纹饰沿纵横两条中轴线上下（内外）左右对称。与翅膀外围相连的部分为等距递减的波浪纹，每一段卷曲的方式像卷草纹，里面用半弧形錾头錾刻了呈序列的弧形图形，均匀地排布非常有律动感；在图案尾部出现了两段不同的几何纹饰，与波浪形卷草纹相连的是斜线构成的三角形，其上下左右也呈对称排布，沿横向轴上下排布的两个三角形由于排布的斜线方向一致，在视觉上形成了明显的菱形，菱形是景颇族装饰图案中最为常见的元素之一。菱形尾部对称錾刻两

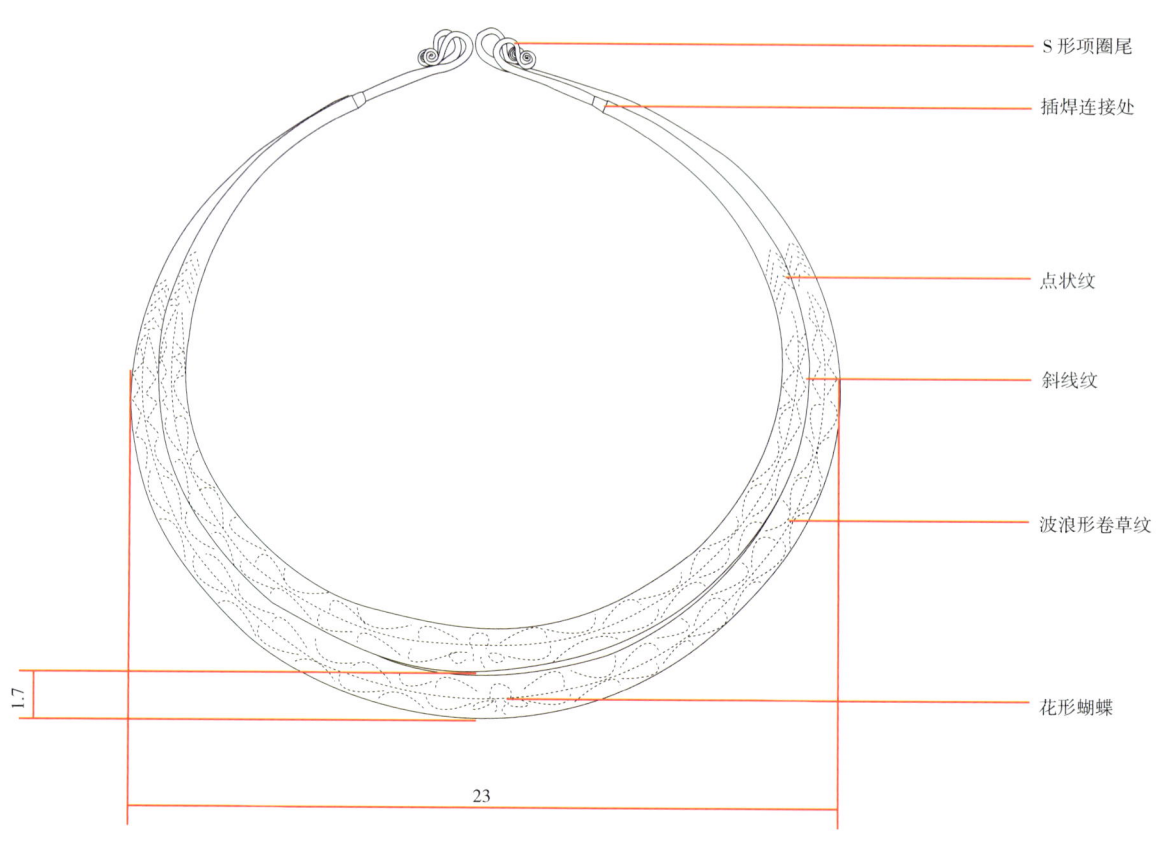

图二　景颇族银项圈名称尺寸图（单位：cm）

组半弧线，之后跟随了一组横轴对称的五条斜线，上下各五根。整体而言，此组项圈中间宽平，是纹饰表现的重点区域，越往两头越窄，装饰也由繁到简，直至尾部区域，再将最细的尾部弯成平面螺旋状，增加佩戴的安全性和装饰性。蝴蝶花纹在景颇族中有多重寓意，是自然美丽的象征，寓意幸福美满的生活。

景颇族女性颈部的银项圈装饰较为丰富，且在不同的历史时期有着不同的变化。锻造的实心或空心的无装饰银圈叠加佩戴在20世纪初较为常见，带有较多装饰的錾刻类空心管状银项圈在当前的景颇族中较为常见，其錾刻的图形纹饰有较多的变化，但整体的形态变化相对较小。錾刻图案中的蝴蝶、花卉和几何类纹饰是装饰的常见题材，充满了自然的律动气息。图案造型以纵、横轴对称为主，本案例是当下较为典型的景颇族银项圈款式之一。

图片来源
图一　樊进　摄影
图二、图五　刘艳斌　制图
图三至图四　端木乂梦　制图
图六至图八　李向前.景颇族文史画册.昆明：云南民族出版社，2007.

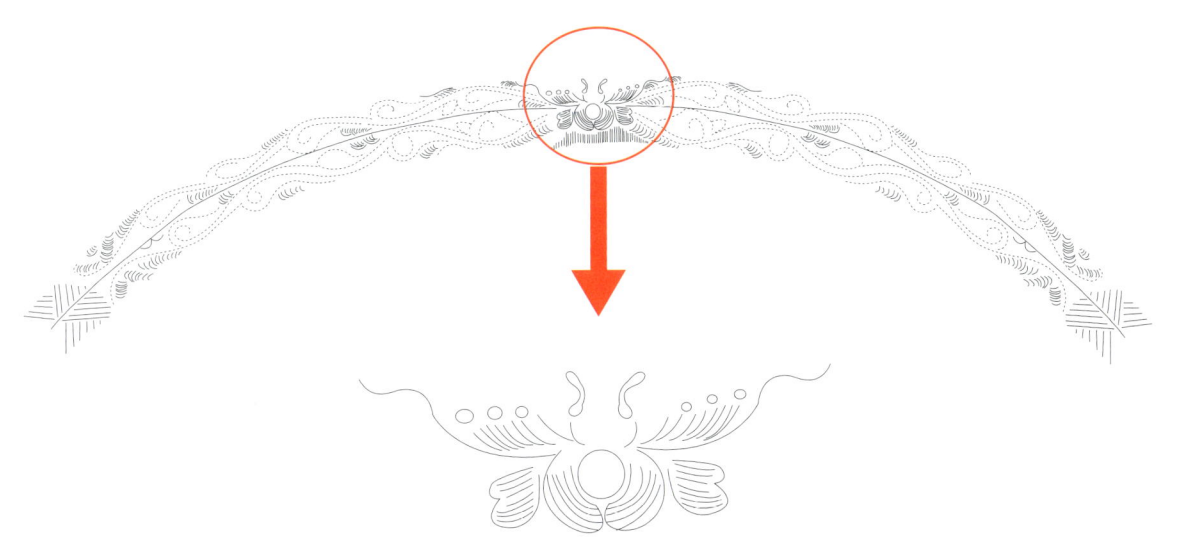

图三　景颇族项圈纹饰分析示意图一

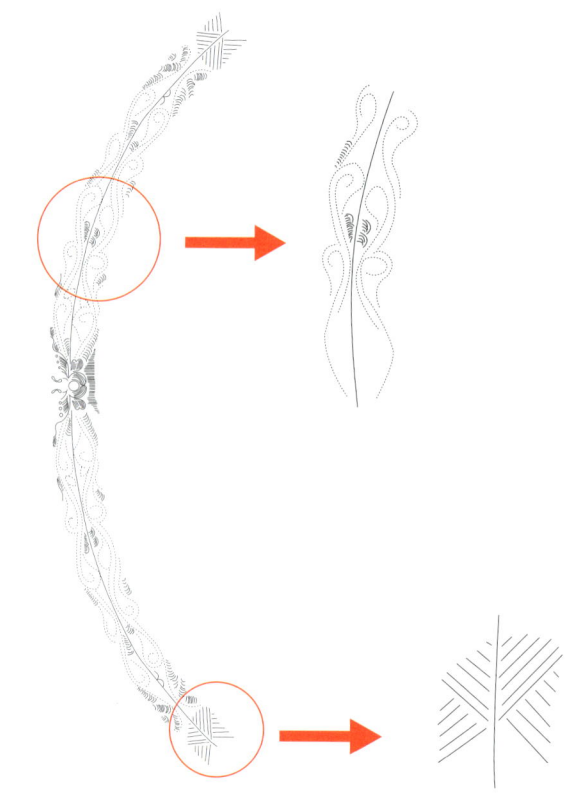

图四　景颇族项圈纹饰分析示意图二

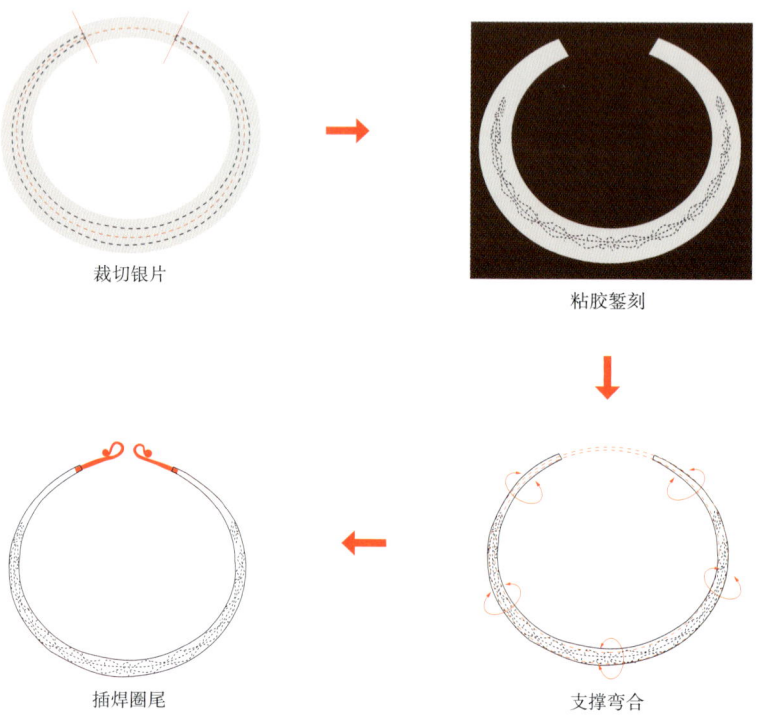

图五　景颇族银项圈工艺分析示意图

图六　景颇族青年女子银项圈组合佩戴情景图

图七　景颇族老年女子银项圈组合佩戴情景图

图八　景颇族女子银项圈使用情景图

景颇族银手镯

图一 景颇族银手镯主图

手镯是装饰手腕的重要首饰，景颇族女子常喜欢戴各类银手镯，她们所戴手镯在视觉上通常较为厚重或夸张，在一定程度上可以显示其家族的富有程度，所以传统的景颇女子手腕常佩戴一对和自己经济地位相匹配的宽大的银手镯。本案例便是一件私人收藏的景颇族喇叭口高筒银手镯，其上下开口皆为外扩的喇叭形，手镯宽面中间掐花样丝填珐琅彩。此类高筒手镯都是单件手工制成，其尺寸重量不一，其高通常在8~10厘米之间，手镯中部内直径通常在5~7厘米之间，上下圈口外径通常在7~9厘米之间，重量通常在110~130克之间。

此类手镯最大特征是上下都为喇叭形开口，这样的结构设计具有人性化的考量，佩戴时较为方便，在佩戴过程中，不至于对手部造成过大的压力。本案例由银片、银丝、珐琅彩等材料制作而成，工艺采用了锻造、焊接、掐丝、珐琅等手法。由一整片银片经过先焊接后锻造（或锻造后焊接）的手法做出喇叭口的银镯基体，之后在上下齐口沿边缘处焊接一圈较粗的银丝，此部分是手镯的收口位置，其结构越宽厚，手镯本身就会显得越扎实。由两口沿向中间的位置焊接六组绕丝花丝，除最外面的绕丝为圆丝绕丝以外，其余绕丝皆为经过碾压的，扁绕丝形成了上下波动一致的波浪线，绕丝与绕丝之间用两条压扁的麻花丝立起来进行焊接分区，立起来的扁麻花丝边缘为颗粒状，有较为细腻的珠粒效果。这样的珠粒点状效果和压扁的绕丝产生的曲线和直线组合的光面效果有了明确的层次区分，在视觉上能够产生一定的愉悦感。银镯中间位置为掐丝珐琅彩制作的区域，其图形内容为象征性的图形，可有多种解读方式。一、以正面花卉为中心，向两侧延伸出侧面花卉及草叶类图形，表现了景颇人对自然的眷恋；二、中心凸起的圆形为乳房的造型，周边为生机勃勃的花草造型，象征生命的繁衍生息；三、将花卉造型与乳房造型融为一体，象征人与大自然和谐相处。镯子整体装饰分为三段，上下两段造型一致，为点、线组成线性组合的较为平面的装饰区域。中间部分是较为立体的花草类图案，其层次较为丰富：在中心部位是立体的半圆球形，也是最高层；其周边焊接花瓣和草叶的花丝，是第二层；花瓣和草叶有一定的视觉

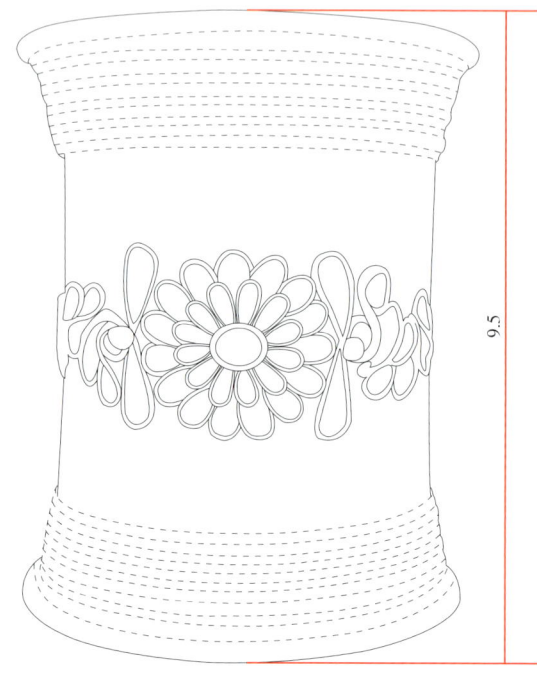 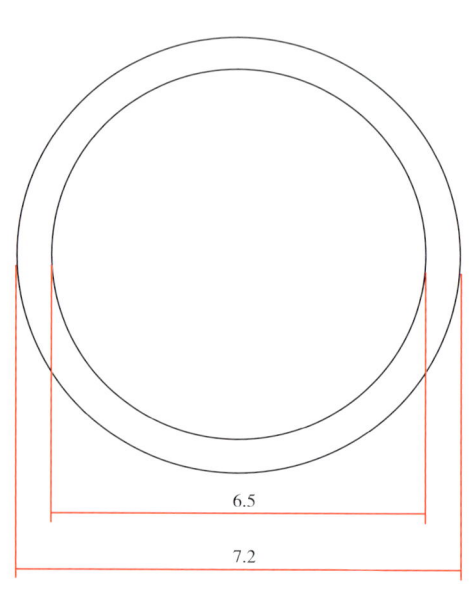

图二　景颇银手镯线稿及尺寸（单位：cm）

叠压关系，在花瓣和草叶中间填一层蓝、绿、黄的珐琅，珐琅层是第三层，底层是银镯的基体。整体而言，此手镯是长度大于内直径的一个手镯，佩戴起来后装饰面较大，与景颇族发饰和服饰形成整体一致的搭配风格。

这种喇叭口造型的手镯与红山文化的陶器手镯的整体结构特征遥相呼应，其设计的目的多是从使用的舒适性来考量的，这类相近的造型在景颇族文化中能够传承至今，令人惊叹文化的穿透力。

图片来源
　　图一、图五至图八　李向前.景颇族文史画册.昆明：云南民族出版社，2007.
　　图二至图四　刘艳斌　制图

图三　景颇族银手镯色彩分析示意图

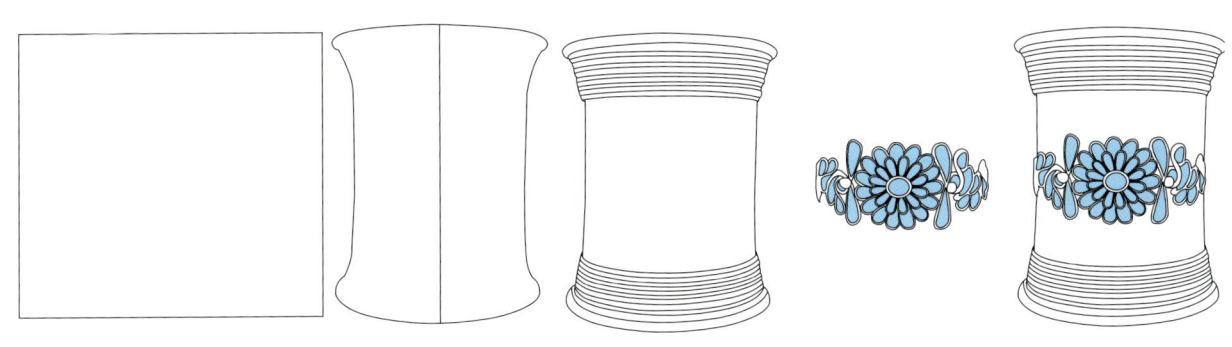

图四　景颇族银手镯制作过程示意图

图五 景颇族银手镯延展图（一）

图六 景颇族银手镯延展图（二）

图七 红山文化遗址出土陶手镯

图八 景颇族银手镯使用情景图

第二章 景颇族传统服饰

161

第三章 景颇族传统餐饮

景颇族拌蕨菜

图一 景颇族拌蕨菜主图

蕨菜是景颇族比较常见的野菜之一。蕨菜又叫拳头菜、拳菜、猫爪、龙头菜、鹿蕨菜等等，属于凤尾蕨科。其常食用的部分是成熟蕨菜的上半段较嫩的茎干和嫩芽。蕨菜在我国分布较广，生长于山区向阳地块。景颇族人大多聚居在德宏州，属于亚热带，海拔 800 米以上，其地生长的蕨菜清凉爽口，味稍清苦，具有降压凉血的功效。

景颇族人食用的多为野生蕨菜，餐风饮露，生命力旺盛。其叶尖向内卷曲包裹，形似紧握的拳头，当其子囊群成熟时，其外侧呈赭褐色。蕨菜一般采摘后当天食用，可以煮熟凉拌，也可以清炒。其制作方法并不复杂，首先要将新鲜蕨菜清洗干净，之后用沸水焯熟,再放入清水中浸泡,沥水切成小段,以便食用。最后再与豆豉末、酸茄、红辣椒、食盐、大蒜等一并拌匀即可食用。豆豉的酱香可以提鲜,酸茄可以刺激味蕾,增加食欲,红辣椒和大蒜可以用来祛湿、御寒和杀菌。

拌蕨菜是地道的野菜,深受景颇族人喜爱。其色泽油绿,辅以星星点点芫荽的鲜绿、酸茄的亮红等等,自然新鲜。蕨菜的爽口之

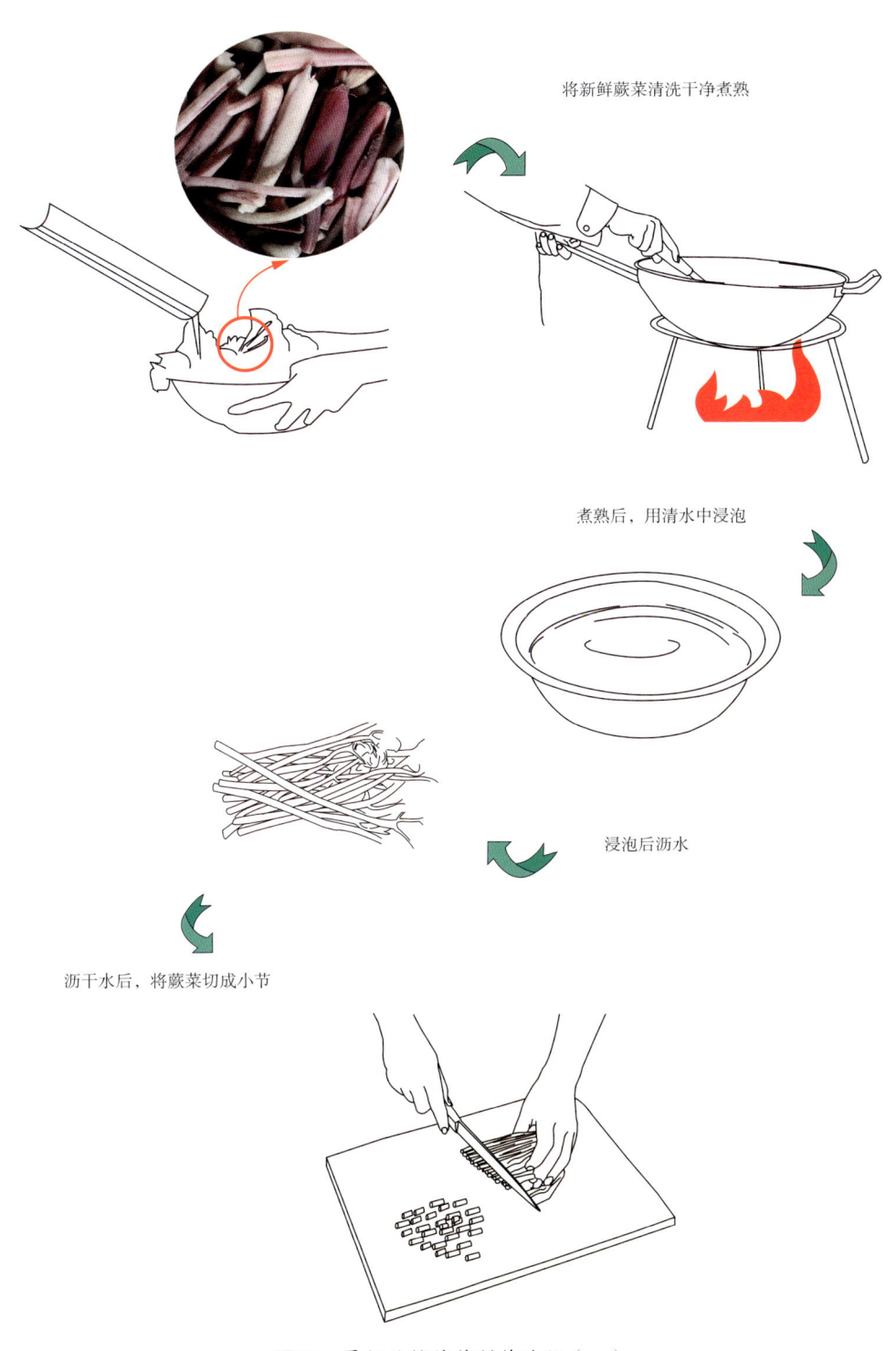

将新鲜蕨菜清洗干净煮熟

煮熟后,用清水中浸泡

浸泡后沥水

沥干水后,将蕨菜切成小节

图二 景颇族拌蕨菜制作过程(一)

中略带一丝青涩，在酸茄的酸味、辣椒的辣味和蒜末的香味的共同烘托下，冷热交织，非常可口。当然，据说现在有研究显示，蕨菜中的原蕨苷具有致癌性，其幼苗中含量尤为丰富，应尽量避免食用，成熟蕨菜也要合理加工才能食用。

图片来源

图一　图片来源：德宏网

图二至图三　卢慧敏　制图

图三　景颇族拌蕨菜制作过程（二）

景颇族凉拌石姜

图一 景颇族凉拌石姜主图

凉拌石姜是景颇族常食用的凉（冷）菜之一，其主料是石姜。石姜又叫负盘、滑虫、茶婆虫、香娘子。石姜是咸的，性寒，有毒。主要可以治疗淤血、寒热、下气、利血脉。主要配料是牛肉干，牛肉干是用黄牛肉和其他调料一起腌制而成的肉干。主要营养成分是氨基酸、维生素 B6、蛋白质、亚油酸、铁等。主要食用功效是补中益气、滋养脾胃、强健筋骨、化痰息风。适合气短体虚、筋骨酸软的人。其副作用是不易消化、胆固醇很高。储存方式是放在通风干燥的地方。其中的香菜，又称芫荽，具有消食消气、醒脾和中的功效，辣椒则具有温中健胃、散寒燥湿、发汗等功效。

凉拌石姜的制作方法非常简单。第一步是将石姜洗干净,主要把表层的灰尘去除掉。接着就是把石姜切成丝,凉拌的时候就更加入味,把牛肉干也切成丝,把酸茄切成小条状,使酸味融入整道菜中,香菜也要切成小段,把辣椒也切得碎碎的。

拌好的石姜吃起来味道中有一股较浓的姜味和中药味道。

图片来源
图一　樊进　摄影
图二至图三　卢慧敏　摄影、制图

图二　景颇族凉拌石姜制作过程(一)

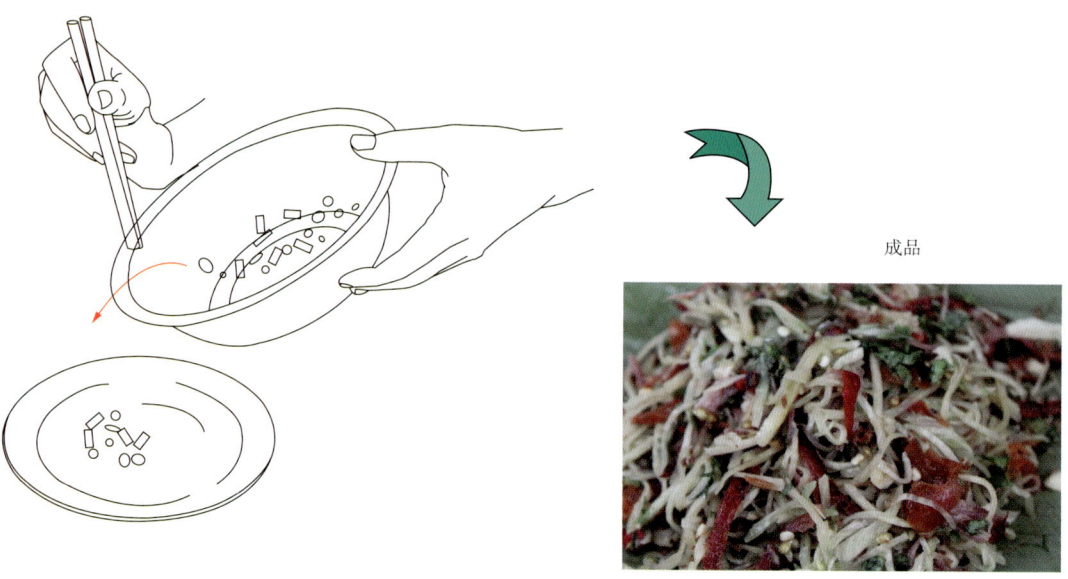

成品

图三　景颇族凉拌石姜制作过程(二)

景颇族舂干巴

图一　景颇族舂干巴主图

春菜是云南少数民族饮食中的一种比较常见的菜品，景颇族人常说："舂筒不响，吃饭不香。"景颇族人几乎每家都有舂筒，每顿都有舂菜。按照原料不同，舂菜可分为植物类的舂菜和（动物）肉类的舂菜。舂干巴是属于肉类的舂菜。植物类的舂菜一般生吃，与大蒜、葱、姜、芝麻、花生、核桃等一起放进舂筒里面舂碎食用。肉类的舂菜的主要原料有山羊、野猪、野牛、野鸡、雀鸟和鱼、蟹、田螺等，一般都要先将其烤熟，可以放在明火上烤至香脆后与野菜一起舂成泥而食用。

舂干巴是舂菜中最有味儿的。景颇族人一般把牛肉或者麂子肉放在火塘上方，经历长期的烟熏火燎，生肉表层有了一层保护层，能保持肉质不腐败，同时牛肉或麂子肉也会变得坚硬，成了干巴。

春干巴的主料是干巴，干巴有很多种，可以是鸡肉干巴、牛肉干巴、猪肉干巴，可以根据个人喜好进行选择。春干巴配料是生姜、豆豉、芫荽、辣椒。景颇族当地潮湿、阴冷，环境比较恶劣，细菌较多，所以，常吃的菜品能帮助人们除湿、御寒、杀菌，生姜、大蒜、辣椒都是比较好的配料。佐料主要是食盐、香柳，起到调味的作用。春干巴的制作方法是先将干巴在炭火灰里焙熟后，用木棒捣碎，再用手撕细或切碎后放入舂筒里，与生姜、芫荽、食盐、辣椒、味精、香柳等一并舂。舂时要晃动舂筒，边舂边看是否舂得均匀。待干巴与配料舂拌均匀后即可食用。烹调要点：干巴烤熟后要撕成碎片，豆豉烘烤揉细后再放，舂时与配料、佐料舂拌得越均匀，味道越佳。春干巴的特点是清香、鲜辣、可口。

图片来源
图一 樊进 摄影
图二至图三 卢慧敏 摄影、制图

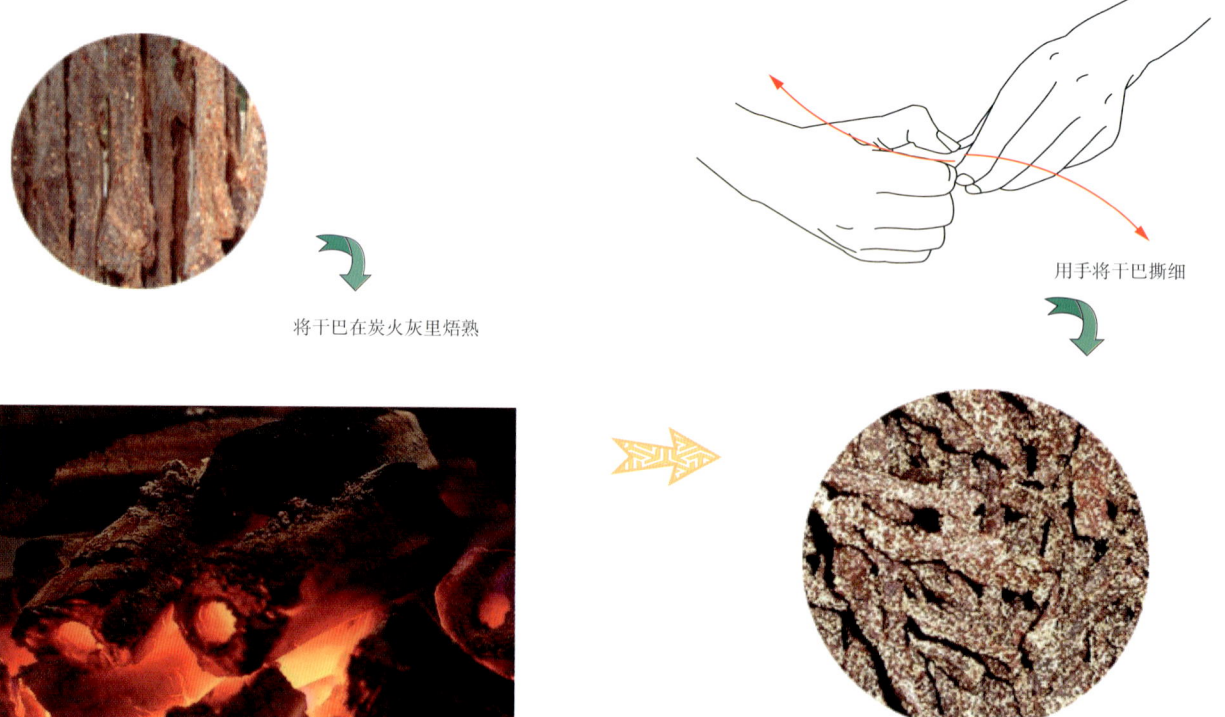

图二 景颇族春干巴制作过程（一）

图三　景颇族舂干巴制作过程（二）

景颇族舂鱼

图一　景颇族舂鱼主图

舂鱼的主料是鱼。配料是生姜、生辣椒、新端（荆芥）、缅芫荽、南瓜籽；佐料是食盐、味精、豆豉、大蒜。这道菜的特点是香辣、爽口、开胃。鱼含有丰富的蛋白质和钙，生姜、辣椒、新端（荆芥）有驱寒作用。

这道菜制作方法是先将鱼在炭火中烤熟备用。南瓜籽焙熟舂碎成面，再将生姜、生辣椒、新端（荆芥）、缅芫荽和南瓜籽面以及食盐、味精、豆豉等一起放入舂筒里舂碎，再将备好的鱼捣碎或撕碎放入舂筒中与配料舂拌均匀后即可食用。在烹调的时候要注意：舂菜用的鱼一般用小鱼，烘焙或烘烤时要慢，闻到香味最佳，配料中的南瓜籽也先要煎焙，单独舂碎再与其他配料一起放入。

图片来源
图一　孙志荣　摄影
图二至图四　卢慧敏　摄影、制图

将鱼在炭火中烘烤

烤熟备用

图二 景颇族舂鱼制作过程（一）

图三 景颇族舂鱼制作过程（二）

图四 景颇族舂鱼制作过程（三）

景颇族木瓜蜜饯

图一 景颇族木瓜蜜饯主图

木瓜蜜饯是景颇族人喜爱的一种酸甜可口的零食。木瓜也叫楝楂、木李，是木瓜树上结出来的果实，可以食用也可以药用，用途比较广泛。木瓜生长对土壤要求并不高，在土层深厚、疏松肥沃、排水良好的沙质土壤中生长较好，正好景颇族山区土壤符合这些要求，比较适合木瓜的生长。木瓜有两大类，景颇族地区生长的比较多的是番木瓜。木瓜味酸、性温、无毒。木瓜深受女孩子的喜爱，对减肥很有帮助，营养丰富，含有木瓜酶可促进乳腺激素分泌（但是不等于可以丰胸）。木瓜还有清心润肺，健胃益脾等作用。

木瓜蜜饯有点像现在社会上的梅子之类的零食，具有开胃健脾作用，制作方法也不是很复杂。先将木瓜去皮，然后切成小块，接着放锅里煮、熬，直到煮成黏稠的糊状物为止。将凝固的糊状物切成薄薄的小片，厚度控制在 0.5 厘米左右，之后摆放在竹篾编制的晾架上，再放到太阳底下暴晒风干，晒干后就可以食用了。

景颇族木瓜蜜饯是在木瓜特性的基础上借用自然界的阳光和风等制作完成的，是景颇族较有特色的一种可以保存时间长的果干，在陇川地区较为普遍。

图片来源
图一、图六　樊进　摄影
图二　郭嫱　制图
图三至图五　徐芷璇　制图

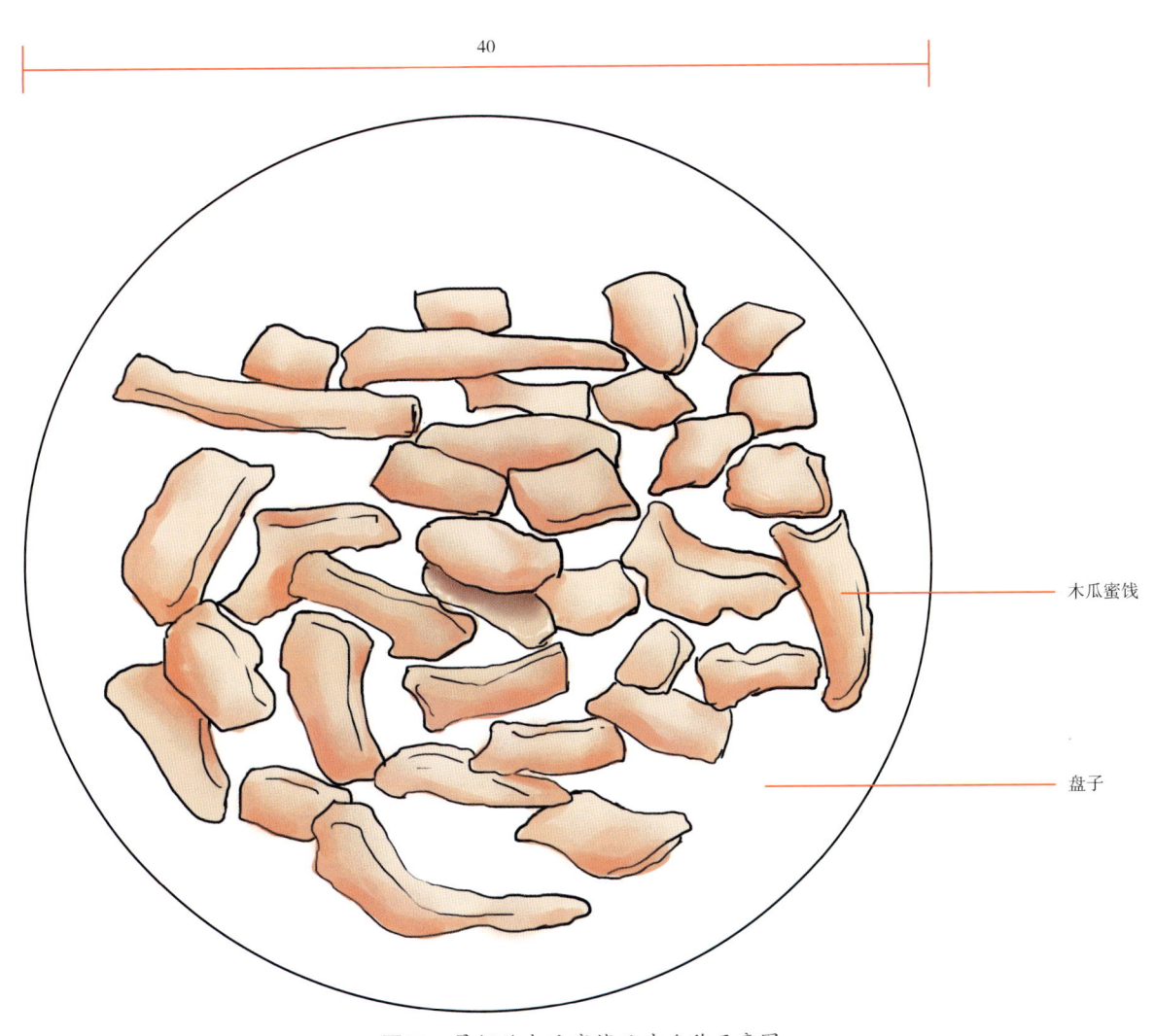

图二　景颇族木瓜蜜饯尺寸名称示意图

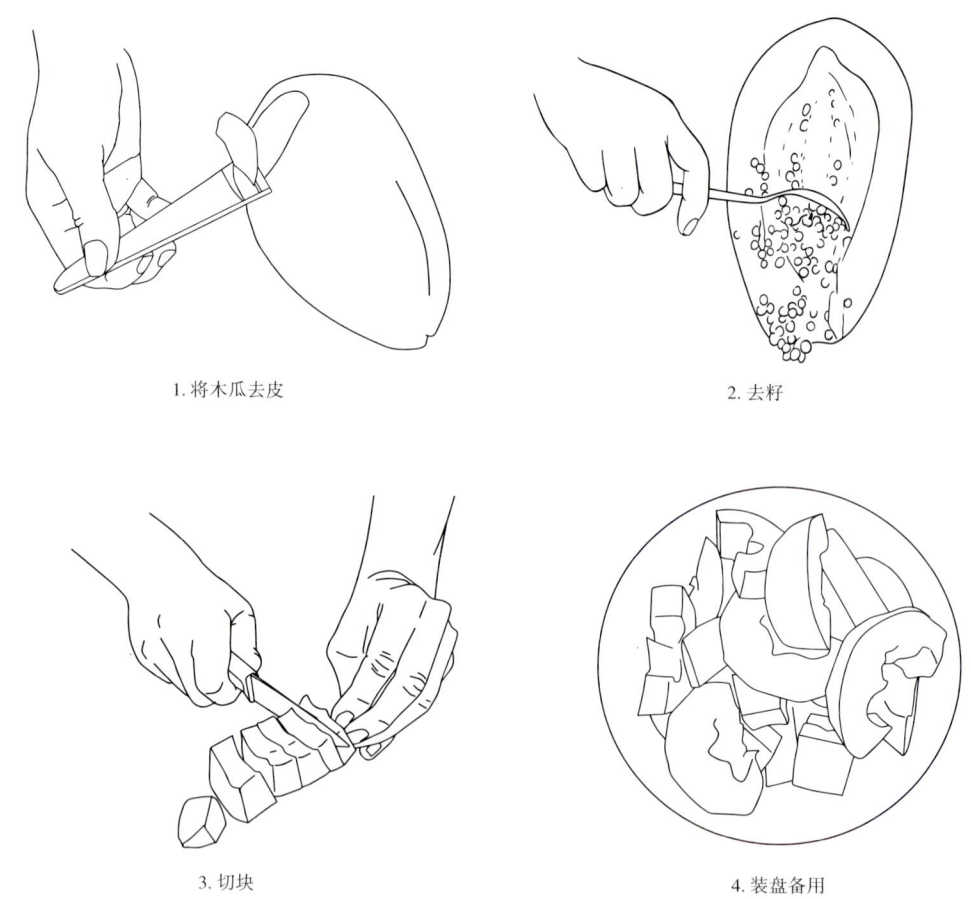

1. 将木瓜去皮
2. 去籽
3. 切块
4. 装盘备用

图三　景颇族木瓜处理过程示意图

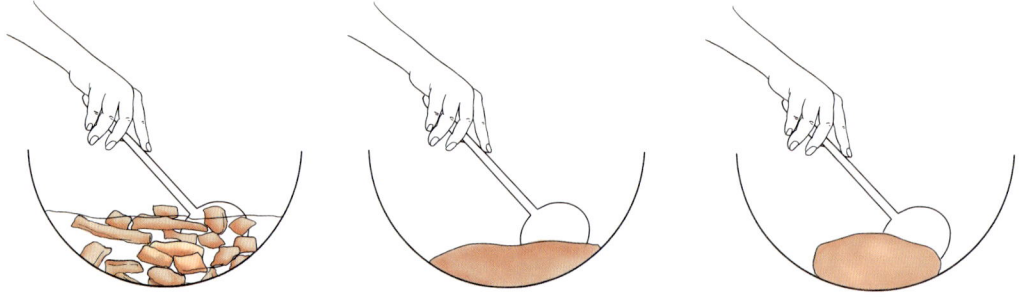

图四　景颇族木瓜蜜饯熬煮过程示意图

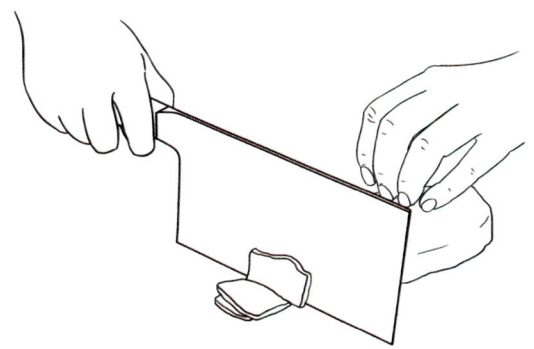

1. 待果肉团凝固后切片

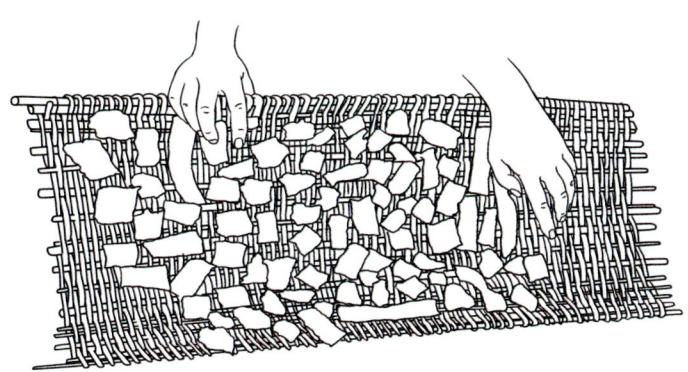

2. 将果肉片摊开晾晒，晒干即可食用

图五　景颇族木瓜蜜饯切片、晾晒示意图

图六　景颇族木瓜蜜饯晾晒情景图

第三章　景颇族传统餐饮

景颇族牛肉干巴

图一 景颇族牛肉干巴主图

牛肉干巴是景颇族常食用的一道美食,以味道鲜美、口感硬朗、保存时间长而著称。牛肉干巴是用牛肉制成的,牛肉干巴主要是把牛肉晒干后挂在火塘上方进行长期的烟熏火燎,在其表面形成一层保护层,表层的肉质变得很干燥,从而能够保存很长时间。这些牛肉干巴通常选用牛腿等优质肉,经过腌渍、风干、烟熏等加工工艺制作而成。食用前,将牛肉干巴用一根尖的木棍串起来,再在火上烤一烤,一边烤一边要转动木棍,不能让一边烤熟了,另一边还是生的。等烤熟后把它从木棍上剔下来,放在砧板上面,要趁着还有点余热把牛肉干巴切成小块,方便食用,如果冷了,再切会比较难切。

牛肉干巴既可以当做正餐中的菜品食用,也可以当做茶余饭后的小零食。一边吃牛肉干巴，一边喝当地的水酒是一种很美妙的享受。景颇族的牛肉干巴充满了原始风情，其制作和保存的方式是相对环保的，是绿色、自然和健康的。

图片来源

图一至图四　樊进　摄影

图二　景颇族牛肉干巴烤制过程图

图三　景颇族牛肉干巴切割过程图

图四　景颇族牛肉干巴食用情景图

景颇族包烧菌菇

图一　景颇族包烧菌菇主图

包烧菌菇是景颇族的传统美食之一。景颇族是高山民族，山林间野生菌类资源丰富，品种多，比如土堆鸡枞、奶浆菌、香蘑菇、木耳、银耳、竹菌等等，菌菇一般口味比较鲜美，富含各类氨基酸和抗癌降压物质。景颇族人常用芭蕉叶等将各类菌菇包裹起来用火塘木灰烧熟而食。

包烧菌菇的制作方法比较简单。先将菌菇和配料洗净切片或丝，这样各类丝、片状的食材香味可以更好地相互融合，且易焖熟；再将切好的食材放在盆里搅拌匀，之后倒在芭蕉叶上包裹系扎好。芭蕉树是当地盛产的植物，芭蕉叶生长迅速，取材非常方便，用芭蕉叶包裹焖烤的食物会有一股自然的芭蕉叶的清香，与菌菇的鲜美浑然一体。最后将包裹好的菌菇埋到火塘里，需注意的是，不能将其直接放到旺盛的火焰之中，要埋入热的灶灰之中，上面可适当辅以柴火，使足够的热量透过木灰慢慢将其焖烧烤熟。包烧菌菇的配料是韭菜、大蒜、缅芫荽、红辣椒、苤菜叶、豆豉等。景颇族人居住地常年雨水不断，大蒜、红辣椒等可以适当起到除湿、杀菌、御寒的作用，当然红辣椒、酸茄等还起到了改善菜品的"色"的作用。包烧菌菇的佐料是酸茄、食盐，较少使用味精。

因材制宜的生活理念让景颇族人与大自然和谐相处，利用当地潮湿环境下易生菌类的天然资源成就景颇族人这一菜系，芭蕉叶的充分应用，不仅能起到容器的作用，还使食物增添了清香，充分利用火塘灰缓慢渗透热量来焖烧食物的烹饪方式也是高山民族的一大特色。

图片来源

图一至图三　卢慧敏　摄影、制图

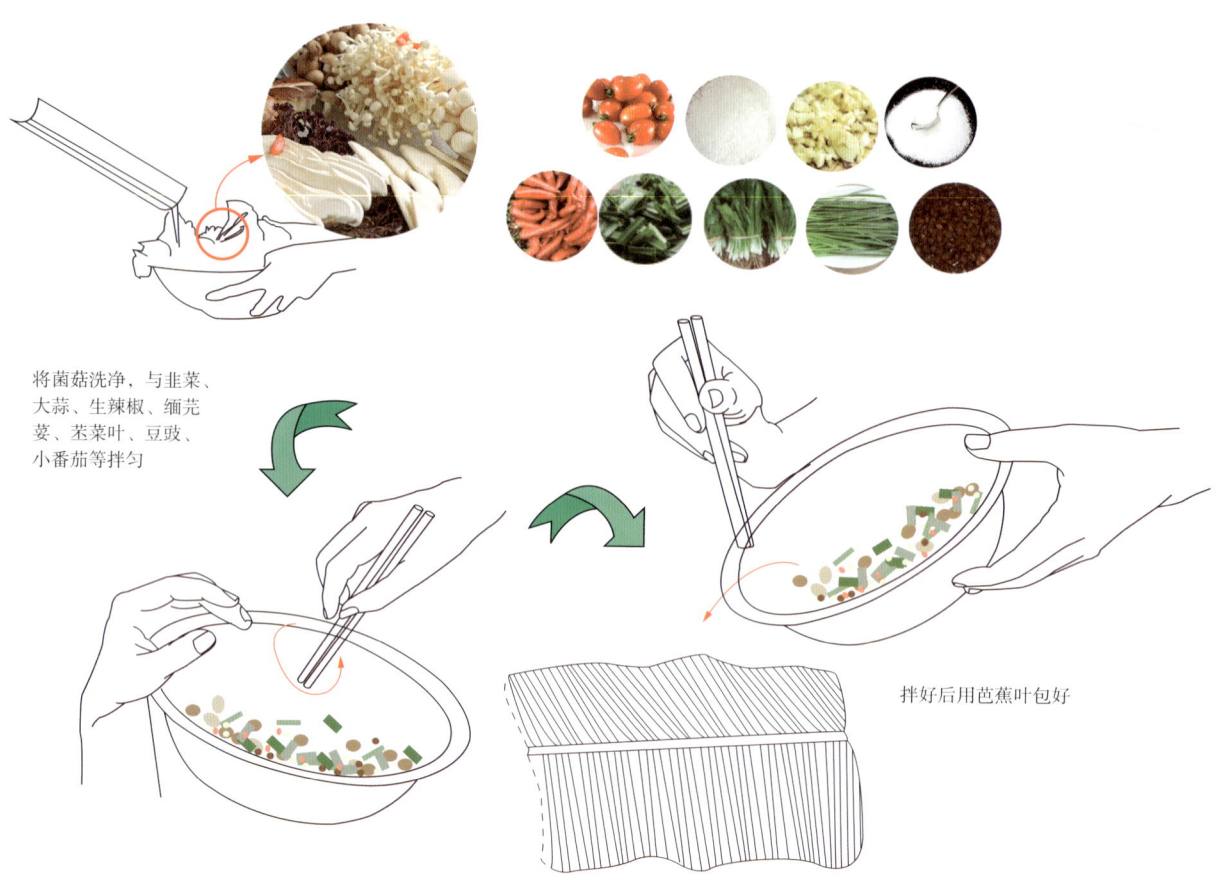

将菌菇洗净，与韭菜、大蒜、生辣椒、缅芫荽、苤菜叶、豆豉、小番茄等拌匀

拌好后用芭蕉叶包好

图二　景颇族包烧菌菇制作过程示意图（一）

放入火塘里,用灶灰焖烧至熟

图三　景颇族包烧菌菇制作过程示意图(二)

景颇族竹筒黄鳝

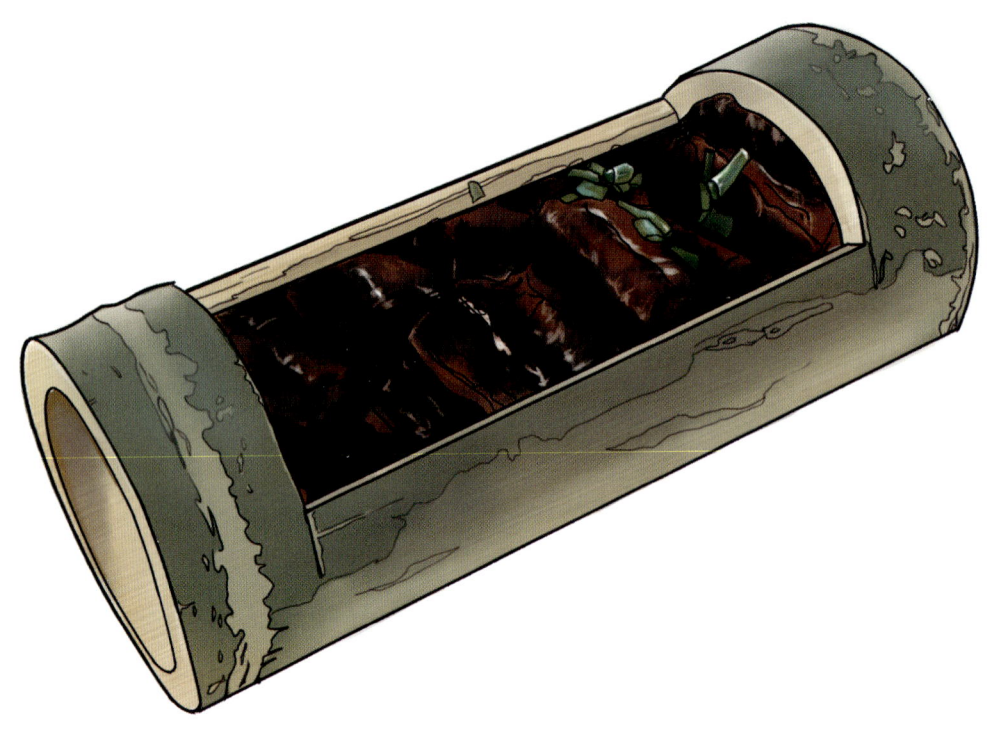

图一　景颇族竹筒黄鳝主图

景颇族竹筒黄鳝是景颇族人的创新菜，竹筒黄鳝的主料是黄鳝，特色是用竹筒烹煮或烤制而成。景颇族地区的黄鳝主要是山黄鳝。黄鳝肉味甘，大温，无毒。主要的功效是补益血，可以治疗口中唾液过多，补虚损。妇女产后血气不调，消瘦者均可食用。其特点是营养丰富，鲜嫩可口。

竹筒黄鳝的配料是茴香、韭菜、生姜、大蒜、芫荽、辣椒、老虎姜、花椒叶、酸茄、豆豉等。佐料是食盐、味精，主要起调味的作用。

竹筒黄鳝的制作方法：第一步先杀黄鳝，再清洗，去内脏，砍成段。一定要将黄鳝内脏去除干净，血也要洗干净，因为残留下来的话不仅影响口感，而且有毒。砍成节是因为烹煮时易熟，且入味。第二步是将黄鳝段与切好的茴香、芫荽、老虎姜、花椒叶、生姜及豆豉、食盐、味精等搅拌后装入竹筒中。第三步是用叶子塞紧筒口（烹煮时的热气全部封存在竹筒里），将竹筒直接斜置于火中，用中火烧熟即可食用。随着现代生活的日益丰富，景颇族出产或创新的饮食也不断增加，本案例便是其中较有代表性的一个。

图片来源
图一　郭嫱　制图
图二至图五　卢慧敏　徐芷璇　郭嫱　制图
图六至图七　樊进　摄影、制图

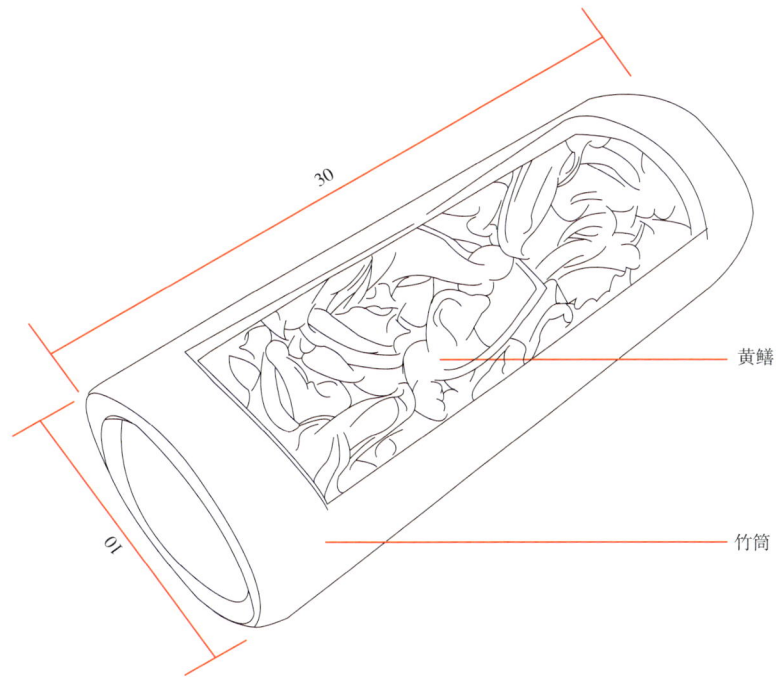

图二 景颇族竹筒黄鳝名称尺寸图

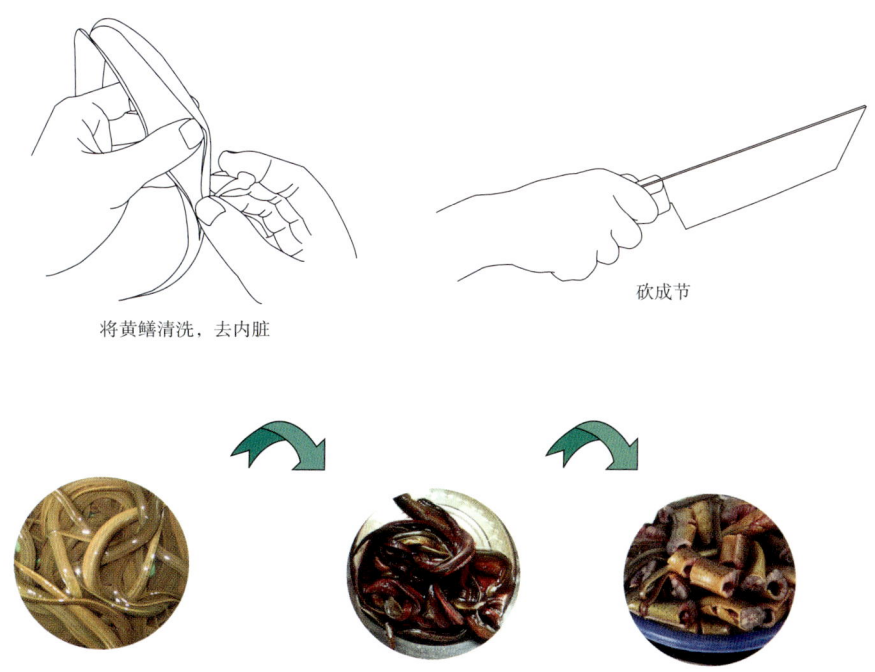

图三 景颇族竹筒黄鳝制作过程示意图(一)

图六　景颇族竹筒黄鳝食材配料图

图七　景颇族竹筒黄鳝制作过程示意图

景颇族竹筒烤饭

图一　景颇族竹筒烤饭主图

景颇族的菜肴大体可分为舂、烤、煮、剁、炸、腌、凉拌几种。其中的烤制食品当中最有特色的是竹筒烤饭，是景颇族的常见美食之一。传统的景颇族人吃的米饭很有特色，它不是电饭锅或蒸笼里蒸煮出的饭，而是用竹筒烧出的竹筒饭和用鲜鸡汤做出的粥。本案例的竹筒烤饭选自云南省德宏州盈江县卡场镇草坝村，是用新鲜的毛竹筒烤制而成的。

竹筒烤饭用的竹筒是用景颇族当地竹子加工而成。竹子大都喜欢温暖湿润的气候，景颇族地区的气候正好符合竹子对气候的要求，因此，在景颇族地区，竹子资源很丰富。在中国，竹子与梅、兰、菊被并称为花中"四君子"，它以其中空、有节、挺拔的特性历来为中国人所称道，成为中国人所推崇的谦虚、有气节、刚直不阿等美德的生动写照。竹筒烤饭的主要食材是粳米、糯米、鸡肉（或者猪肉，依照个人口味）还有酱油。把米洗净后和鸡肉（或猪肉）以及酱油搅拌好之后用芭蕉叶包裹，之后塞入制作好的竹筒中。在竹筒口还需用芭蕉叶将其堵塞严实，这样可以保留食材的香味。在烤制的过程中，先要预热竹筒，不能急火猛烧，再将预热好的竹筒置于火苗之中，用文火烧至竹筒焦黑未裂时取出。青竹和叶子本身的香气使烤出的食物具有独特的清香，使人们食之不忘。

景颇族将竹制品广泛运用到建筑和生产工具以及生活器物等，从简单的竹筒舂菜到竹筒烤饭，都浸润着景颇族人对竹文化的深刻理解。自然而然地利用得天独厚的资源解决饮食问题，使简单的米饭烹饪出清新的竹子的芬芳，提升了味觉的感受。

图片来源
图一、图五至图六　樊进　摄影
图二至图四　卢慧敏　制图

取适量粳米和糯米淘洗干净待用

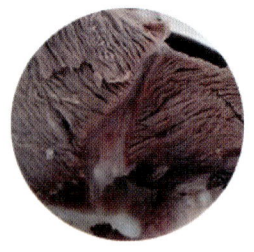

根据个人口味可以适量放点鸡肉或者猪肉

要放些酱油，既调色，又调味

图二　景颇族竹筒烤饭食材配料示意图

将准备好的食材全部放入芭蕉叶中

用芭蕉叶将其包裹起来

包裹好了后放入竹筒中

图三　景颇族竹筒烤饭的示意图

烤制的时候，要先预热，不能靠火源太近，以免竹筒炸裂

竹筒预热好后，可以将竹筒靠近火源

保持这种状态，慢慢烤制

图四 景颇族竹筒烤饭烤制过程示意图

图五 景颇族竹筒烤饭器具和场景

图六 景颇族竹筒烤饭烧烤制作过程情景图

景颇族绿叶鸡

图一　景颇族祭奠家堂鬼所用绿叶鸡主图

景颇族祭奠家堂鬼所用绿叶鸡是景颇人民祭祀自己祖先的一种祭品，是采用较宽大的绿叶将鸡块包裹煮熟，再用绿叶包裹进行祭祀的一种食物。本案例选自云南省德宏傣族景颇族自治州盈江县卡场镇草坝寨。景颇族人崇拜祖先，喜尚自然，在祭祀时采用"侍死如生"的祭祀风俗，这一点与中原汉族习俗相仿，让在另一世界的祖先们享受到生前一样的待遇。因此，在祭祀完祖先后，这些祭品通常会当作日常食物食用。

做祭祀的鸡，通常是刚要打鸣的小公鸡和刚要下蛋的小母鸡，董萨们认为这样的鸡是最好的，体现出人们对祭祀的虔诚。用来包裹绿叶鸡的绿叶选择也有讲究，通常由三种绿叶材料可选。最好的一种绿叶为"坡开"（音译），生长这种绿叶的植物长得并不高大，其叶面和背面通常会非常干净，没有一点沙土灰尘，是祭祀的最佳选择；其次是"坡鬼"（音译），其形状与"坡开"类似，其叶子背面会有点灰尘，也是不错的选择；第三是最常见的芭蕉叶，景颇族聚居区比较适合芭蕉的生长，数量多，采摘方便，且芭蕉叶大，易包裹，现在采用的比较多。总之，这些绿叶都具备较宽大干净和平顺特质，适合不同手法的包裹。制作绿叶鸡时，先将宰好的小鸡用开水去毛，内脏放在一旁，煮熟了可以食用，然后再将鸡放在火塘上烤一烤，去除鸡毛，同时除灭细菌。接着就是把鸡剁成块，使其更加易熟，入味。再用芭蕉叶将其包裹起来，放在铁锅里煮熟，芭蕉叶的清香可以渗透进鸡肉里，使其更美味。最后再用一层"坡开"或"坡鬼"把刚刚煮熟的绿叶鸡连同包裹的芭蕉叶一起重新包裹，并用细竹篾扎紧。之后便可以进行祭祀"家堂鬼"的仪式了。仪式结束后便可以食用，若有宾客来时，通常先给上宾食用。最后将包裹的绿叶放到火塘里烧成灰烬。

景颇族祭奠家堂鬼所用的绿叶鸡从材料的选择到食用再到包裹材料的处理体现了景颇族人的宗教观和自然观，不仅可以让人在具有文化的仪式感中抚慰心灵，也体现了景颇族人绿色环保的生活方式。

图片来源
图一、图三至图五　樊进　摄影
图二　端木义梦　制图

资料来源
祁德川.中国景颇族.银川：宁夏人民出版社，2012.

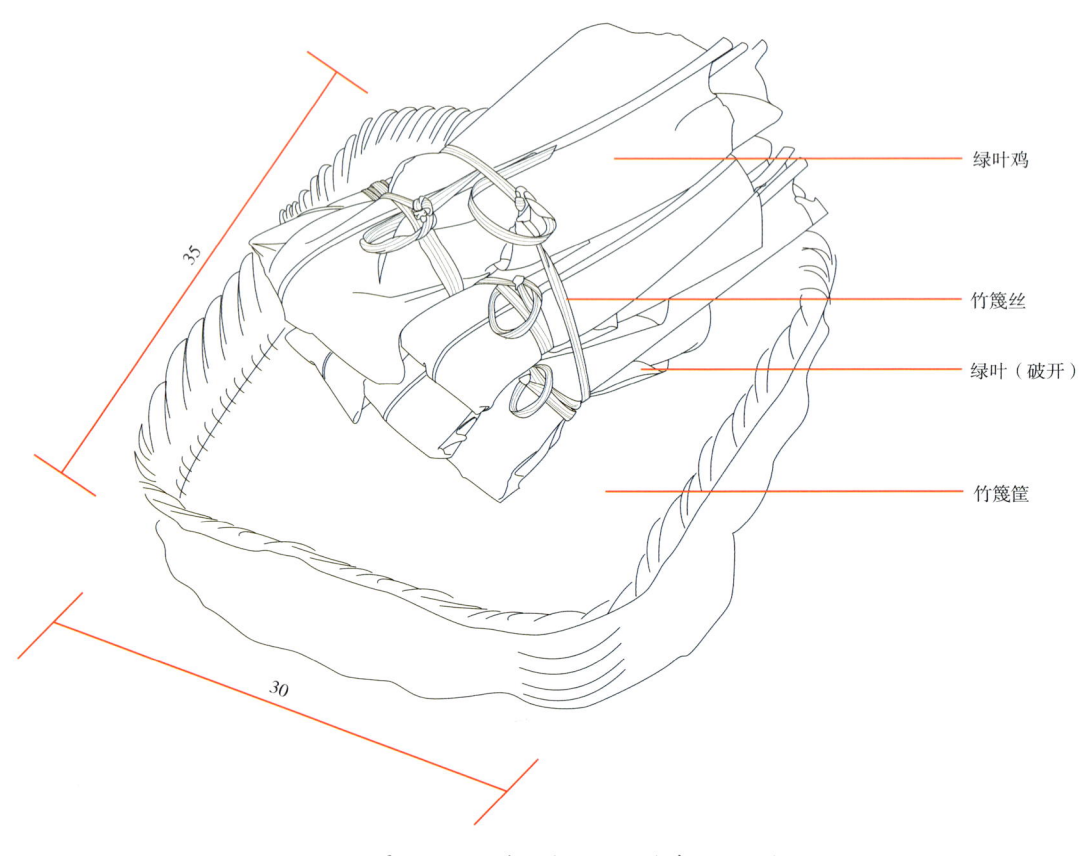

图二　景颇族绿叶鸡尺寸名称图（单位：cm）

图三　景颇族绿叶鸡制作过程（一）

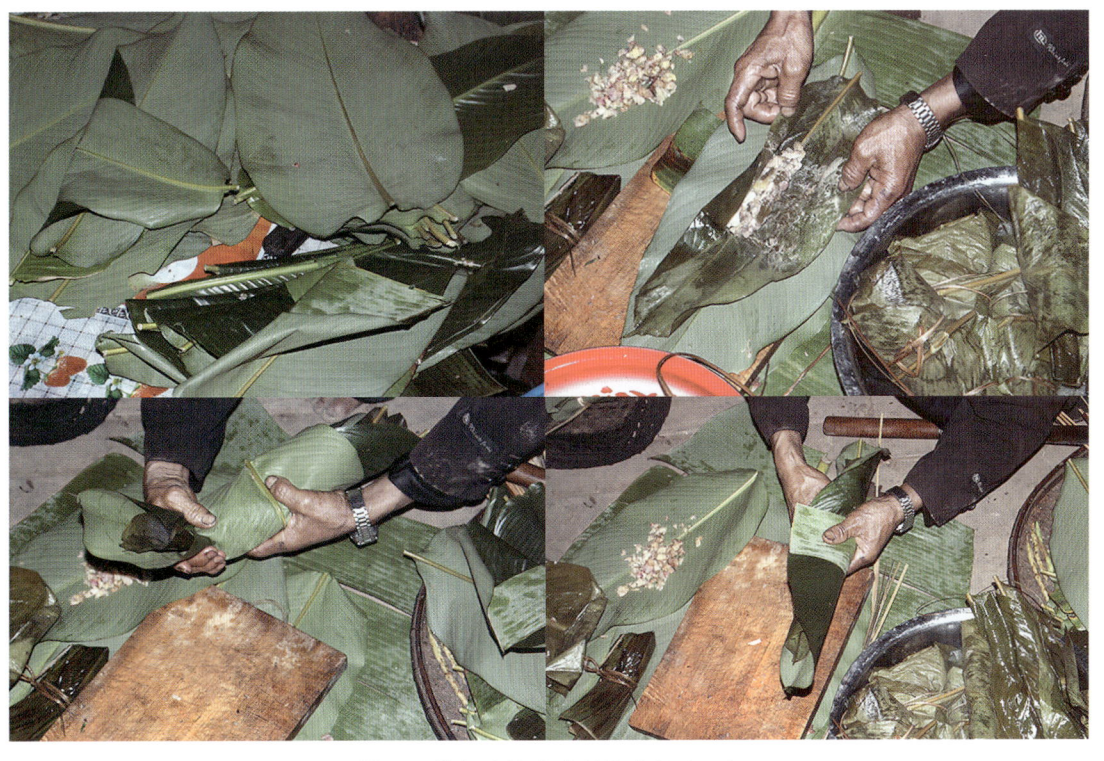

图四　景颇族绿叶鸡制作过程（二）

图五　景颇族绿叶鸡制作情景图

第四章 景颇族传统生活用具

景颇族实物信

图一　景颇族实物信主图（战争救援）

实物信是一种以树叶、花果、根茎以及其他类实物为载体的信息传递方式，具有朴素的原始气息，在景颇族山区的原始森林中曾经保留这一方式。景颇语称为"莱嘎仲胡"，意思是给亲友的信。本案例源于云南民族博物馆民族文字古籍展厅，实物从左到右依次为带毛皮的肉、火炭、辣椒、冬草叶、白绒的组合意为这里发生战祸，速带武器、食品来参战。本案例属于典型的组合式实物信语，传递的是重大战争的信息。其选择了在战争中常会出现的元素来表达情况的紧急，直观而朴素。

所谓实物信是一种约定俗成的通信方式，即"送物传意"。每种物品及其状态所代表的信息都不一样，复杂的信息可以用一定的组合排序来表达。这类信件一般用较为宽大的树叶（芭蕉叶等）来进行包裹，相当于信封。包裹的物品请委托人捎给目标人，或者双方在事先约定的地点交换信件。起初表意是较为宽泛和简易的，送黄色树叶代表好事，送绿色树叶代表坏事。后来表意逐渐清晰和复杂，甚至形成用不同的实物合为一组来表示一件重要的事情，比如婚丧嫁娶、分娩顺利、小孩出生以及对父母亲的思念等等均可用实物信表达。当对方收到这个信件时会及时通过实物信的方式来回复。这些代表特殊含义的实物通常都是当地所特有的，比如臭菜（别名羽叶金荷欢）意为很惋惜，金竹叶代表苦苦地求你，马蹄草表示很迫切地等你。景颇族的实物信表意十分完备，其中青年男女传情、定情、结婚等都有诸多的传达方式。比如，男子在给姑娘的第一封表达好感的信时，用红线扎的烟叶、槟榔、树苋、竹篾丝的组合表示对姑娘有好感。叶面相合的栗树叶代表可以建立和睦的家庭，若是叶背相合就是无法组成家庭，双方不适合。金荞麦代表我们的婚姻一定能白头偕老，小果栲代表愿意和你和和美美地生活在一起，棕叶芦代表举行婚礼，茶树的枝叶代表男女要相互监督，菠萝蜜叶代表请双方父母一起吃顿饭。

实物信作为一种原始的、传统的通信方式在没有文字的年代里发挥了重要的作用，是景颇族人互相沟通的桥梁。这种表达方式至少体现了两大优势。第一，传情达意含蓄而明确，避免当面沟通产生的紧迫感，保留充分的思考空间，不会尴尬，维系群体的和谐性；第二，有一定的保密性或私密性。实物信是特定区域的约定俗成，对外界有着较大的解读难度。如今是信息社会，通信手段多样而便捷，但景颇族还保留着一些实物信的传递方式，体现了景颇族人对于自身文化的认可和传承，是一道独特的风景线。

图片来源
图一　fotoe网
图二　张孙晨　制图
图三至图五　陈圣鋆　制图

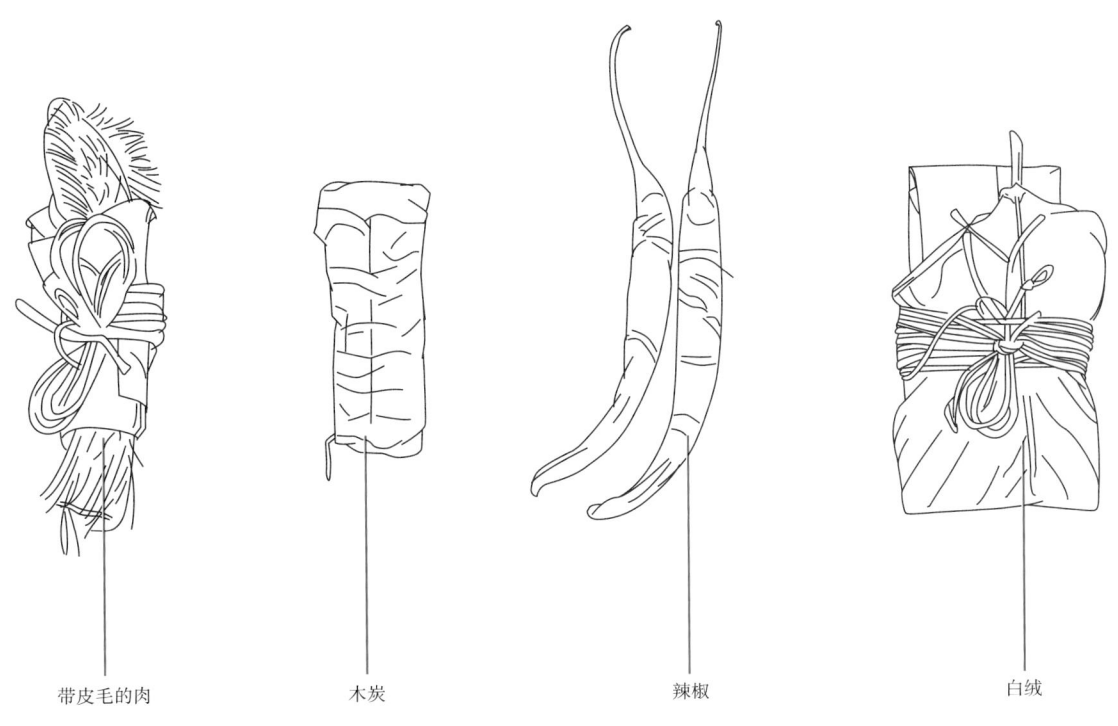

带皮毛的肉　　木炭　　辣椒　　白绒

图二　景颇族实物信示意图

棕叶芦——意为举行婚礼　　茶树叶——意为男女双方相互监督　　菠萝蜜叶——意为请双方父母在一起吃一顿饭

图三　景颇族实物信延展图（一）

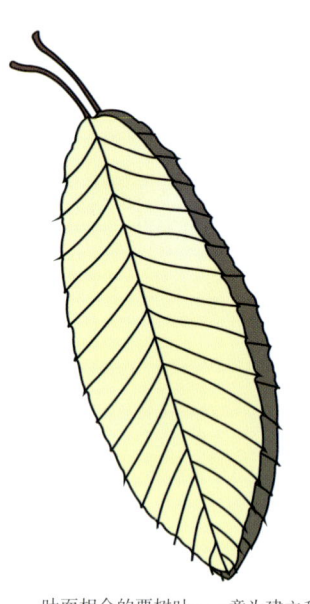 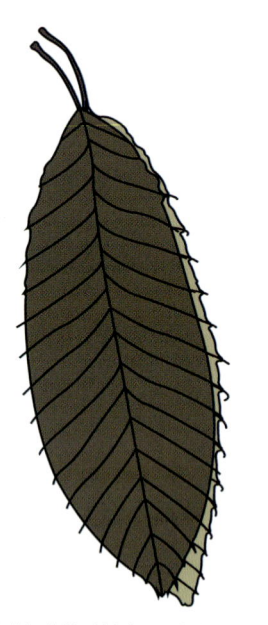

叶面相合的栗树叶——意为建立和睦家庭　　叶背相合的栗树叶——意为无法组成家庭

金荞麦——我们的婚姻一定能白头偕老　　小果栲——意为愿意和你和美美地生活在一起

图四　景颇族实物信延展图（二）

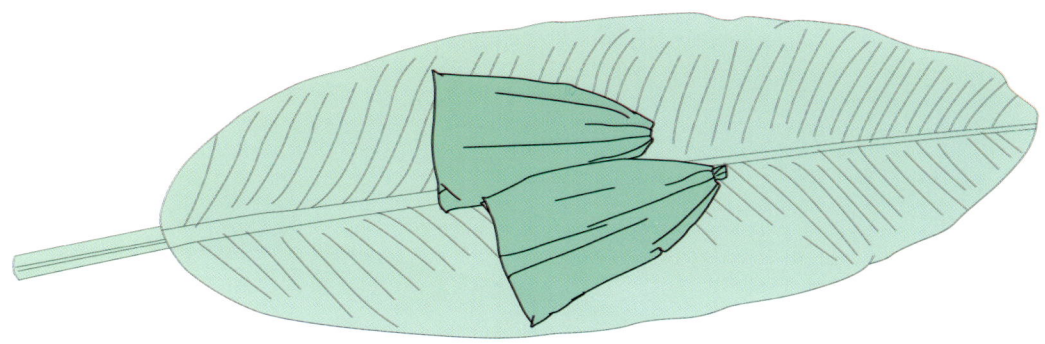

将实物信交给对方之前需要用树叶（芭蕉叶）将实物包裹起来

图五　景颇族实物信使用方式示意图

景颇族矮竹凳

图一　景颇族矮竹凳主图

矮竹凳是景颇族人的日常用具，是蹲坐歇息或进行地面操作时使用的。本案例中的矮竹凳选自云南省德宏州陇川县，宽度约11厘米，长度约35厘米，高度约10厘米。

矮竹凳的产生与景颇族人居住的自然环境息息相关。景颇族大多居住在西南边陲的山岭之中，周围竹林环绕。景颇族人有着"身不离长刀，手不离竹木活"的生活习惯。本案例的制作选用结实耐用的毛竹材料，其直径较为粗大，竹壁的厚度通常在1厘米以上，选择一段完整的竹节，削成一个长方体作为凳身，四棱倒角，留一长面作为凳面，其余三面凿空，留出两边棱，以连接两侧的凳脚，凳脚由竹节部分来承担。矮竹凳的制作较为简单，多数景颇族男性都会制作。其先用木锯锯出带竹节的原料，再用斧子或砍刀削平四面并倒角，内部尖锐部分也用刀砍削处理，确保不留毛边和毛刺。在结构处理上，三面的镂空确保了竹凳足够的轻便，两棱的保留使凳子底部形成了类似圈足的回环结构，增加了竹凳的整体结构力。本案例由于高度在10厘米左右，适用于蹲坐或进行编织等其他活动时使用。蹲坐时可以靠墙，也可以两腿前伸进行休息或劳作。本案例整体进行了镂空处理，可抓握的地方多，可以单手抓握两侧的凳脚、凳面轻松拿起竹凳。类似本案例的还有一种竹凳是在凳面的一边延长出一个长条状的把手，移动更加方便。

本案例利用毛竹本身中空而有节的物理结构进行了较为巧妙的设计，体现了景颇人因物制宜的造物智慧。这样的矮凳在景颇族较为普遍，与景颇人喜欢在近地面进行手工制作的传统生活习俗相契合。相对于木凳而言，其加工难度较低，成品重量较轻。矮竹凳的镂空设计也体现了景颇族人对毛竹韧性和刚性的熟悉把握和应用程度。本案例体积较小，造型简结，携带方便，具有一定的普遍性和典型性。

图片来源
图一　樊进　摄影
图二　鞠斐　樊进　制图
图三至图四　鞠斐　制图

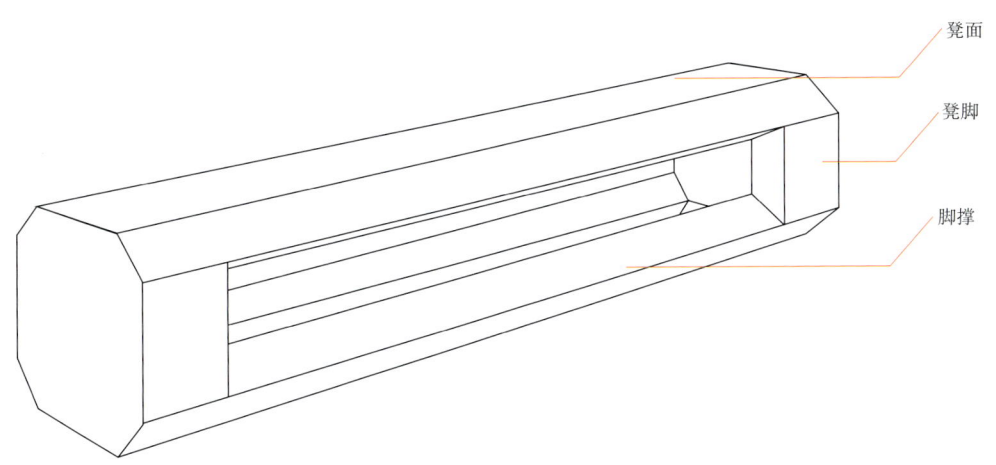

图二　景颇族矮竹凳名称图

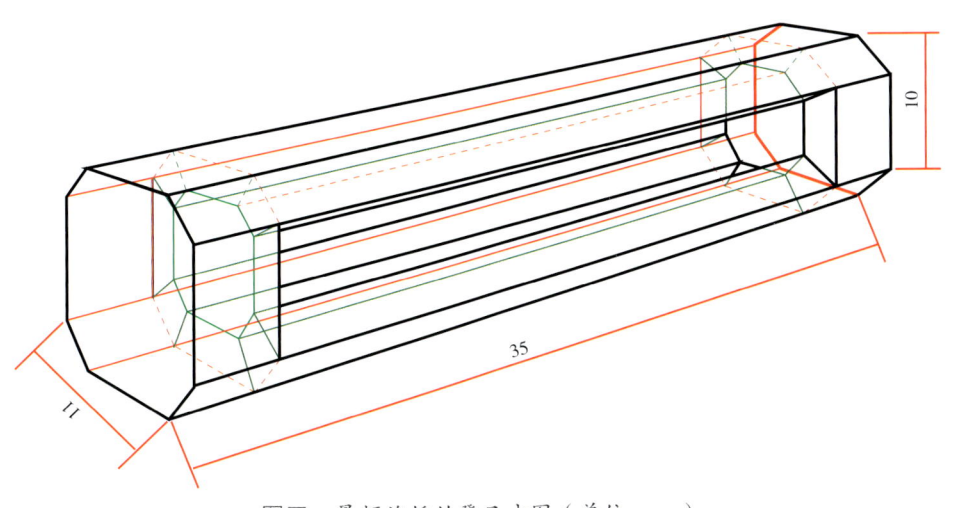

图三　景颇族矮竹凳尺寸图（单位：cm）

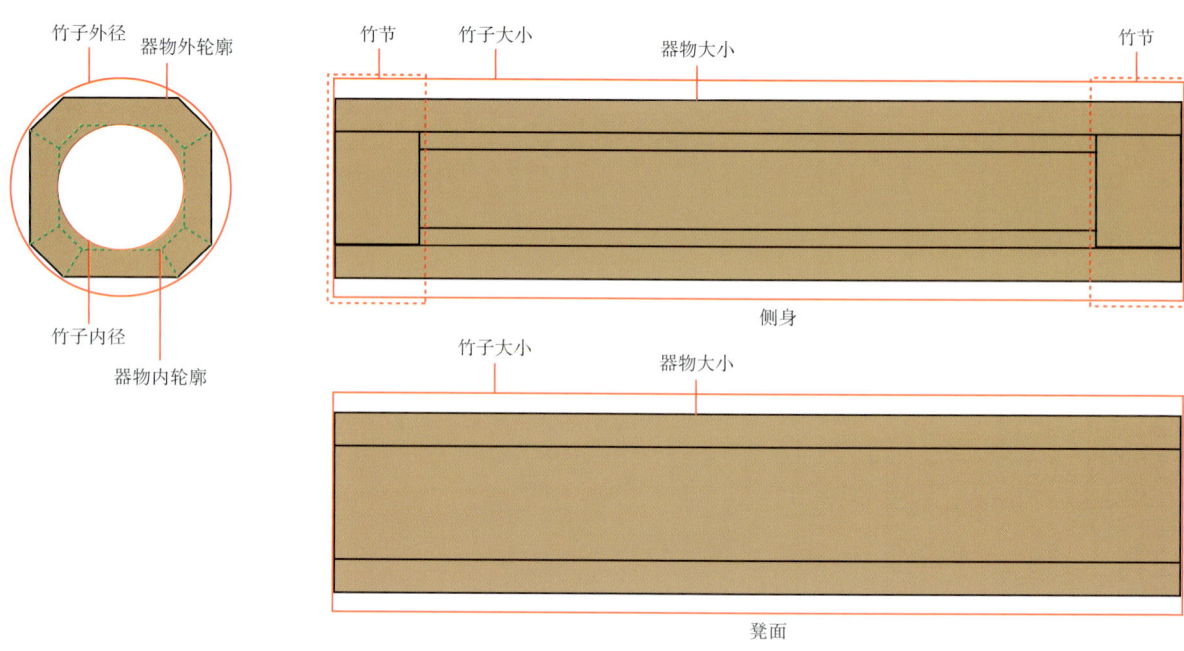

图四 景颇族矮竹凳器物与原木比例分析图

景颇族独木凳

图一　景颇族独木凳主图

　　景颇族独木凳是景颇族人生活中常见的用具，从其尺寸、造型来看，它与矮竹凳同样也是景颇族具有代表性的蹲坐器具。此类器具的产生与景颇族人居住的自然环境和生产生活方式息息相关，景颇族居住的村寨周围林木环绕，拥有相当丰富的木器资源。

　　景颇族人将一段完整的木材，不钉不铆，单凭雕琢、刳制做成的日常生产生活用具品种繁多。本案例选自北京中华民族园，其宽度约14厘米，长度约37厘米，高度约17厘米。

　　从其高度来看，刚好为人蹲坐时的高度，可以用来休息，也可用于蹲坐用餐或进行其他近地面的活动。独木凳的材料选择较为自由，一般来说，要选择硬度较为结实的地方木种，只要直径能够满足蹲坐的需要即可。木料砍伐下来之后要先在水田之中浸泡数月，将木头完全浸透，防止开裂和虫蛀。在铁器传入景颇族之前，独木凳的制作主要是先用火炭来焖烧，再慢慢剞、挖、刮制而成。有了铁器之后，木凳的制作通常可采用锯和斧头相配合，加工难度相对容易得多，制作的效率也大为提升。制作时通常选用直径30厘米左右的原木进行减法制作。其制作手法与木雕类似，只是相对粗犷很多。通常先用锯锯出大的结构造型，即先选择适当长度的原木，再锯出六个平面，形成一个近似长方体，再用斧头和刀具进行整修，成为底宽面窄的梯形结构。窄面作为凳面，宽面向上以纵向为轴，左右各分三份，共计三组六个部分，即两侧的两对凳脚和中间一对乳房装饰的位置。本案例与其他独木凳最大的区别是在凳面下方中间位置前后雕刻了一对乳房的造型，其整体的长度比凳脚略短，造型较为饱满，粗糙的砍削痕迹彰显了野性的张力。

这与景颇族的母系文化有着一定的关系，体现了对生命力的敬仰。独木凳的腿脚整体呈梯形，内侧倾角较大，从两端来看，整体呈概括的"人"字形，凳脚底端的外侧向内削出一节短短的斜面，传达出干脆凝练的风格。此独木凳上窄下宽，呈上收之势，稳健而扎实。

景颇族独木凳整体造型给人以充满力量的感觉，大刀阔斧，一气呵成，与景颇族人勇猛刚毅的果敢性格有着内在的关系。整体结构布局合理，且带有明确的生殖崇拜的特征，既有原始古拙的气息，也饱含着景颇族文化独特的生命力，是较为典型的景颇族独木凳。

图片来源
图一　樊进　摄影
图二至图四、图七　鞠斐　制图
图五至图六　鞠斐　樊进　制图

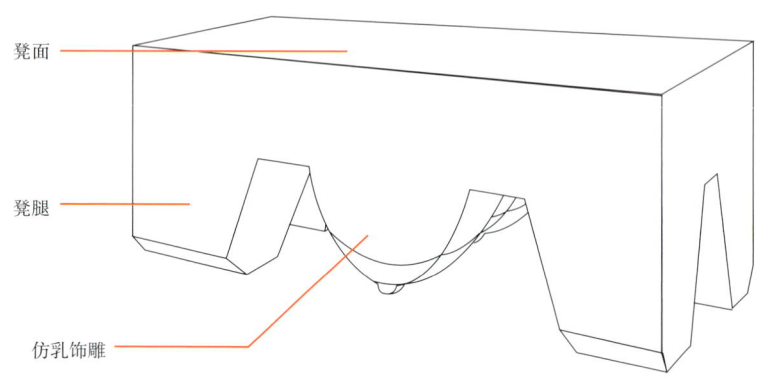

图二　景颇族独木凳结构名称图

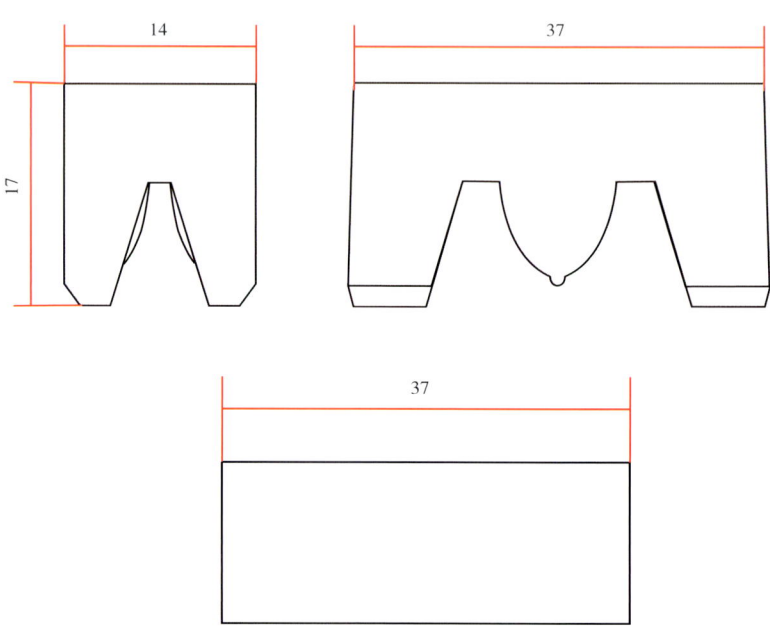

图三　景颇族独木凳尺寸图（单位：cm）

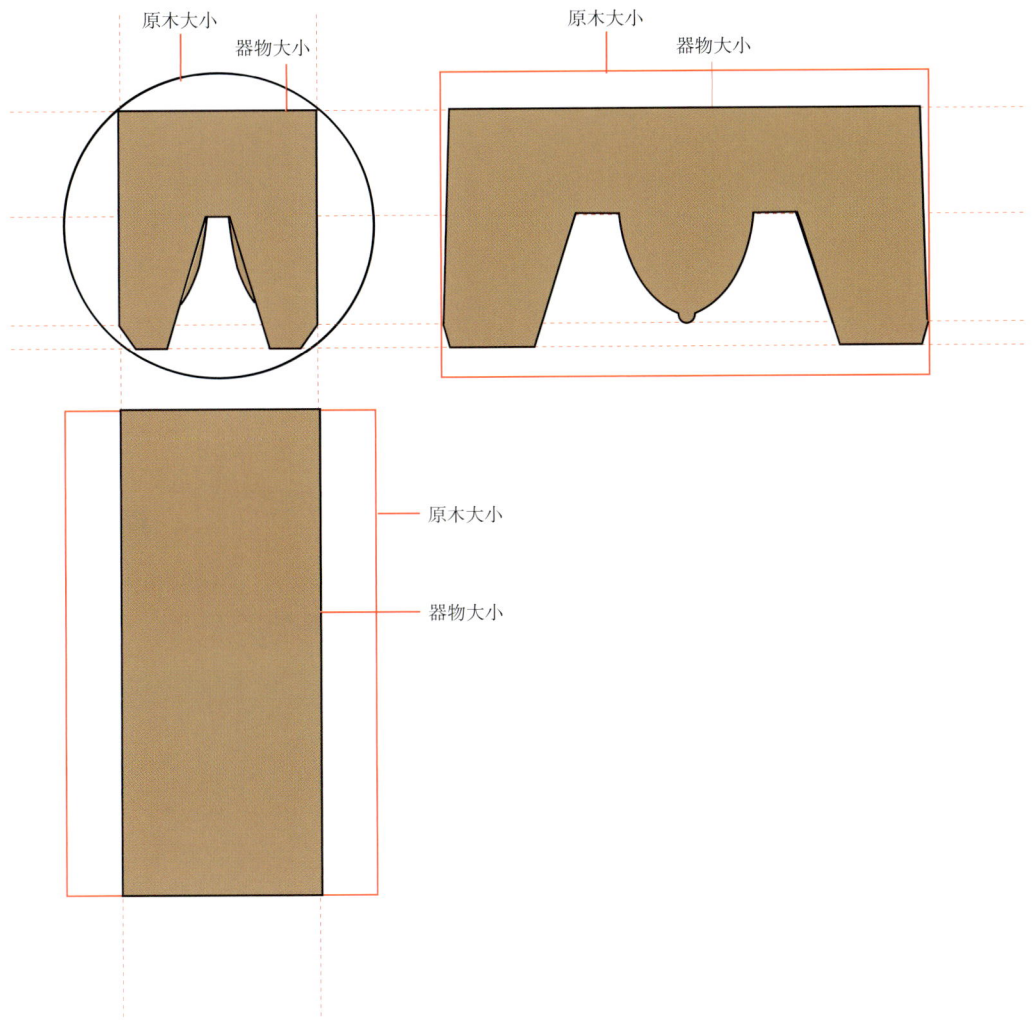

图四 景颇族独木凳与原木比例分析图

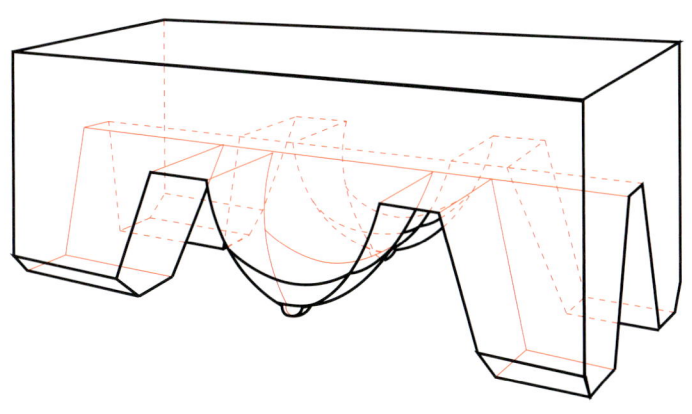

图五 景颇族独木凳结构透视图

凳脚内削,防止凳脚边缘开裂伤及凳腿,同时增加造型的美感。
上窄下宽有利于增强稳定性,同时增加造型的挺拔感

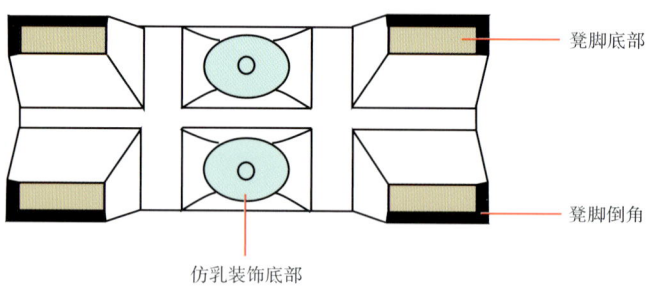

凳脚底部
凳脚倒角
仿乳装饰底部

图六　景颇族独木凳结构造型分析图

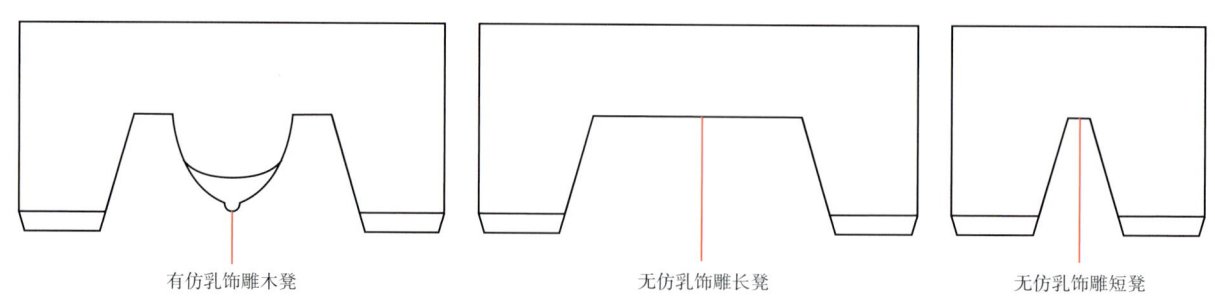

有仿乳饰雕木凳　　　无仿乳饰雕长凳　　　无仿乳饰雕短凳

图七　景颇族独木凳延展图

景颇族木椅

图一 景颇族木椅主图

木椅的制作和使用在中国有着数千年的历史，是我们最为常见的家具之一，常年生活在山区的景颇族人同样对木椅有着本民族独特的理解，其造型也有自己独特之处。本案例采自云南省德宏州盈江县玉麦寨，是20世纪80年代景颇族人自制的家具之一。其中椅背宽约60厘米，座椅面深度约53厘米，扶手长约63厘米，宽约8厘米，靠背最远端约80厘米。

景颇族木椅分为座椅面、靠背、扶手、椅腿4个主要部分。两侧椅腿各两条，前后腿呈A字形角度固定，椅腿与地面内夹角约为75°，前后腿跨度与扶手长度一致。景颇族木椅整体造型简洁，各组件功能清晰，尺寸符合人机工学要求，适合日常生活使用。一般选用当地常见的硬杂木制作而成，结构简单，尺寸准确，靠背和座椅面部分分别由两块精准制作的木板拼接而成，这样可以降低对木料本身尺寸的要求，更小尺寸的材料更容易获取，制作难度也相应降低。扶手部分的宽度可以很好地承托手臂，舒适合理。座椅部分的设计更为巧妙，由两块对称相同木板拼接而成的座椅面在夏季可以更换为手工藤编材料，透气舒爽而又具有弹性的藤编材质带给景颇族人更舒适的使用体验，藤编也是景颇族人颇为擅长的手工艺。

景颇族人用一件木椅解决了不同季节的使用需求，随处可见的材料在景颇族人勤劳双手中展现出不同的魅力。直线性的线条和块面形成了造型硬朗的结构，体现了景颇族人直爽坚毅的阳刚性格。

图片来源
图一　樊进　摄影
图二至图五　吴芳丽　制图

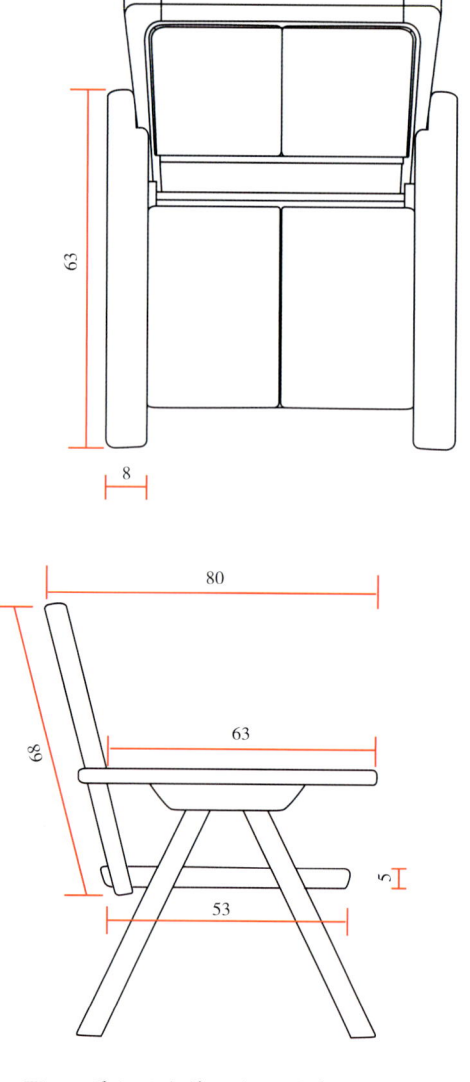

图二　景颇族木椅尺寸图（单位：cm）

景颇族圈椅

图一　景颇族圈椅主图

　　景颇族圈椅是景颇族人日常使用的座椅之一，整体由藤篾和粗细不同的藤条编织组合而成。体现了景颇族人高超的手工制作技艺和实用至上的审美理想，本案例选自德宏州陇川县。

　　景颇族圈椅圈面长约 100 厘米，宽约 70 厘米。椅脚所在面的矩形长约 62 厘米，宽约 55 厘米。整体尺寸符合人体工程学比例要求，景颇族人还针对藤条所特有的材质特性创造性地进行了工艺结构设计，从而形成从体感到视觉感受的共同提升。景颇族圈椅可分为座椅面、靠背、扶手、横档、椅腿 5 个主要部分，靠背和座椅面整体由藤篾整体编织而成，质感光滑细腻，透气又不失弹性，包裹在两侧精心设计的具有特殊角度的框架上，扶手部分则创造性地由整根粗壮藤条加

图五 景颇族木椅使用情景示意图

第四章 景颇族传统生活用具

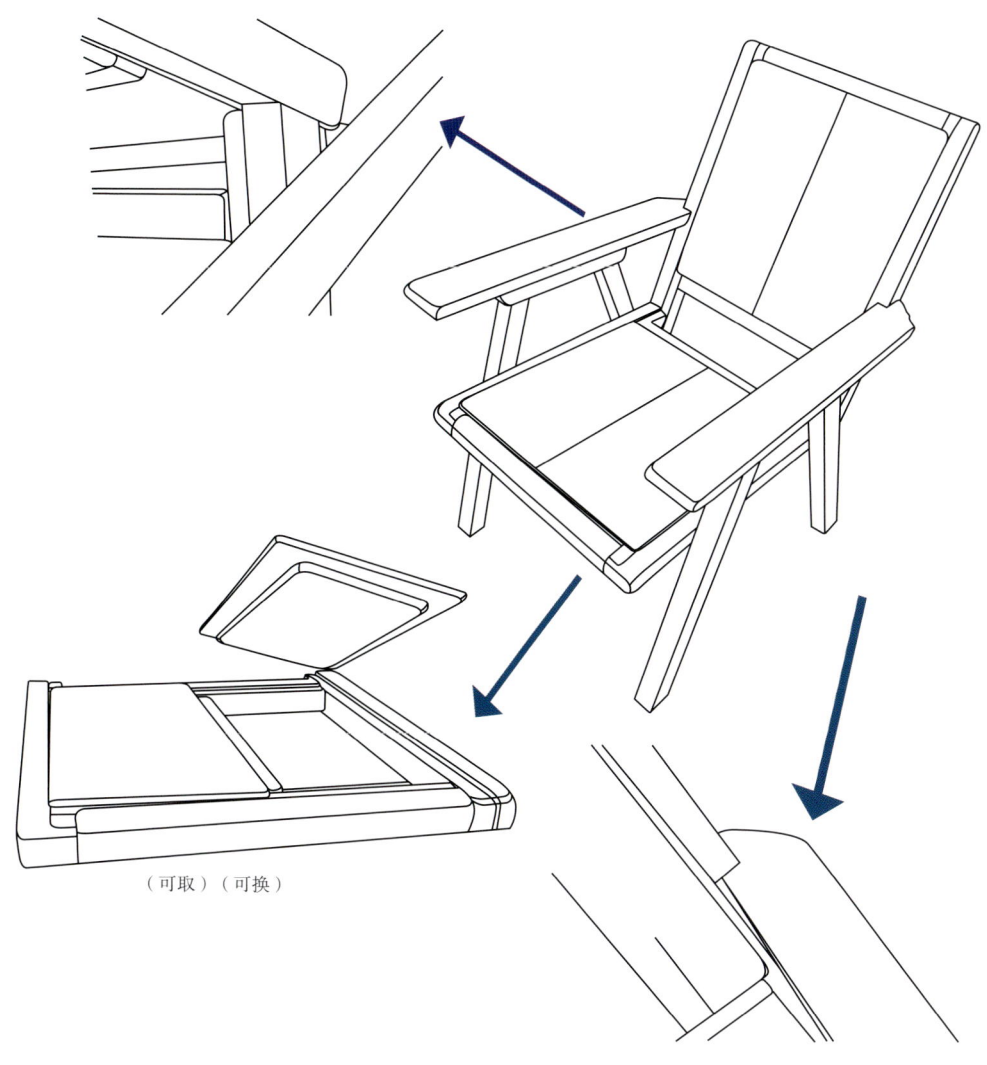

（可取）（可换）

图四　景颇族木椅结构示意图

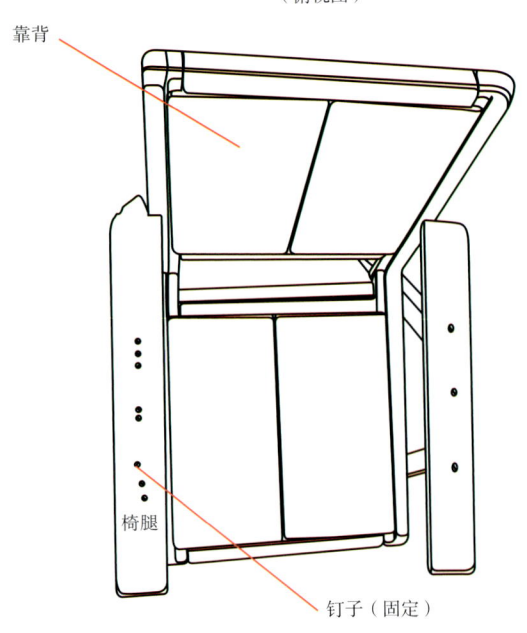

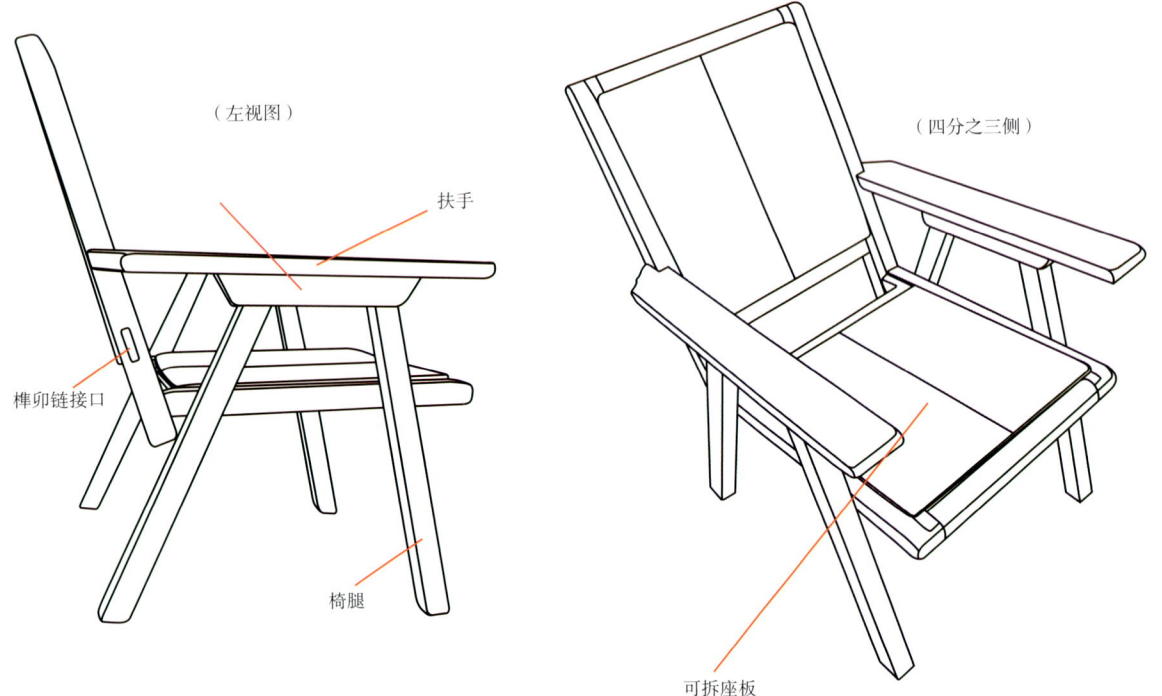

图三 景颇族木椅多角度示意图

热弯曲成蛋形，并巧妙地利用藤条的张力将座椅面最前端和靠背最顶端固定住，从而达到使用者从腿部到背部完整承托的目的。座椅扶手部分，景颇族人别具匠心地用藤条重叠所形成的宽阔区域，最大限度地提高了手臂承托的舒适性。座椅的承载部分由4组8根横档和4条椅腿组成，每组横档分为上下两根，分别连接加固两端的椅腿，两根横档间通过一根完整的藤条加强结构的稳固性，圈椅整体各部件间通过藤篾以交叉捆绑的方式连接，大大提高了座椅的整体的韧性和牢固性，可以适应各种角度的力量冲击，很好地兼顾了座椅本身的舒适性和耐久性。此圈椅整体造型和著名的蛋椅在形态上较为接近，视觉形式感很强。

从现代家具的角度分析，景颇族圈椅已经具备了从材质到工艺，从功能到审美的全面统一，反映了景颇族人的智慧和勤劳。

图片来源
图一　樊进　摄影
图二至图五　卢慧敏　制图
图六　李丽佳　制图

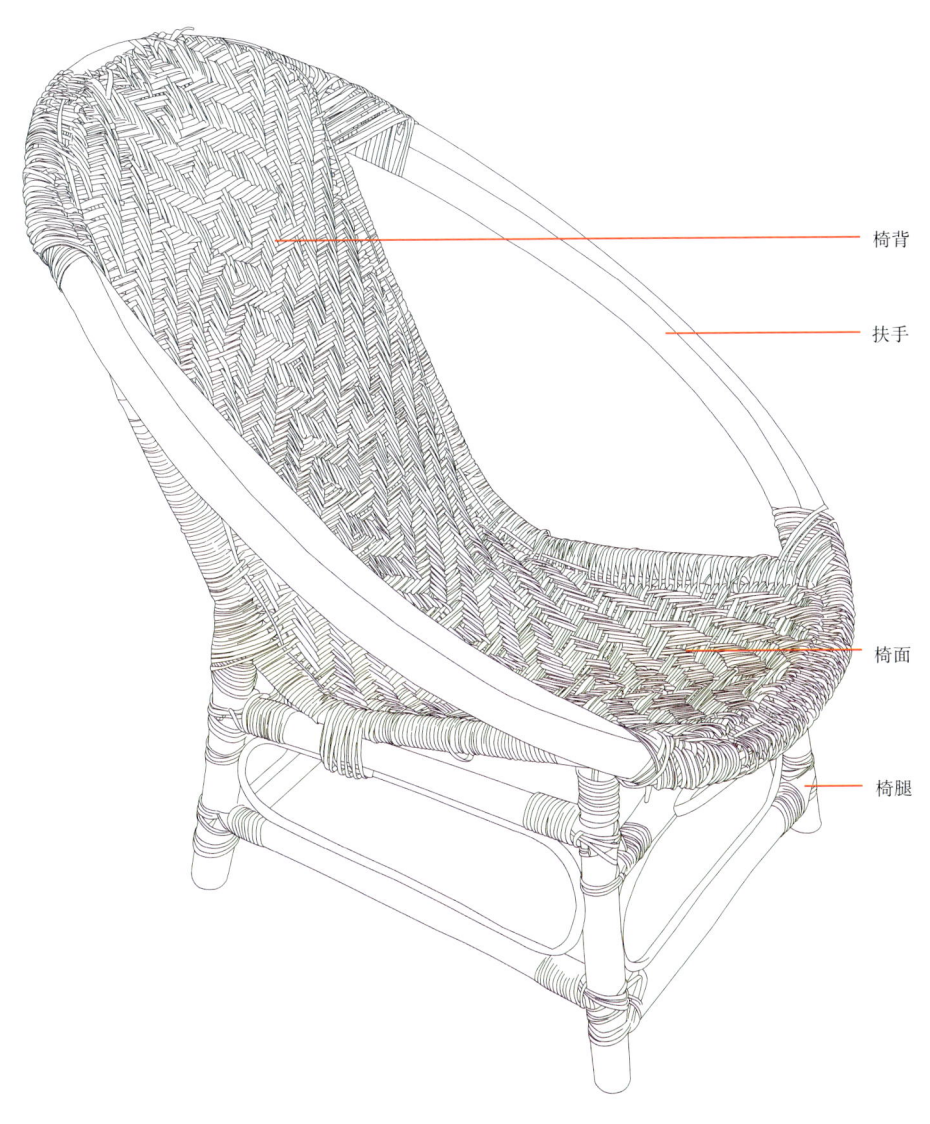

图二　景颇族圈椅名称示意图

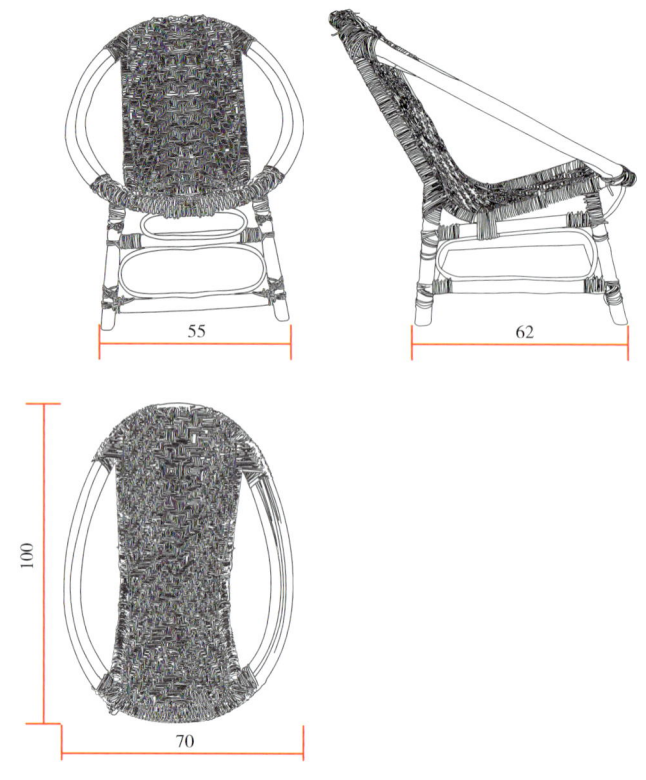

图三　景颇族圈椅三视图及尺寸图（单位：cm）

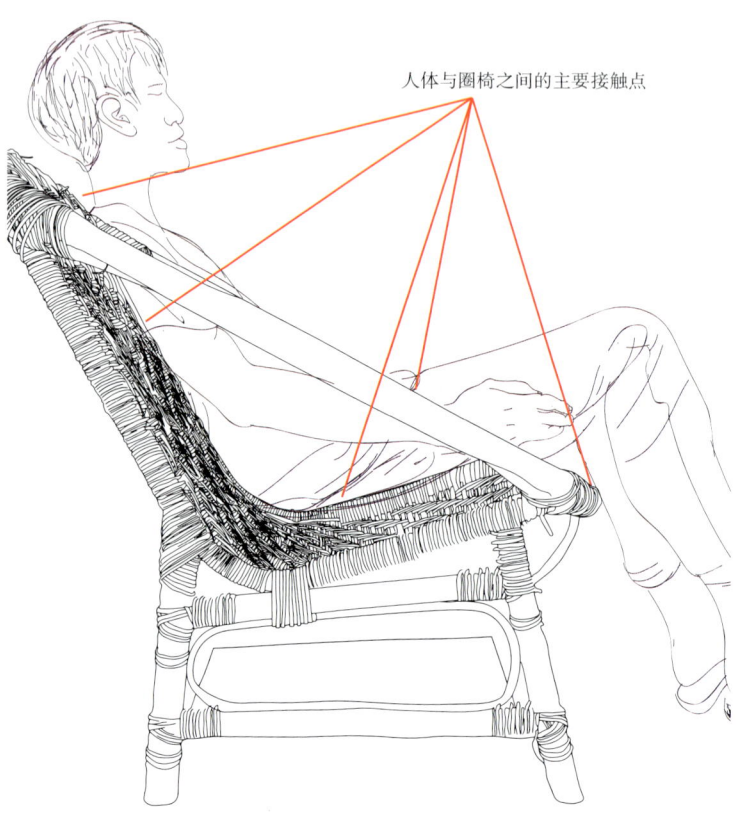

图四　景颇族圈椅人体与圈椅之间主要接触点示意图

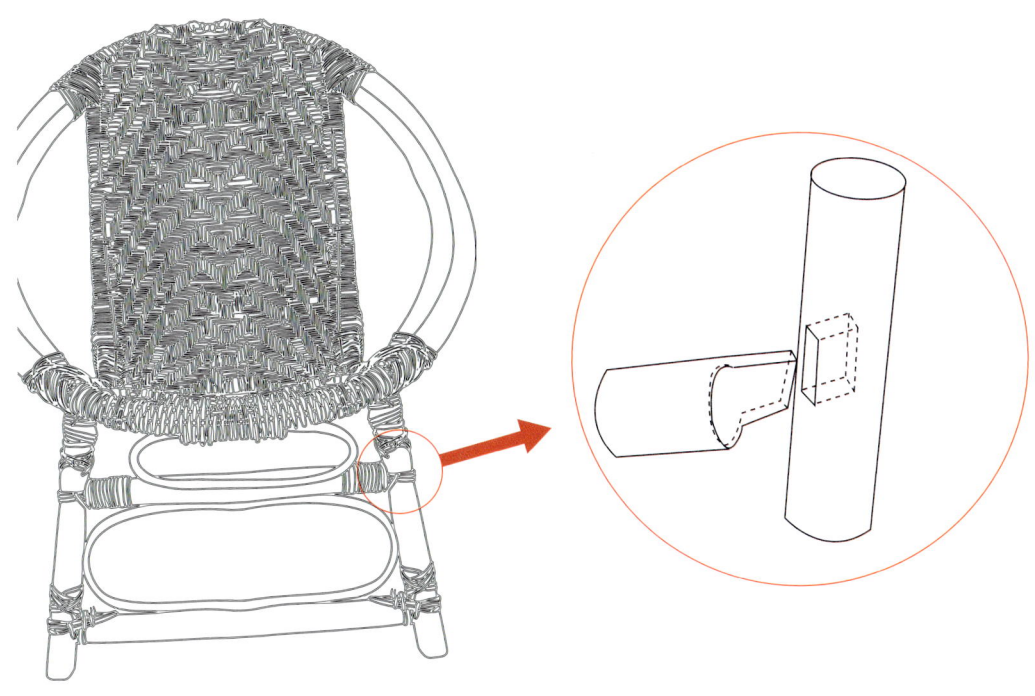

图五 景颇族圈椅框架连接处结构示意图

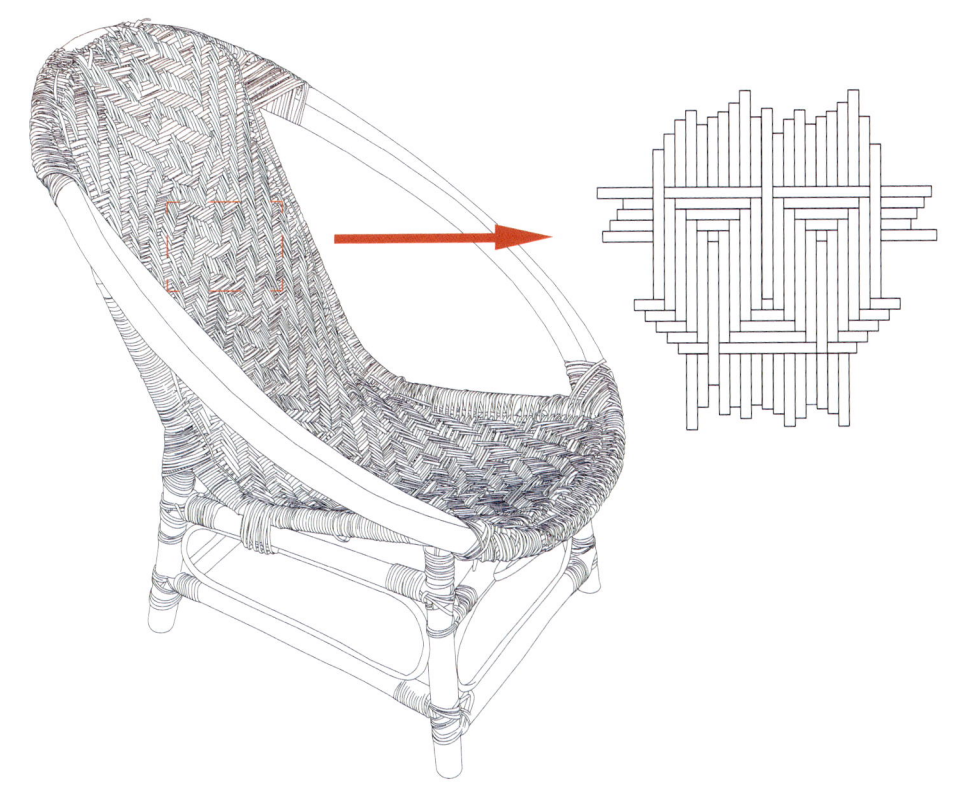

图六 景颇族圈椅藤编示意图

景颇族竹篾凳

图一　景颇族竹篾凳主图

景颇族人家中的竹制品繁多，在这其中有些用竹子和其他材料相结合做的生活用品引人注目。本案例的竹篾凳是由竹篾编制的凳面和藤杆作为支撑结构做成的。本案例选自云南省陇川县，凳面直径约为34厘米，凳底直径约为40厘米，凳子的高度约为20厘米，是景颇族人室内常用的蹲坐器具。

竹篾凳整体呈上小下大的圆柱形，凳面直径较凳底小，增加了蹲坐的稳定性。凳面是用竹篾编织而成的，编织得十分细密，这也让凳面比较结实。凳面的编织纹路多样，本案例的图案呈稻穗形，也有图案呈回字形等纹饰。凳面的背面用一排交叉的#字形竹条形成的面作支撑，其与圆形的凳面框架相缠绕。本案例的纵向受力支撑结构和上下圈框都采用韧性和硬度较高的藤杆。韧性十足的上下圈框由X形结构的细藤杆进行缠绕连接，支撑杆间隔组对，上下穿镶在粗壮的框架之上，再用小铁钉进行固定。这样的交叉围绕竹篾凳一周，形成整体性的结构，有助于分散凳面的压力。当人坐在凳面上时，十字形的凳腿会将压力均匀地分散至凳底，而一圈凳腿更是将压力完全分散开，这样每根凳腿都能均匀地平衡受力，竹篾凳所承受的压力便不会聚集在一处，减少了断腿的可能性，增加了竹篾凳的使用寿命。这种无主要支撑结构的支撑形式在大自然中较为常见，也是现代建筑领域经常使用的一种有效解压的支撑结构。

竹篾凳的出现是景颇族人通过对大自然的细致观察并将其巧妙地转化的典型案例。其中蕴含了造物相通的设计智慧。汲取不同材质的优良特性，在合理地满足基本需求的基础上，进行了不同层面的造物探索，这种探索隐含了人们对美好生活的追求，对实用而美的器具的热爱是不同民族、不同人的心中共同的精神追求。

图片来源
图一、图五　樊进　摄影
图二　李丽佳　制图
图三　张孙晨　李丽佳　制图
图四　茅珺玉　制图
图六　李向前.景颇族文史画册.昆明：云南民族出版社，2007.

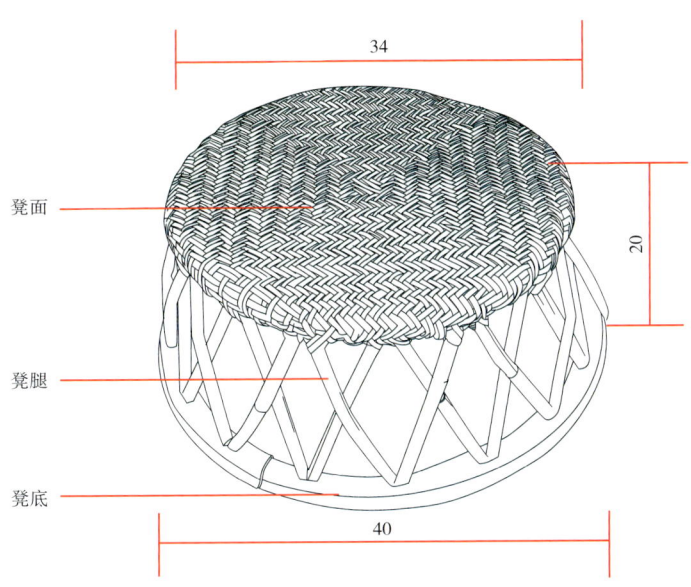

图二　景颇族竹篾凳名称尺寸图（单位：cm）

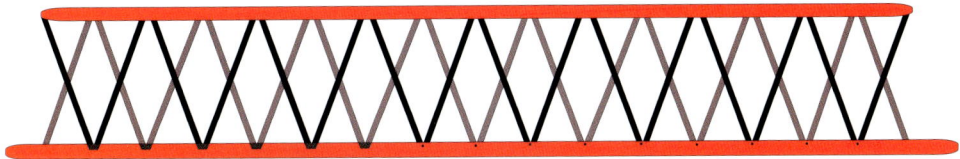

竹篾凳侧面展开示意图

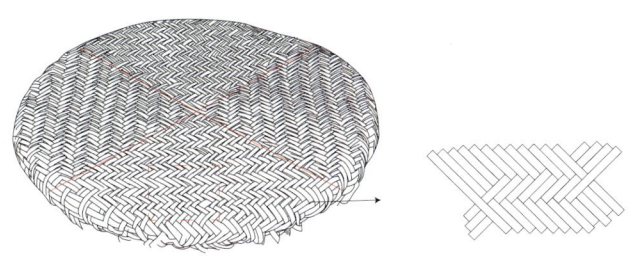

图三　景颇族竹篾凳局部结构示意图

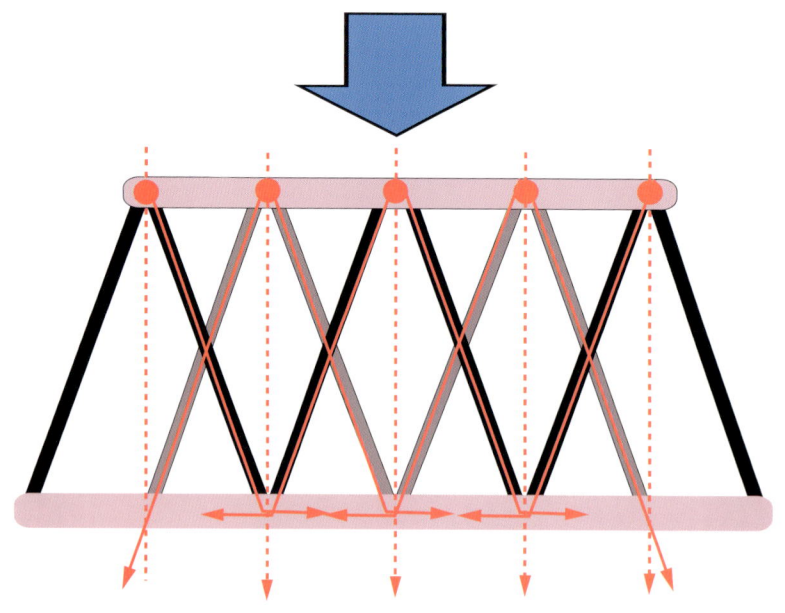

凳面与底座之间有竹撑交织,形成三角形,当人坐在凳子上时,力随着竹撑均匀分散,力得以平衡

图四 景颇族竹篾凳受力分析图

图五 景颇族竹篾凳的其他角度图

图六 景颇族斋瓦作祭专用篾凳

景颇族黑漆方桌

图一　景颇族黑漆方桌主图

较为高大的木质方桌通常是内地农耕定居人群家庭的日用器具，适合较为宽大的室内空间，在传统的景颇族人家并不常见。作为云南世居民族之一，传统的景颇族人所用方桌较为矮小，在室内所占的空间有限。如今高山的景颇族人逐渐在相对平坦的地方建筑新的定居房屋时，随着环境的变化开始使用高大的方桌。这种生活环境和方式的改变对器物造型的变化起着决定性的作用。本案例选自云南省德宏州盈江县玉麦寨的现代景颇族人家，是19世纪八九十年代当地人室内重要的家居陈设之一。其高约90厘米，桌面宽约98厘米。

景颇族黑漆方桌整体以景颇族人崇尚的黑色为基调，在桌面的侧面髹土黄色的漆，承接桌面的主梁外侧漆绘以淡的粉绿色为底，在黄色长方框绘有红蕊黄瓣的四瓣花形，每一侧的框外两头设有凸起的粉红色并列棱形。下方的横梁和桌腿皆为黑色，其中沿桌腿到横梁的内侧绘有以直线为主的红线，宽约1厘米，在桌腿与横梁的转角前后变为圆弧和倒V形相连的形态，这个外形整体近似Ω。整体的色彩以黑红黄绿的撞色颇为显眼，色彩中红色的点与线、黄色的线与面，浅色粉红与粉绿色的对比在统一的黑色背景之下显得轻松和谐。此方桌的结构造型明显采用了传统的榫卯结构。从桌腿贯穿到桌面的双肩榫，三块桌板连接的蝴蝶榫扣等等都彰显了作者对中原榫卯结构应用的娴熟自如。

从本案例可以看出，景颇族人的某些生活方式在整个现代社会变革的当下在慢慢地改变，在适应新的生活环境的同时还在用景颇族人的文化进行适应性的调整，尤其在装饰色彩上保留了景颇族独特的审美观念和造物意识。在当下国与国、民族与民族的联系和互动越来越频繁的背景下，需要用宽容的态度来看待这一变革趋势，同时也需要汲取和保留每个民族里有生命力的文化基因。从这个角度来看，本案例也是一个值得研究的设计造物案例。

图片来源

图一、图五　樊进　摄影
图二　汤懿　吴芳丽　制图
图三　郑楚俊　陈圣鋆　制图
图四　陈圣鋆　制图

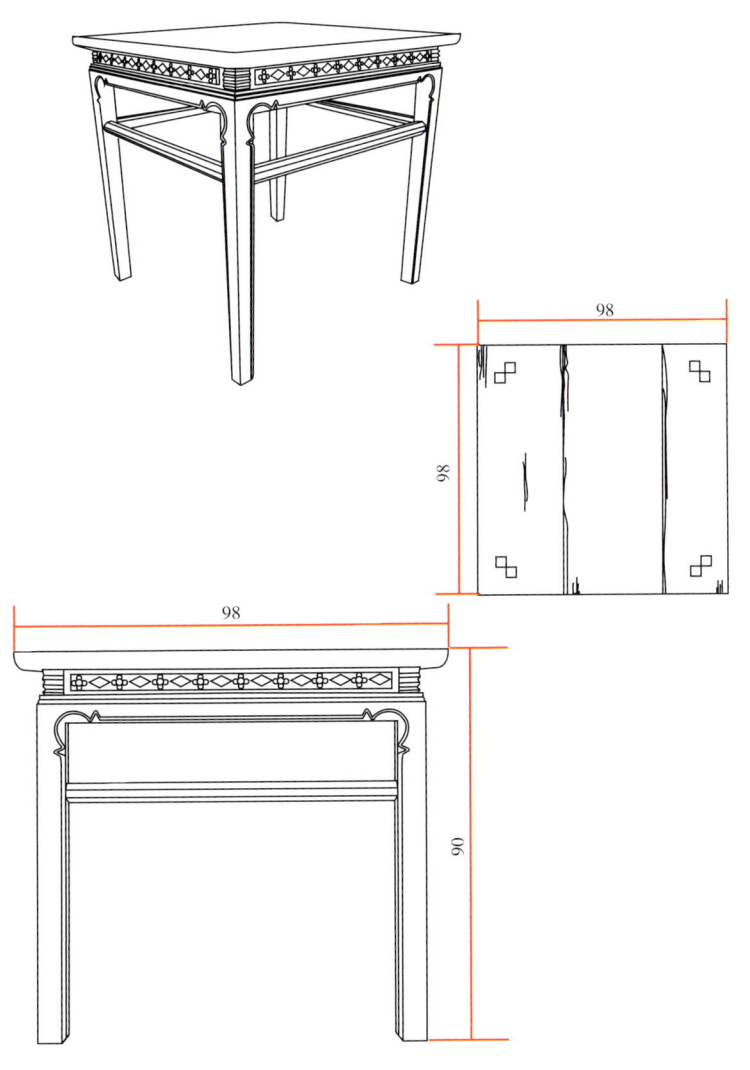

图二　景颇族黑漆方桌尺寸图（单位：cm）

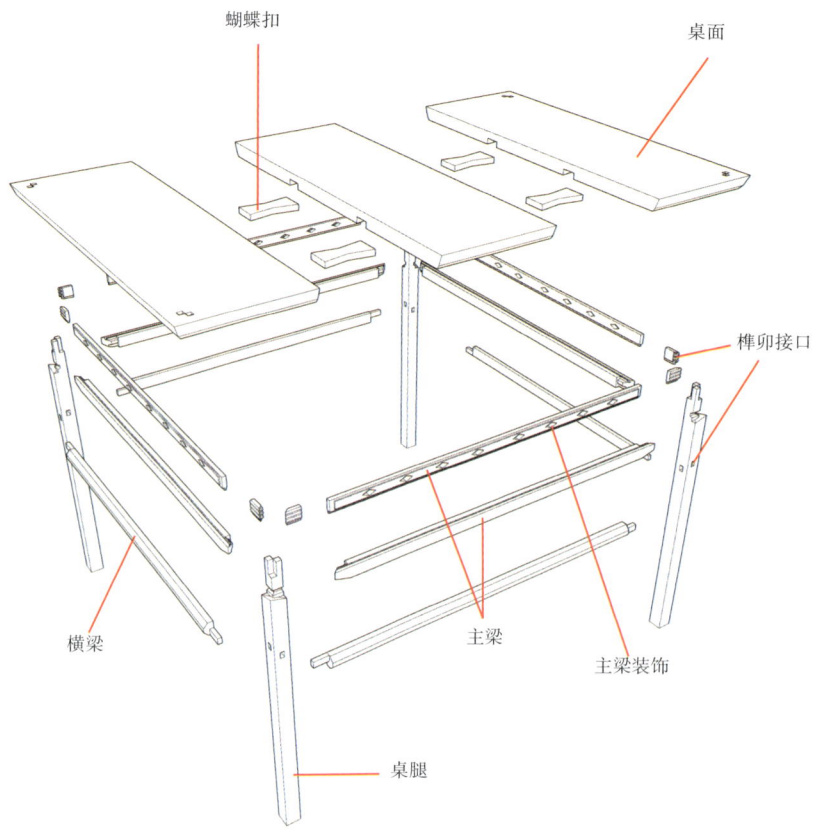

图三　景颇族黑漆方桌榫卯结构建模分析示意图

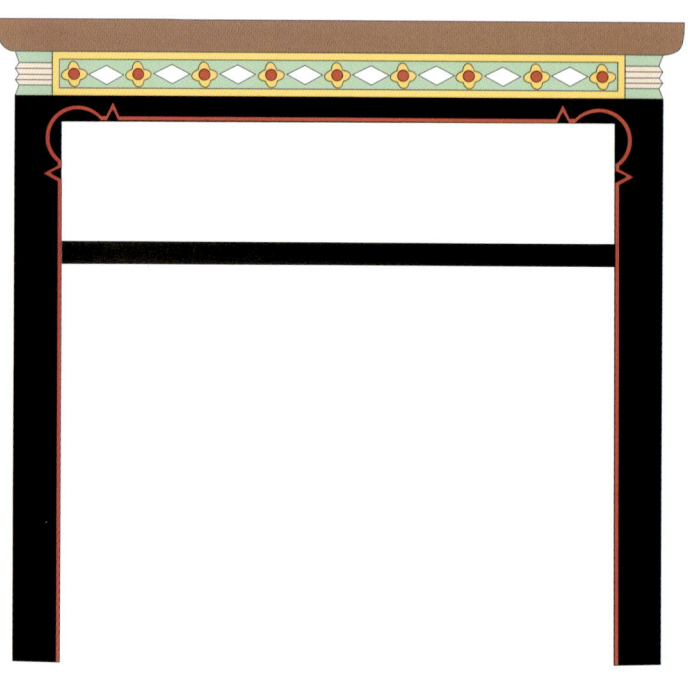

图四　景颇族黑漆方桌装饰纹样示意图

图五　景颇族黑漆方桌局部图

景颇族提梁竹筒

图一　景颇族提梁竹筒主图

对于竹子结构及性能，景颇人有着深刻的理解，这一点反映在对当地粗壮的毛竹的利用上，本案例中景颇族提梁竹筒便是一个范例。本案例选自云南省民族村的景颇寨。提梁竹筒是景颇族人用来分酒水的器具，其高约48厘米，底面直径约为10.5厘米。

景颇族提梁竹筒整体造型设计顺应材料的特征，并进行了合理的功能布局，自然且巧妙。第一，竹筒的容量大小由两个竹节之间的空间决定，在设计制作时可根据个人或家庭的需求而定；第二，在顶部竹节与提梁相对的位置钻一个直径1厘米左右的出入水孔，小孔可以较大程度上保证竹筒中的液体不被灰尘污染，保持一定程度的纯净。当里面装水酒时，此水孔可以用木塞等塞紧，具有一定的密封性；第三，水孔上方的竹筒部分是灌注和倾倒的结构，当进行灌装液体时，口沿部分的结构就是可以起到一个漏斗的作用，可以保证灌装不外溢；当从筒中往出倾倒液体时，水孔上方的部分便是一个加长的引流通道，斜切的部分可以方便观察液体的流经情况；第四，提梁的设计是建立在对毛竹柔性和刚性十分了解的基础之上的。提梁是用毛竹外层的最坚硬最有韧性的竹青部分弯弓扦插而成的，其长度远大于此竹节的长度，长出的部分与提梁的空间成正比。其结构从底部竹节往下3厘米左右开始往上削起，经过底部竹节到上部竹节下方为止，上厚下薄，上宽下窄。其厚度在0.2~0.5厘米不等，以保证提梁有足够的支撑力。提梁下端在竹筒的竹节上方内削一平台，平台下方凹陷，以方便提梁下端的扦插。景颇族人家家户户都会制水酒，这种水酒是用粮食熟制加酒曲发酵而成，其味醇香，度数较啤酒稍高，但后劲足。有客人时，好客的景颇族人都会拿出自酿的水酒来招待。本案例作为分酒水的器具，使用较为便捷，同时用竹筒进行保存，酒水会留有竹质的清香。

景颇族提梁竹筒是一个成功的盛放和分酒水的器具，其设计构思精巧，将竹节空间设为竹筒的容量，将竹筒的引流和灌装的漏斗功能相结合，将竹青部分和提梁相结合等等，科学地将毛竹的天然属性和功能结合起来，体现了景颇族人的造物智慧和丰富的文化内涵。

图片来源
图一　樊进　摄影
图二、图四　汤懿　孙伟业　制图
图三　樊进　孙伟业　制图

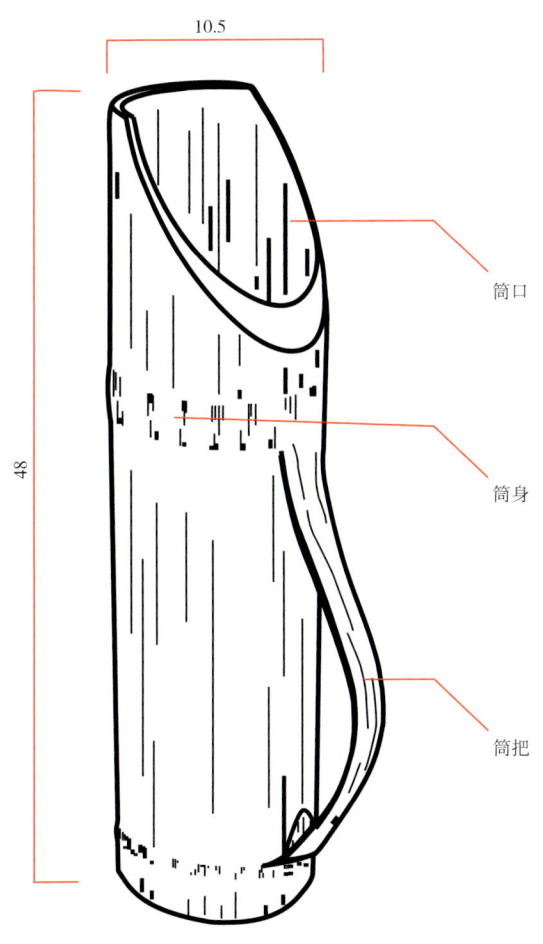

图二　景颇族提梁竹筒名称尺寸图（单位：cm）

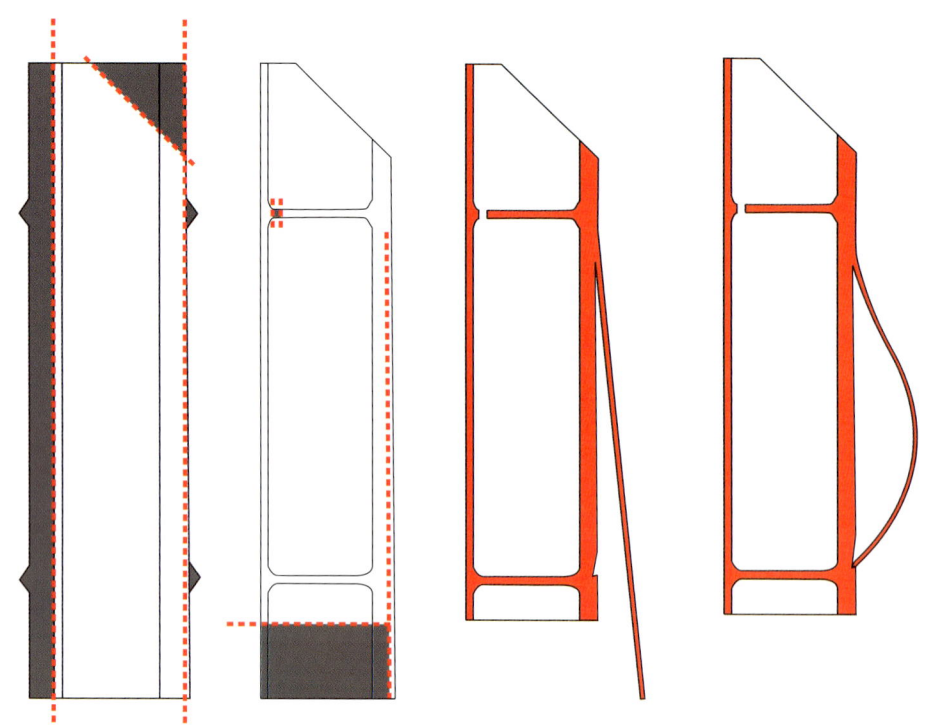

图三　景颇族提梁竹筒制作结构示意图

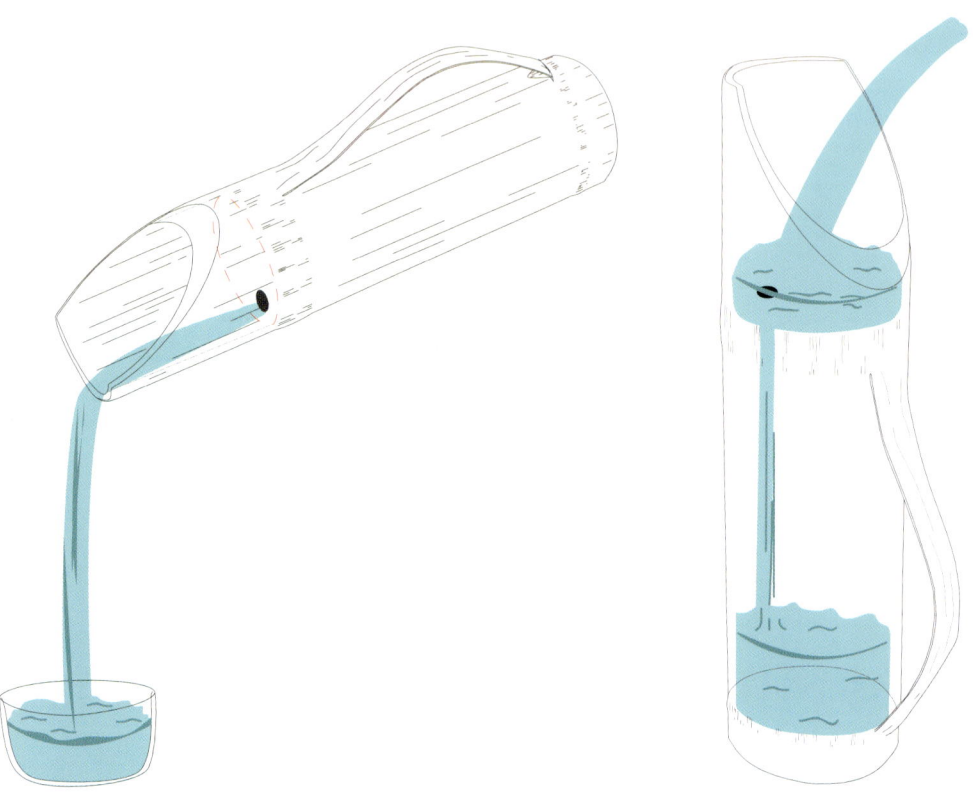

图四　景颇族提梁竹筒使用方法示意图

景颇族叶礼杯

图一　景颇族叶礼杯主图

　　景颇族人的饮食器具自然属性较多，看似平常的物体在景颇族人的眼中却是蕴含生活智慧的设计。叶礼杯是景颇族日常使用的饮食器具，通常在节日或某些仪式上都会应用，它是一次性的器具，采用身边的芭蕉叶即可折叠制作完成。叶礼杯不仅解决了应急时的饮食问题，还在此基础上演化出一种礼仪性的象征，具有一定的礼仪规范。本案例选自云南省德宏州盈江县卡场镇，其长约18厘米，宽约11厘米，高约6厘米。

　　景颇族叶礼杯是用当地的芭蕉叶制作而成的。先要将芭蕉叶洗净晾干，裁成长约30厘米、宽约22厘米的长方形。然后沿长方形的一半位置向上折叠，再将上折的部分的两边向内挤压，形成相互叠压的交错结构，再沿两侧收边的高度向外向下翻转，最后再将多余的部分塞入开始形成的叠压交错的结构里面。反转叠压塞填的部分为叶礼杯的把手部分，向内挤压的部分会形成杯子的深度，挤压的越多，杯子的深度就越深。这种叶礼杯的制作非常简易，几乎一看便会，一做便成。在重要的活动场合中，景颇族人通常会备足裁切好的长方形芭蕉叶片，这样主客都可以随用随取随做。叶礼杯可以用来盛放米饭及各类菜品等较干燥的主食，也可以用来盛酒水和汤水等。叶礼杯不仅是饮食的器具，也是招待宾客的礼仪性器具。在景颇族的绿叶宴上，人们通常也会使用叶礼杯饮酒。主人或敬酒之人将叶礼杯倒好美酒递给客人时，要将叶礼杯的杯口朝向自己，双手递给客人，客人也需用双手接过叶礼杯，以示礼貌。叶礼杯在景颇族人的生活当中有着重要的作用，尤其在重要的节日，来往人员较多，若准备固定的餐饮器具既耗费资金也给清洗、存储和搬运带来一定的负担。叶礼杯不仅是非常常见的喝酒、饮水器具，景颇族人通常还会用叶礼杯去代替碗，这样在喝完水或酒之后就可以丢弃，天然的材料再回归大自然，不会产生环境污染问题，十分方便。此外，在公共场合每人都可以拥有自己的叶礼杯，不需要借用他人的器具，这也就避免或减少了某些病菌传播的渠道，增加了群体的安全性。

景颇族人善于因地制宜地使用当地的物质材料来制造生活器具，用最简单的材料、最简单的工艺来达成最优化的设计，叶礼杯在使用功能、环保理念、卫生安全、礼仪规范等方面都体现了景颇族人对生活的不懈追求。

图片来源
图一、图四至图五　樊进　摄影
图二　邱丽媛　陈圣鋆　制图
图三　汤懿　郑楚俊　制图

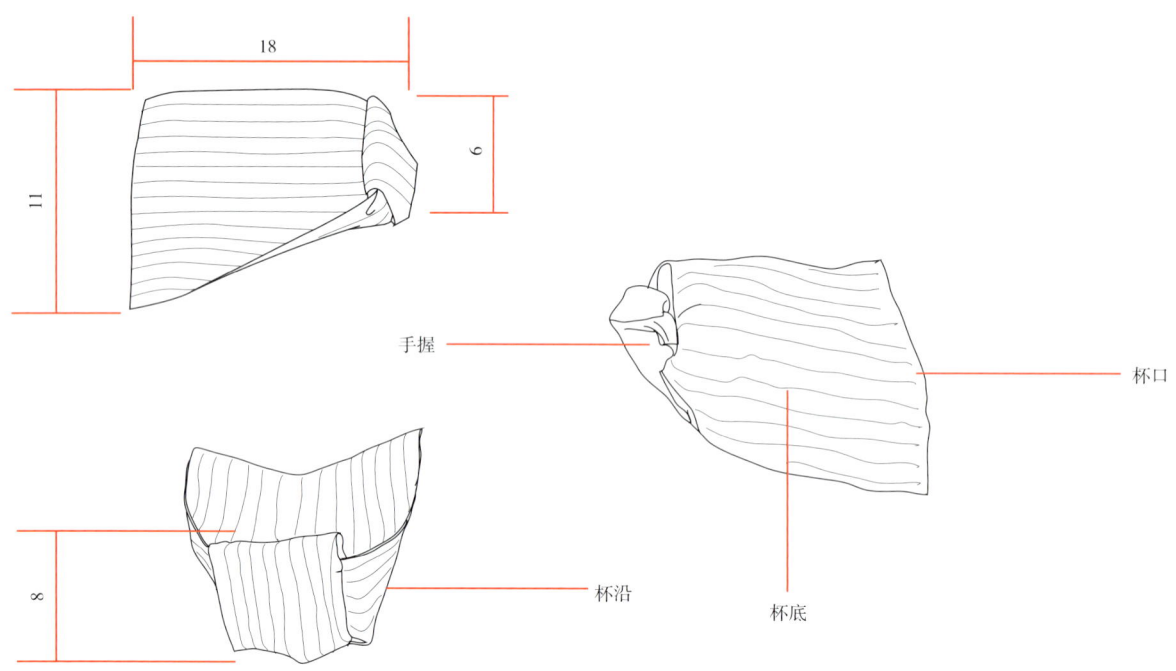

图二　景颇族叶礼杯名称尺寸图（单位：cm）

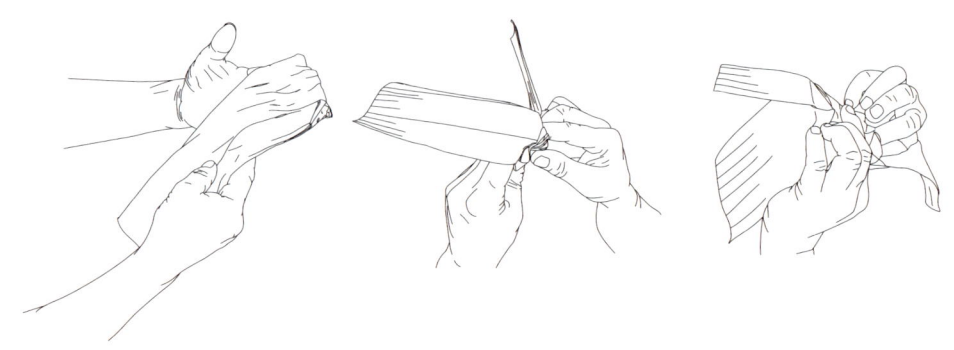

图三　景颇族叶礼杯制作过程示意图

图四 景颇族叶礼杯使用情景图（一）

图五 景颇族叶礼杯使用情景图（二）

景颇族铜锅

图一 景颇族铜锅主图

锅是人们日常生活中不可缺少的烹饪器具，在景颇族地区旧时会使用铜、铁或石料等来制作锅。本案例的铜锅是较富裕的景颇族人家日常所使用的蒸煮器具，选用紫铜为原料，锅体直径约 45 厘米，锅深约 30 厘米，提耳宽约 3 厘米，提梁放下后弧度与锅口相当。本案例选自《景颇族文史画册》。

本案例中铜锅的结构主要由四个部件构成，提梁、提耳、锅身和锅盖。提梁通常是用来提、拎铜锅的，在野外烹饪时，提梁也有悬挂的作用，提耳是连接提梁和锅身的部件，其底部为平底，可以放在铁架上进行加热，这类铁架结构通常较为结实耐用，承重力较好。铜锅主要用于盛装食物。景颇族人闲时每日两餐，忙时三餐，主食为大米，他们爱吃的糯米饭、糖粥，都可以用铜锅进行烹饪。

景颇族制作铜锅一般遵循传统的锻打工艺，材料选用延展性极好的纯铜，俗称紫铜。传统工艺中可以将紫铜块通过不断捶打变成厚度为 1 毫米左右的铜片，近代有了工业化设备，也可以采用压制好的铜片来制作。接下来，按照要制作的锅具的形状大小来计算尺寸，圆形的锅要用圆形的铜片，其尺寸主要由高度加深度来决定，再适当留有几毫米的伸缩空间。经过裁剪后铜片要进行退火处理，这样热处理后的紫铜非常柔软，适合锻造。在锻造几遍之后，其硬度陡然增加，这时就需要重新进行退火处理，如此反复的退火处理贯穿整个锻造的过程。热处理过的铜板先放置在牛皮沙袋等可以塑形和支撑的物体之上，用圆头的木槌由内而外进行有规律的锻造，直至成为所需要的造型，再将其贴合在合适的钢模具上进行由外而内的精准锻造，使锅身进一步规整。最后再进行表面处理，再将锻造好的提耳铆接好。当然，也不排除采用现代制作方法来完成，比如用机器冲压等。本案例的锅身两侧的铆接部分几乎贯穿从锅口到锅底，范围大意味着其承重性能高，可见其使用程度和范围也较广，耐用性强。铜锅盖扣在敞口的锅沿内侧，密封性较好。

景颇族铜锅种类丰富，造型多样，以实用性为制作的最高要求，基本沿袭了过去石质和铁质锅的基本形制。铜锅不易生锈，使用年限长，即便摔到地上也不会碎裂，耐用性高。这些特征恰恰适应了传统景颇族人生活的环境。

图片来源
图一、图六　李向前.景颇族文史画册.昆明：云南民族出版社，2007.
图二　汤懿　乔安琪　制图
图三至图五　汤懿　乔安琪　制图
参考文献
李向前.景颇族文史画册.昆明：云南民族出版社，2007.

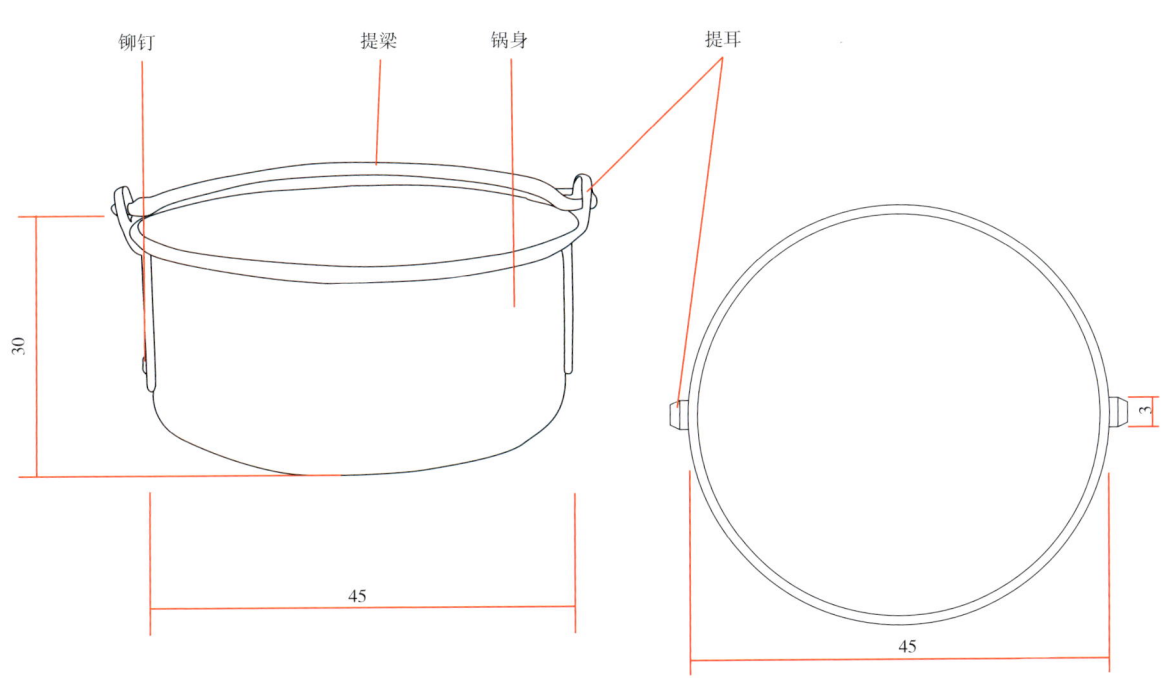

图二　景颇族铜锅名称尺寸图（单位：cm）

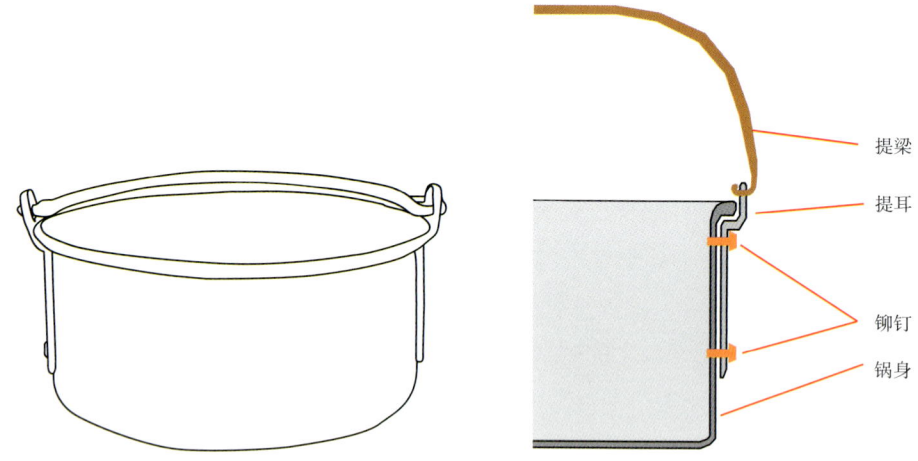

图三　景颇族铜锅结构示意图

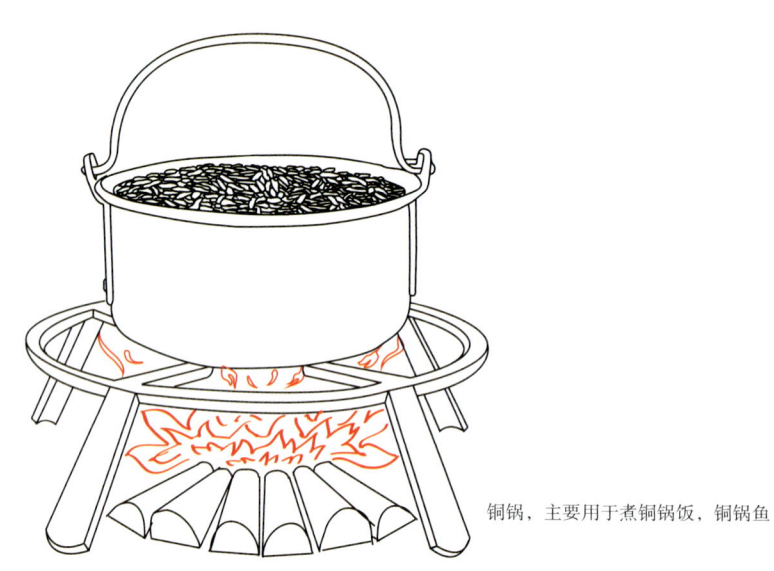

铜锅，主要用于煮铜锅饭，铜锅鱼

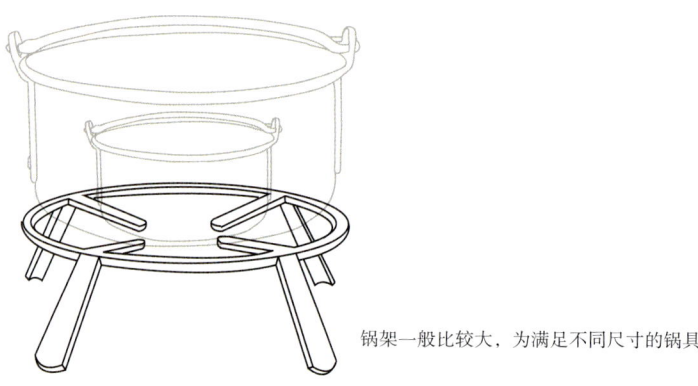

锅架一般比较大，为满足不同尺寸的锅具

图四　景颇族铜锅使用场景示意图

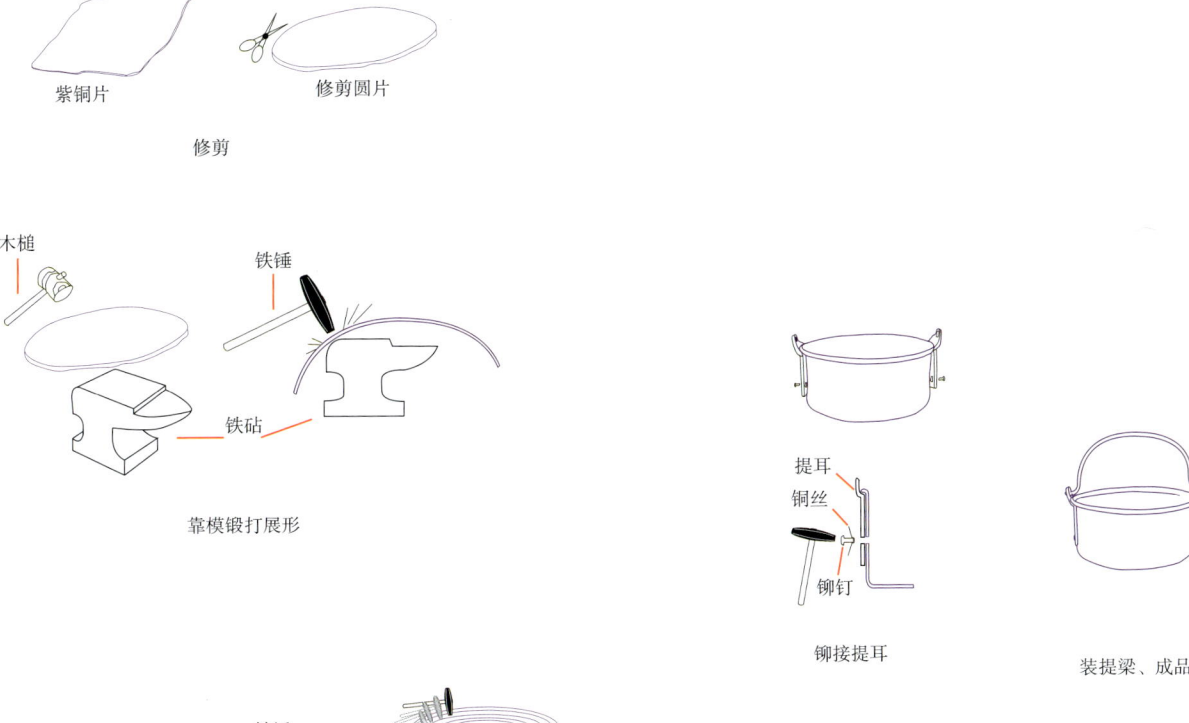

图五 景颇族铜锅制作示意图

图六 景颇族铜制食器延展图

景颇族竹茶水壶

图一 景颇族竹茶水壶主图

景颇族人喜爱喝茶，和竹子相关的茶水壶也很有特色。本案例选自云南省民族博物馆，它是一个整体性的茶壶设计。

一件器物的设计制作的魅力是多方面的，其中整体的和谐自然应是设计者的一大追求和乐趣，本案例在这方面的成就十分突出。景颇族人通常选择一段完整的竹节，两端各保留一小节砍伐下来，其中顶端的竹节要保留天然的分枝，打通顶端的竹节形成敞口，底端的竹节保留完整，利用竹节处自然闭合的特点作为竹筒的底部，将顶端分枝多余的部分切掉，保留短短的一节，与竹筒的内壁打通，形成壶嘴。采用了两节竹节形成的空间作为壶体的容积，这和众多的竹制水壶等制作技术相仿，较为有意思是竹枝做壶嘴与壶体打通，这种设计方式也是众多紫砂、陶瓷等工艺大师们追求的自然境界，在这里是原汁原味的自然风格的设计。尤其是水壶的提梁设计，充分考虑了毛竹厚实坚韧的特性，在壶身的有把手的一侧保留了其天然的厚度，并利用这个厚度对水壶把手进行切削，保留一定厚度的竹青部分，向内凿出凹陷，以便手指可以伸入，防止滑脱。壶柄上下两头的部分并没有去除，仅在手柄之间开了一道V形槽，予以区分，这使得本案例造型的整体性增色不少，也使本案例的截面结构呈近似鸡蛋形，打破了竹筒的原生态的圆形特征。沿壶身边缘绘有双黑线框，其内部刻有同等粗细的装饰图案，图案用黑色的染料进行表现，主体图案为太阳、刀剑和弧线、折线的组合纹样，其中太阳象征景颇族人民对太阳神的信仰，刀剑代表景颇族人日常生活中离不开器具，象征景颇族人的英勇果敢的精神，弧线和折线的组合象征景颇族先民百转千回的迁徙路线与百折不挠的精神。在把手附近作齿状折线处理，自然且有强烈装饰效果，也与景颇族人喜欢的折线有着一定的关系。竹茶水壶在制作完毕之后要通过高温蒸煮才能使用，高温蒸煮过可以起防霉的作用，通常煮制完成后，才将装饰线条染上黑色。

本案例是一个典型的因势造型的设计，在这里面贯穿了景颇族人对自然的情结，也彰显了景颇族人善于观察、分析研究和创造的变革精神。在装饰形式上也凸显了景颇族文化的魅力。

图片来源
图一、图三　安居盟　制图
图二、图四至图五　鞠斐　安居盟　制图
图六　鞠斐　制图

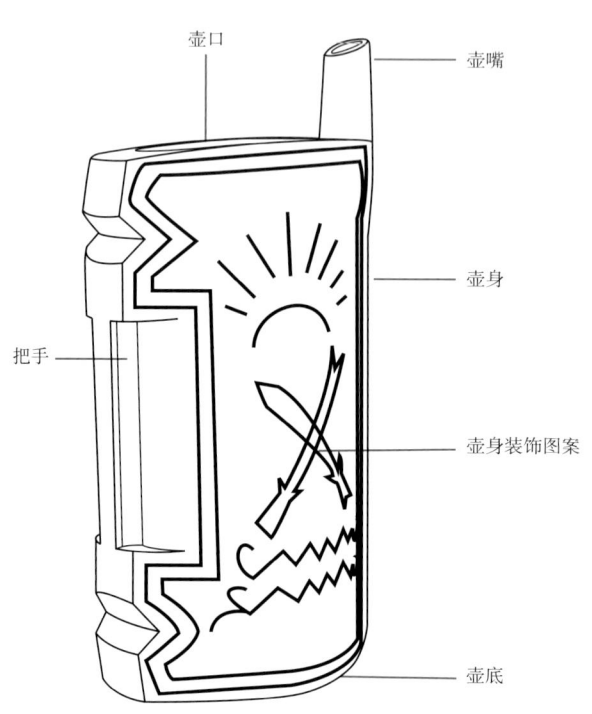

图二　景颇族竹茶水壶名称图

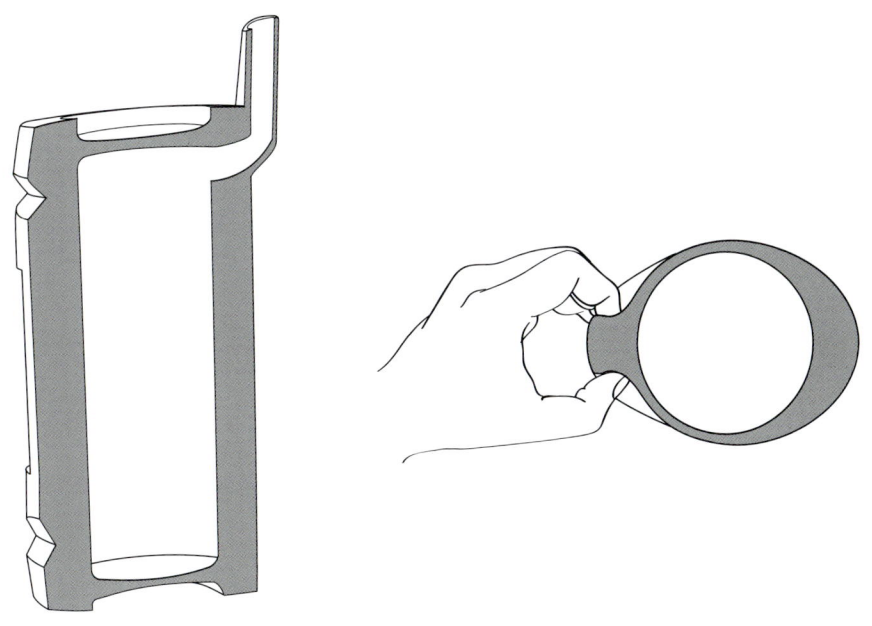

图三 景颇族竹茶水壶剖面图

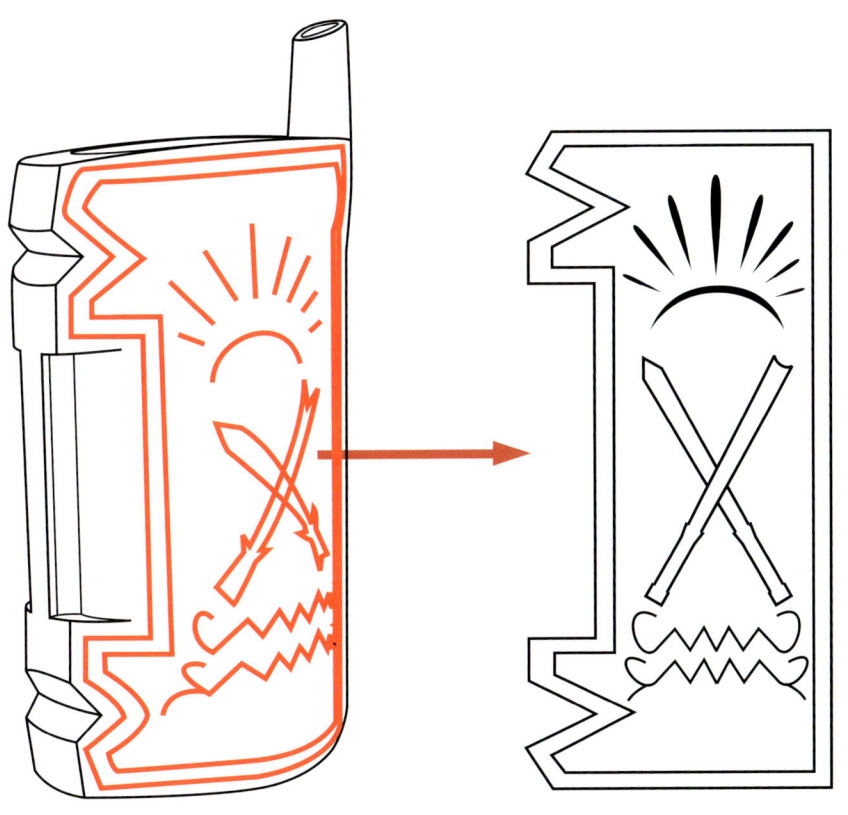

图四 景颇族竹茶水壶杯身图案展开示意图

第四章 景颇族传统生活用具

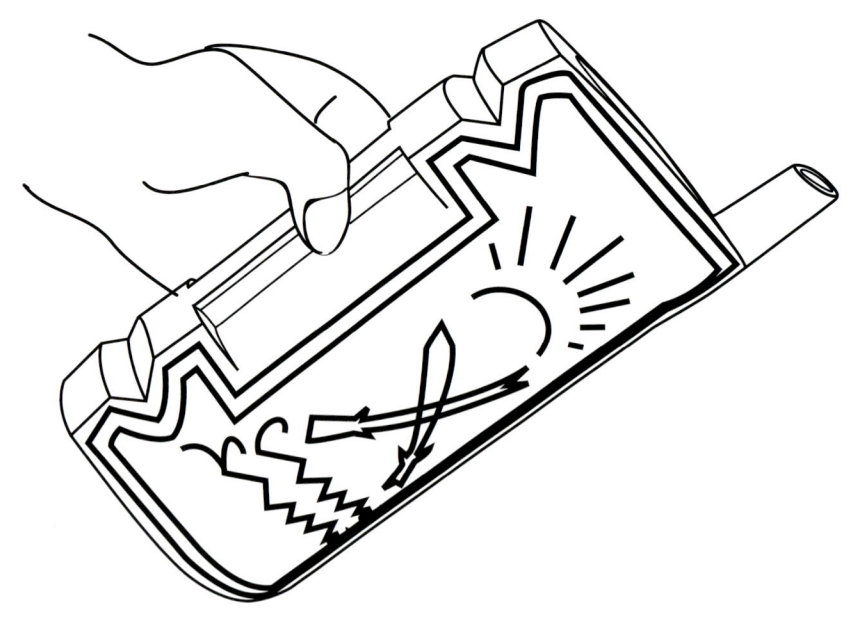

图五　景颇族竹茶水壶拿取手势示意图

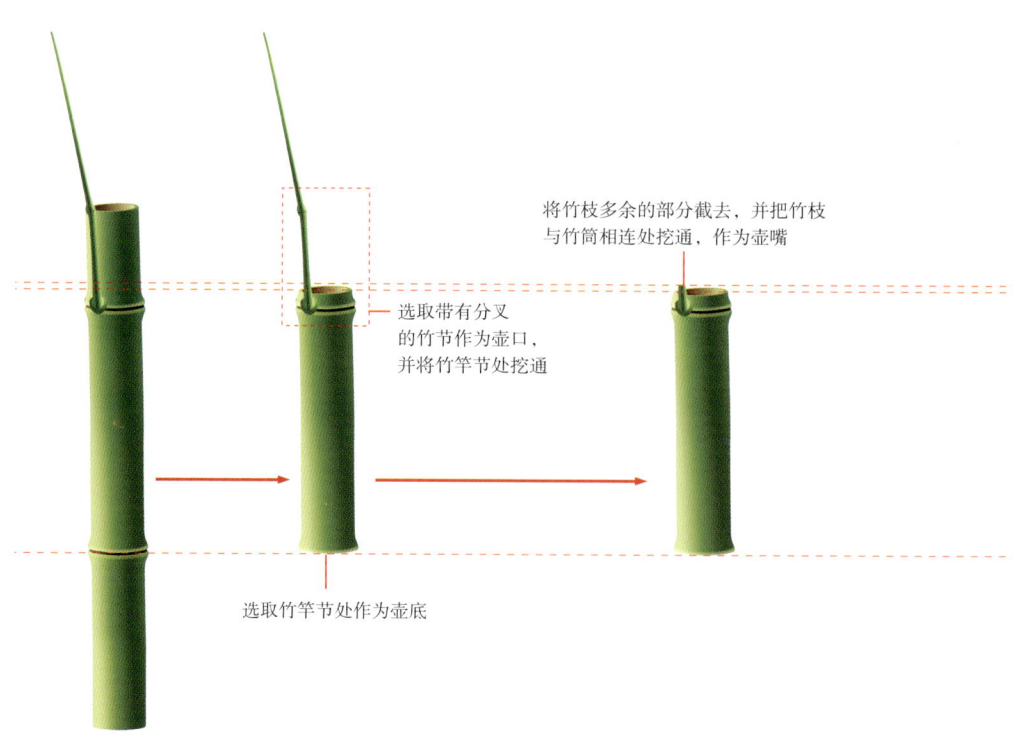

将竹枝多余的部分截去，并把竹枝与竹筒相连处挖通，作为壶嘴

选取带有分叉的竹节作为壶口，并将竹竿节处挖通

选取竹竿节处作为壶底

图六　景颇族竹茶水壶制作流程示意图

景颇族竹碗

图一　景颇族竹碗主图

竹碗是景颇族人生活中常见的日常用具，通常用来盛放食物。竹碗的产生与景颇族人居住的自然环境息息相关。粗大的竹竿本身由于具有封闭的竹节可以作为天然的盛装器皿，因此景颇族人在此特性的基础上稍做加工就创造出简易美观的竹碗。

制作竹碗的竹筒与小口径的竹杯不同，大多选用直径较为粗大的毛竹，景颇族人通常在一个竹节附近砍削出一端略长、一端只保留一点点的竹筒，竹节处作为碗底，短的一节作为碗的圈足，略长的一节作为碗身，在制作的过程中要将青绿的竹皮削除，然后将碗口打磨光滑，防止磨损嘴唇和皮肤。碗身的装饰图案靠近碗口并绕碗一周，通常采用先阴刻出浅浅纹样，再用黑色染料上色的手法进行表现。本案例的碗身图案由直线和三角、折线组成连续图案，三角、折线的组合图案位于两条直线之间，折线上下穿插三角形，象征河渠和谷堆，图案中乌黑的色彩则象征祛邪除恶。

图片来源

图一至图六　鞠斐　张一舟　制图

图二　景颇族竹碗名称图

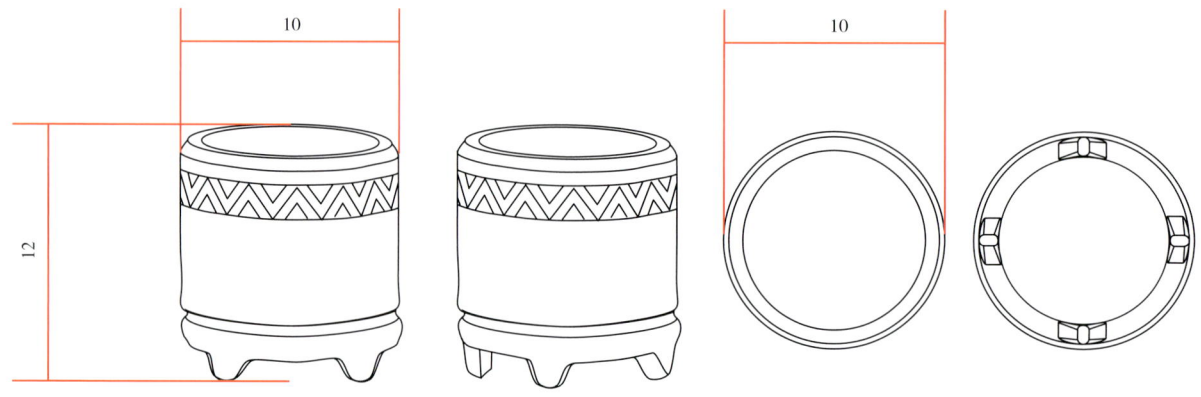

图三　景颇族竹碗三视图和尺寸图（单位：cm）

图四 景颇族竹碗碗身装饰纹样展开图

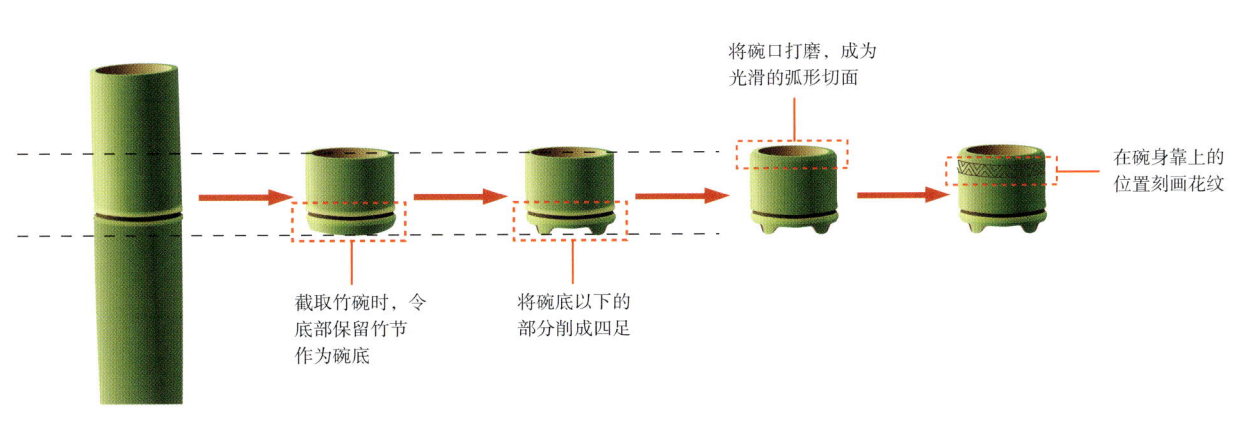

图五 景颇族竹碗制作流程示意图

第四章 景颇族传统生活用具

243

图六　景颇族竹碗使用情景示意图

景颇族干巴竹筒

图一 景颇族干巴竹筒主图

景颇族人制作了各式各样的容器，每一种容器又有着不一样的特色，以满足不同的功能需求，不同的功能需求又反过来催生新的设计方案。本案例是景颇族存储牛肉干巴的竹制容器，选自云南省德宏州盈江县卡场镇，总高约55厘米，其中竹筒高约40厘米，竹筒直径约14厘米，短直径约10厘米，常置于火塘之上的储物架，方便随时取用。

本案例结构设计存在三个方面的特色。第一，利用当地的毛竹壁厚的特点锯削出用于悬挂的贯耳和筒与盖的咬合密封结构。本案例的毛竹壁厚在3.5厘米左右，即两边用于悬挂的贯耳到内壁的厚度，筒身和筒盖对应的两侧各锯削出一对厚实的贯耳。竹筒的上沿口用于筒盖盖合的部分壁厚在0.2~0.3厘米之间，上薄下厚，可以使筒盖紧密地和上沿口吻合，增加其密封性能。同时高长的沿口和相应深浅的筒盖也使此干巴竹筒的密封性大大增强。第二，悬挂带和筒盖盖合的路径合为一体，增加了竹筒使用的稳定性、完整性和便捷性。筒盖和筒身在两侧的上下位置都设有两个贯耳，当悬挂带贯穿其中时，悬挂和携带的稳定性能非常好，不会出现竹筒倾倒的问题。筒身和筒盖都贯穿在同一根路径之上，且路径足够长，在打开筒盖取其中干巴等食物时，可以将筒盖放置于同一平面之上。同时，由于它们悬挂在一起，不会出现遗失筒盖的问题，这一点可以说是设计得非常独到，也值得现代人借鉴。第三，自然材料与工业化材料的综合应用。毛竹筒是天然的容器，足够的壁厚为设计带来众多的空间。用于悬挂的贯穿的材料选择了白色聚丙烯包扎带，这种材料质地结实，能适应常温下的各种自然环境，而且能够进行热熔修补。本案例的筒盖为了防止因年久或按压的力度过大而开裂，特用一段白色聚丙烯包扎带进行了加固处理。干巴是景颇族、傣族等少数民族特别喜爱的熟食，其储存通常需要干燥的环境，将干巴存储于这样的密封性极好的竹筒中，悬挂或放置在火塘架上是最好不过的了。

本案例出色的设计表现了景颇族人的聪明才智和娴熟的工艺。作为大山的子民，生于斯，长于斯，已经习惯了利用竹子的特性来解决生活中的问题，这是大自然的馈赠，也是景颇族人对生活不断探索的结果，也许这正是造物的神奇之处，也正是我们研究的意义所在。

图片来源
图一　樊进　摄影
图二　程艺　陈圣鋆　制图
图三至图五　程艺　制图

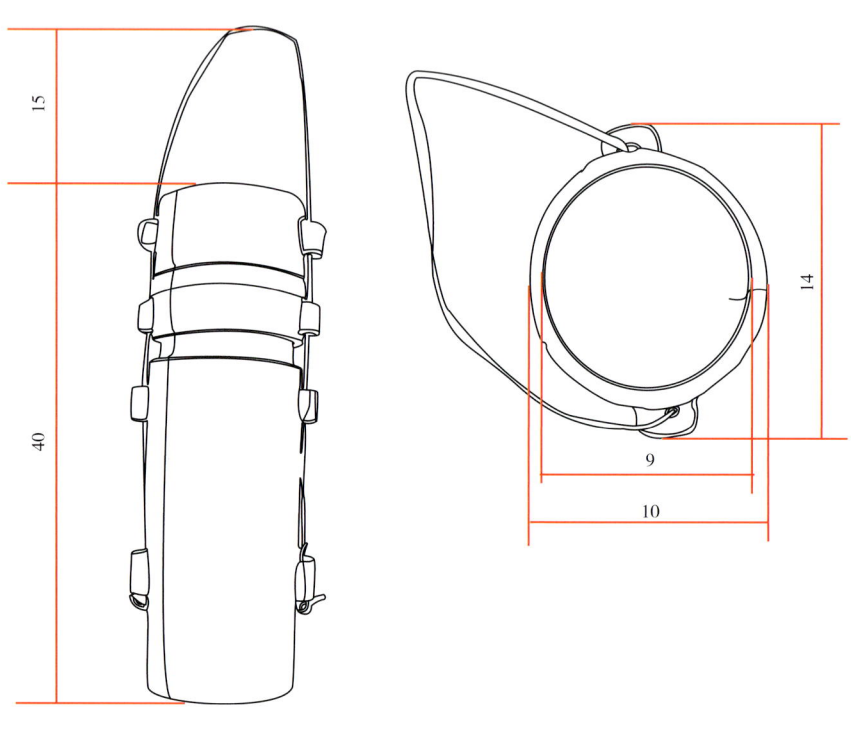

图二　景颇族干巴竹筒尺寸图（单位：cm）

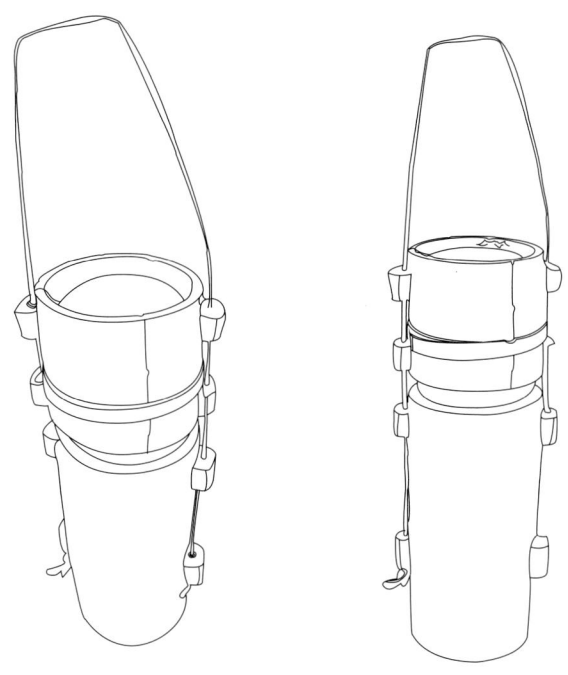

图三　景颇族干巴竹筒结构示意图

干巴竹筒的打开细节图

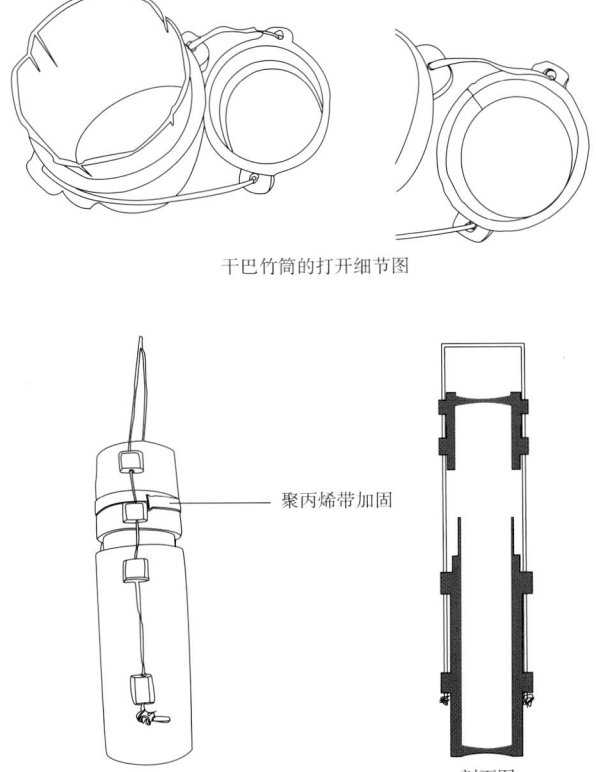

聚丙烯带加固

剖面图

图四　景颇族干巴竹筒结构剖面示意图

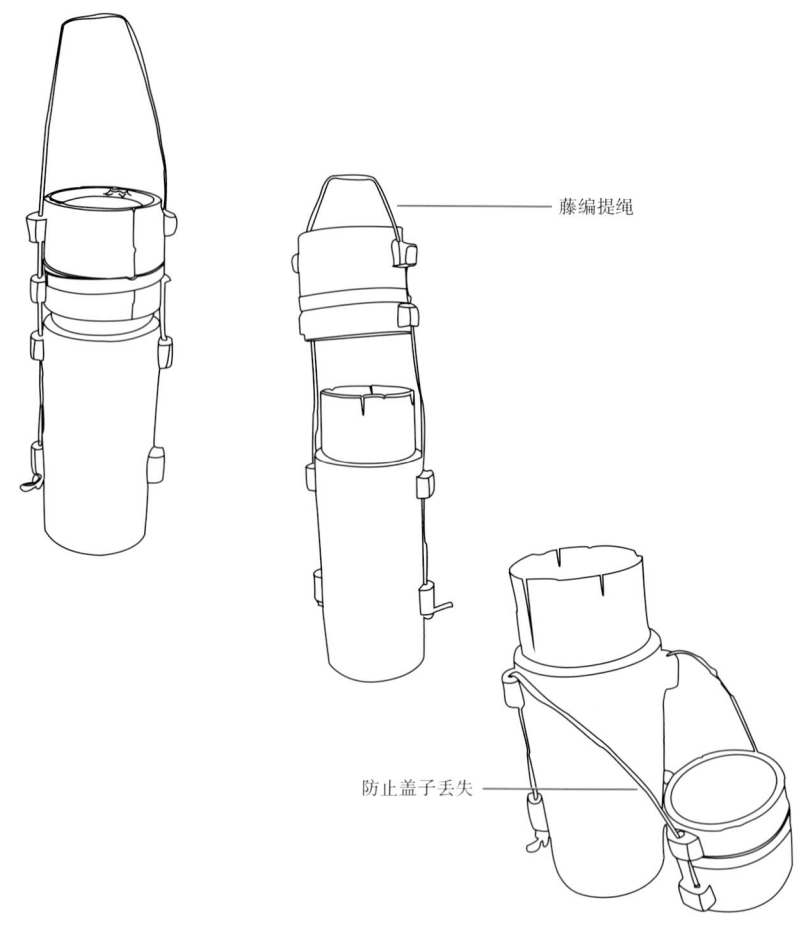

图五　景颇族干巴竹筒操作分析图

景颇族舀水竹筒

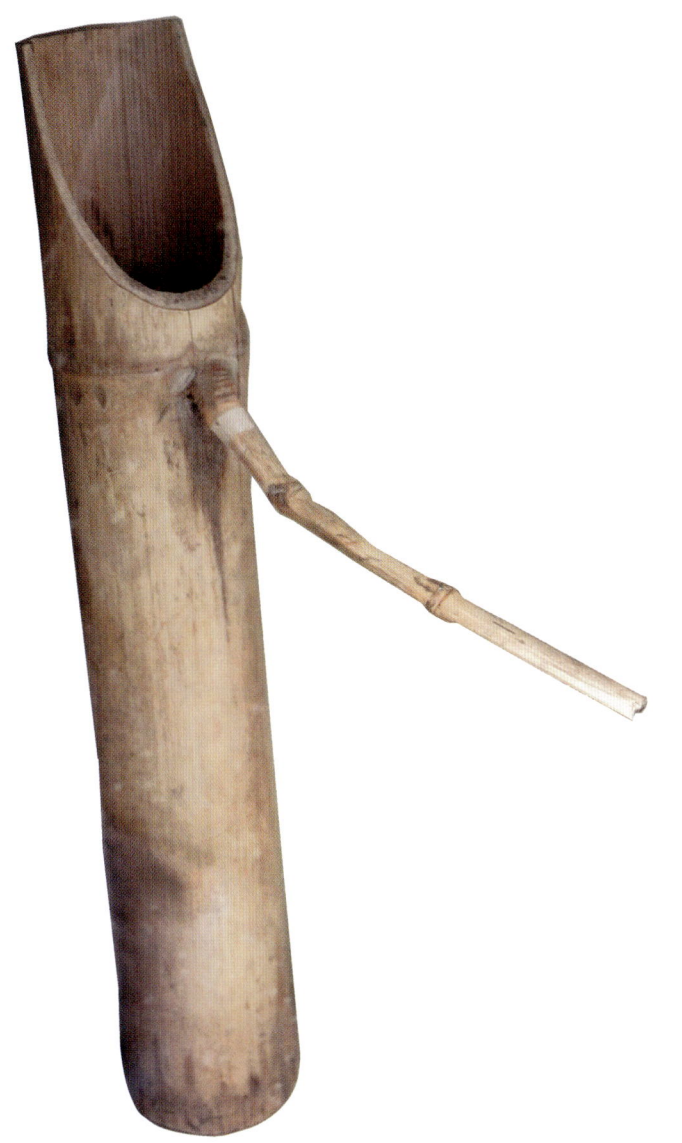

图一 景颇族舀水竹筒主图

如何从自然环境中取水是每个民族都曾面对的问题。新石器时代的仰韶文化可用烧制的尖底陶瓶,中原农耕定居的人们则喜用葫芦开成的瓢。靠山吃山,靠水吃水,景颇族人的取水工具自然也与其居住的自然环境息息相关。本案例中的舀水竹筒选自云南省民族博物馆,是景颇族常用的取水工具。

舀水竹筒与景颇族的其他容器一样,也是借用完整的竹节来作为取水的容器,竹节的粗细长短决定了竹水筒的容积。在选择舀水竹筒的同时不能只考虑容积的多少，还要关注用来提取的手柄的粗壮程度。容积和手柄承受的力度相契合才是最好的设计。景颇族人通常选择一段生长出分枝的竹节砍下来，让分枝的方向向下，分枝所在竹节以上的部分作为舀口，保留短短的一节，并将舀口与分枝相背的一半削成 u 形，便于取水，再将此节闭合的部分打通。竹节以下的部分保留完整的一节，利用竹节处自然闭合的特点作为竹筒的底部，竹节的分枝自然成为便于握取的把手。自然分支的竹节有着先天的承压力度，反向使用恰是顺应了这个天然属性。在手提竹筒时，单手握住的位置可偏向末梢处，这样可以将满载的重量用此竹枝的弹性来消解。灌水时，将此竹筒整体沉入水中，使底部偏低口部上扬些，这样利于快速排空空气和进水。当水灌进竹筒之中后，会有较明显的下沉感，这时可将舀水竹筒提起。由于盛满水的竹筒较重，倾倒时，可一手抓握把手，一手握住筒身，增加使用寿命。当然，最好的使用方法是别装太满，要视实际情况而定。

景颇族人根据自己的居住环境创造出自己独特的竹器文化，具有鲜活的生命力，如何进行下一步的转化是当代的研究课题。

图片来源
图一　樊进　摄影
图二至图五　鞠斐　制图

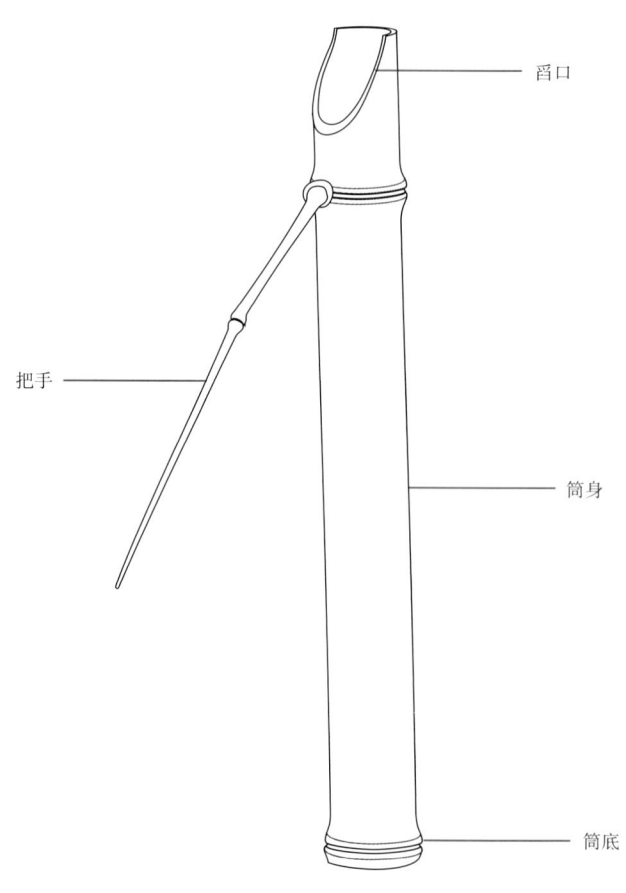

图二　景颇族舀水竹筒部件名称图

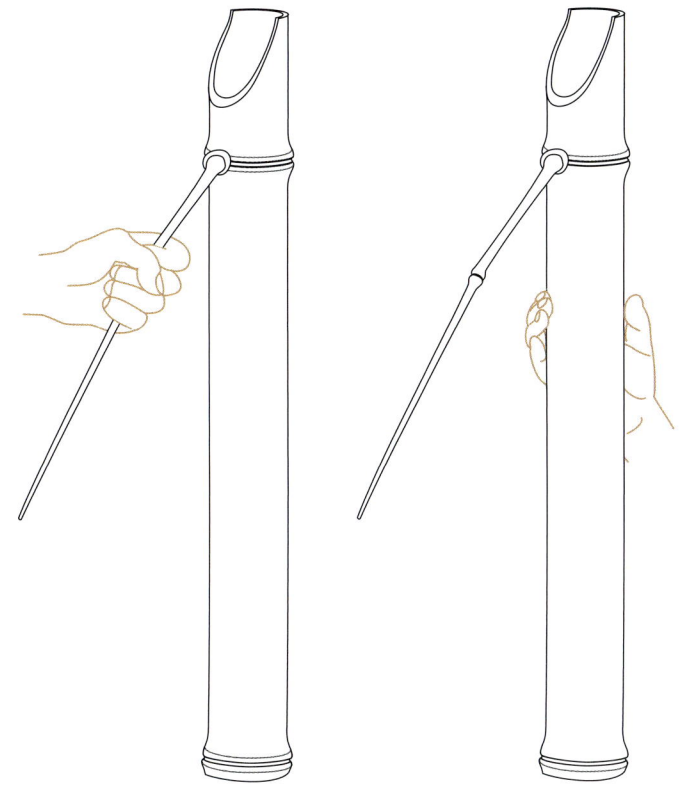

图三　景颇族舀水竹筒握取手势示意图

图四　景颇族舀水竹筒取水过程示意图

第四章　景颇族传统生活用具

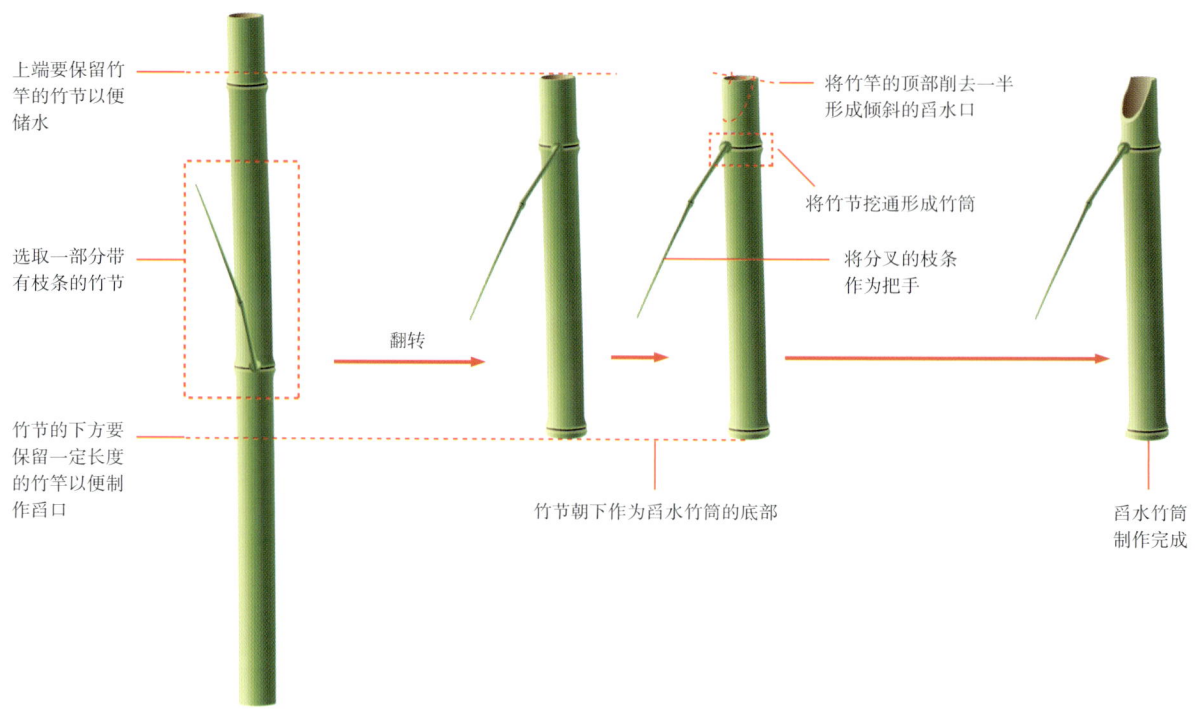

图五　景颇族舀水竹筒制作流程示意图

景颇族笤帚

图一　景颇族笤帚主图

　　笤帚也称笤把、笤篱，是一种家庭清扫的工具，是每家每户都必备的。景颇族传统的家居环境是干栏式建筑，室内地面通常用实木板来铺设，室外的道路在没有水泥硬化之前,随着人和动物的进出而产生众多灰尘,在这种环境下,便需要用笤帚来进行及时的清理。景颇族人就用植物茎秆穗来制作笤帚用于打扫尘土,本案例采自云南省德宏州盈江县卡场镇草坝村,选用了当地生命力旺盛的粗壮扫把草,其总长度约 87 厘米,笤帚头部约 32 厘米,手柄部分长约 55 厘米,是一种扫地笤帚。

植物纤维类的笤帚很多,比如,地肤、去壳的高粱穗、黍子穗、稻草穗、竹枝叶、竹丝等等。本案例采用的扫把草,近似学名为地肤的茅草,又称地麦、落帚、扫帚苗、扫帚菜等。李时珍说:"地肤嫩苗,可作菜茹,田野甚多,枝叶繁多,其子微细,如初氓的蚕砂,作药用,名益明,功能明目,子落则老,茎可作扫帚,故名落帚"。制作笤帚应选用成熟穗长的扫把草,待其干透后将其种子去除,用几棵碾压好的扫把草适当洇水后,捆成小扎,保留适当的长度,将多出来的茎秆放在一边,从穗秆连接处往上用细竹篾捆扎束紧。按照一定的秩序排列,做出笤帚头部,再将一根方形的木棍置于中间,

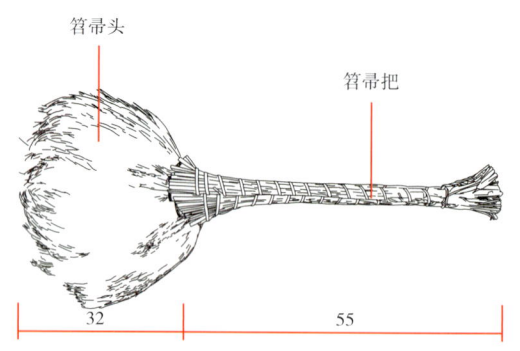

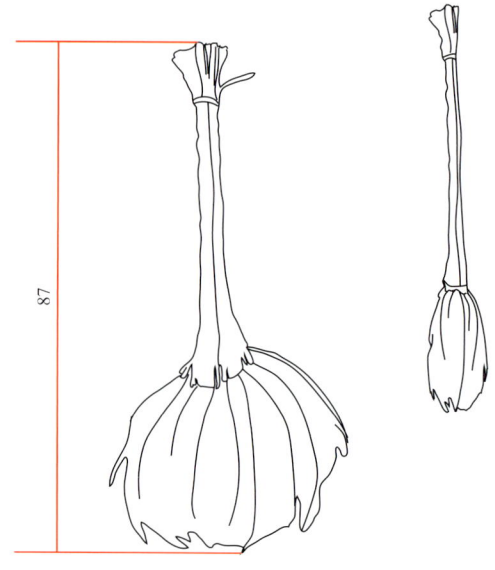

图二 景颇族笤帚尺寸图(单位:cm)

将之前去除的茎秆从笤帚脖颈处往上排布，用竹篾从四面将其围绕木棍缠绕捆紧。本案例中的扫把草蓬松且具有特殊的形状，有足够的柔性和清除力度，茎秆有较强的支撑力，其硬度可用来增加笤帚的整体强度，与中间木杆起的作用一致，增加笤帚的刚性。茎秆有一定的柔韧性，手握时不会感到生硬。由于其总体的高度适合人操作，在使用时比较舒适。本案例的整体造型较为自由，下部近似扁弧形，笤帚头部到手柄处过渡自然，呈一定的流线造型。

景颇族笤帚的设计将扫把草从头到脚都充分加以利用，使其发挥了各自的性能和特长，同时又综合了木质的刚性和竹篾的柔韧性，使之成为一个朴素耐用、材料普遍、工艺简易的设计，是一个具备普遍性的典型案例。

图片来源
图一、图四至图五　樊进　摄影
图二至图三　汤懿　程艺　陈圣銮　制图

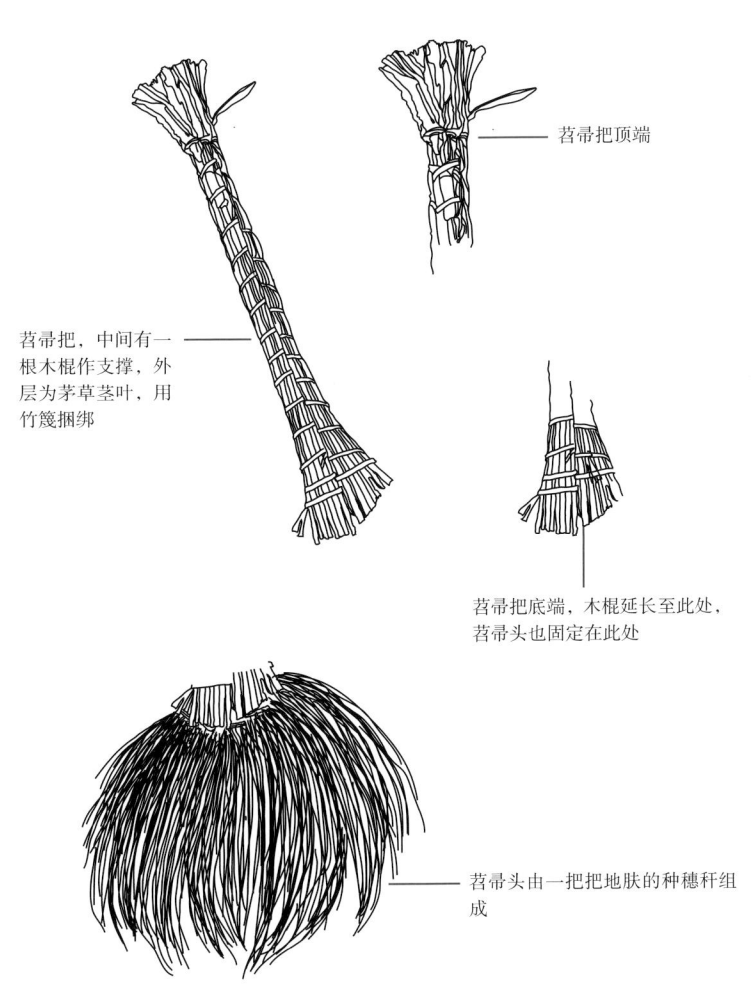

图三　景颇族笤帚结构示意图

图四　景颇族笤帚细节图

图五　景颇族笤帚延展图

景颇族草席

图一 景颇族草席主图

草席是中国随处可见的传统生活用品之一，使用区域广泛，因原材料不同而可分成很多类别。景颇族人生活在多雨潮湿的山区，住宅多以木头搭建而成，室内地面由木地板悬空铺设而成，因此景颇族人素来有着席地而坐、席地而睡的习惯，草席也是景颇人最为常用的生活用品之一。本案例选自云南省德宏州盈江县卡场镇。

景颇族草席以当地山区特有的蒲草为原材料加工而成，这种蒲草具有韧性强、纤维丰富、耐水性强、寿命长等特点，蒲草叶较粗壮，断面为细密的类似蜂巢的孔洞纤维结构，具有极佳的弹性和形变能力，景颇族人将蒲草编织为长约200厘米、宽约130厘米的草席，可以满足一人躺卧的需要，编织时仅通过草与草之间的穿插和打结连接在一起，不用借助任何其他材料。景颇人将草席铺设在室内地板之上，围绕火塘或坐或卧，

草席为人们提供了良好的栖居功能区域，正因为蒲草与生俱来的优良特性，使得景颇族草席具备了良好的舒适性。蒲草的材质特性可以让裸露的肌肤感受到自然的细腻质感，蒲草所特有的中空结构使草席具备了良好的防水性能，既能隔绝地板下方传递出来的水汽，同时又能保证草席表面干燥，保证使用者的舒适，高弹性的蜂窝结构和极佳的形变能力为使用者带来轻松愉快的体验，长时间使用可最大程度降低肢体压迫感，降低地板的坚硬触感，景颇族草席还具有一定的保温特性，夏季清凉干燥，冬季温和保暖。

景颇族草席是景颇族人劳动和生活智慧的体现，是民族文化的一个缩影。

图片来源
图一 樊进 摄影
图二、图五 程艺 制图
图三 陈圣銎
图四 程艺 王铭轩 制图

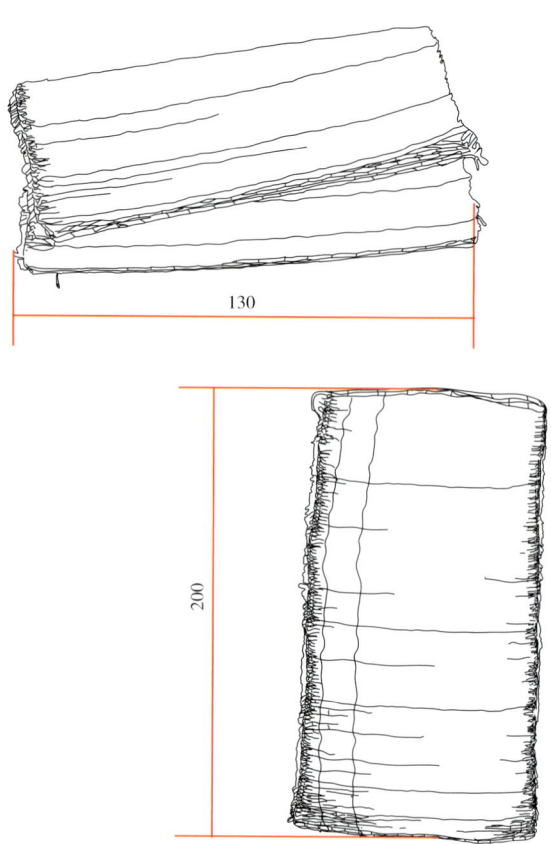

图二 景颇族草席尺寸图(单位：cm)

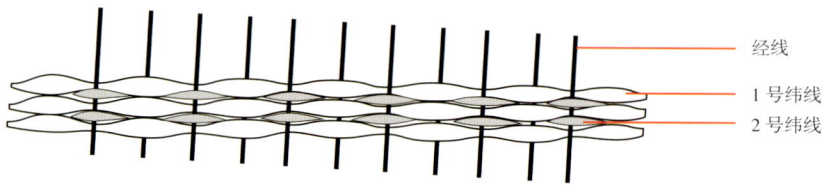

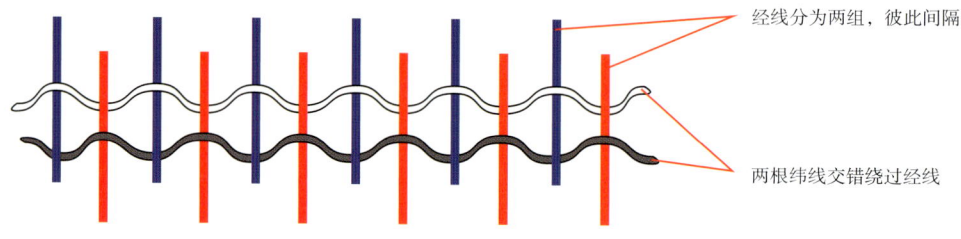

图三 景颇族草席编织工艺示意图

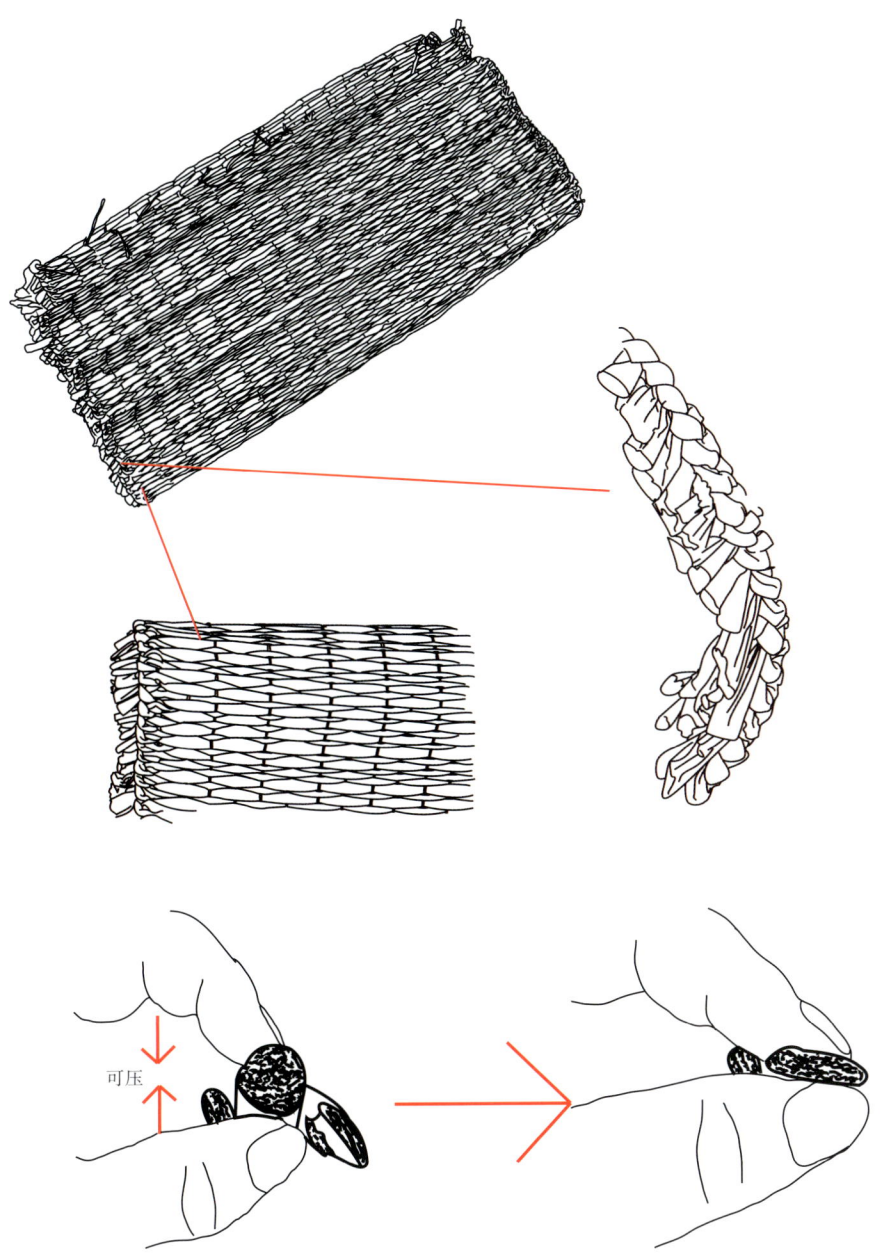

图四 景颇族草席结构分析示意图

图五 景颇族草席工艺流程图

景颇族竹编针线盒

图一　景颇族竹编针线盒主图

　　日用杂物的分类归置是一些储存类器物设计的重要内容，景颇族日常使用的众多的竹制的编织器皿，大到谷物的晾晒箩、储存粮食的竹箱筐等，小到茶叶罐、针线盒等等。本案例中的竹编针线盒采自云南省德宏州盈江县卡场镇草坝村，是景颇族家庭常见的针头线脑、缝补工具等的储存器皿。其直径约为17.2厘米，高约7.2厘米。

　　景颇族竹编针线盒为圆形，选用竹子的青皮面进行编织，韧性十足。其结构为天地盖的样式，上下盒都是内凹的圆盒形，束腰敞口。上盒盖高约3.2厘米，下盒体高约4.1厘米。上盒盖口略大于下盒盖口，盖合时上盒口可以包裹住下盒口，由于两盖口都是敞口束腰结构，竹皮的编织结构又有伸缩的弹性，这样上下盒盖合后非常密实。两盒底端直径大于腰口，这样的束腰设计有利于单手拿放，也有利于双手上下用力揭开盒体。景颇族人常年生活的山区盛产竹子，他们擅长的竹编技艺更是代代相传。针线盒整体由两种粗细不同的竹篾以不同的手法编织而成，顶面和底面由宽度约为2厘米厚度约0.1厘米的竹篾十字交叉编织而成，编织所形成的平面平整结实，有着理想的支撑力量，是相对的刚性结构。侧面则是由宽度约0.5厘米厚度约0.05厘米的竹篾以约30度的夹角编织而成，是具有足够弹性的柔性结构，这样也形成了较为愉悦的编织图案。

景颇族竹编针线盒是刚柔并济的造物设计，体现了景颇族人的造物智慧。景颇族人巧妙地运用竹篾的物理特性，将粗细不同的两种竹篾编织在合理的功能区域，底面平整结实，可以更稳固地摆放，顶面则可以提供稳定的摆放空间，侧面和顶、底面边缘包裹的细密竹篾编织可以带给使用者更舒适的体验，同时又可以大大缓解针线盒跌落时对内部收纳物品及针线盒本身的冲击和损伤。竹青面向外编织进一步提高了整体的柔韧性和使用舒适度，景颇族人对于竹编工艺的理解之深和运用之娴熟由此可见一斑。

图片来源
图一　樊进　摄影
图二至图五　郑楚伢　制图

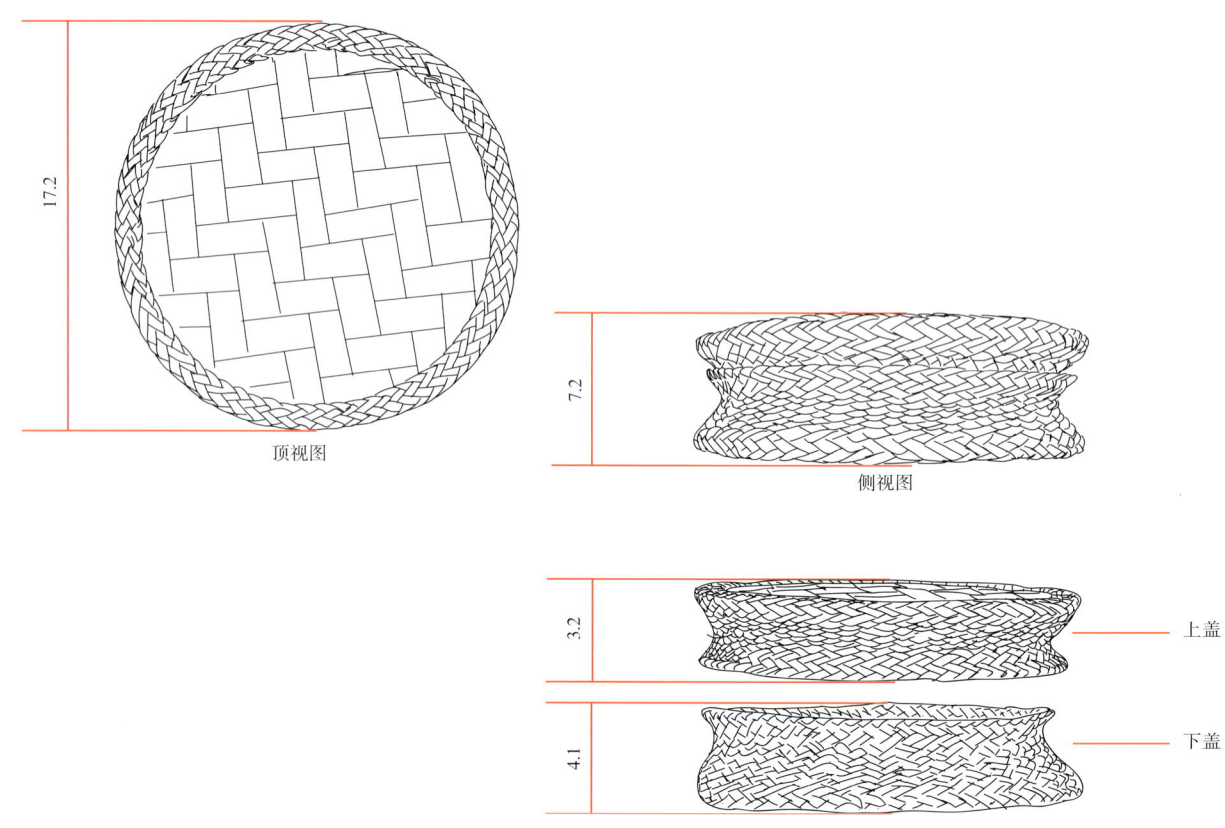

图二　景颇族竹编针线盒尺寸图（单位：cm）

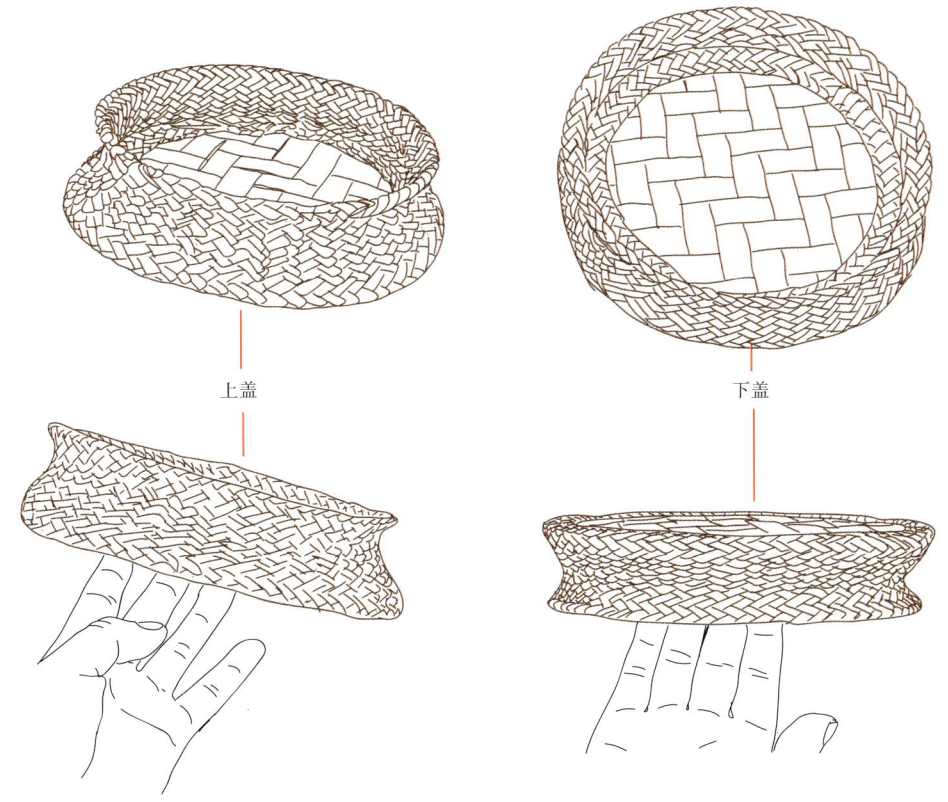

图三 景颇族竹编针线盒结构图

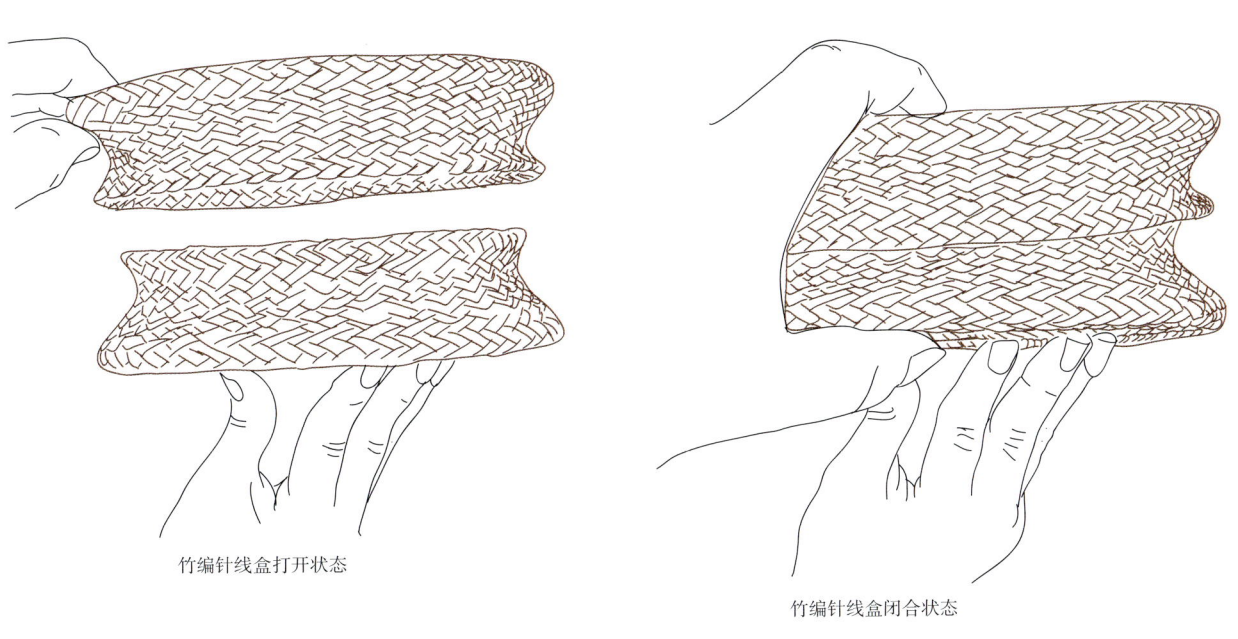

图四 景颇族竹编针线盒使用情景示意图

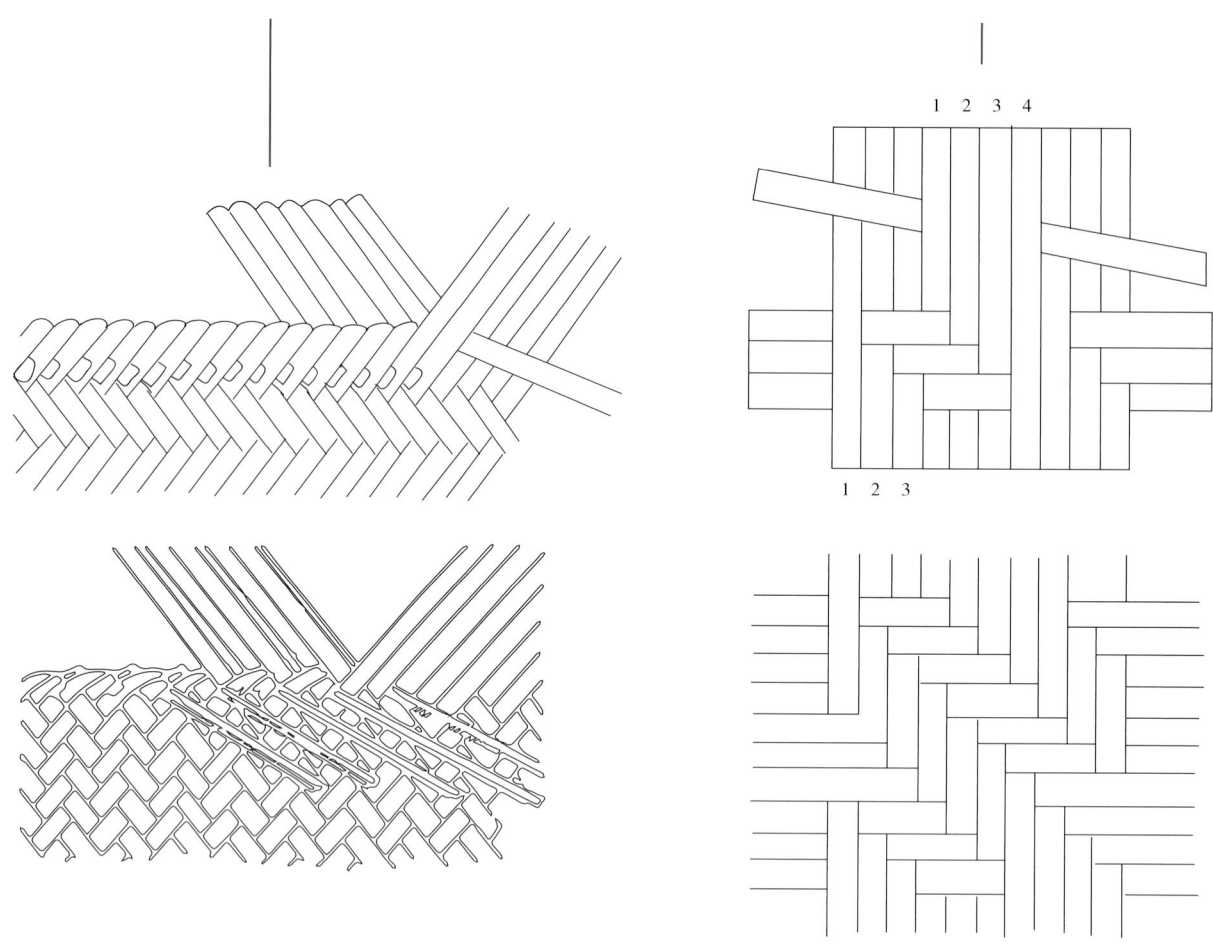

图五 景颇族竹编针线盒编织工艺图

景颇族无膜笛

图一 景颇族无膜笛主图

无膜笛是我国管吹乐器中的一种，又称十一孔笛，流行于我国云南省德宏傣族景颇族自治州和怒江傈僳族自治州以及临沧地区。景颇族的吹奏乐器大部分是竹管做的，无膜笛便是其中之一，其形态结构与其他地区的无膜笛相似，大约出现在19世纪30年代，本案例采自云南省民族博物馆。

相较于景颇族的乐器吐良，无膜笛的管身更长，一般可达到80厘米以上，这样的长度与其吹奏方式有关，横向持笛控音，只要控制调音孔位即可，受手臂的约束相对较小。因此，其长度相对自由，景颇族的无膜笛往往需要两节甚至多节的竹子来制成。这种笛子有两个特色：第一，取消了传统笛子的笛膜，这样的笛子的音色没有普通的竹笛明亮清脆，介于长笛和洞箫之间，比较温厚婉转，尤其适合演奏以忧伤为主题的乐曲，这一点与景颇族的吐良较为相似；第二，增加了孔位，增强了音准的控制力和转调的难度。较中国传统笛子有明显的不同，即在原本6个孔位基础上增加了5个。增加孔位的目的是为了减少控制半音音准的难度，增强转调的流畅性。11个孔位可以吹出完整的八度音中的所有一个半音，通过控制不同的音孔来实现转调的效果。这比传统笛子通过换乐器来转调便捷得多。无膜笛的发音是一种边棱音，即由吹气孔进入竹管内发生相互碰撞由共鸣管发出共鸣音。本案例的无膜笛由笛身、笛孔、笛脑（海底）、吹孔、音孔、基音孔、调音孔组合而成。吹奏低音时口风缓慢，气流速缓，风门大，口劲（嘴唇）放松；吹奏中音时口风较快（中等），风速较快（中等），风门较大（中等），口劲稍微放松；吹奏高音时口风急，气流快速，风门小，口劲（嘴唇）稍微绷紧。无膜笛通常选用陈年干透的竹管，其内口径通常在1厘米以上，先目测其弯直程度，变形的可用火烤后调校，再在距离尾端5~8厘米处开两个距离较近的横排孔（调音孔），再按照一定的计算方法确定尾端第一个音孔的距离，依次计算完成并开孔，开好孔要用小刀等工具把每个孔的内壁打磨修正，一般以椭圆形为佳，之后在笛头往里的位置塞进笛脑，它的位置深浅决定笛子音域的高低。

景颇族的无膜笛，融合了现代西方乐器文明，使本民族的乐器得到新的发展。这种对于环境的适应性改变是造物设计发展变化的重要力量。

图片来源

图一　樊进　摄影
图二、图五　刘艳斌　制图
图三　樊进　制图
图四　樊进　孙伟业　制图

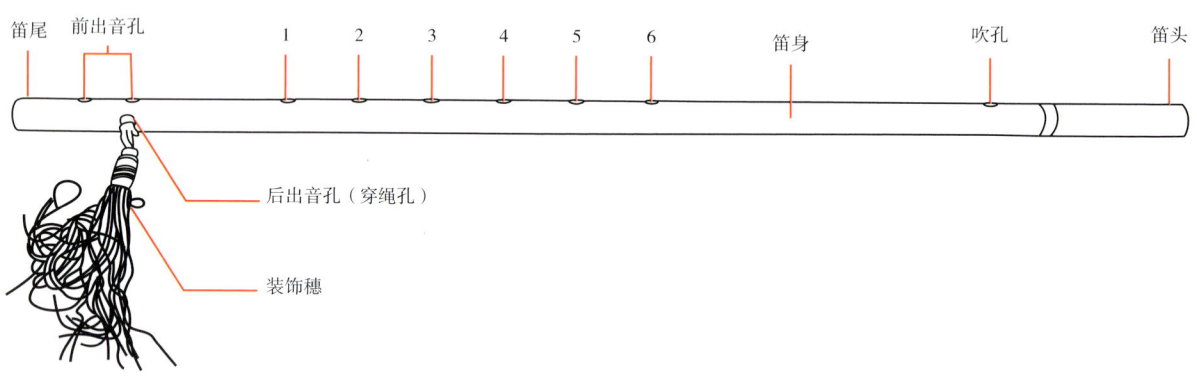

图二　景颇族无膜笛名称示意图

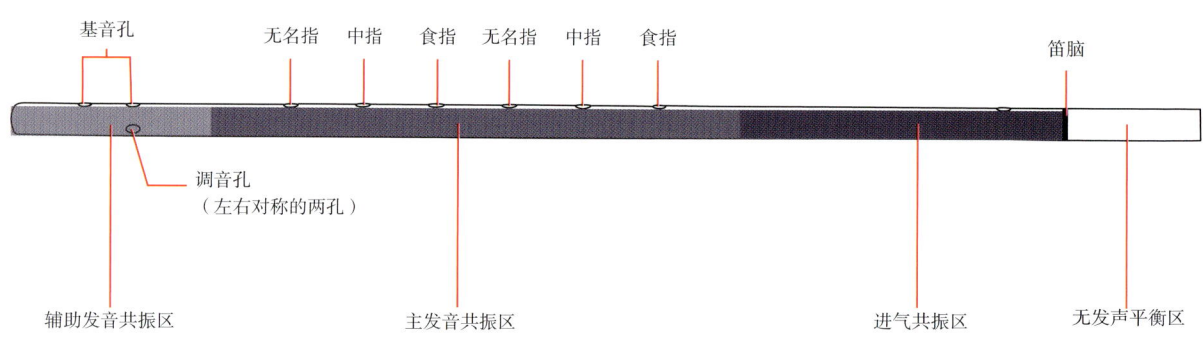

图三　景颇族无膜笛发音结构分区示意图

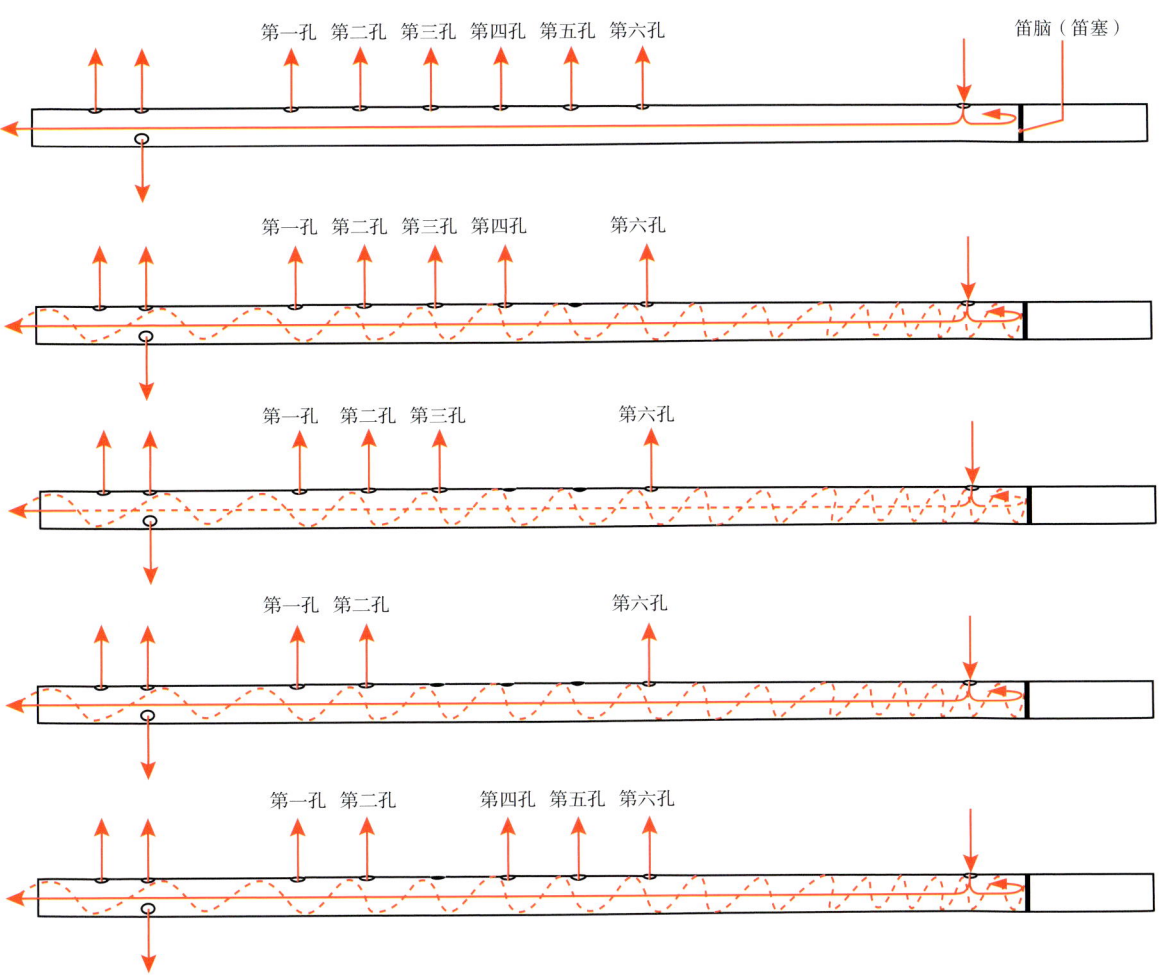

图四 景颇族无膜笛气流共振走向示意图

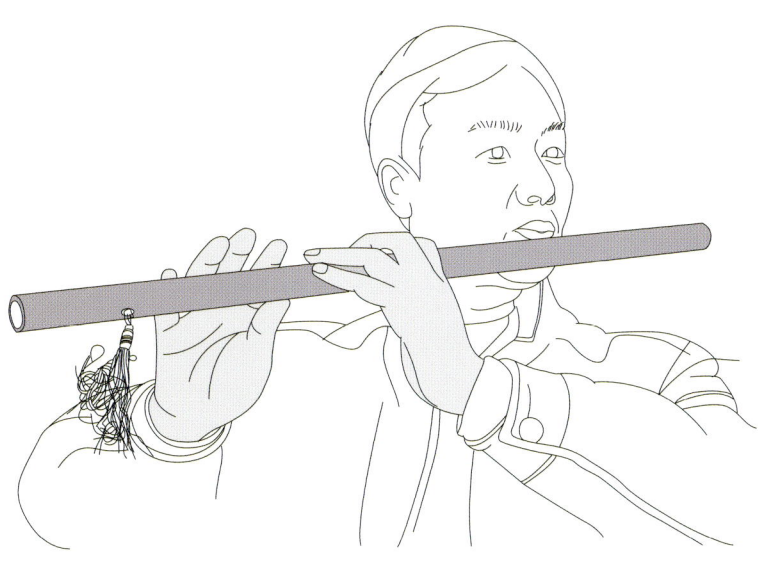

图五 景颇族无膜笛吹奏情景图

第四章 景颇族传统生活用具

景颇族吐良

图一 景颇族吐良主图

吐良是景颇族的一种独特的吹管乐器，是一个音译的名称。本案例的吐良选自云南省德宏州盈江县铜壁关乡，是一位当地热爱吹奏乐器的景颇族青年遵循古法制造而成。其长约60.5厘米，近椭圆吹孔径在1至1.2厘米之间，粗头的直径约1.8厘米，中间的直径约1.7厘米，细头的直径约1.6厘米，其孔径中心距离吐良细端大约在32.2厘米。

本案例的吐良选用当地的金竹。这种金竹的竹节较长，通常在50~90厘米之间。制作时除去两端的竹节，在靠近中间的位置用烧红的钢铁尖锥进行来回旋转，并多次反复钻取，直至出现一个满意的吹孔。吹孔的位置要根据具体金竹管的大小头的情况而定，开孔位置靠近较粗的竹管一端，以通过进气量来控制音质的变化。吹孔形状近椭圆形，大直径的圆和嘴唇平行，可增加进气量，总之开孔的大小、位置的选定都会决定音质的变化。吐良总共有一个进气孔和两个出气孔，通过气息的大小调节音量的大小，通过左右手拇指和掌心的开合、半开半合等等来控制。由于吐良仅有一个吹孔，所以演奏的方式较为奇特：左右反握竹管，横置吐良于嘴唇上，通过口唇气息的变化和管孔打开与闭合就可以吹奏出丰富的曲调，演奏高手可以吹出14个音。这种吹奏方式看上去简单，实际上却有很大的挑战性。其音色明亮而又柔和独特，可以抒发哀思，追诉前人，特别适合在山野之间进行演奏，令人神往。吐良的形状也可以由两根长度相同、一粗一细的竹管套接而成。吐良的制造工艺较为简单，但要求很高，做好了音准效果好，音域能达到两个八度。

19世纪60年代以后，随着音乐工作者的努力，吐良已经逐渐从山野的乐器进入中国民族音乐的大雅之堂，常出国演奏。它独特的演奏技巧，高亢嘹亮的音色和风格迥异的乐曲，受到国内外观众的喜爱和赞赏。景颇族传统的吹奏乐曲有《放牛调》《丰收调》《山歌调》《山鸟鸣》《尧独尧迪》等，创作乐曲有《景颇山的早晨》等。在推崇民族文化的当代，作为具有悠久历史的民间乐器，应该到了一个快速发展的新时代，使优秀的民族音乐文化在新的领域产生新的影响力。

图片来源

图一、图四至图五　樊进　摄影

图二　德格金　制图

图三　德格金　陈圣鋆　制图

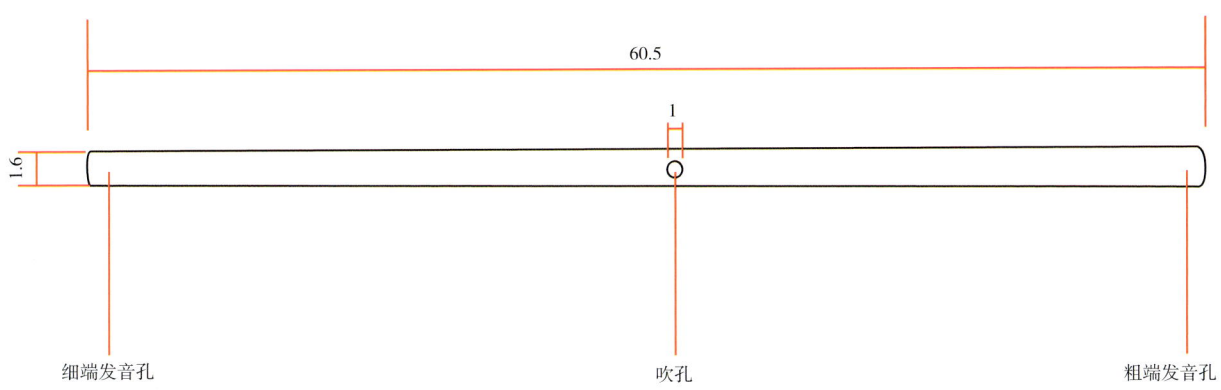

图二　景颇族吐良名称示意图（单位：cm）

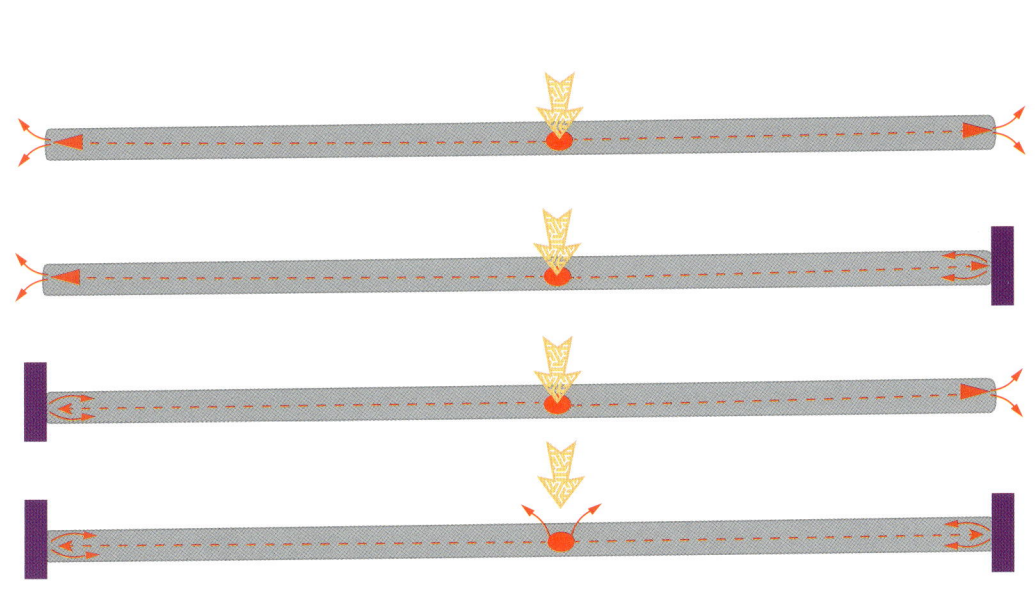

图三　景颇族吐良气流走向示意图

图四　景颇族两节对接的吐良

图五　景颇族吐良吹奏情景图

景颇族象脚鼓

图一　景颇族象脚鼓主图

象脚鼓是景颇族的一种重要乐器，因鼓身类似象脚而得名。本案例选自云南省德宏州盈江县玉麦寨，其高约111厘米，直径约26厘米。

景颇族的象脚鼓是景颇民俗舞蹈中常用的伴奏乐器，就外形轮廓而言，类似今天常用的高脚杯。一般象脚鼓高约110厘米，圆形的鼓面直径约为26厘米。也有少数象脚鼓的高度比一个成年男子的个头还高。象脚鼓可以用一整段木材（或几块木料拼接）制作，通体中空，上端类似杯形，鼓面用牛皮制作，鼓皮四周也用细牛皮条（现也有用绳索）勒紧，拴系于鼓腔下部，并可通过调节其张紧度改变音量及音色。鼓身外表涂漆，鼓腰和鼓的下半部雕刻有装饰图案，有的还在鼓身上系有花绸带和彩球。鼓身系有背带，演奏象脚鼓时，需要将其背带挂于肩上，鼓身略斜向身前，若象脚鼓较大，也可将鼓直立于地，双手轮流拍击鼓面，演奏到高潮或情绪热烈时，手肘和脚也可参加击奏。一般来说，演奏象脚鼓时需要配合舞蹈表演，少数民族人民能歌善舞，他们充满激情的表演，往往能使气氛达到最高潮。象脚鼓因大小不同而发音各异，大鼓音色雄壮、浑厚，中鼓激越、昂扬，小鼓清脆、明亮。景颇族人在敲象脚鼓前通常会在鼓面中心处粘上一圈米饭，再用地面的尘土拍打其上，不粘手后便可以使用。用米饭的多少来改变音质，体现了因陋就简的设计原则，充满了生活气息，增添了象脚鼓的演奏效果。

景颇族的象脚鼓造型雄健，较普通乐器要大得多，在舞蹈时上下翻飞，伴着醒目的色彩，敲着令人向往的鼓点，给人带来远古辽阔深邃之感，本案例也是景颇族象形造物设计的一个成功案例，值得进一步研究。

图片来源
图一、图六　樊进　摄影
图二至图五　张孙晨　制图
图七　蔡雯.景颇秘语.昆明：云南人民出版社，2012.

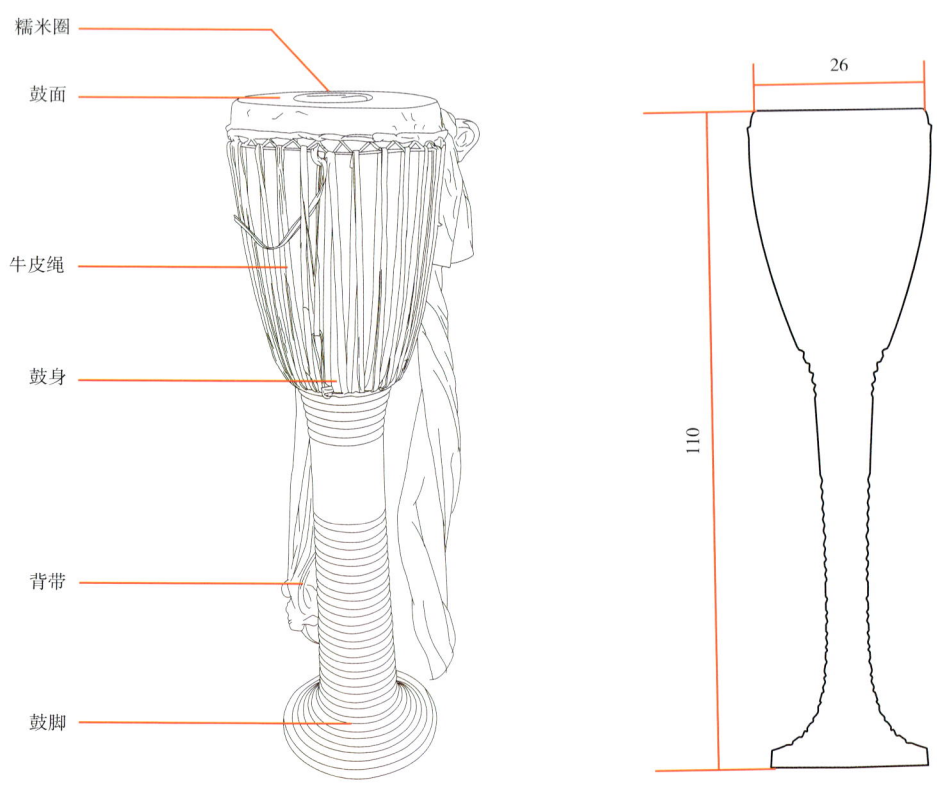

图二　景颇族象脚鼓名称尺寸图（单位：cm）

图三 景颇族象脚鼓剖面结构图

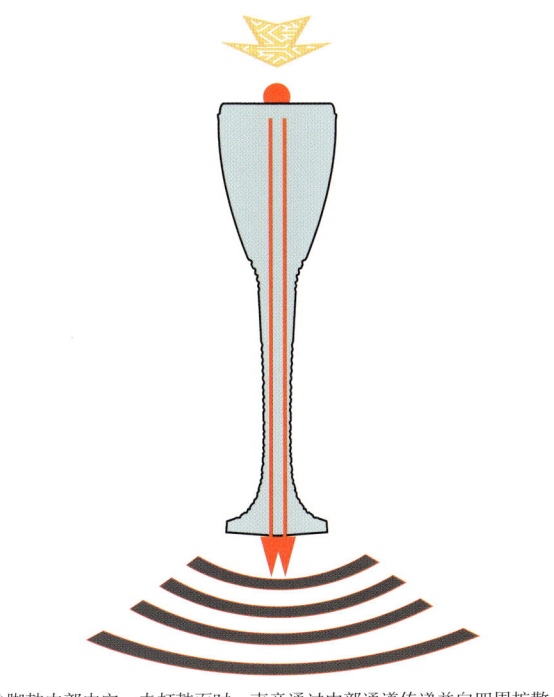

象脚鼓内部中空，击打鼓面时，声音通过中部通道传递并向四周扩散

图四 景颇族象脚鼓发声示意图

图五 景颇族象脚鼓鼓身色彩分析图

象脚鼓的鼓面中心粘上一圈米饭，可以让鼓声更加雄厚，鼓手拍打鼓面时，需要在手上抹上灰，防止粘手

图六 景颇族象脚鼓鼓面图

图七 景颇族象脚鼓使用情景图

景颇族洞巴

图一 景颇族洞巴主图

洞巴是景颇族特有的民族乐器，是一种造型像小唢呐的双簧气鸣乐器。"洞巴"是景颇语的音译，有带牛角的管笛之意，是云南省德宏州景颇族人常用的乐器，也是当地民族乐器爱好者的拿手乐器之一。本案例选自云南省德宏傣族景颇族自治州盈江县铜壁关乡，是一位当地热爱吹奏乐器的景颇族青年遵循古法制造而成的，其总长约46.5厘米，牛角喇叭最长直径约5.7厘米，木芯管和簧哨总长约8厘米。

本案例的洞巴造型整体呈近管状锥体，上细下粗，整只洞巴由簧哨、芯子、管身和喇叭口组成。簧哨是洞巴发声的起始部分，通常用麦秆或稻草秆制成，本案例是用稻草秆制作而成的。它只有在使用时才会安装上去，平时通常保存到用专门药草炮制的液体里存放。吹口部分相对扁平，是发音的芯门，它用白色棉线捆束在一根空心鸡毛管上，利用鸡毛管的耐久性和刚柔兼备的特性，使其插塞进木芯管中。木芯管是连接簧哨和洞巴控音木管的桥梁部件，使二者能够灵活对接。其形状通常呈两头细中间粗的形态，一方面有利于增加连接时的紧密性，另一方面也增加使用时的整体性。木管是整个洞巴的控音通道，所有音孔都开上面，本案例设有6个控音孔，整体呈上细下粗的圆管形，在控音孔的一面削出平面，上着黑色，手工刀削的痕迹较重，其下端的粗头穿塞进黑色牛角喇叭的小头内。牛角喇叭是共鸣空间，能起到扩音的效果，其长短粗细厚薄都对洞巴有着一定的影响。当向簧哨吹气时，簧哨片产生振动，发出声音并通过鸡毛管、木芯管、木质控音管和牛角管，在整体空间逐渐变大的情境下使音量得到扩大。其原理和唢呐等喇叭是一致的。讲究的洞巴上还会刻上自己喜欢的图案或纹饰，本案例在木芯管上刻有类似"X"形的特殊符号，除簧哨、木芯管之外整体为黑色。木管表面涂有黑漆，上下相连的部分用黑色胶带缠裹。整体制作风格粗犷，但音色优美。在吹奏之前，会先选择合适的簧哨。吹奏洞巴的手法与唢呐几乎相同，双手持管，竖置管身，左手在上，拇指按背孔，食指、中指、无名指按正面上三孔，右手在下，食指、中指按正面下两孔，口吹簧哨，通过不同的按孔来发出不同的声音。洞巴音色圆润柔和，音量较大，比较适合户外演奏和独奏，在谷物成熟的季节，景颇族青年常在田间即兴吹奏，在娱乐的同时可以驱赶鸟雀来吃粮。在新婚之夜、吃新米和过年等节日里时都会吹奏，在景颇族的大型活动之中，比如景颇族的重要节日目瑙节那天，就会有专门的洞巴乐手登台表演。洞巴一般从秋收前吹到春耕前。在景颇族人的丧礼之中，洞巴会吹奏出低沉悲伤的曲调，来表达内心的哀悼。

景颇族洞巴是景颇族人在生活中调适和愉悦心情的一种乐器，后来逐渐和生活习俗相结合，演化出来一系列的风俗习惯，并以此来凝聚和沟通群体的情感。

图片来源
图一、图五　樊进　摄影
图二至图四　张孙晨　樊进　制图

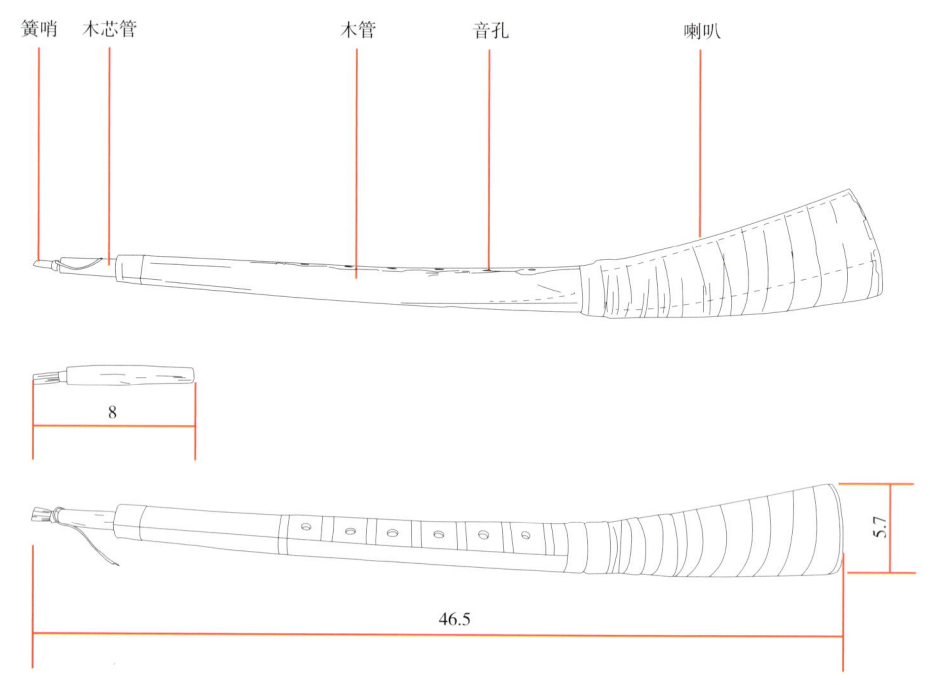

图二　景颇族洞巴名称尺寸图（单位：cm）

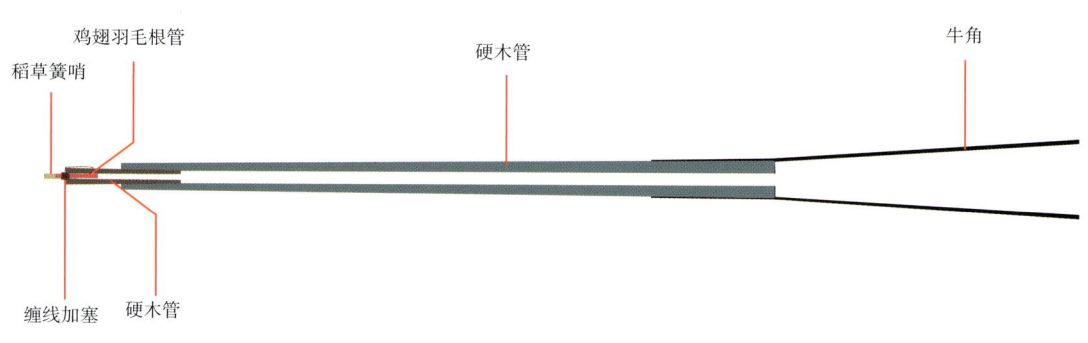

图三　景颇族洞巴结构示意图

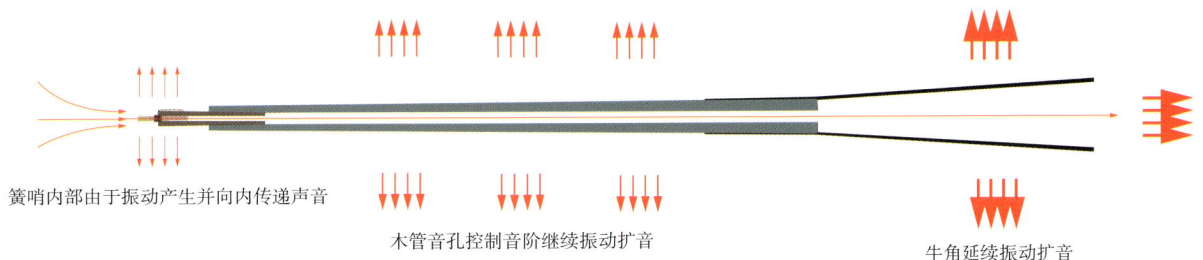

图四 景颇族洞巴发音方式示意图

图五 景颇族洞巴使用情景图

第四章 景颇族传统生活用具

景颇族竹筒跷跷板

图一 景颇族竹制跷跷板主图

景颇族人的生活有自己的特色，其独特的竹文化和木工艺都体现了因地制宜的设计智慧。在儿童游戏方面，景颇族同样给人耳目一新的感觉，本案例竹制跷跷板便是这一类设计。它是为手臂有一定力量的儿童提供的游戏器材，属于活动性比较强的玩具，对于正在快速生长的儿童而言有着较大促进作用，尤其对手、腿的力量训练和身体协调平衡方面有着莫大的裨益。本案例选自云南省德宏州盈江县卡场镇，其总体长度约244厘米，撑杆高度约70厘米。

景颇族竹制跷跷板是一个带有浓厚原生态设计思想的设计。在材料方面直接选用干燥的陈年毛竹作为跷跷板的承载压杆，其壁厚质坚重量轻，选用便捷的硬质木杆作为跷跷板的支撑杆，"立木顶千斤"是中国农村的普遍智慧。这两种材料都是就地取材，使用成本低廉。当其开始损坏时便可作为柴火运用，再次更新压杆和撑杆即可。景颇族人再次将竹木的结构进行了科学的发挥。第一，将普通跷跷板横向设轴上下高低起伏的原理进行了扩充，增加了横向的旋转功能，从某种角度上来说，这是目前对横轴卧式结构跷跷板的重大突破；第二，利用毛竹壁厚产生的承载力、抗压力和闭合结构形成的综合强度将毛竹筒的上部作为被支撑点，利用竹筒的双层结构，将被支撑点相对的另一层管体壁凿通呈圆形的孔，它是限位孔，其孔位大小和撑杆的密合程度决定了竹筒跷跷板的摇晃程度和上下左右的灵活程度。第三，同样利用竹筒的壁厚和空间，在左右两端的第二个整竹节边缘前后对开一近椭圆的孔，此孔可以让小朋友用手牢牢抓住。在上下弹跳和围绕支撑杆作圆心运动时，可以用来抵消旋转形成的离心力与上下起伏的失重和增重状态下的力量，避免被甩出造成意外伤害。第四,根据儿童年龄和身体力量的大小不同设计出粗细不同的竹筒跷跷板,其撑杆的高度也有相应的变化。年龄、身材较小儿童可以在直径较细、撑杆较低的竹筒跷跷板上玩乐。反之亦然。竹筒跷跷板使用起来较为方便,儿童只需骑在竹筒上双手抓孔,利用身体的重量和腿脚部的弹跳力和承载力来进行上下或旋转,或边上边下旋转等等。在掌握好身体的平衡和确保安全的基础上,其游戏性和体育性是很强的。

一项好的游戏活动能够促使人的身心得到健康的发展,让人们在游戏中获得快乐,在快乐之中锻炼身体,是一项十分值得推广的游戏和体育运动。这种原生态的环保运动器材蕴含着十足的民族智慧和浓烈的生活追求,是景颇族将游戏和运动相结合的优秀设计。

图片来源

图一、图五至图六　樊进　摄影
图二　卢慧敏　制图
图三　樊进　卢慧敏　制图
图四　卢慧敏　陈圣銎　制图

参考文献

祁德川编著.中国景颇族,银川:宁夏人民出版社,2012.

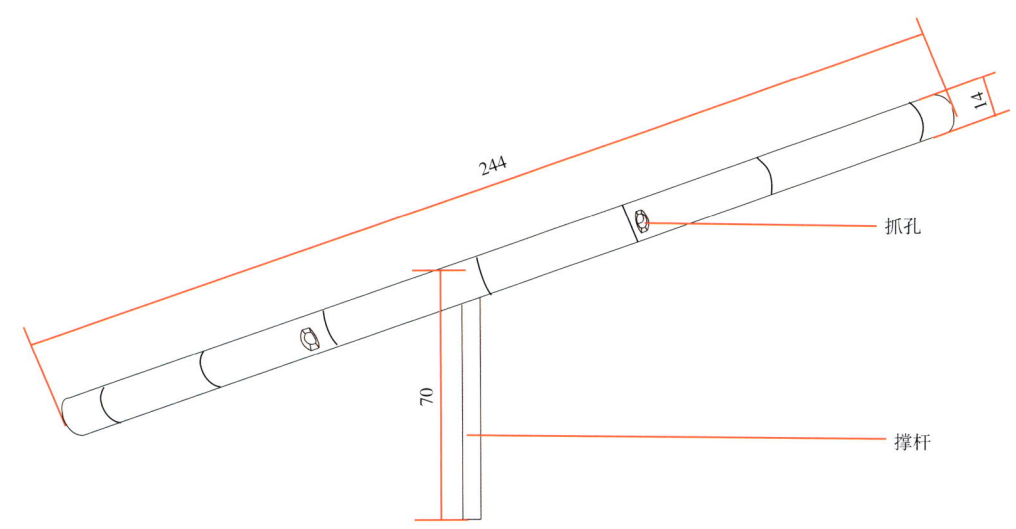

图二　景颇族竹筒跷跷板名称尺寸图(单位:cm)

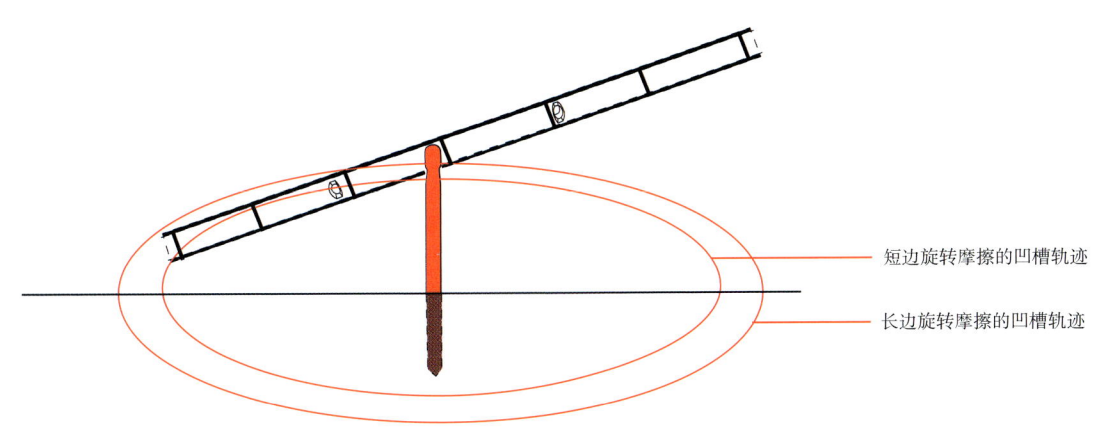

图三　景颇族竹筒跷跷板结构示意图

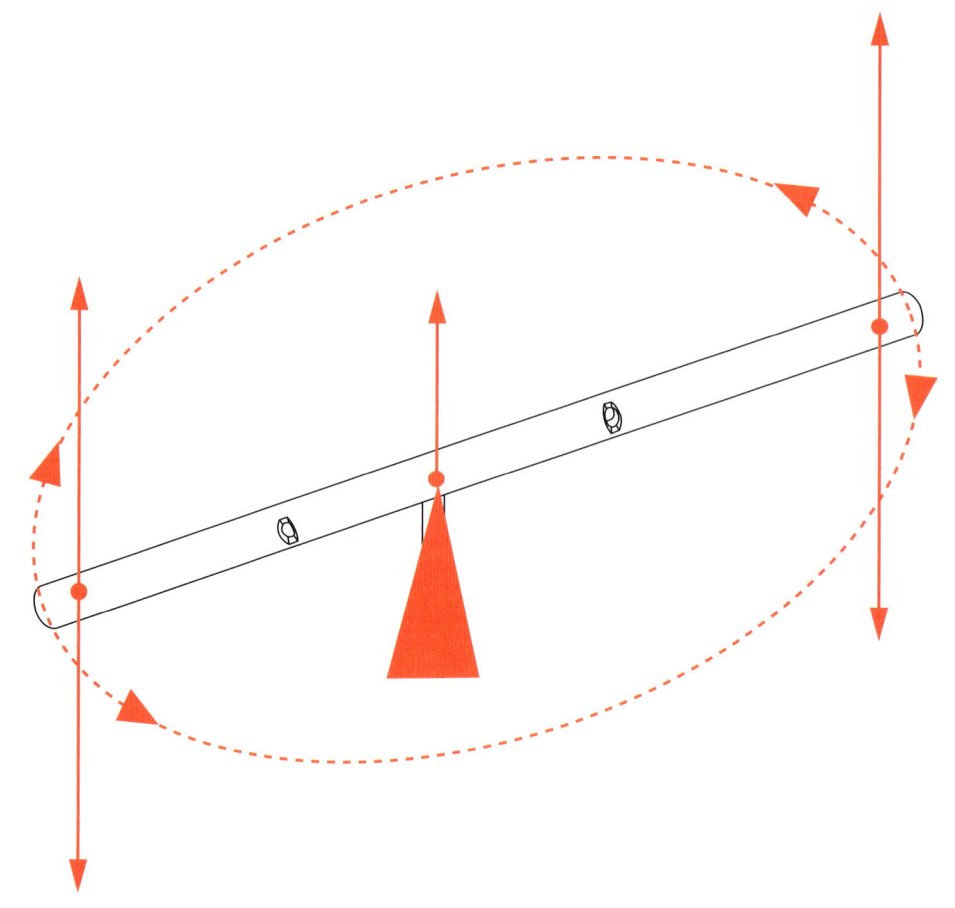

图四 景颇族竹筒跷跷板受力分析示意图

图五 景颇族竹筒跷跷板两种长度比较图

图六　景颇族竹筒跷跷板使用环境和支杆情景图

景颇族竹制采血管

图一 景颇族竹制采血管主图

　　景颇族人常年生活在高山林地，经常上山下地从事田野劳作，难免遇到各种疾病和伤害，他们在生产生活中发现了不少有价值的保护生命和治疗疾病的方法，本案例便是其中的一个代表。景颇族竹制采血管选自云南省德宏州盈江县卡场镇草坝村，作为一套活血化瘀的关键工具，功能类似中原地区的气压罐，单管长在9~11厘米，直径在1.2~1.8厘米。

　　这套活血化瘀的竹管用了当地较坚固的细竹管，其没有固定的尺寸，会根据具体的需要进行材料的选择，也会制备几种常用的规格。但有一个最基本的原则不会逾越，就是竹管的密封性能一定要好，通常选用陈年的竹管作为制作的原料，这样在进行后面的操作中不会出现开裂变形等问题。通常选取10厘米左右带竹节的竹管，一端保留竹节，一端用锯锯平，并从竹青往竹肉内用刀削出较薄的边缘，再将锋利的边缘进行适度的修整，去其锋芒，避免划伤皮肤。当身体某些部位出现瘀血，尤其关节扭伤导致肿胀充血时，在医生的指导下可以适时地采取竹针放血、竹管吸血的方法。在使用时，先将竹制采血管的表面灰尘等清理干净，之后将其放入沸水中进行消毒和增温；在将竹制采血管从沸水中取出前，先要用细竹针将充血的部位扎出一深度合适的小眼，再从沸水中取出采血管并稍作冷却（太热会造成烫伤），再将较热的竹制采血管紧扣在扎好眼的位置，当竹制采血管的温度开始从高到低变化时，管内的压力便会由常压变成负压，这个负压便可以将积聚在瘀伤内部的多余充血吸附出来。其利用负压吸血的程度视具体情况而定，当需要多次或同时多点吸血时，便可以多次或多点地进行放管治疗。竹管的负压力通常和其体积呈正比。相同孔径的竹管越长，其产生的负压值越大，越短则负压值越小。这种利用密闭空间空气热胀冷缩的原理来产生压力进行治疗瘀血的手法让人感动。本案例的这些采血竹管在平时储存时，将一条宽约2厘米、长约57厘米的竹条一端剖成4条竹丝，再将竹管倒过来穿插在每一根竹丝上，之后将这根竹条朝下插在房间的竹篾墙内。

利用空气负压来除淤血的竹制采血管的出现，让人惊叹景颇族人的生活智慧是根植于竹文化的。与中原地区的压力罐、火罐有着相似的功能，本案例整个制作和使用过程简单、直接，体现了景颇族人的聪明和智慧。

图片来源
图一、图五　樊进　摄影
图二至图四　程艺　制图

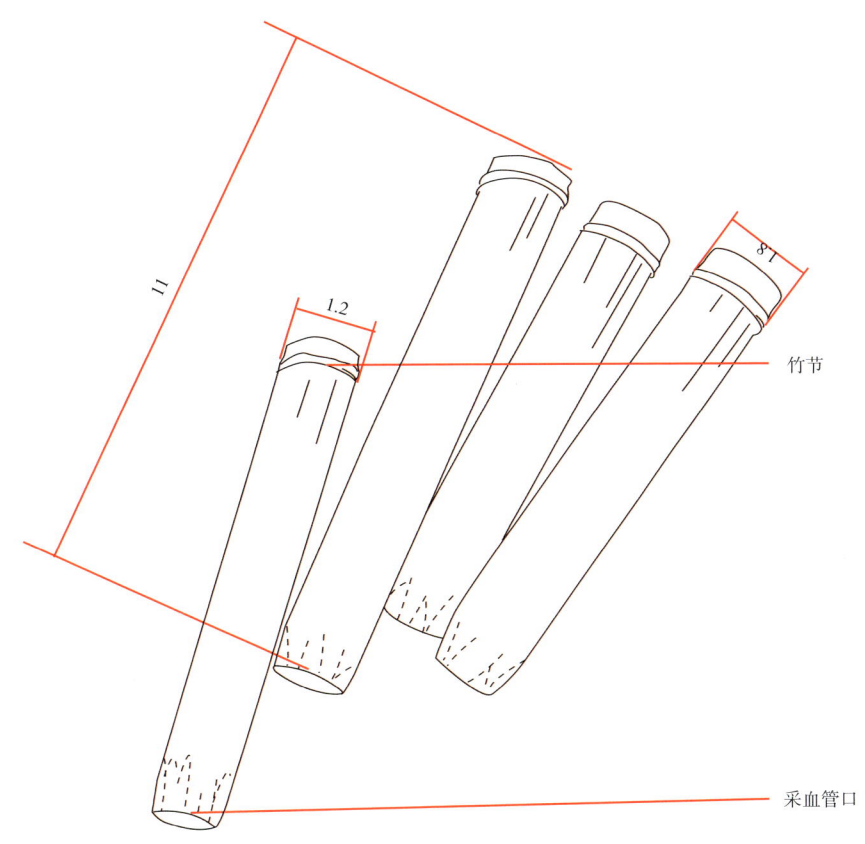

图二　景颇族竹制采血管尺寸图（单位：cm）

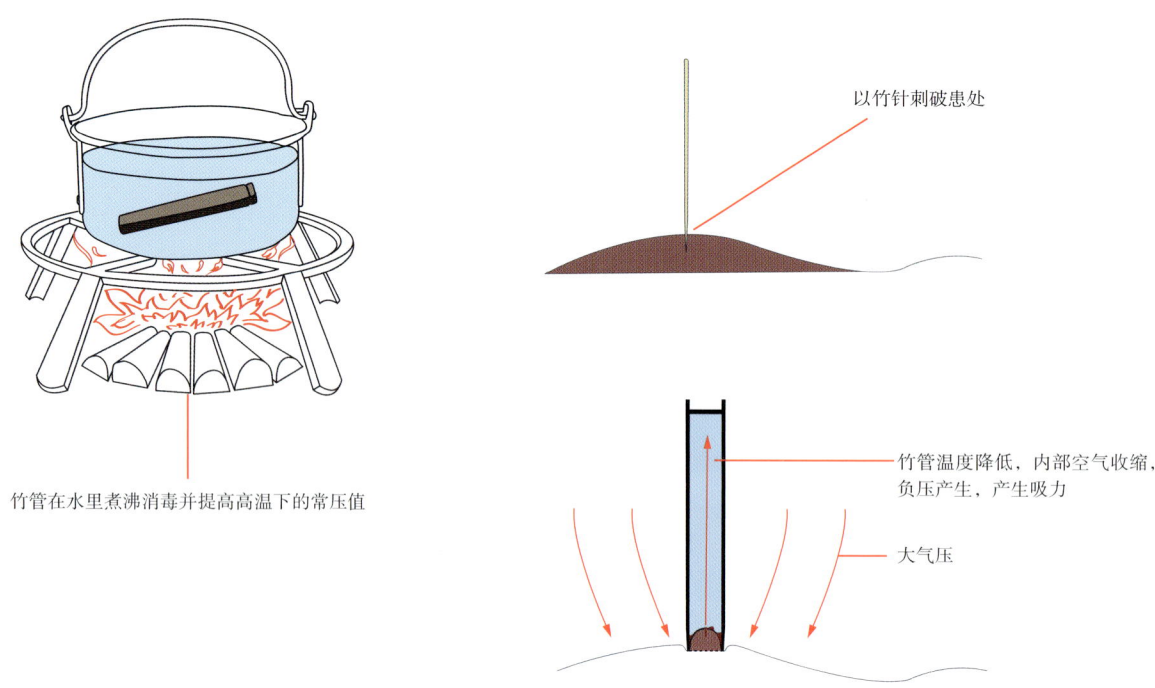

图三 景颇族竹制采血管结构示意图

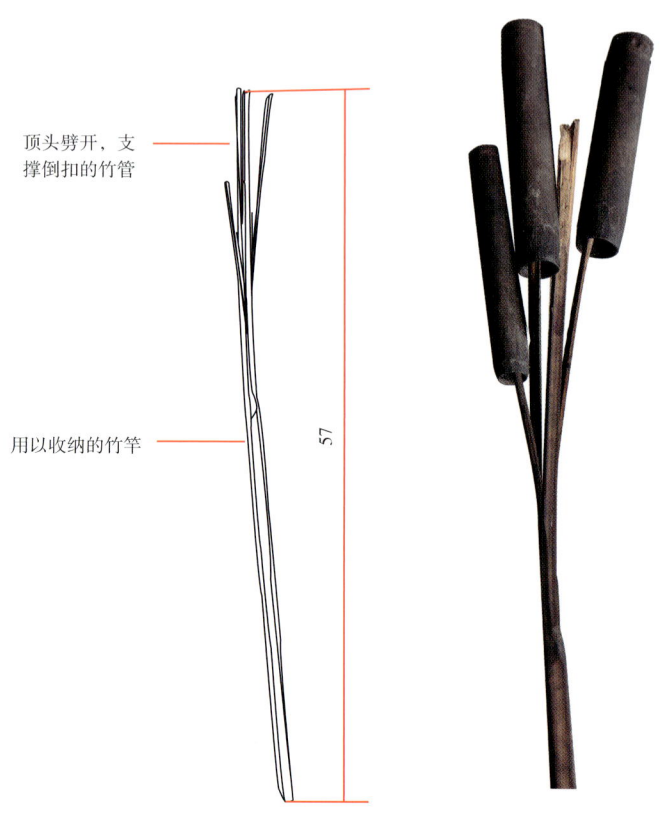

图四 景颇族竹制采血管储存示意图（单位：cm）

图五　景颇族竹制采血管储存情景图

第五章 景颇族传统生产工具

景颇族竹筒取火

图一　景颇族竹筒取火主图

云南省德宏州景颇族的竹筒取火，是一种较为原始的取火方式，它与钻木取火有一定的相似之处，都是利用摩擦生热的原理来取火，充满了原始的神秘感。

景颇族的竹筒取火有一套完整的仪式，在取火之前需要请董撒驱火灾鬼，只有将恶火先赶走，才可以举行迎善火的仪式。竹筒取火所需要的材料为竹筒、棕绒和竹绒屑（刀在竹竿表面刮出的竹屑）。首先将竹筒从上到下均匀地一分为二，取一半竹筒，在其中间放入干燥的棕绒和竹绒屑，使之混合在一起。再将另一半竹筒盖在上面，使其如完整的一根竹筒。然后在放入棕绒和竹绒屑的部位开一 V 形口，此口不能开穿，开至将穿而又未穿之时最佳。然后将一个长约 80 厘米、宽约 7 厘米竹刀，一端顶在小腹部，一端顶在门槛或坚硬的地面上，竹片刃口向上。取火人双手抓紧放有棕绒和竹绒屑的竹筒两端，将开过的小口对准竹片刃口，用力快速地来回摩擦，在摩擦的过程中，不可半途而废，否则会前功尽弃。约三五分钟后，在开有小口的地方就会散发出火的味道，进而引燃里面的棕绒、竹绒等，再用易燃的草木等完成取火。

景颇族的竹筒取火利用来回摩擦产生热量达到燃点，与钻木取火有着方式的区别，这一取火方式的设计体现了景颇族对竹制品的独特理解，渗透着劳动的智慧。独辟蹊径的取火方式给我们带来了重要启示，达成目的途径是多元的，从最熟悉的材料入手或许能够解开一些看似不可能的问题。竹筒取火现在已由生产的需求转而变成一种纪念仪式，是我们共同的民族财富。

图片来源
图一、图四　王苗露　制图
图二至图三　张孙晨、樊进　制图
图五　张孙晨　制图

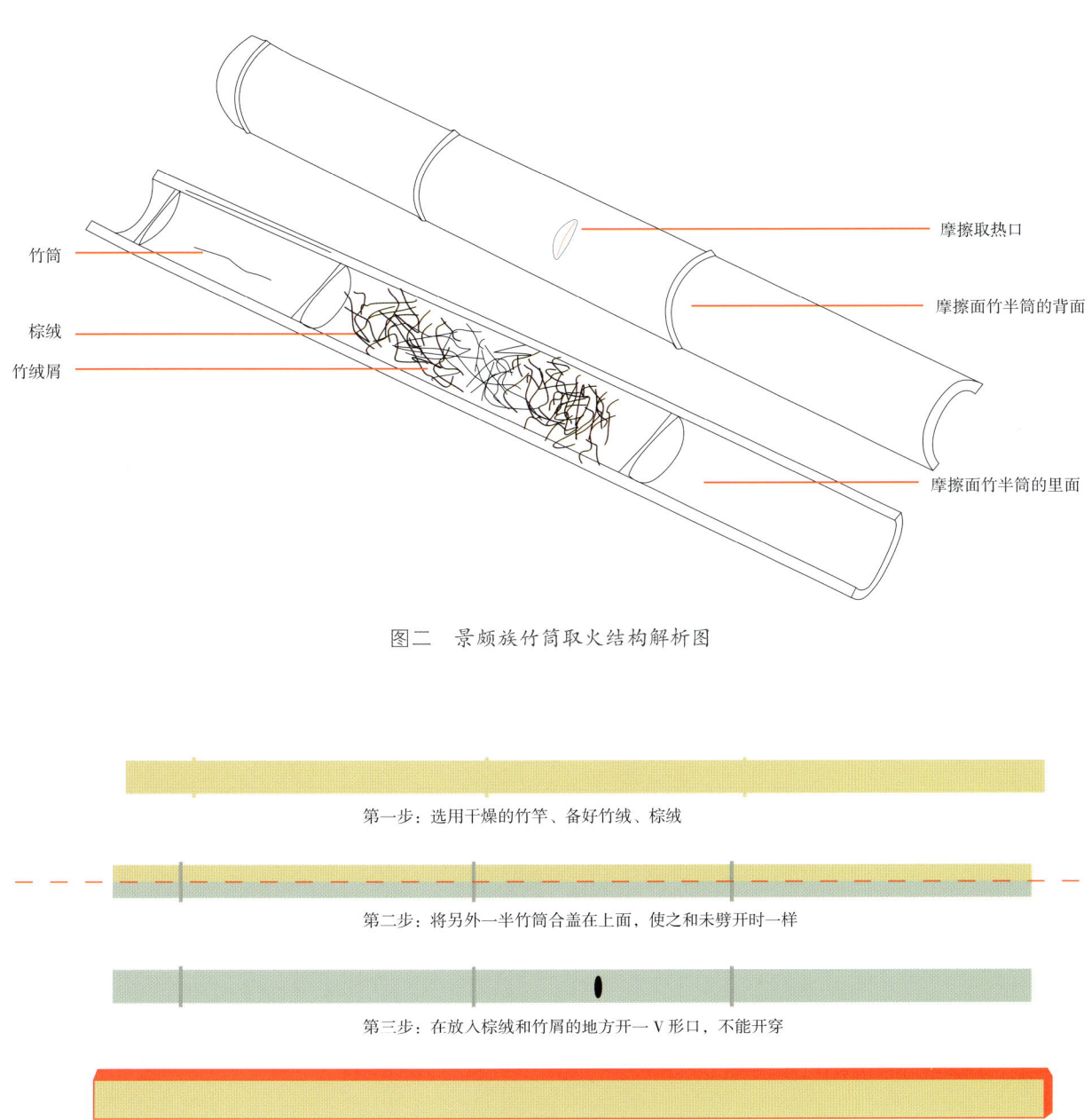

图二　景颇族竹筒取火结构解析图

第一步：选用干燥的竹竿、备好竹绒、棕绒
第二步：将另外一半竹筒合盖在上面，使之和未劈开时一样
第三步：在放入棕绒和竹屑的地方开一V形口，不能开穿
第四步：制作与摩擦口吻合的竹片，便于紧密摩擦

图三　景颇族竹筒取火步骤图

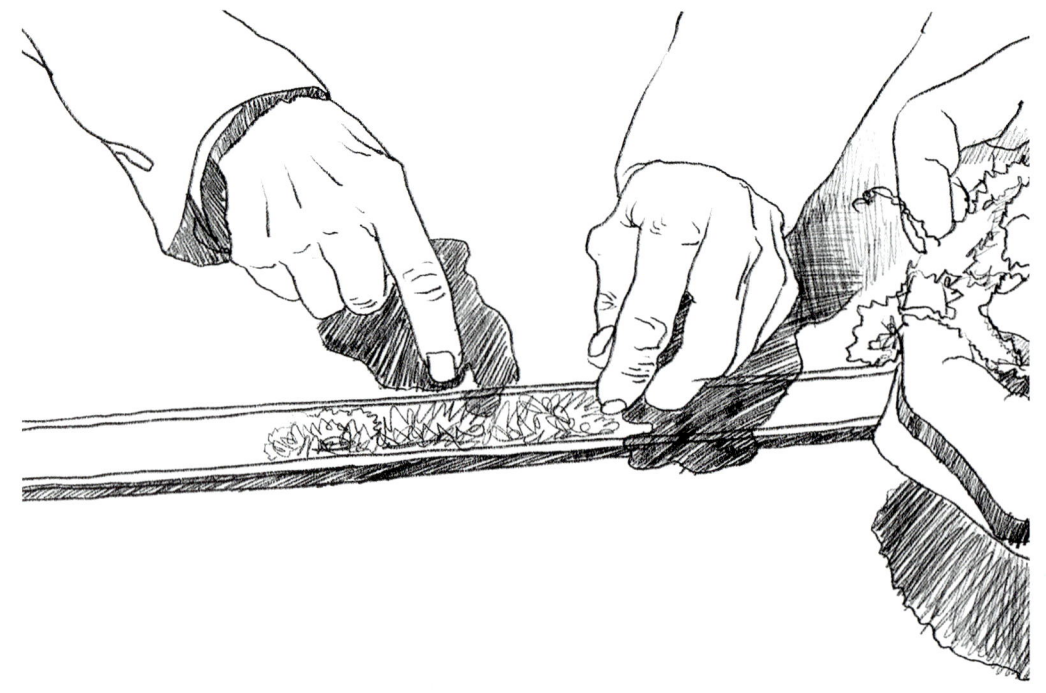

图四　景颇族竹筒取火摆放棕绒、竹绒图

图五　景颇族竹筒取火操作情景示意图

景颇族木舂臼

图一　景颇族木舂臼主图

木舂臼是景颇族人生活中常见的碾米工具，通常采用木杵在木臼里舂捣来将稻米脱皮。木舂臼的产生与景颇族人居住的自然环境息息相关。景颇族人将一段完整的木材，不钉不铆，单凭雕琢、刳制做成的日常生产生活用具品种繁多，其中最常见的生产用具是木舂臼。本案选自云南省德宏州盈江县卡场镇草坎村。该木舂臼长约37厘米，宽约20厘米，高约16厘米，舂杆长约56厘米。

景颇族的木舂臼用原木刳制，外形为长方形，上大下小，臼口有宽大的外檐，臼身为梯形，臼肚的内底尖圆。制作木舂臼时，通常选择直径较为粗大的树干，如结实且容易雕琢的楠木。木料砍伐下来之后要先在水田之中浸泡数月，将木头完全浸透以达到防虫蛀的目的。在铁器传入景颇族之前，木舂臼的制作主要是先用火炭烧出臼肚，再慢慢剡、挖、刮制而成，有了铁器之后，木舂臼的制作就相对容易多了，制作时通常先挖成大致的形状之后再用慢火烘干，最后打磨光滑。使用木舂臼时，可搭配一根粗长的木棍作为舂米杵，舂米时先在臼里倒上二三斤稻谷，然后双手握住木杵上部，向上举起，再使劲舂向木臼底部，通过舂杵和粗糙的木臼壁的摩擦来剥开稻谷，等稻壳基本剥开，再倒在簸箕里簸去糠秕，用筛子筛出没有舂好的稻谷。

本案例用整块木料制作而成，可见景颇族人对设计的木材的性能有着熟练的掌控能力。

图片来源
图一　樊进　摄影
图二至图五　汤懿　吴芳丽　制图

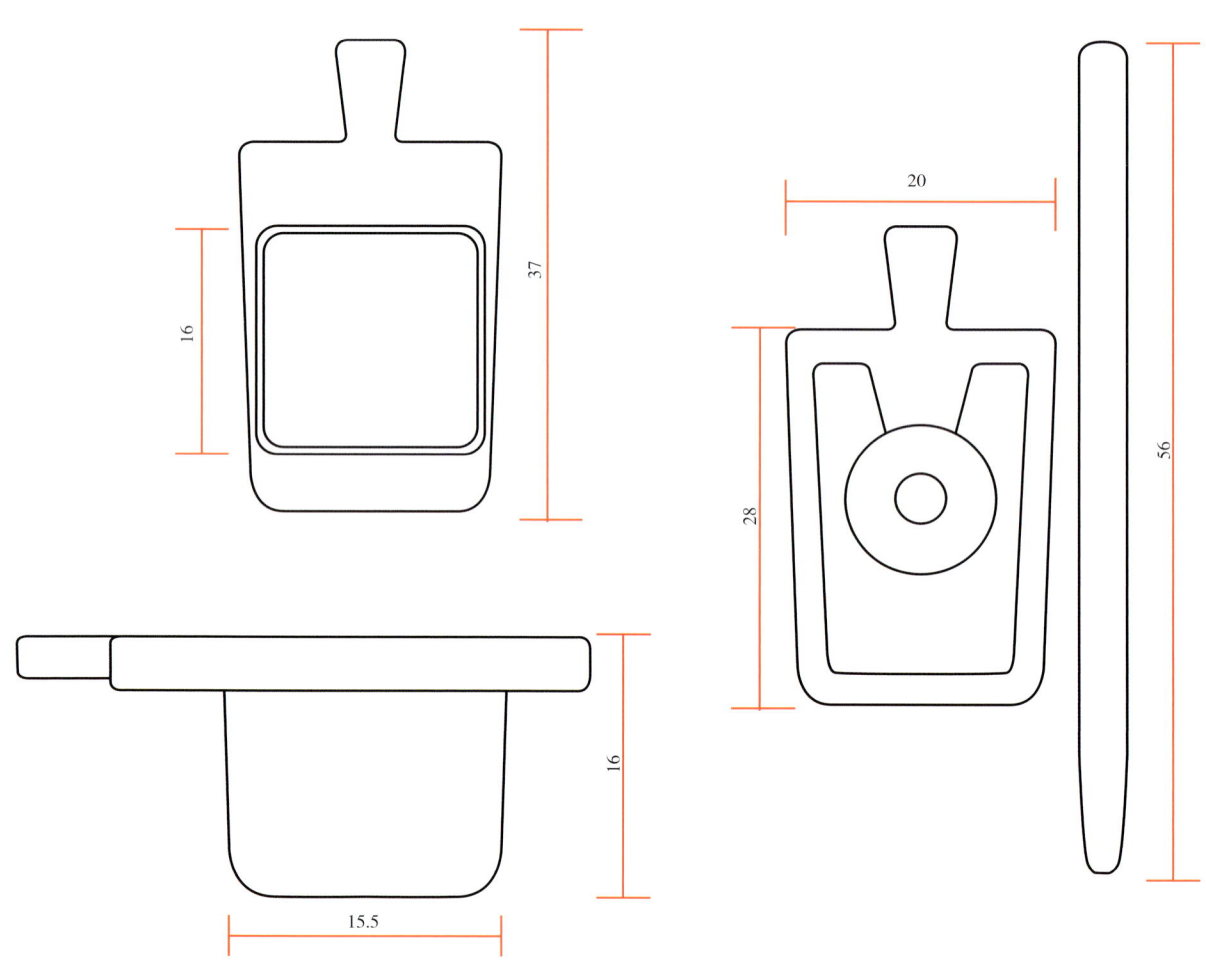

图二　景颇族木舂臼尺寸示意图（单位：cm）

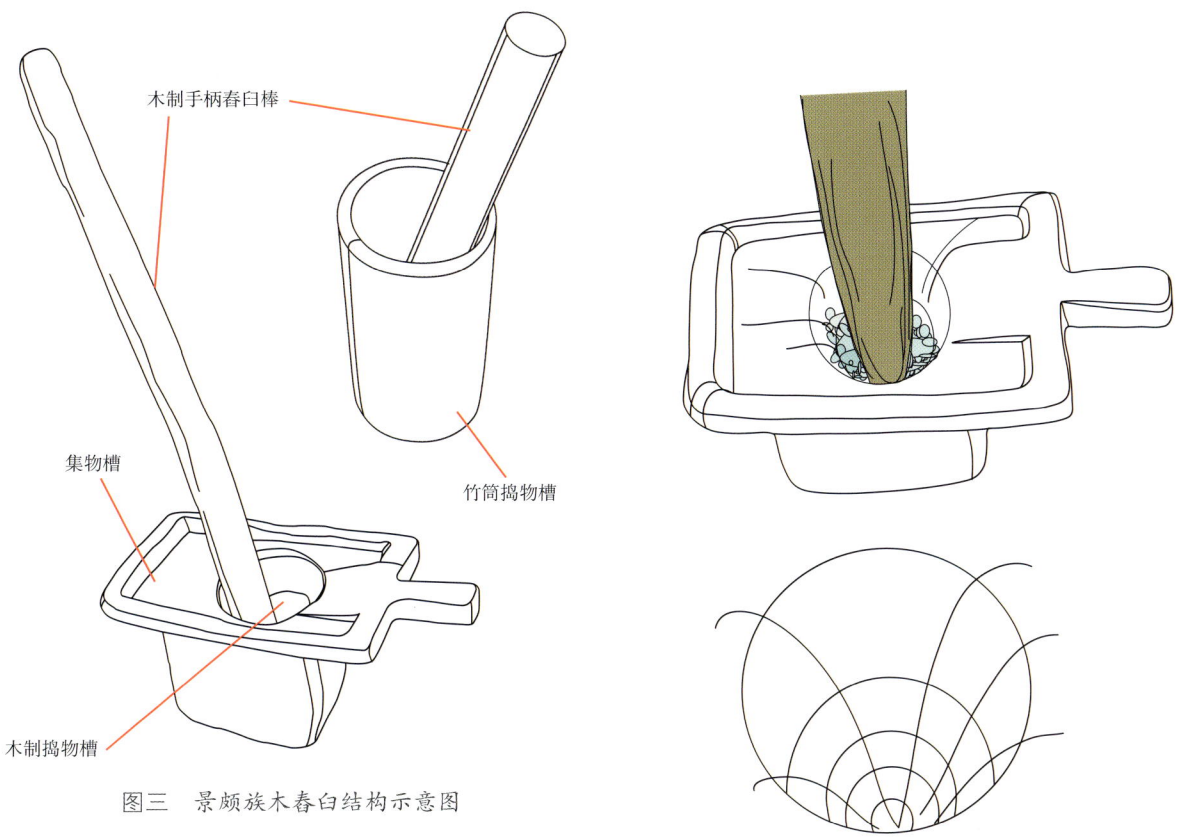

图三　景颇族木舂臼结构示意图

图四　景颇族木舂臼结构分析示意图

图五　景颇族木舂臼操作情景示意图

景颇族耳柄石舂臼

图一 景颇族耳柄石舂臼主图

景颇人喜欢吃舂菜，做舂菜的舂臼也多种多样，除了木制、竹制舂臼以外，还有一些石制的舂臼，其硬度、强度相对更高。本案例选自云南省德宏州盈江县卡场镇。

与传统的大型舂臼不一样（需两个人或两人以上轮流舂，石臼也需要埋入地中），本案例的耳柄石舂臼显得相对小巧，整个舂臼主体呈圆柱体，舂臼边有耳柄，石臼的耳柄较大，与臼身的高度相仿。石舂臼高度约为 16 厘米，外圆直径约为 15.5 厘米，内圆直径约为 8 厘米，耳柄宽约 4.5 厘米。由于景颇族的舂臼比较小，在使用时先将需要舂的菜放入石臼里，菜不能放太多，约至容量的一半就好，以免舂菜时菜叶飞出或是舂得不均匀。在舂的过程中，可以慢慢加菜进去，并不断搅拌，使其受力均匀。舂菜时需左手握住耳柄，将石臼稳定在一个平面上，右手握住石棒，用力将石棒砸向石臼中的菜，如此反复进行，直到石臼中的菜完全被碾碎。景颇族的舂菜名目繁多，将菜煮熟后舂，或是生舂都各具风味。景颇人喜欢吃野菜，野菜植物纤维含量较为丰富，用传统的方法烹制不仅老年人或小孩咀嚼起来十分困难，而且也会使野菜中的营养成分流失，将野菜中放入调味品然后舂,不仅可以解决上述问题,也会让野菜更加入味,口感更好。除此之外,景颇族人还将烤肉与野菜一同舂成泥食用,这样荤素搭配,不仅让菜肴的口感更加富有层次,也让景颇族人的饮食营养更加均衡,老少皆宜。耳柄石舂臼选用花岗岩制成,其质地坚硬,制作难度高,尤其将整块花岗岩凿出臼槽、手柄,需耗费不少工时,这样坚硬的舂臼较木材、竹质要耐用,不会朽烂,可以用很长的时间。

本案例的耳柄石舂臼是景颇族舂菜文化的一个体现,其使用便捷,质地坚硬,功效高,耐用性强,造型扎实,圆润饱满,风格朴实,是景颇族典型的生活用具。石舂臼个头较小,方便摆放,和大型舂臼需要费力费时来舂不一样,景颇人用的耳柄石舂臼即便是力气不大的小孩和老人也可运用自如,十分方便。

图片来源
图一、图五至图六　樊进　摄影
图二至图四　张孙晨　制图

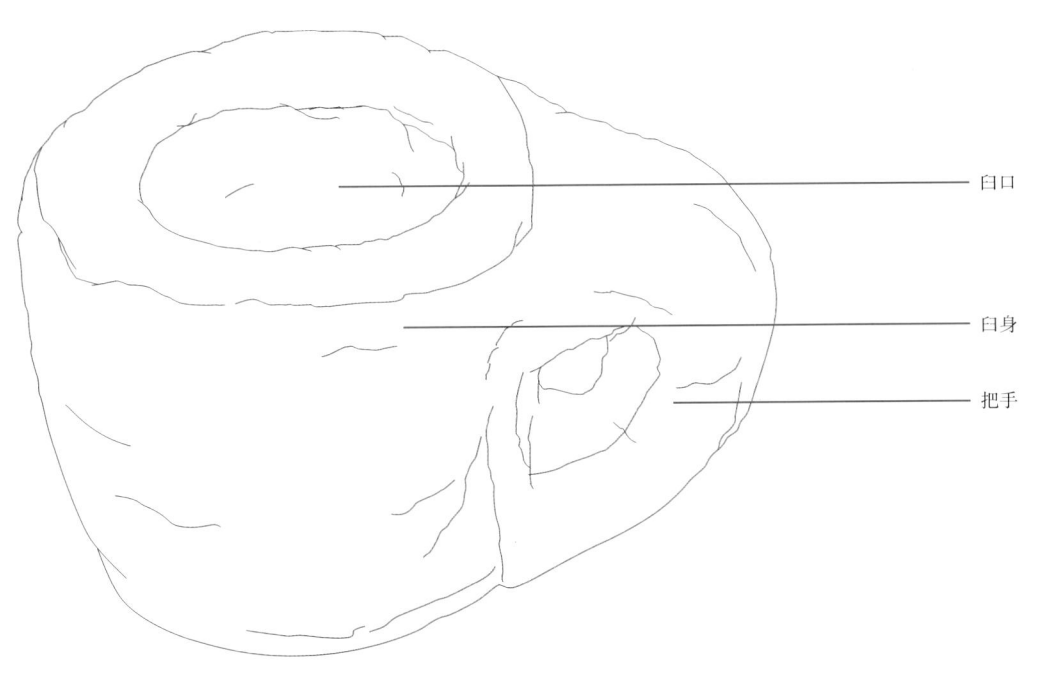

图二　景颇族耳柄石舂臼名称图

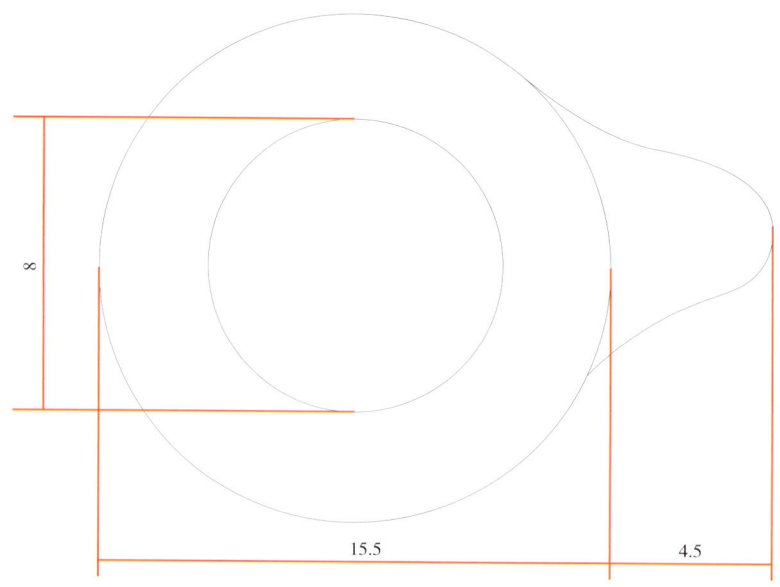

图三 景颇族耳柄石舂臼俯视结构尺寸图(单位:cm)

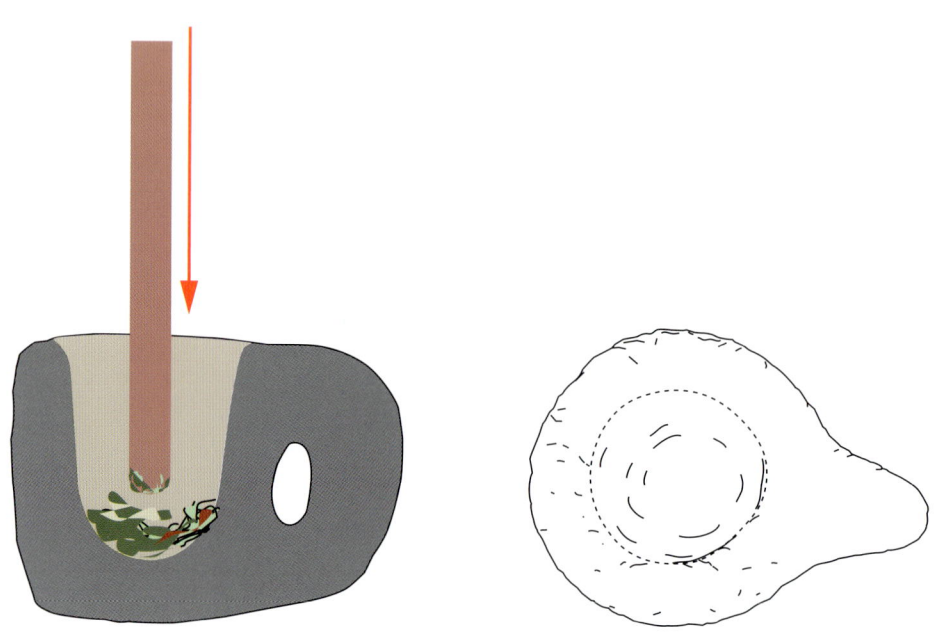

图四 景颇族耳柄石舂臼工作原理与结构示意图

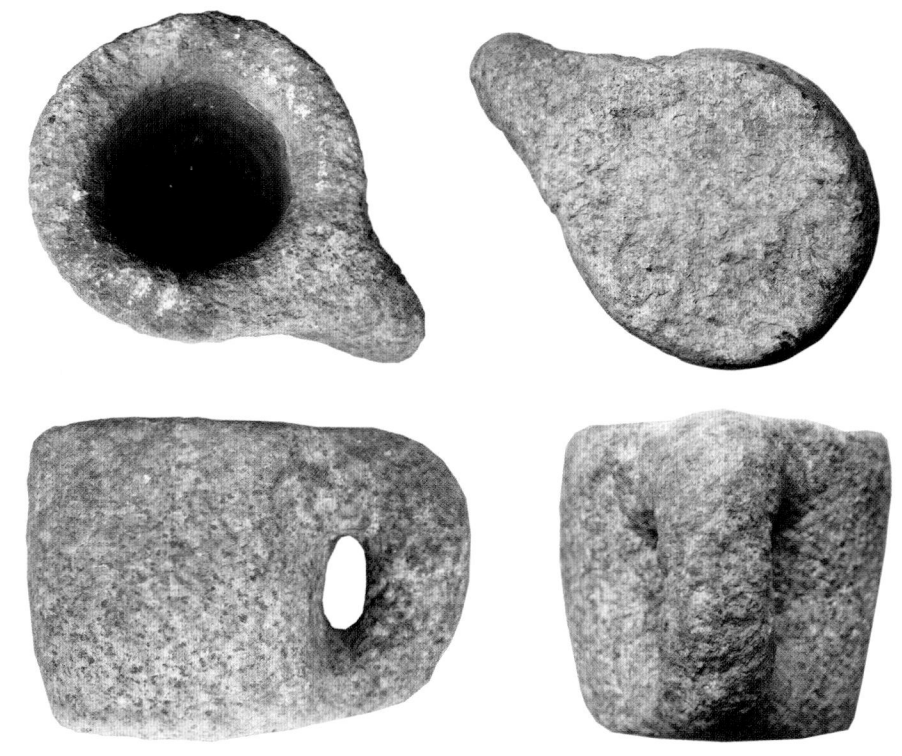

图五 景颇族耳柄石舂臼其他视角图

图六 景颇族耳柄石舂臼情景图

景颇族水碓

图一 景颇族水碓主图

景颇族居住地处深山之中，水利资源十分丰富，景颇族人充分利用当地的水利资源制作出了水碓。本案例选自云南省昆明市云南民族村景颇族寨。

水碓是春碓的一种，传统的春碓需要用人力来春粮食及谷物，而水碓则利用的是水的势能以及简单的杠杆原理。水碓主要由四个部分组成，引水槽、蓄水槽、水碓和石臼。引水槽是引水装置，引水槽的制作非常简单，将一根粗一些的竹子横向劈成两半，接到有水流的地方就可以了，引水槽略略向下倾斜，可以将水引下来，引水槽的另外一端架于蓄水槽的上端，蓄水槽与水碓相连，位于水碓的末端，蓄水槽的上方就是引水槽，蓄水槽从侧面看类似直角梯形，当引水槽将水引向蓄水槽时，蓄水槽将会被水填满，此时蓄水槽重量增加，蓄水槽下压，带动水碓部分上升。当蓄水槽里面的水达到一半以上时，蓄水槽中的水会通过梯形的斜边快速流入池塘之中，此时蓄水槽将被排空，重量变轻，蓄水槽上升，水碓下压，砸向石臼中。水碓就是这样不停地上升与下降，不断地碾压着石臼里面的粮食。石臼的位置处于水碓前端，石臼被完全固定在地面，里面装有待春的粮食和谷物，利用水碓的不停上下运动，来舂粮食或食物。

景颇族人充分利用了自然界的水利资源以及简单的物理学原理——杠杆原理，制作出了这个水碓，不仅利用了环境的优势，也节约了人力资源，此外还非常环保，体现了景颇族人独特的智慧。

图片来源
图一、图四至图五　樊进　摄影
图二至图三　张孙晨　制图

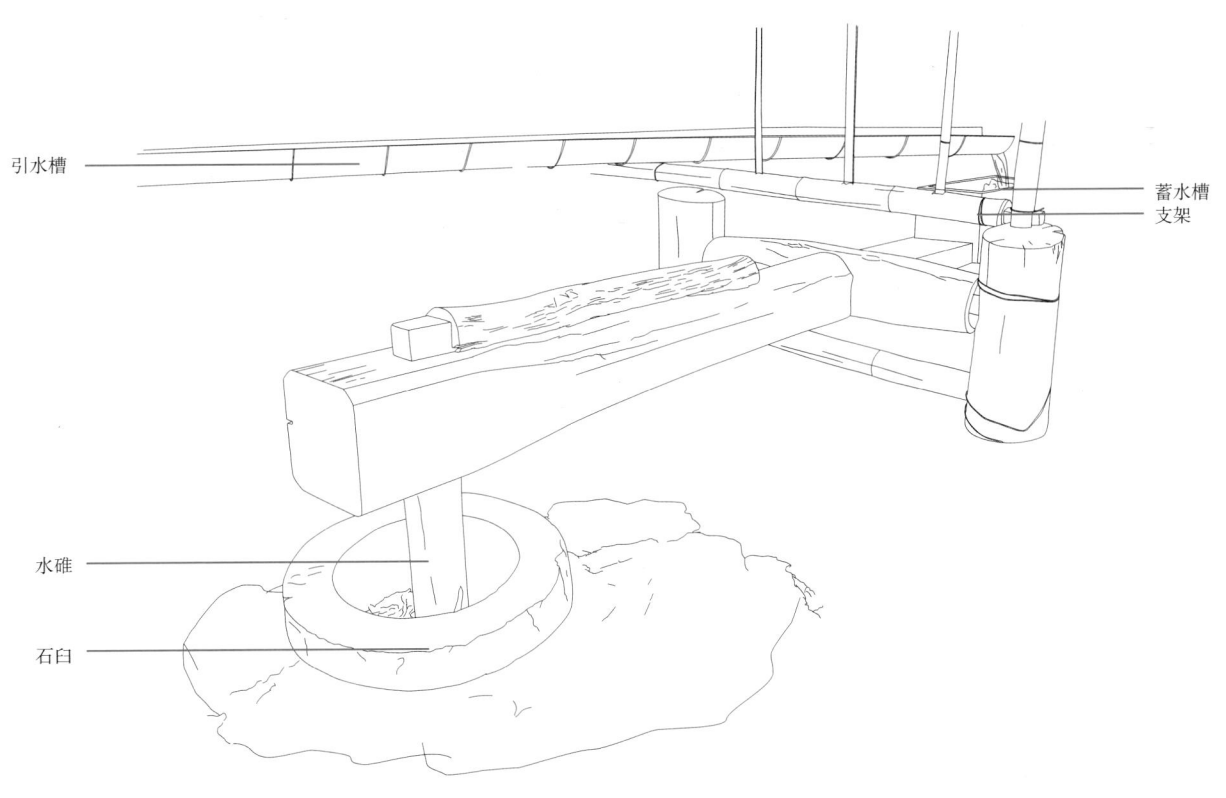

图二　景颇族水碓名称图

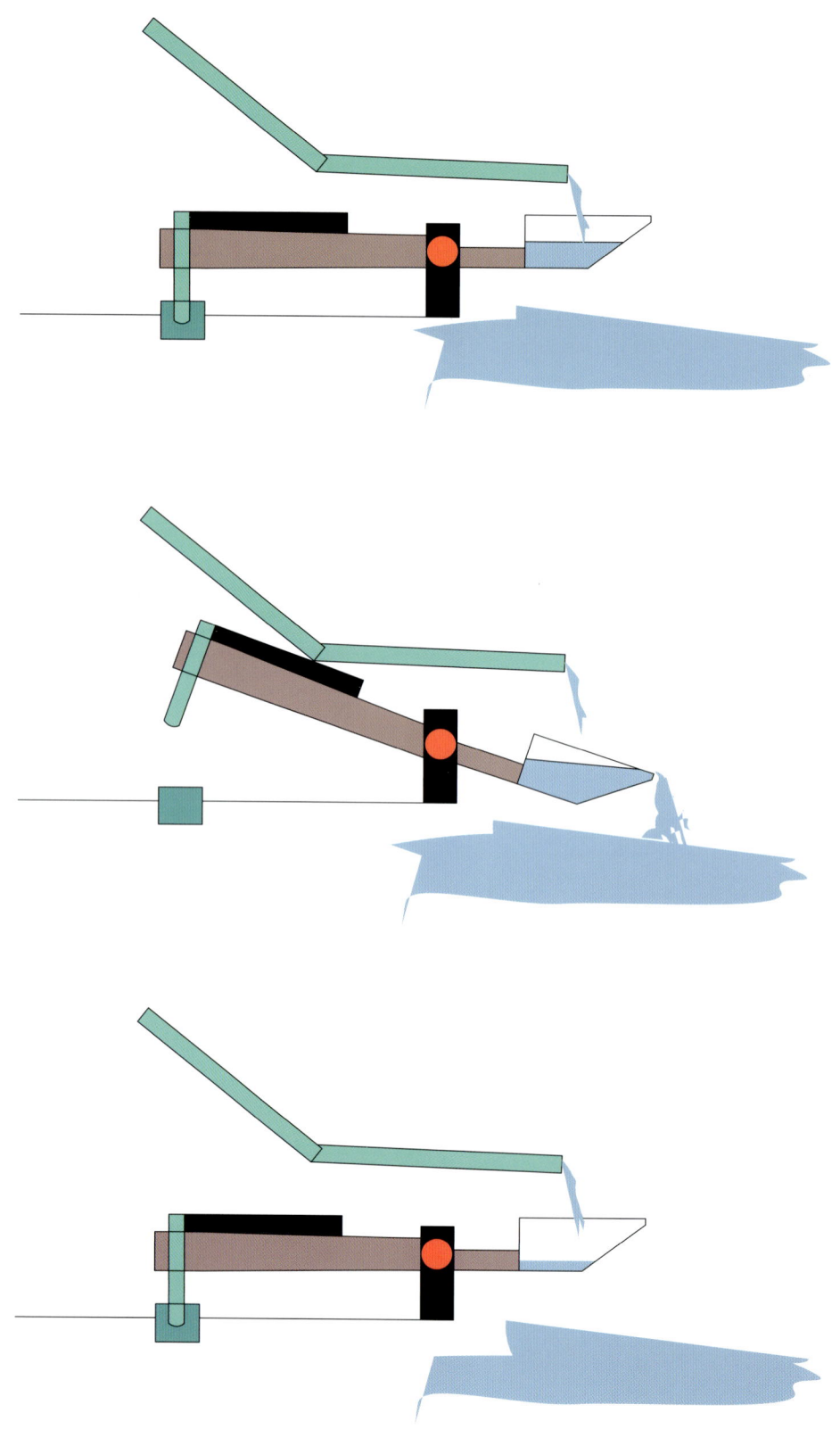

图三　景颇族水碓工作原理图

图四 景颇族水碓实物图

图五 景颇族水碓蓄水槽蓄水情景图

景颇刀

图一　景颇刀主图

景颇刀是景颇族人生产生活的工具，也是防身武器。有谚语称"景颇山上的路是长刀砍出来的，赤脚踩亮的"，"男子不会耍长刀，他就很难出远门"。景颇刀一般长60厘米左右，上宽下窄，刃直背斜，刀刃前端呈月牙形弧口。据民间传说，古代景颇族人勤劳、善良，生活幸福，后来出现了魔王，他们无力抵抗，神仙便送给他们一把刀，并教授武艺，打退了魔王。之后不久，藏族人知道了，便来借武器，好客善良的景颇族人便把刀尖掰下送给他们，因此景颇族人佩戴的长刀是平头的。本案例选自德宏州芒市的私人收藏品。

景颇刀历来精细别致，种类亦多，长短不一。刀形有直、曲两种，均有血槽。刃尖呈斜形，斜度各异。柄有木制、骨制、角制几种。刀柄前端的限位与刀鞘完美配合，方便使用与收纳。刀鞘为木质，工艺精美，有龙及其他花纹凹雕，鞘上系有三道铜箍或银箍。也有细竹篾编制的箍，鞘上系有皮带作背挎之用。景颇刀前大后小，由于惯性作用，非常适合进行劈砍作业。前薄后厚的刀身结构，在保证劈砍功能的前提下，增强了刀身整体刚性。后期锻造形成的刀身凹型，更大程度加强了刀身的整体强度，同时又不增加额外重量。刀柄尾部的造型的设计，在劈砍作业中，使用时不易脱手，而且对手能起到保护作用，易于使用。景颇刀常配合刀篓使用，刀篓上的木刀鞘能为刀身提供收纳和保护作用，刀篓还可以提供良好的杂物收纳空间。

在古代，有钱景颇族人都要拥有一把漂亮的银把长刀以显示其地位，这时刀是一个人身份和地位的象征。景颇族男孩娶媳妇送聘礼时，无论家境贫寒还是富裕，刀是少不了的，表示男孩准备成家，可以自立门户了。女孩有了刀，表示她以后可以用刀来进行耕作，并过上幸福美满的生活。当一个人去世进行安葬时，要有一把刀为其陪葬，以表示其到了另外一个世界也可以用刀开辟一个崭新的世界。在景颇族人的日常交往中，刀也常作为人们礼尚往来的高贵礼物，表示人们的相互尊敬。景颇族刀刀头的造型与中原的礼器玉璋弧度非常相似。

刀在景颇族社会中代表生产工具、生活用品、礼器、权力等等，从一个侧面反映了景颇族社会发展的历史，是一部征战的历史和与大自然作斗争的历史，也是一部反映景颇族人永不屈服的民族精神的历史。

图片来源

图一　李向前.景颇族文史画册.昆明：云南民族出版社，2007.

图二至图九　汤懿　乔安琪　摄影、制图

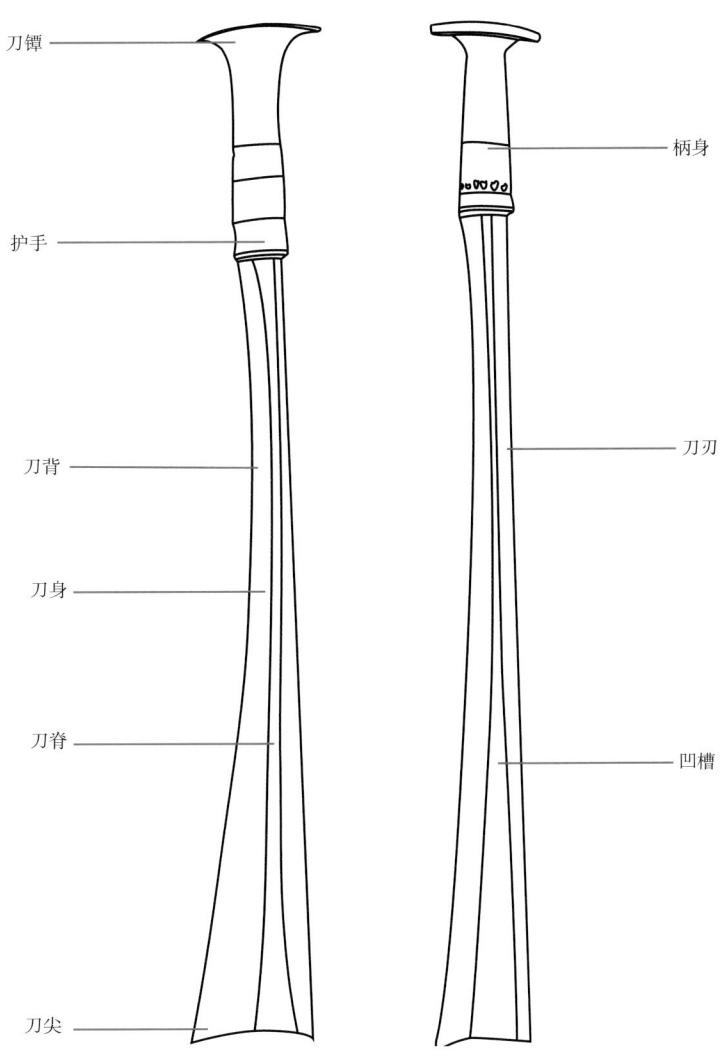

图二　景颇刀结构名称示意图

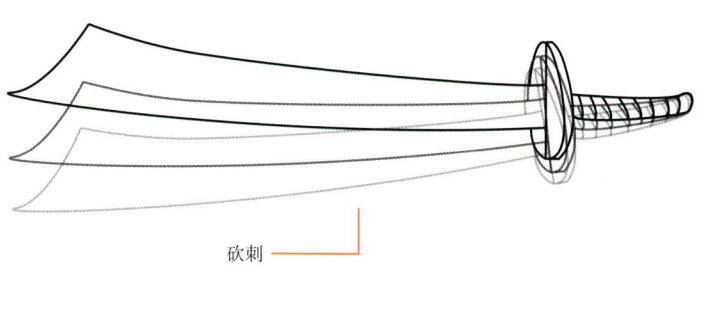

砍刺

劈砍

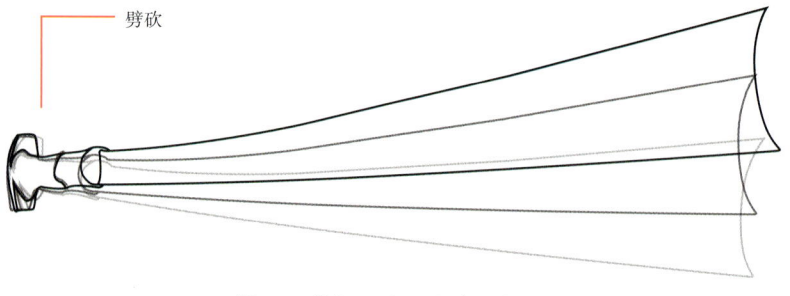

图三　景颇刀使用方式比较图

图四　景颇刀柄实物图

图五　景颇刀及刀鞘图

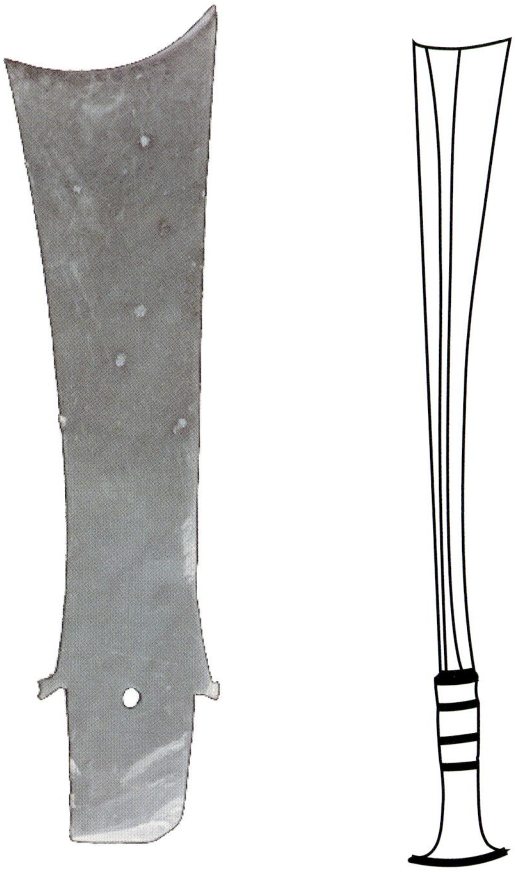

图六　景颇刀与玉璋对比图

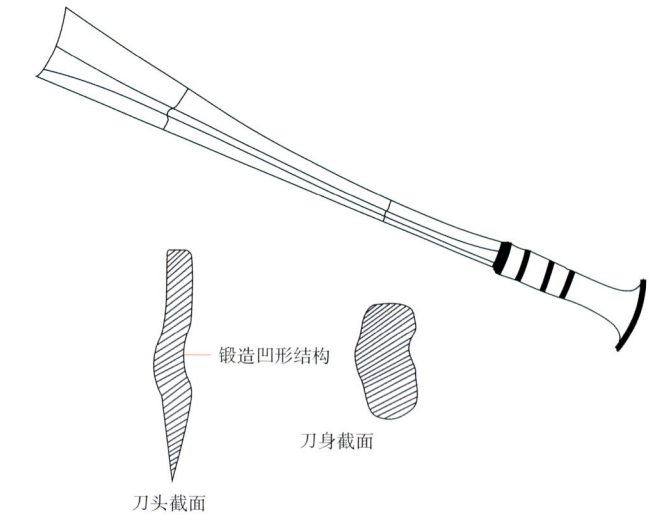

图七　景颇刀截面示意图

锻造凹形结构
刀头截面
刀身截面

图八　景颇刀篓实物图

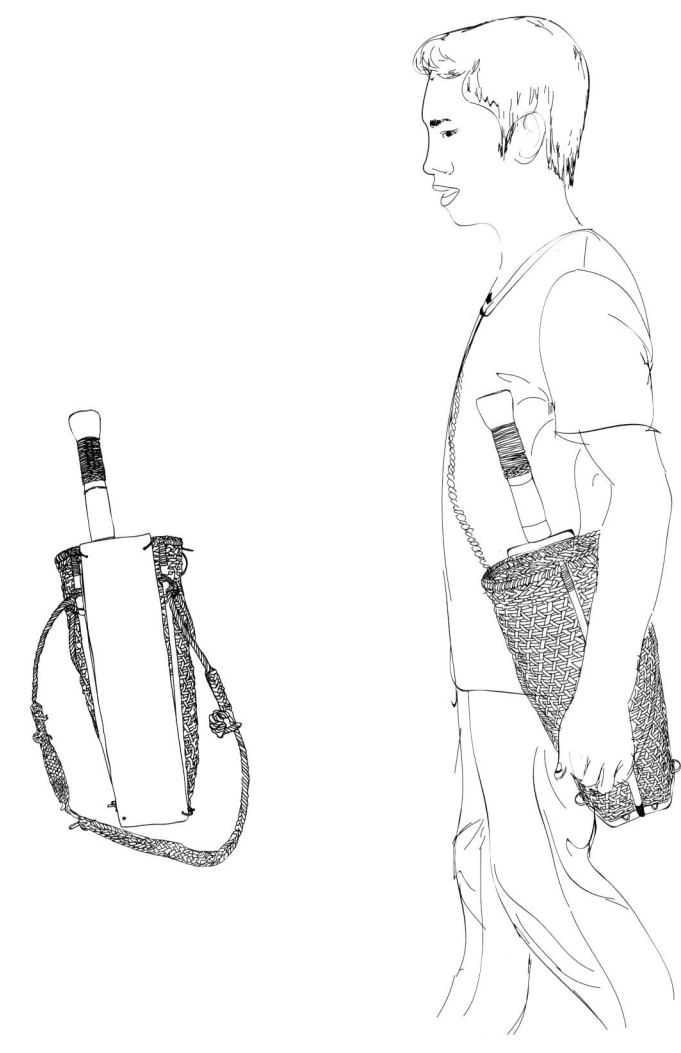

图九　景颇刀篓使用情景示意图

景颇族弓箭

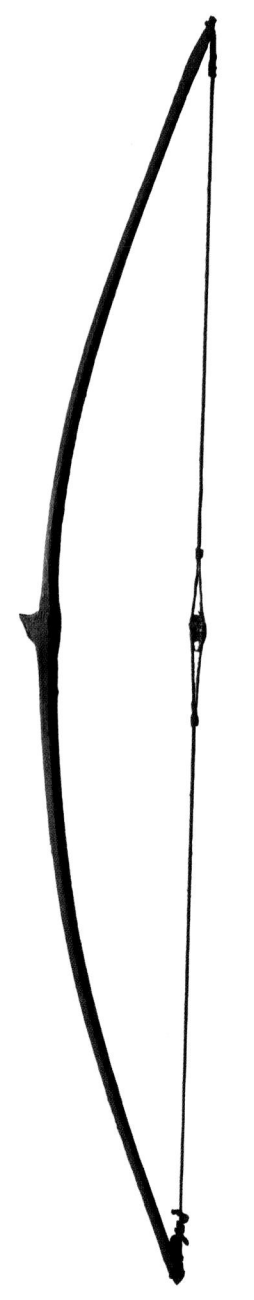

图一 景颇族弓箭主图

景颇族是尚武的少数民族，狩猎对于景颇族人来说有着特殊的意义，狩猎不仅可以满足景颇族人对于肉食的需求，而且是男子英雄气概的重要表现。弓箭是景颇族重要的狩猎工具之一。

本案例选自德宏州盈江县平原镇草坝村麦冬寨,其总长约100厘米。弓箭主要由弓臂、弓弦、弦扣、箭搭和望把组成。本案例弓箭主要为竹制,其弓臂的选材较为讲究:以自然形成的竹节为中点,上下延伸各50厘米的竹子,这样保证了两端拉力平衡,弹性更加好,竹青面向内弯曲,增加弹性的同时,最大程度地利用了竹子的抗疲劳性。弓弦大多用藤麻制成,藤麻具有较强的韧性,可以保证弓弦的强度及弹性,但景颇族人在打猎时还是会准备多根弓弦,以便随时更换。弓弦两头拴系在弓臂两端,采用限位扣的形式实现弓弦的快速安装,弓本身的弹性又保证了弓弦在使用中不会脱落。其中部有一菱形开口,可以起到固定箭尾的作用。使用弓箭时需以食指、中指和无名指勾住弓弦,右手勾弦,箭杆在弓臂左侧。弓中部的竹节突起为手持快速定位点,方便迅速抓握,弓弦上的藤编平面为箭尾固定所用,加大了箭的受力面,保证了射击强度与精确度。平常不用时,景颇族人都会将弓箭悬挂于灶台上方,通过油烟覆盖达到防虫防腐的目的。景颇族人外出打猎一般只携带弓,至于箭,他们会就地取材用细的竹子制作。一方面减少了外出时所带物品的数量,行动更加灵活;另一方面周边随处可见的竹子可以无限量地提供箭矢,大大提高了打猎的成功率。

使用弓箭打猎,彰显了景颇族男子的英雄气概,而充分运用周边的各种资源,表现出景颇族人的聪明才智。如今,随着现代文明的传入,景颇族人已经很少狩猎了,但射箭却没有退出历史舞台,它已经成为一种游戏或比赛项目,继续活跃在景颇族境内。

图片来源

图一至图五 程妩婍 制图

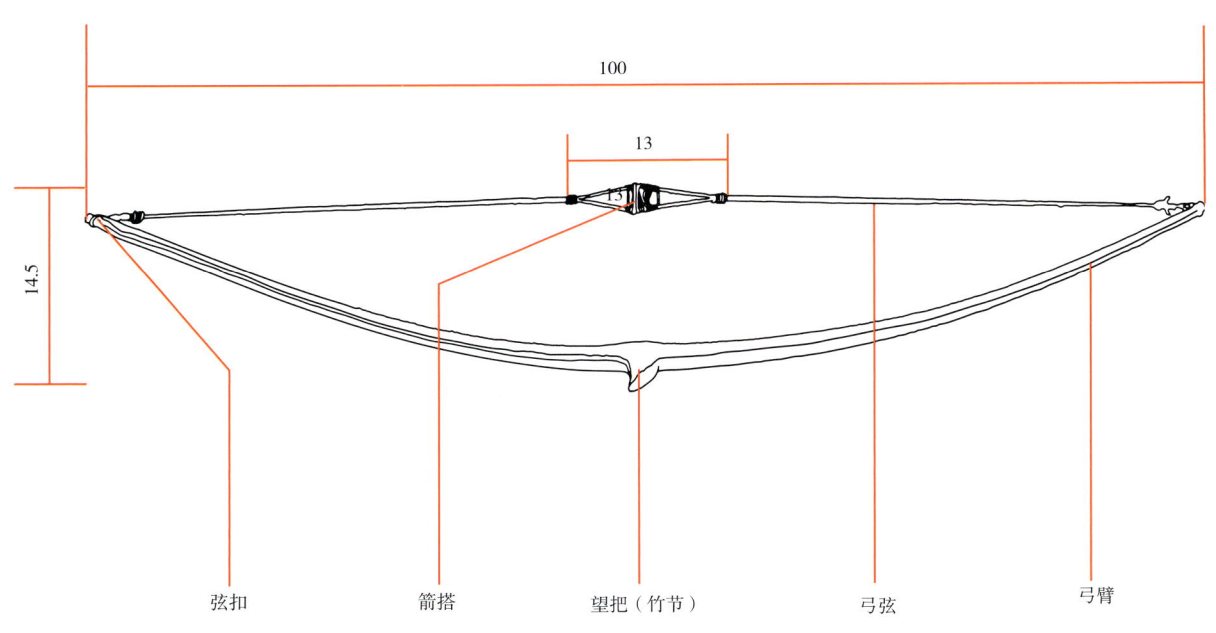

图二 景颇族弓箭名称尺寸图(单位:cm)

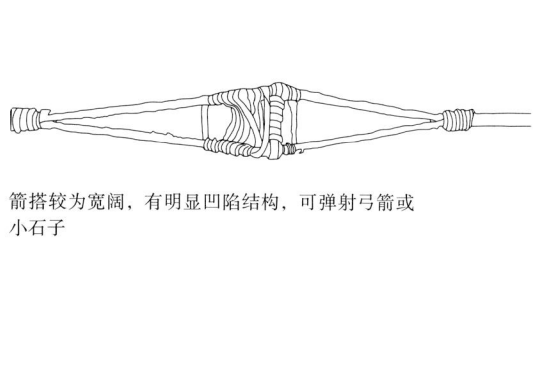

箭搭较为宽阔，有明显凹陷结构，可弹射弓箭或小石子

望把处保留了一段类似鲨鱼鳍的小结构，有利于保持结构力的完整性和持弓瞄准的精准性，同时增加造型的美感

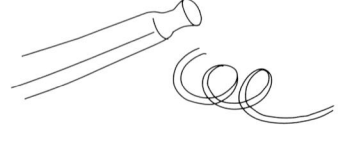

弦扣削减了竹片的宽度，形成卡槽，可以保存弓梢的结构力

图三　景颇族弓箭结构分析图

预热竹青面

加热弯制

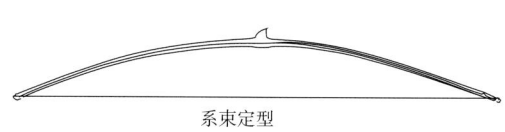

系束定型

图四　景颇族弓臂弯制过程示意图

图五　景颇族弓箭使用情景示意图

景颇族防鼠竹笋皮盖

图一　景颇族防鼠竹笋皮盖主图

景颇族大多居住在野外山区，如何防鼠患、保存粮食是重要的农事活动，景颇族人在这方面也有着独到的智慧。本案例选自云南省盈江县卡场镇草坝村，采用了面积足以覆盖玉米串的笋皮作为防御工具。本案例的笋皮盖是由几块笋皮上下串联而成，长约55厘米，宽约30厘米，高约28厘米。

景颇族人常将玉米置于室内的悬梁之上，用系束穿挂的方式将玉米棒编成一串串来储存。若不去对玉米进行遮挡，常成为能上房入地的老鼠的美餐，也会附着大量的灰尘。景颇族人在玉米串的顶部穿挂数张竹笋皮，形成可覆盖玉米串的一个活动的盖头。防鼠竹笋皮盖的制作简易，但含有深刻的生活经验。其一，穿孔的位置靠近笋皮一端，数块笋皮旋转排列便可将玉米串完全遮盖住，可以防止玉米上面沉淀灰尘；其二，悬挂的玉米串本身自然形成中间高四周低的结构，这样穿挂一端的笋皮自然形成一个活动的杠杆，其固定的支撑点只有悬挂的竹篾绳，周边的玉米、其他笋皮都是可变动的支撑点，再加上悬挂的笋皮都是下斜的，老鼠很难在笋皮上立足；其三，笋皮是风干的，结构相对坚硬，表面光滑，只要老鼠上到这样的笋皮盖上，必然会徒劳无功地摔下来。

本案例体现了景颇人善于发现问题、解决问题的设计智慧。设计的本质之一就是来解决问题的，用简单的材料和工艺手法来达成设计目的就是优秀的设计。景颇族人利用自己的生活经验，设计出防鼠笋皮盖，既是环保的绿色设计，也是充满设计机巧的生活智慧的体现。

图片来源
图一、图六　樊进　摄影
图二至图三、图五　张孙晨　摄影、制图
图四　张孙晨、樊进　制图

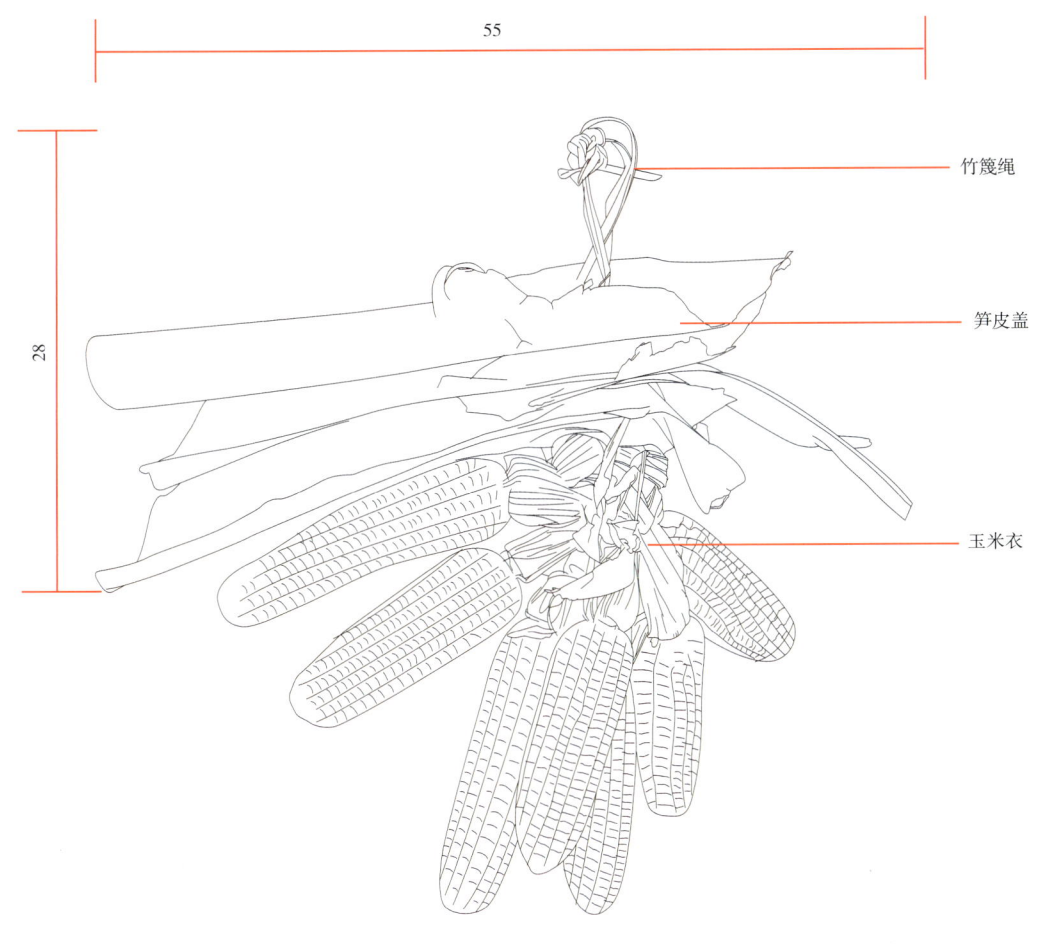

图二　景颇族防鼠竹笋皮盖名称尺寸图（单位：cm）

房梁

竹笋皮

玉米

将玉米外皮向上翻起,并用绳子进行捆扎,将竹笋叶遮挡在玉米上部,并和玉米一起挂在房屋的横梁上

图三　景颇族防鼠竹笋皮盖结构名称图

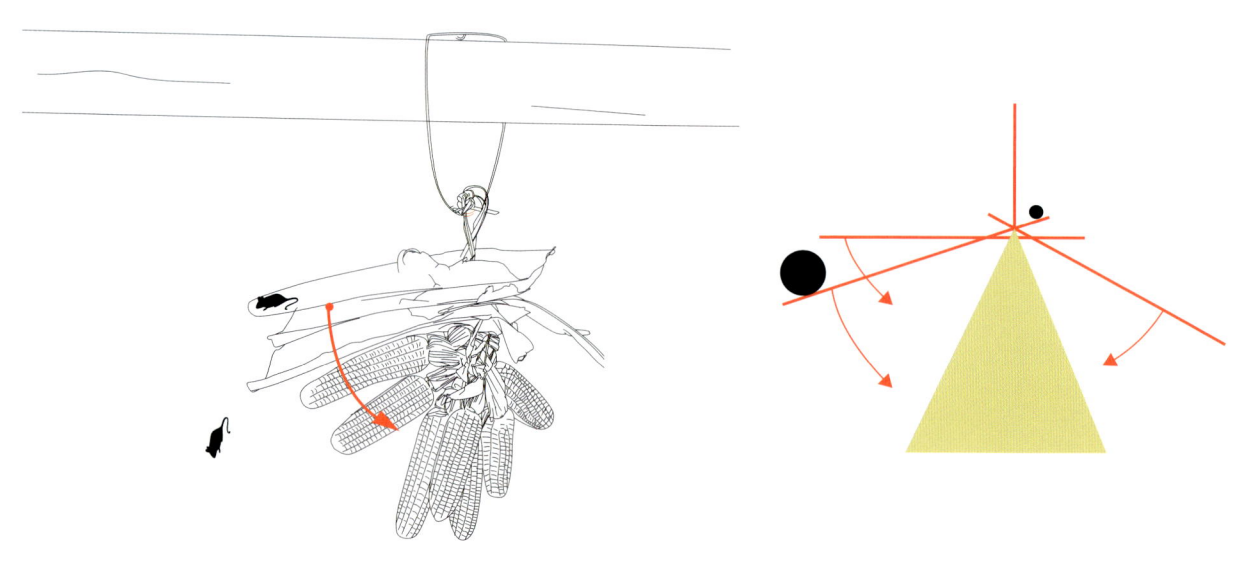

图四　景颇族防鼠竹笋皮盖活动杠杆原理分析图

图五 景颇族防鼠竹笋皮盖背部图

图六 景颇族防鼠竹笋皮盖使用情景图

景颇族竹根铁锄

图一　景颇族竹根铁锄主图

　　传统景颇族的生产方式是以刀耕火种为主，其使用的农具大都是根据自己的需求进行组装或制造的，这样能够更好地适应复杂的山区耕种环境，符合不同个体的使用特质。本案例是山地翻土所用的铁锄，选用了有明显上弯的竹根来制作锄柄，可以方便地进行松土、翻土、除草等。

　　竹根铁锄整体看来造型较为简洁、自然，其主体由铁锄头和竹根柄两部分组成。铁锄头为熟铁锻造而成，整体近似上窄下宽的对称三角形，铁锄刃口较宽薄，可以覆盖较宽的作业面，根部较窄厚，利于增强结构力度和固定在竹根的空隙里面。铁锄上窄下宽的结构在使用时与竹根空隙结合更紧密；在使用过程中，由于上下翻地，也会导致铁锄松动，这时通常会将木楔从上而下地塞进竹根缝隙，增加牢固度。本案例的结构有三方面突出的特色：一是巧用了竹根天然的物理属性。竹根部是竹纤维交织最为紧密的部分，也是整根竹子密度、质量、强度最高的部分，利用此部分的综合强度来凿孔穿塞铁锄头可最大程度地发挥竹子的坚韧特性；二是竹根部分的锄头上扬，天然形成了一个外扩的结构，这个外扩的角度与人手腕使用锄柄时活动角度相互抵消，即活动的幅度相对减小，使用更便捷；三是上扬的竹根部分增大了铁锄深挖的空间。这样上扬的结构使本案例的造型与平时所见的直柄铁锄有着结构性的变化，这样的变化对于在有坡度的山地上锄耕劳作有着莫大的裨益。

　　竹根铁锄是一个具有浓郁景颇族特色的案例，体现了景颇人民在生产劳作中的设计智慧。

图片来源

图一　李向前.景颇族文史画册.昆明：云南民族出版社，2007.
图二、图四至图五　樊进　制图
图三、图七　汤懿、郑楚俊　制图
图六　汤懿、乔安琪　制图

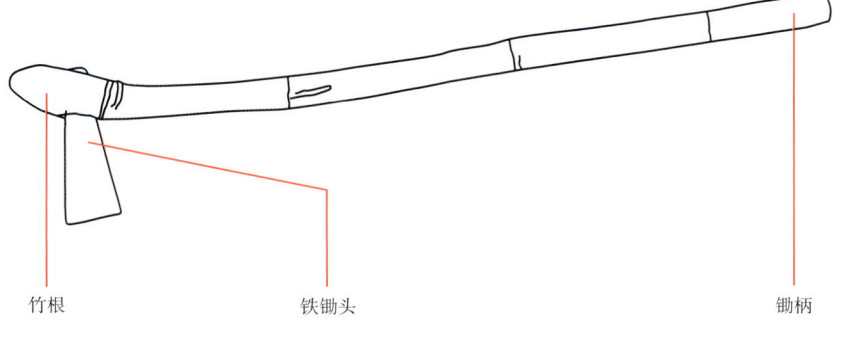

图二 景颇族竹根铁锄名称图

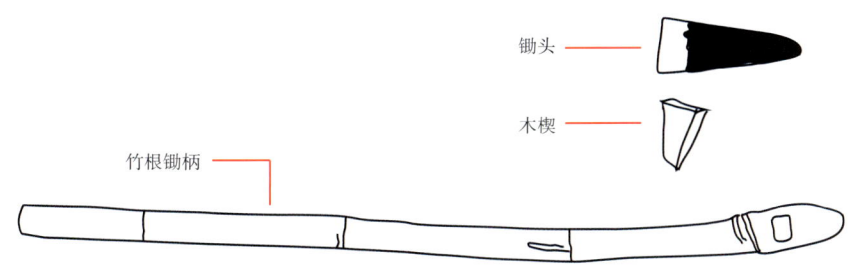

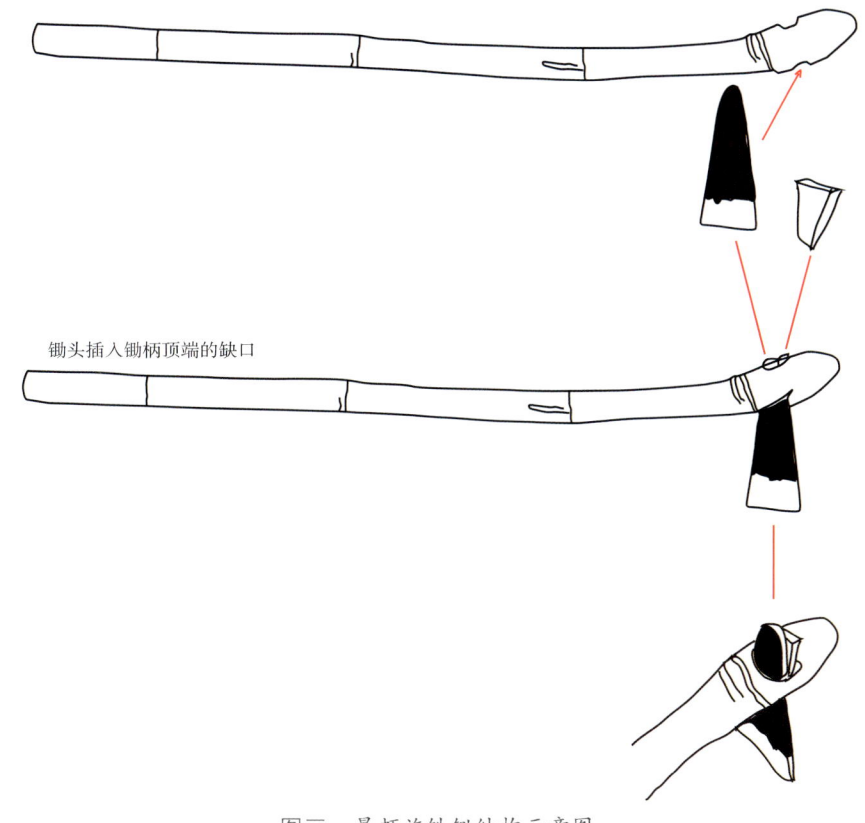

图三 景颇族铁锄结构示意图

第五章 景颇族传统生产工具

317

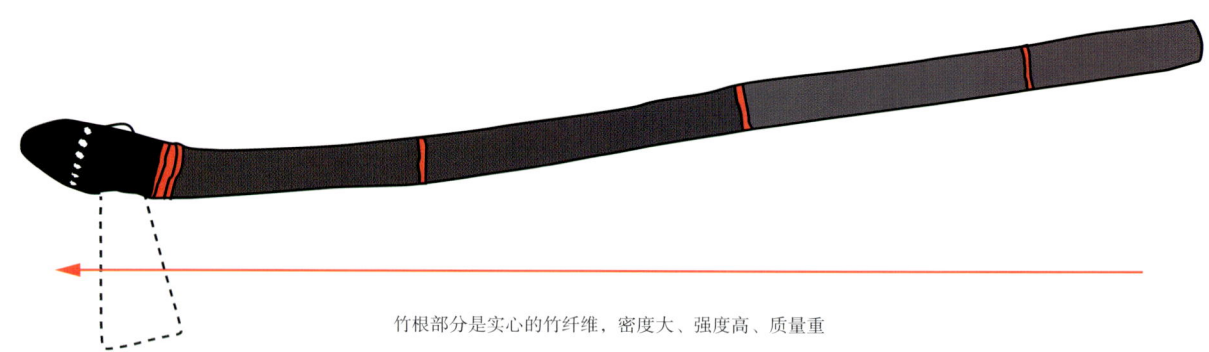

竹根部分是实心的竹纤维，密度大、强度高、质量重

图四　景颇族竹根铁锄物理属性示意图

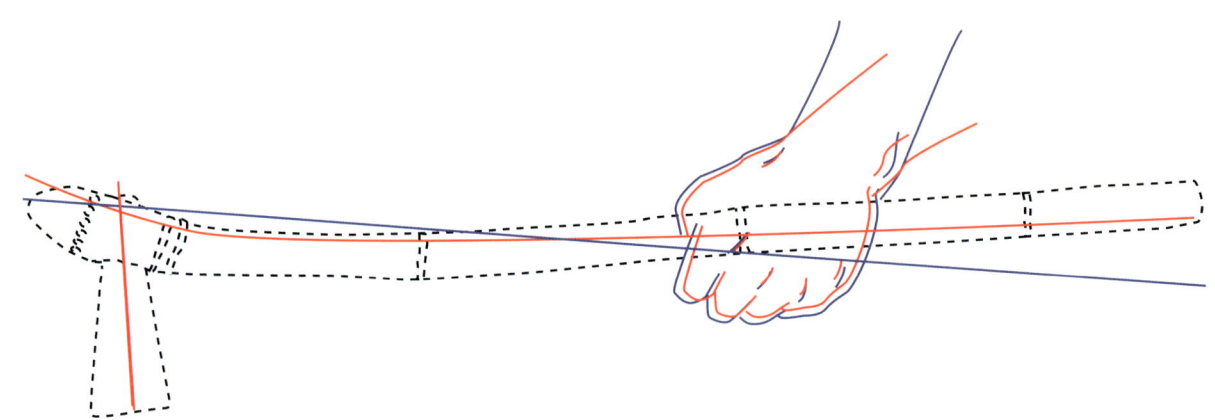

图五　景颇族竹根铁锄锄柄角度与手腕角度分析示意图

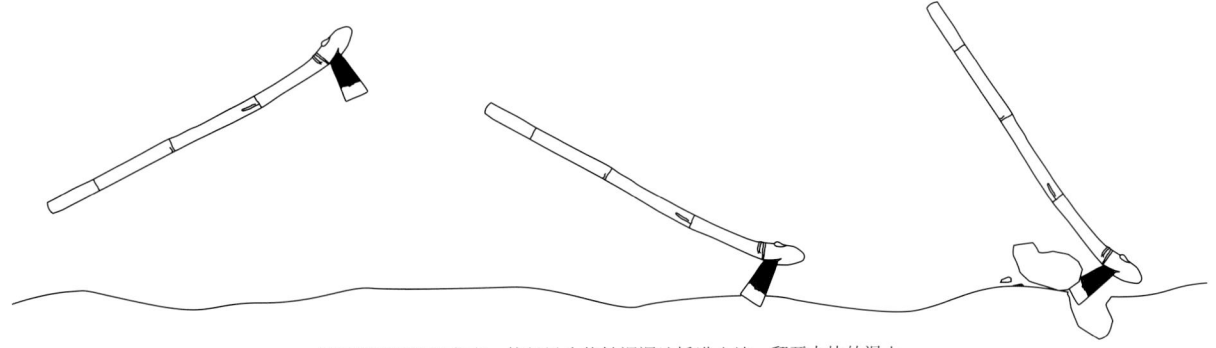

锄柄顶端翘起的角度,使得锄头能够深深地插进土地,翻开大块的泥土

图六 景颇族竹根铁锄使用情景示意图

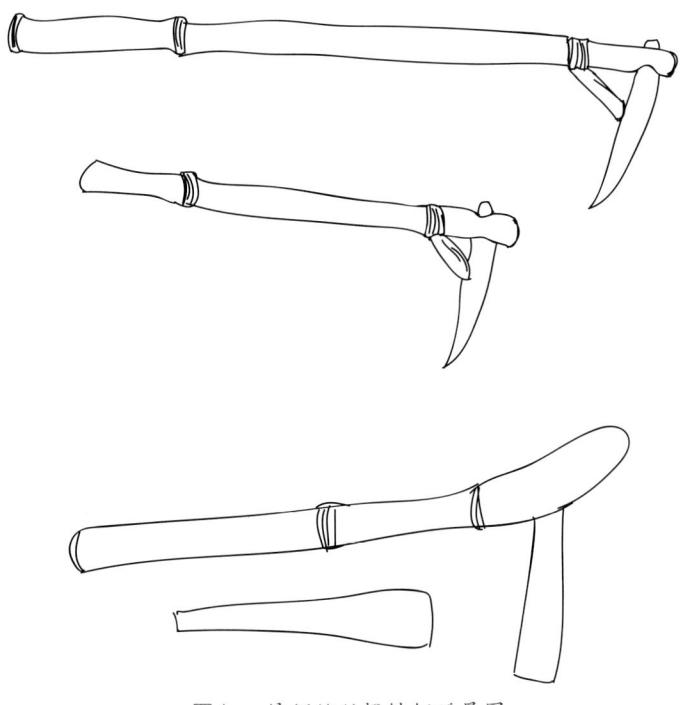

图七 景颇族竹根铁锄延展图

景颇族木锨

图一　景颇族木锨主图

木锨是一种应用范围较为广泛的农具，多用于铲粮食、松软的泥土或者雪等物体。本案例是由整木制作而成的直柄木锨，选自云南省德宏州陇川县。其长度约120厘米，锨柄长约75厘米，铲斗总长约46厘米，铲槽长约35厘米，宽16厘米，铲斗厚度约为5厘米。

本案例的木锨较中原地区的木锨要小巧得多，制作工艺也较为单一，多是农闲时景颇族人自制而成，与市面上常见的由复合制作的木锨明显不同。它是由一整块厚度3.5~5厘米的木板经过裁切、挖槽而成，整个工艺手法就是做减法。先选择一块较为结实、长宽高适中的木板，可用锯锯出或砍削出整个木锨的剪影，再将木柄处进行倒角削磨，使其圆润光滑，手柄往铲斗方向逐渐增宽少许，在铲斗处凿挖一凹槽，此凹槽两边高中间呈弧线下凹，这样形成两侧略微向上翘起的结构，在铲粮食时可以有效地起到包裹、收拢的作用。由于其尺寸相对较小，锨柄与铲斗相连的部分设为溜肩的圆滑结构，无需借脚力去增加铲除的效能。可见其功用多为收放粮食所用，不会进行用力的作业。这样尺寸的木锨就像一把放大的木铲，一般人都可以轻松驾驭。

景颇族木锨选料与制作都较为简易，可以根据所需铲除收放的对象来进行有针对性的调整，这是较为典型的自给自足的传统农耕文化的产物，也是景颇族人在不断调整自身生产时进行的有针对性的设计。

图片来源
图一　樊进　摄影
图二、图五　郑楚伦　摄影、制图
图三至图四　张孙晨　制图

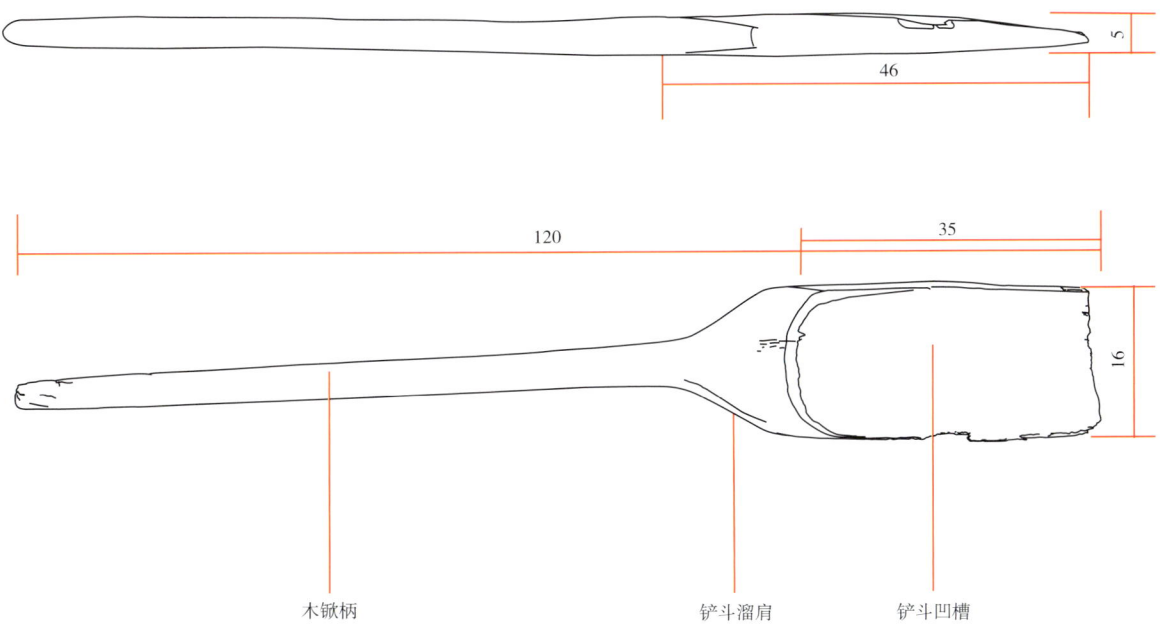

图二 景颇族木锨名称及尺寸图（单位：cm）

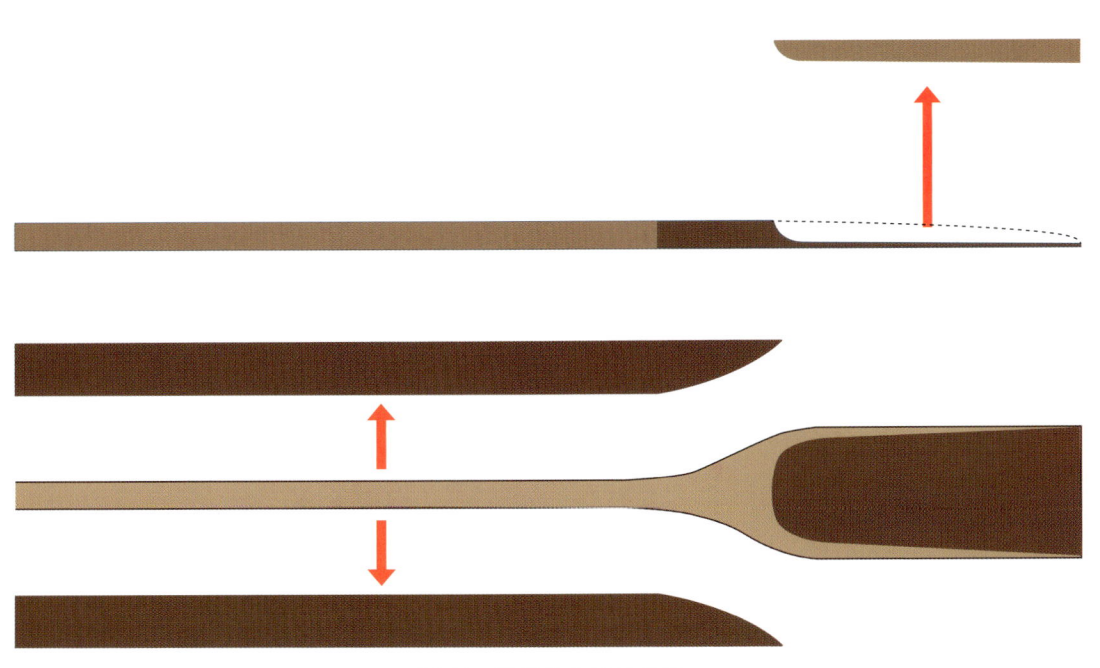

图三 景颇族木锨结构图

图四 景颇族木锹使用方式图

图五 景颇族木锹实物图

景颇族竹篓

图一　景颇族竹篓主图

　　云南少数民族的家庭几乎必备竹篓，且各有特色，景颇族也是如此。有用来运输的背篓，有用来挽挎的竹篓，有用来盛放物品的竹篓，有用来捕鱼的竹篓，有用来供家禽栖息下蛋的竹篓等等，形态也根据生产生活所需有着丰富的变化。总体而言，景颇族制作的竹篓相对较为精致，功能分野也较为清晰。本案例是一个用来储存物品的竹篓，是放置于室内的大型竹篓，其功能相当于中原地区用来储存粮食的缸类。选自云南省民族村景颇族寨，其总高约60厘米，长约45厘米，宽约40厘米，盖顶长方形边框长约35厘米，宽约30厘米。

　　本案例的结构较为考究，整体分为篓体和篓盖两个部分。篓盖的深度较深，总高度大约20厘米，篓盖的上方用较宽厚的竹片围合成盖框体的边缘，中间用两根扎实的竹青条四角相连交叉固定于边框与盖体之间，增强盖体的结构力度，此部分边缘与篓体的下方边缘结构类似，都是可用来盛放一定重量物品的器物结构设计。箦盖可以起到遮蔽灰尘的作用,当打开箦盖时,盖口朝上,上方围合的厚竹片便成了盖子的底部。此时的盖子由于深度足够,是可以当作一个敞口的竹盆来用了,可以用来临时放置部分物品。本案例竹箦的框体设计分为三层结构:最外层用四根坚韧的竹青条由底部厚竹片的四角捆系而来,上与箦体中间的一道横向圈竹青条相捆扎,这是一层起到加强作用的框架,其整体与里面的框体进行了紧密的捆绑;向内第二层为竹箦整体的外观所见的部分,是竹箦框体围合的中间力量,也起到基本的支撑作用,是竹青篾所编织而成的,编织方式是最常用的经纬编织手法。最里面的一层是相对柔软细密的一层,这样细密的层次可以让竹箦盛放颗粒较为细小的粮食等。整个框体造型上下为长方形,中间箦体口、盖口都为近圆形。天圆地方的设计更多的是考虑了功能性和使用的便捷性。圆形的盖口使竹箦开合较为便捷,同时箦体口进行了向内斜收口,和箦盖的外展敞口相匹配,其盖合较为紧致。中间围合一圈的外框竹条,起到了箦盖盖合时的限位作用,不至于让箦盖过于下沉,避免造成竹箦的损坏。

总体而言,景颇族用来盛放物品的竹箦有着较为鲜明的特色,本案例箦盖的多功能性设计,箦体的多层设计都体现了这一点。从李向前先生提供的资料中可以看到,景颇族用来盛放物品的竹箦箦盖顶部有圆柱或球状的造型,一方面是方便抓握开合箦盖,另一方面此形态与乳房造型较为接近,从某种程度上应具有一定的原始生殖崇拜的意义,有着深刻景颇族装饰文化特征。

图片来源

图一、图八　樊进　摄影

图二至图七　卢慧敏　摄影、制图

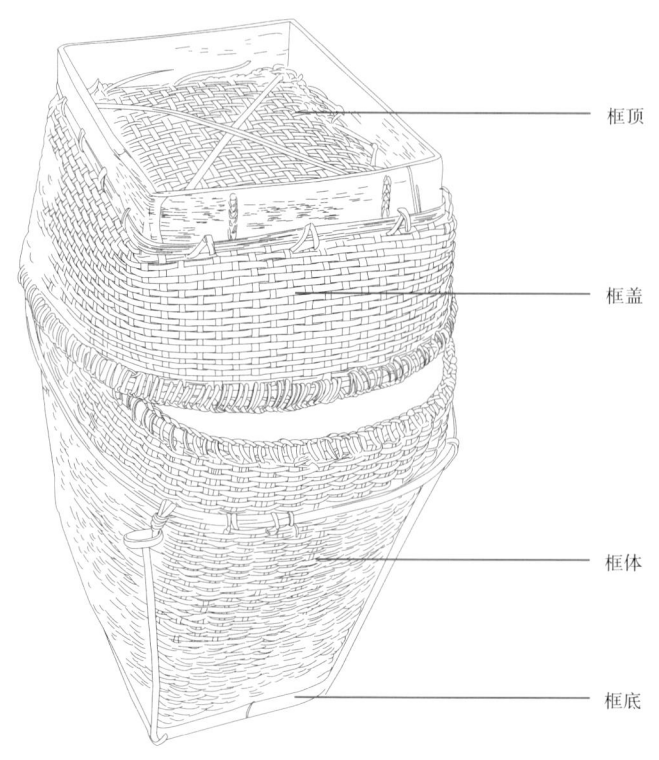

图二　景颇族竹箦名称示意图

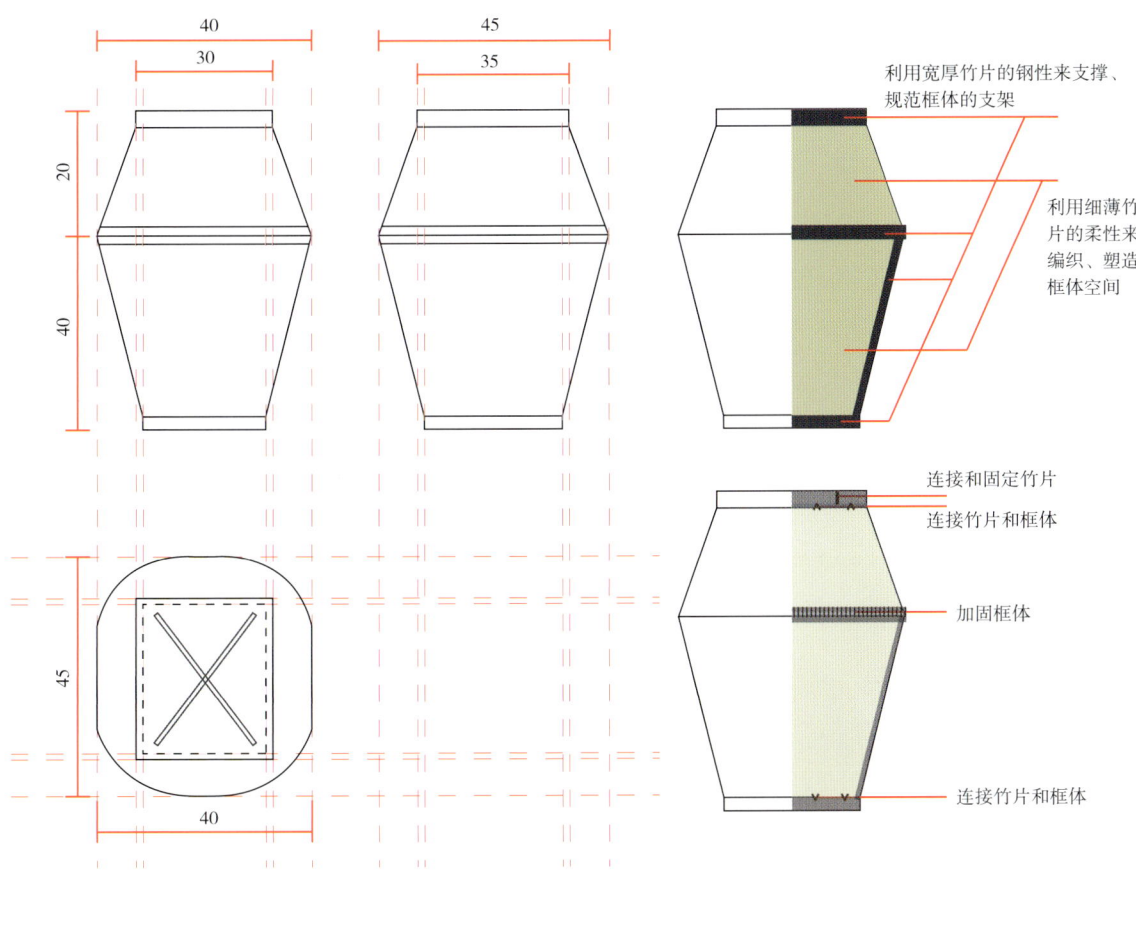

图三　景颇族竹篓三视尺寸图（单位：cm）

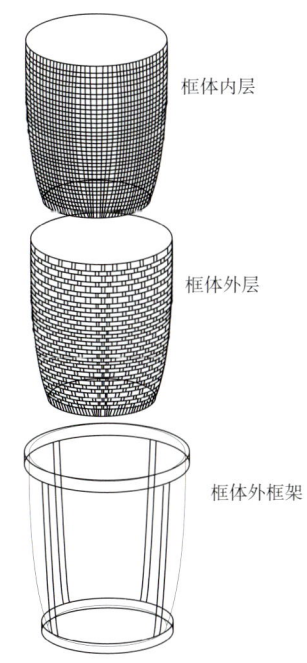

图四　景颇族竹篓结构分层示意图

图五　景颇族竹篾编织方式示意图

图六　景颇族竹篾盖子各角度示意图

图七　景颇族竹篓使用情景图

图八　景颇族竹篓延展图

第五章　景颇族传统生产工具

327

景颇族捕鱼篓

图一　景颇族捕鱼篓主图

景颇族聚集地降雨量大，水系众多，高山流水处也是鱼类聚集区域。靠山吃山，靠水吃水的景颇人在捕鱼方面也有着独到的手法。本案例的竹制捕鱼篓便是景颇族较有特色的捕鱼器具之一，通常设置在水流较急的溪流之处，功效显著。本案例选自云南省民族村景颇族寨，其长度约为54厘米，单底边的宽度约为35厘米。

景颇族捕鱼篓整体约呈三棱锥的造型，进水口三边为等边三角形，方便鱼篓贴水底安放，另两边自然呈斜坡形，利于用石头等重物压牢。捕鱼篓大小通常会根据附近水流的大小而设计，会制作不同型号的鱼篓来面对相应的水情。本案例尺寸相对较小，适合安置在有一定坡度且水流宽幅不大的区域，水流越急的区域，其功效越显著。篓口朝着水流方向放置，鱼顺着水流由大口进入鱼篓内部，鱼篓内部呈自然的收缩状，较小的鱼可以从底部小口出去，较大的鱼一旦进入狭窄鱼篓滤水区便没有足够的空间转身，再加上较急的水流会形成一定的水压，使较大的鱼很难从鱼篓逆流而退，从而捕获它们。本案例鱼篓用竹篾与细竹条编织而成，篓身通体用细竹条贯穿口尾来进行编织，口底部为集中加固区域。篓口处用较为宽厚的竹篾围合，这样的结构对于整个鱼篓来说是纲领性的设计，提供了足够的支撑力。此圈口往下续接了贯穿篓身的纵向细竹条，这些细竹条三根或四根并列成一组，与较宽的竹篾进行了挑一压一的传统编织，此部分编织紧密，相当于鱼篓的脖颈位置，其结构力度较强，与用宽厚竹片围合的篓口相呼应，形成了并列的组合结构支撑力。依此往下是编织较为疏松的鱼篓滤水区，此部分以纵向的细竹条为主要结构，细竹条与细竹条之间的空隙宽度也是用来加固捆系竹条的竹篾的宽度或厚度，竹篾依次围绕细竹条穿系捆扎来加固绑定，使其保持一定的横向结构力的同时也保留了需要滤水以及小鱼通过的足够空间。滤水部位的细竹条只是部分贯穿口尾，此部分从尾部往口部延伸，随着空间结构的增加，而不断续接新的细竹条。续接部位就是竹篾捆系的部位，由尾部依次螺旋围合至篓的脖颈处，续接处的竹篾多削成窄尖的结构，以保证滤水空间的相对一致。

本案例的景颇族捕鱼篓造型简约大方，构思科学精巧，结构扎实耐用，制作成本低，携带便捷，使用方法简单易学，功效显著，可看作是景颇族在急流捕鱼的一个典型案例，体现了景颇人对鱼水特性的精准把握和灵活应对的生活智慧。

图片来源
图一、图三　樊进　摄影
图二、图四至图五　张孙晨　制图

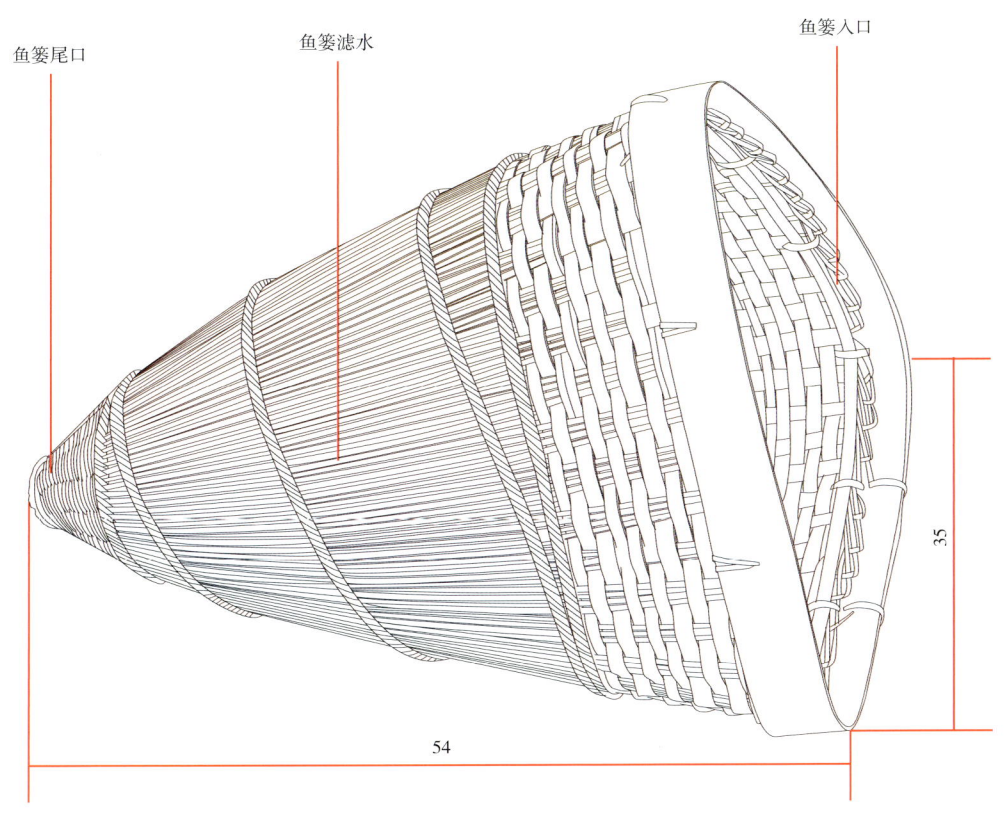

图二　景颇族捕鱼篓尺寸图（单位：cm）

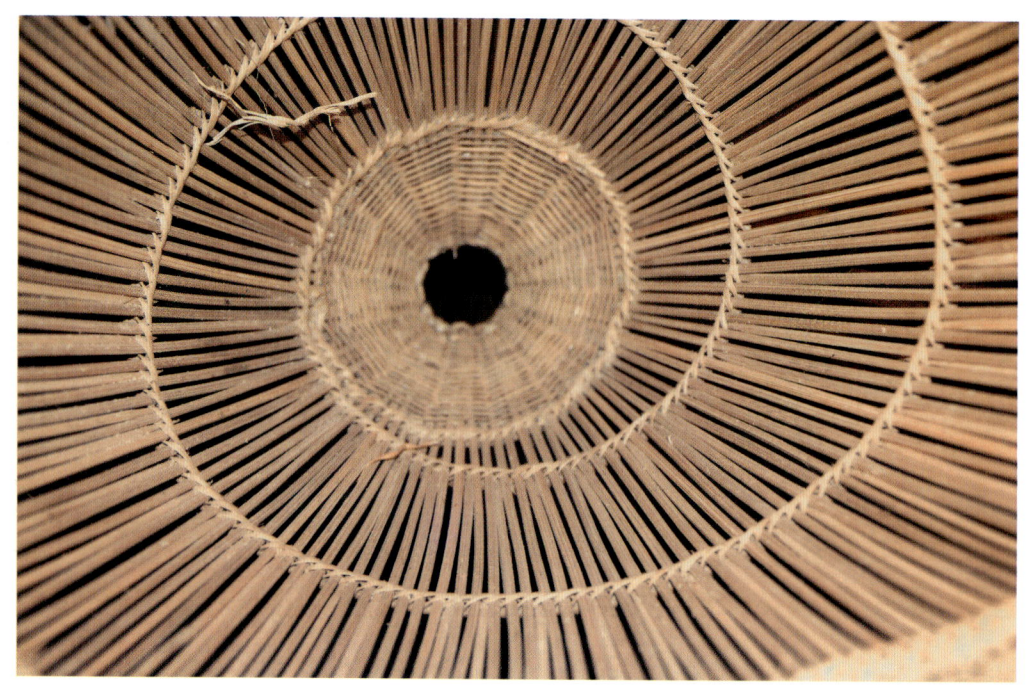

图三 景颇族捕鱼篓内部空间图

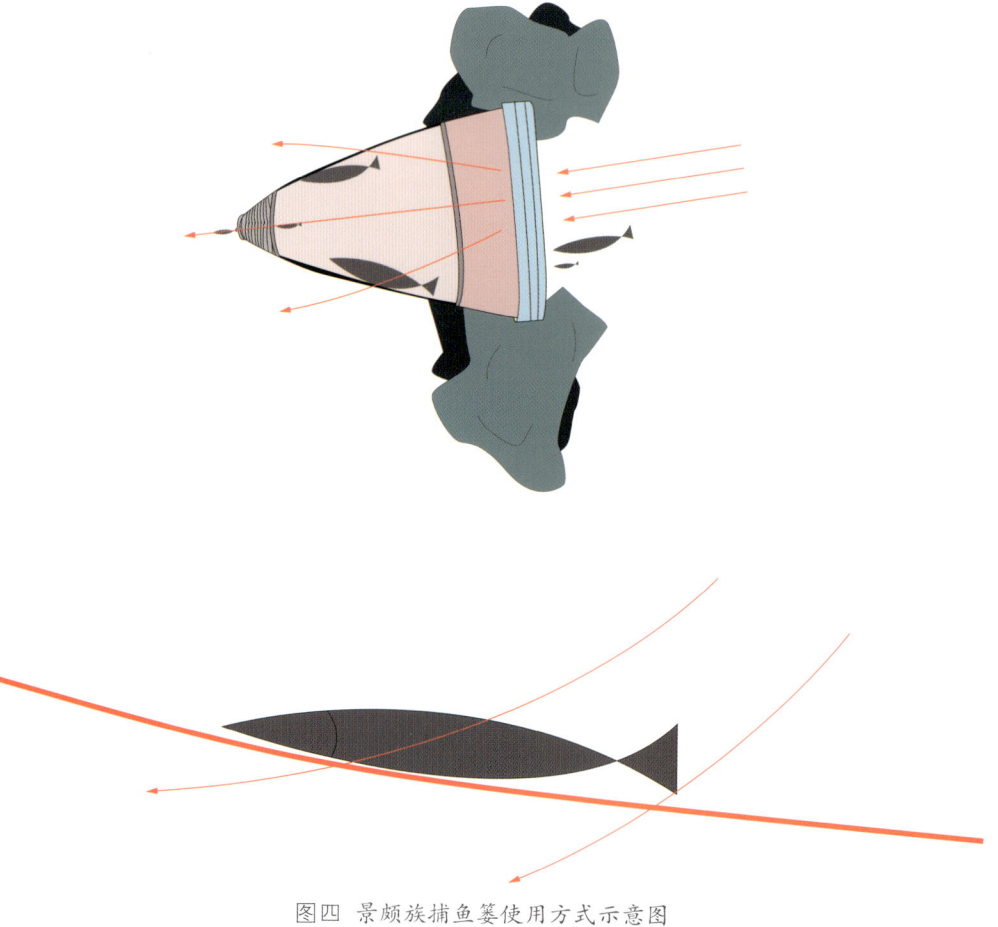

图四 景颇族捕鱼篓使用方式示意图

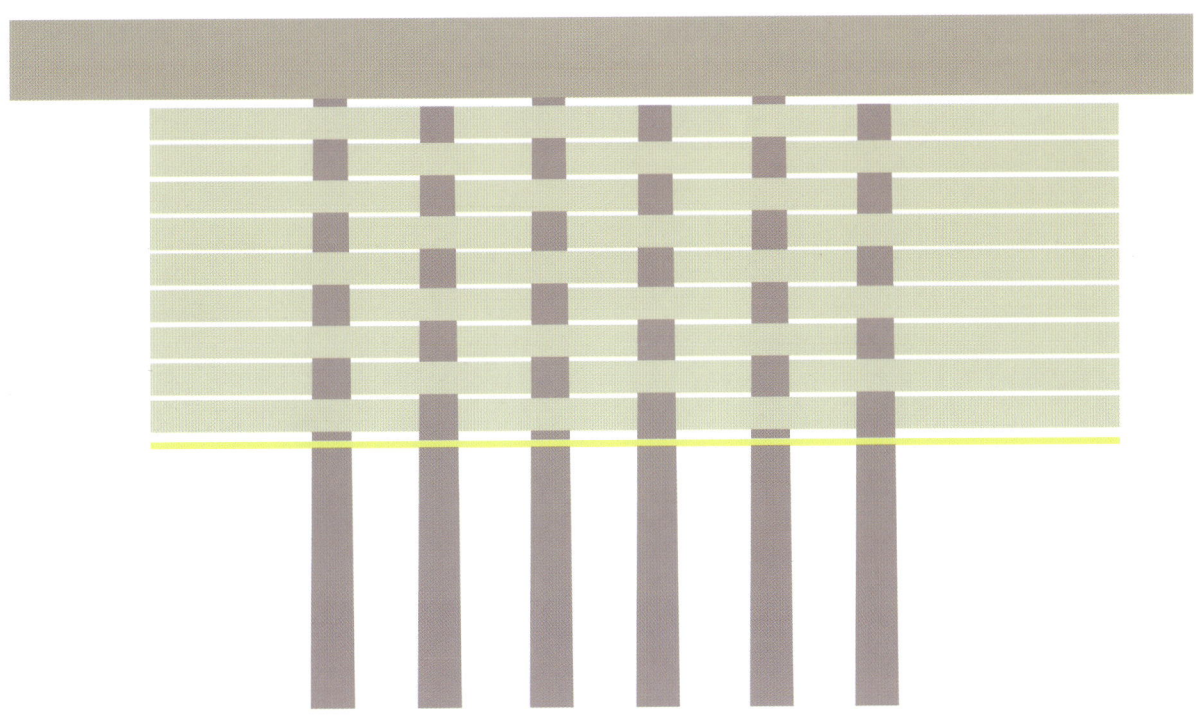

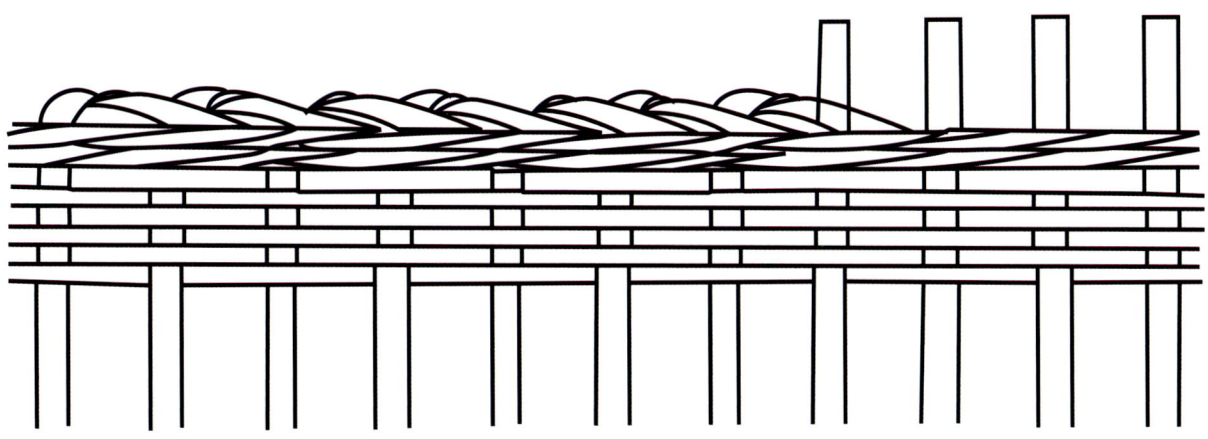

图五　景颇族捕鱼篓篓口编织及收边方式图

景颇族驮架

图一　景颇族驮架主图

　　驮架是用牲口运载货物时的重要辅助用具，多用于车辆不便于行驶的山区及崎岖路的货物运输。本案例采自云南省德宏州盈江县卡场镇，其宽约24厘米，长约36厘米，高约35厘米，是固定于中小型牲畜背部的木质驮架。

　　景颇族人生活的山区，道路崎岖多雨，通行条件较为恶劣，景颇族人针对性地将驮架制作得更加紧凑，使用驴、牛、马等牲口运载货物在山区地带进行运输，使牲口在负重情况下提高通行速度和安全性。其结构制作与中原地区的通用驮架基本一致，可靠耐用。景颇族驮架的材料主要有硬杂木、皮革、麻布等。硬杂木是当地山区常见的树种，质地坚硬，是驮架主要的结构框架材料。皮革麻布等，用来保护货物与牲畜的接触表面。景颇族驮架大致由载货支架、驮架鞍、驮架垫子、木质颈环、编织带五部分组成。载货架分为工字形载货平台和 n 字形负载挂架，载货平台通过插销的方式与下方的挂架相连，方便拆卸和维修，挂架两侧各有两级横档，横档上拴有固定小件物品的绳索，这样既能提高小件物品的运载能力，又可以加强整体结构的牢固性。挂架的内侧安装有驮架垫子，通常是皮质或其他软质的编织材料，可以针对不同的牲口对尺寸进行适当调整，从而与牲口的背部形态更好地贴合，提高运载过程的平稳性，降低牲口的不适感，避免压迫和局部磨损，提高运载效率，木质颈环和编织带的设计更进一步加强了驮架和牲口的整体性，最大程度地降低牲口的疲劳感，进一步提高牲口的通行能力。

本案例是景颇族人传统的运输工具，也是多民族物质文化交流的重要器物，反映了景颇族人积极进取的开放性造物思想。适应性强的造物设计，可以满足多样性的环境，这是众多造物设计不断传播和发展变化的重要特征，这种设计的选择性，对于改善自身的生活生产状态有着重要作用。

图片来源

图一　樊进　摄影
图二至图六　郑楚俊　制图

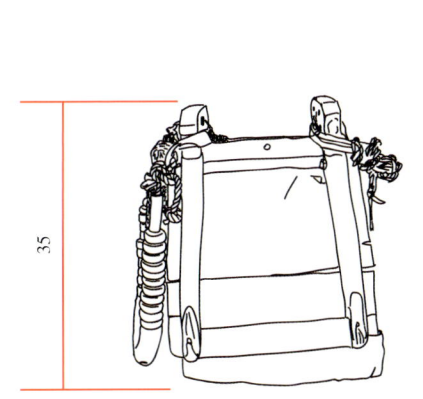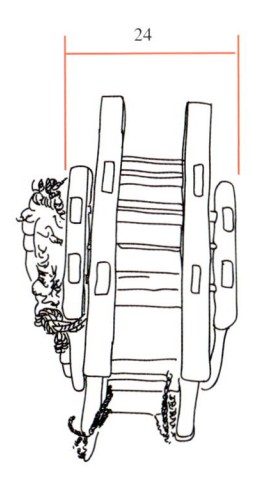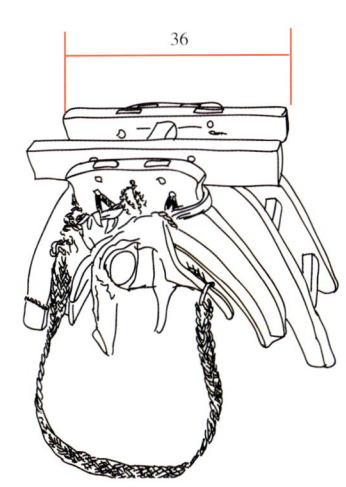

图二　景颇族驮架名称尺寸图（单位：cm）

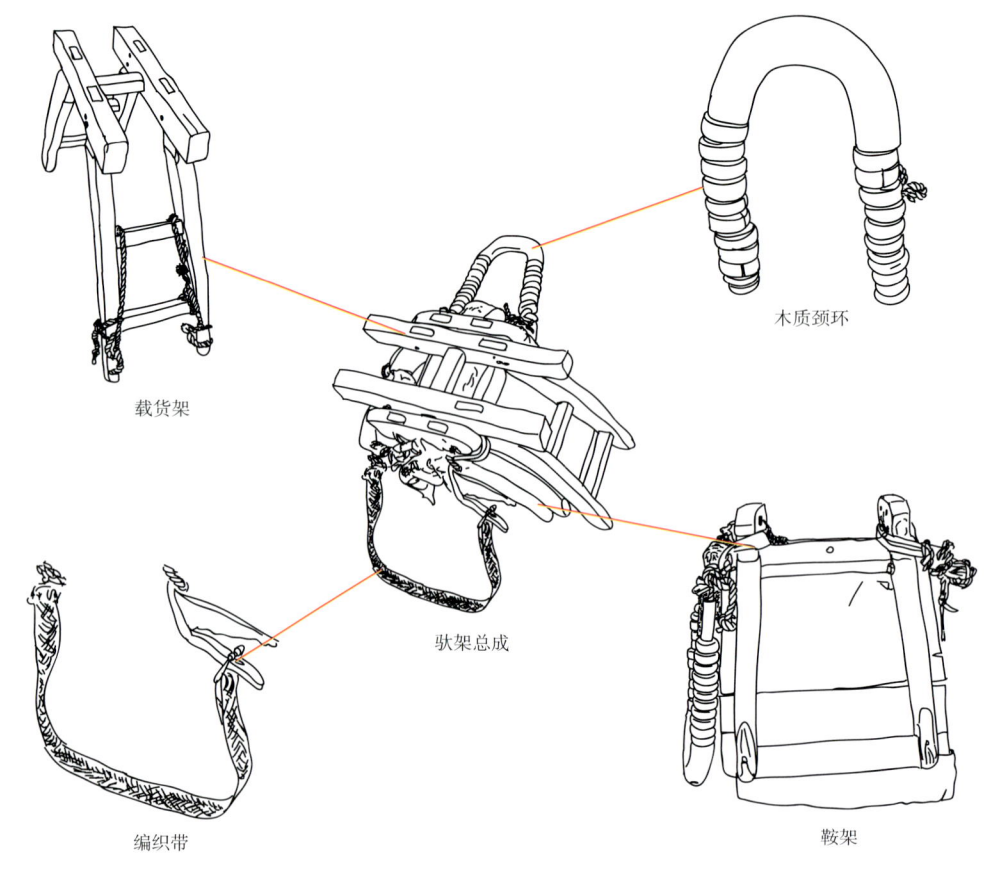

图三 景颇族驮架结构图

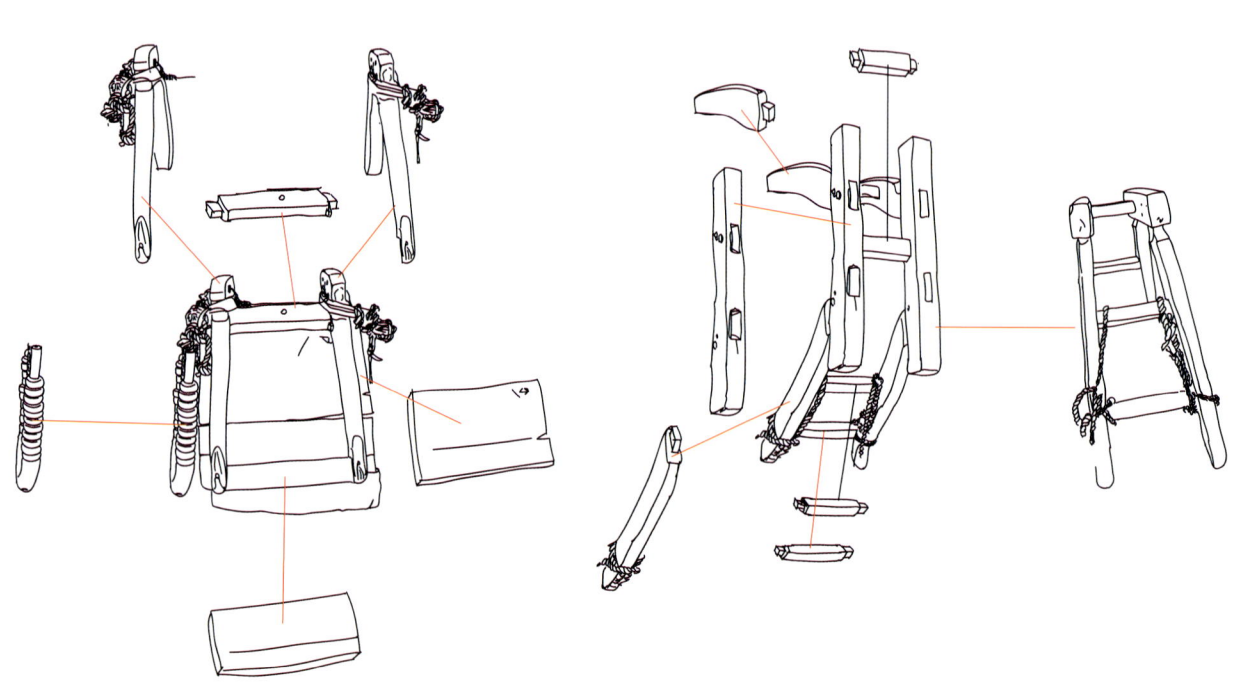

图四 景颇族驮架结构分析图

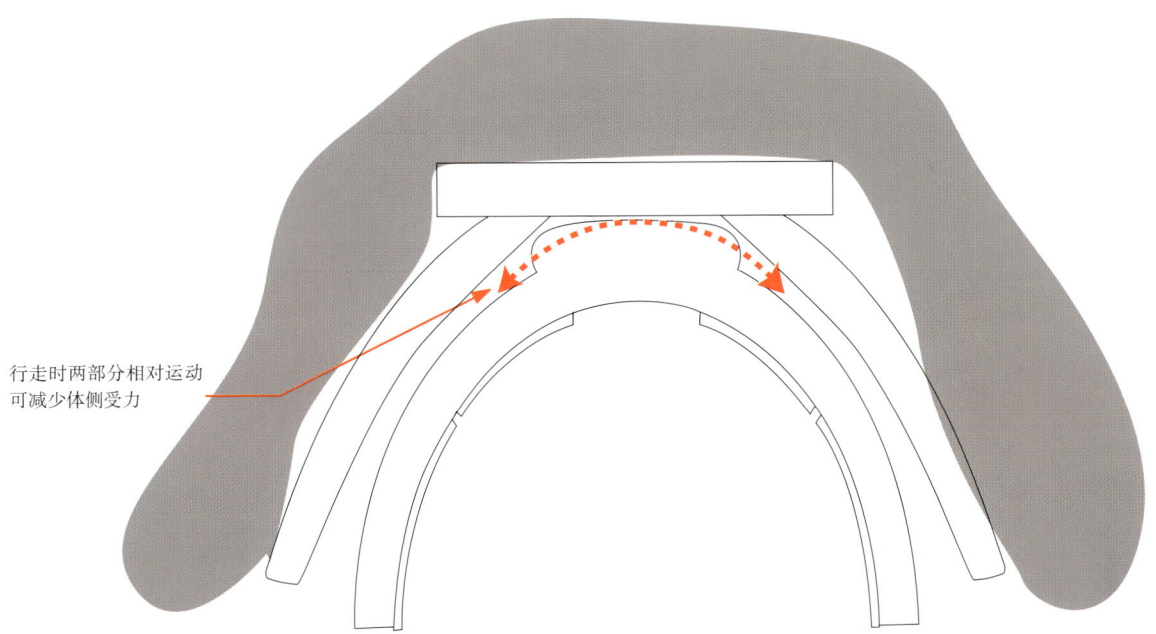

图五 景颇族驮架受力分析图

行走时两部分相对运动可减少体侧受力

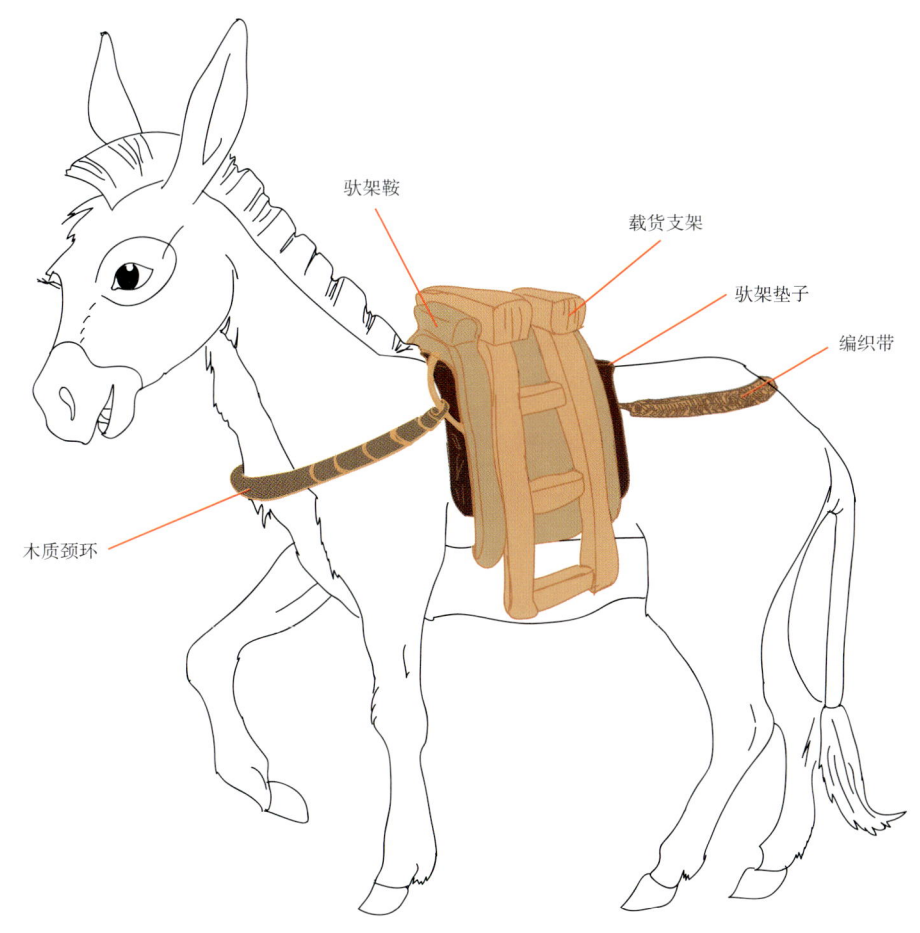

图六 景颇族驮架结构名称图

驮架鞍
载货支架
驮架垫子
编织带
木质颈环

第五章 景颇族传统生产工具

景颇族竹粪筐

图一　景颇族竹粪筐主图

景颇族的家畜养殖较为普遍，运输肥料的工具竹篓筐常用竹材料制成。竹粪筐结实耐用，工艺简便，材料成本低。本案例选自云南省德宏州盈江县平原镇玉麦寨，其高约90厘米，装载区域深约60厘米，宽50厘米。

竹粪筐主要分筐架和筐体两个部分。其筐架由一根竹子进行扭曲、旋转、拆分而成，结构造型整体有力，这是其最有特色的地方。选用材料非常节俭，也具有当地特色。粪筐的装载区域的编织方式也比较简单，但是很实用。竹子"刚柔并济"的特点把握得十分到位。粪筐的支架利用的是竹子的刚性，但又不是完全将柔性抛弃；粪筐的主体部分利用的是竹子的柔性，但也要有点刚性，这样才能装载更多的粪。

景颇族竹粪筐的设计造型朴素实用，加工方式简单，给人一气呵成的感觉。这样的设计只有建立在对诸多性能充分了解和把握的基础上才会完成，又是一个因物造型的设计案例，体现了景颇族人民适应自然的能力和开发材料性能的智慧。

图片来源
图一、图四至图五　樊进　摄影
图二至图三、图六　卢慧敏　制图

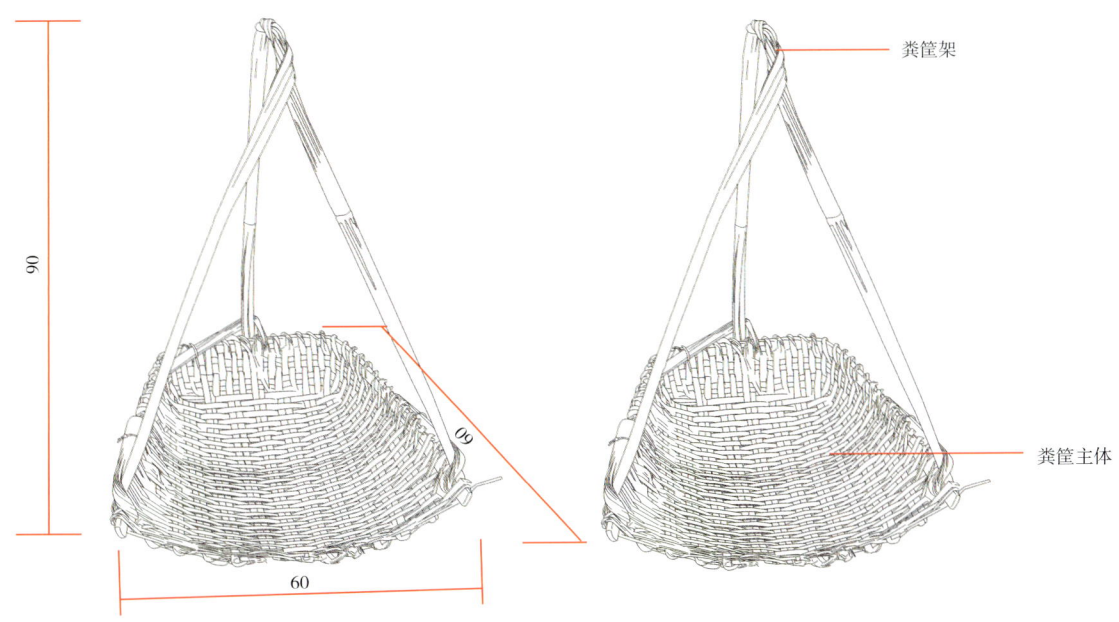

图二　景颇族竹粪筐名称尺寸图（单位：cm）

图三　景颇族竹粪筐功能示意图

第五章　景颇族传统生产工具

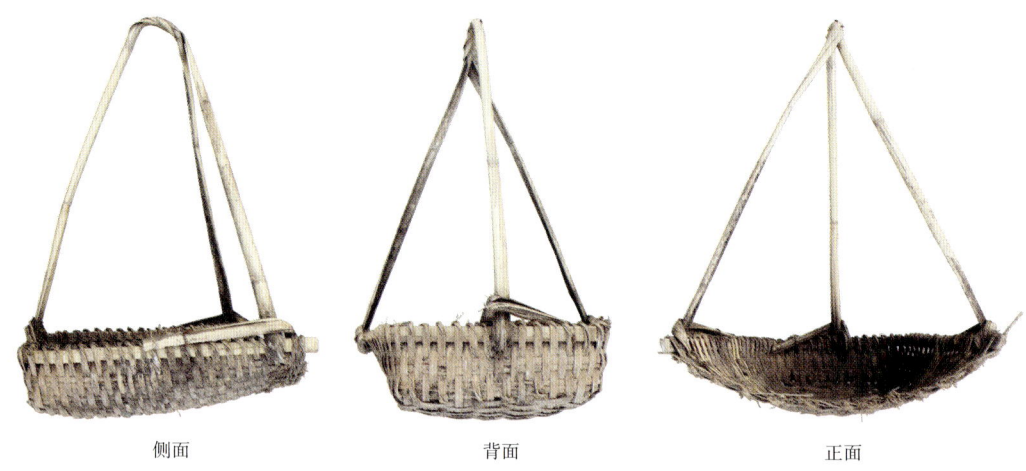

侧面　　　　　　　　　背面　　　　　　　　　正面

图四　景颇族竹粪筐三视图

粪筐的支架
由竹子进行扭曲做成

图五　景颇族竹粪筐细节分析图

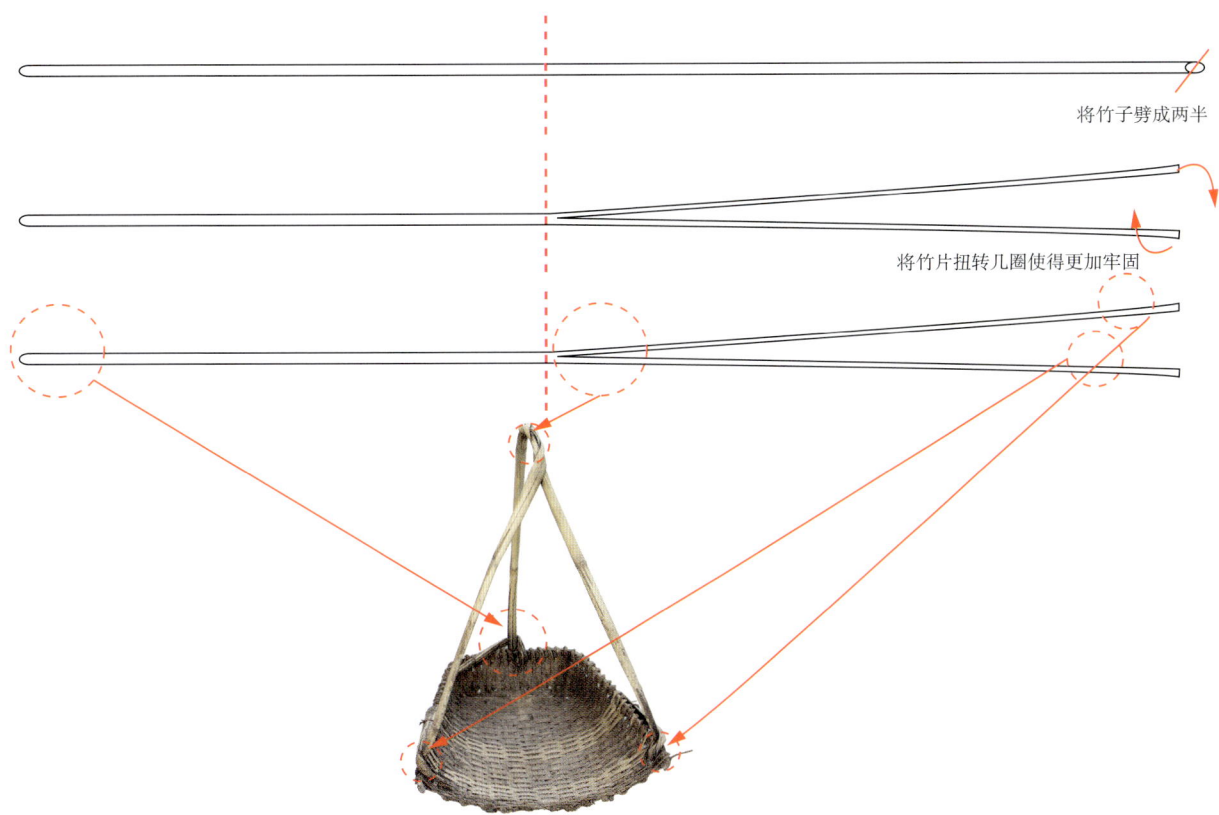

图六 景颇族竹粪筐设计原理示意图

第六章 景颇族传统手工艺

景颇族织锦图案

图一　景颇族织锦图案主图

景颇族织锦伴随着景颇族发展变迁的历史，其中的织锦图案是景颇族女性创造手工文化的一个重要载体，是景颇族装饰文化的重要组成部分。织锦图案内容丰富、纹饰多变、形式多样、色彩鲜明，是中国织锦文化的重要组成部分。

景颇族织锦是由景颇族女性采用经纬编织法制作而成。其使用的材料是由女性捻出的麻线、棉线、羊毛线等，经过染色归类分组后，使用腰机一图一式地逐行编织而成。在传统景颇族生活中，由织锦做成的日用制品众多，有毯子、筒帕、筒裙、护腿、包头、腰带、背腰、护孩围巾、祭祀垫毯等。这些制品涵盖的内容广博浩瀚，织锦花纹图案有"同嫩课"（挎包包口图案）、"课米"（花纹主图）、"同当课"（间歇挎包花纹图案）、"静破波"、"同都课"、螃蟹脚印、"起缅课"、野猫足迹图案、罂粟花等纹样有三百余种，琳琅满目。通过众多的织锦制品可以看出，景颇族织锦图案的几大特征：一、表现内容丰富。景颇人将身边熟悉或关系密切的飞禽走兽、奇花异草、鸟虫鱼蟹、生产生活用具以及自然现象都当作描绘的对象，现代织锦图案又增加了旅游文化等新内容。有模仿老虎脚印、毛虫爬行痕迹、野猫脚印、老鹰爪印、牛角、青蛙、螃蟹、蝴蝶、鱼、蝉纹样等动物元素的题材，也有从罂粟花、桃花、蕨叶、莫兰花、南瓜子、藤蔓等植物中提炼的元素；二、以抽象语言为主要造型方式。除了蕨叶、青蛙等少数纹饰较为形象以外，多数以抽象造型出现；三、在形态语言上几乎所有的造型都以直线为元素进行不同形式的组合，这些组合之中除了直线、斜线的不同组合以外，以折线为基本组合单元为主，连续的折线表现曲折的迁徙路线和山川的形象等。单独的折线通过各类对称、交叉、重组等手法又会产生众多的造型。这些造型之中以菱形为主要的组合形态。四、在色彩方面以红色、黑色、深青色、白色为基本底色，以黄、橙、蓝、绿、紫等颜色为主要辅助色系，织出不同色彩的图案，色彩绚丽多姿。在丰富的色彩设计当中，它们的明度设计同样体现出丰富的深浅变化，浓淡相宜；不同明度的图案，设色强调强烈的对比效果；五、景颇族的图案在传统形态语意的基础上又出现了一些新的带有构成意味的图案，这些图案不一定有明确的形象指代，但都有着与菱形或折线元素相关的造型语言；六、景颇族织锦图案整体造型风格硬朗，洒脱率真，爱憎分明，给人以强烈而鲜明的印象。也有的纹饰图案稚拙古朴，带有怪诞神秘的意味，既有原始朴素的美，也有肆意想象的天马行空的感受。

织锦是每个景颇族女性在农事闲暇之余从事的重要劳动，而且是每个景颇族女子必会的本领。纺线、靛染、织布、挑花、缝制等等都是传统景颇族女子靠双手来一步步完成，这些织锦图案无不闪耀着景颇族女性善于思索的智慧之光，无不展现了景颇族女子的勤劳坚韧的果敢精神。

图片来源
图一、图七　石木苗.景颇族织锦.昆明：云南民族出版社，2007.
图二至图六　刘艳斌　制图
参考文献
石木苗.景颇族织锦.昆明：云南民族出版社，2007.

图二　景颇族织锦图案示意图

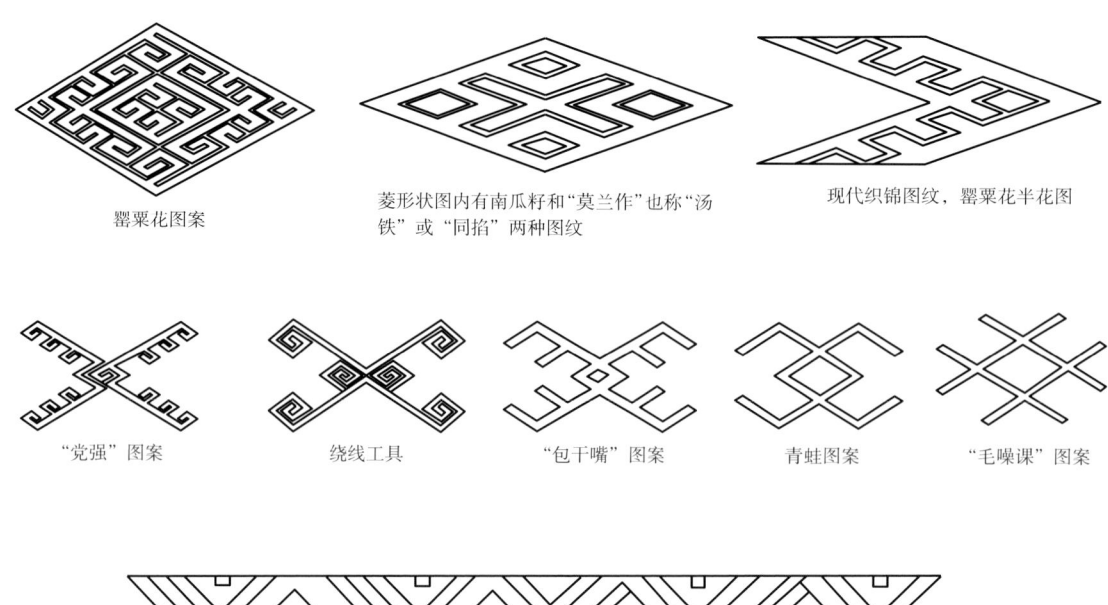

罂粟花图案　　　菱形状图内有南瓜籽和"莫兰作"也称"汤铁"或"同掐"两种图纹　　　现代织锦图纹，罂粟花半花图

"党强"图案　　　绕线工具　　　"包干嘴"图案　　　青蛙图案　　　"毛嗓课"图案

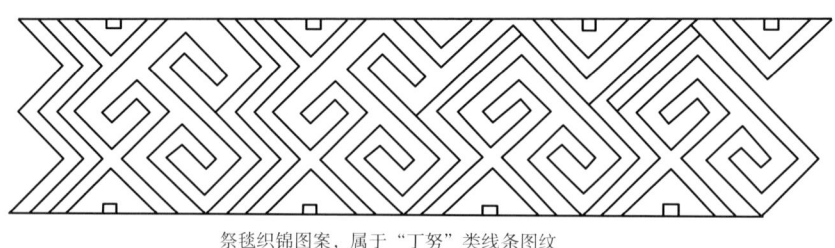

祭毯织锦图案，属于"丁努"类线条图纹

祭毯织锦图，井蛙图案　　　祭毯织锦图案，"毛怪"，有的称"莫兰"

"丁努"类线条图纹，属于机排自序图案

图三　景颇族织锦图案（一）

图四 景颇族织锦图案（二）

图五 景颇族织锦图案（三）

"莫斑暂"图案

小"康追包"图案

蕨菜叶类线条，"课堆莫"（属于大图案）

"省国"图案

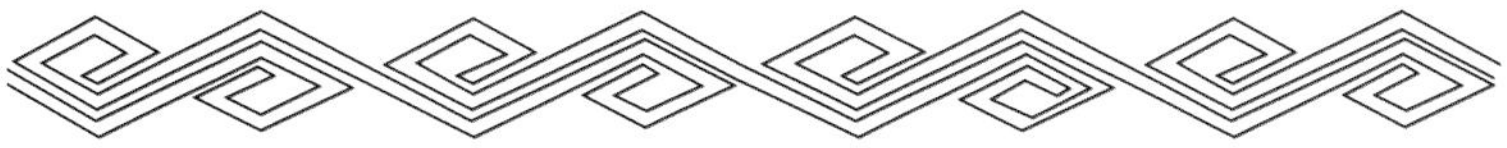

"课堆作"，也叫目瑙示栋蕨菜叶图

"勒足"，属于"革王"类线条图纹

"革王"类线条图

"革王"类线条图，小人头

"革王"类线条图

"革王"类线条图

"革王"类线条图，小人头

现代织锦图

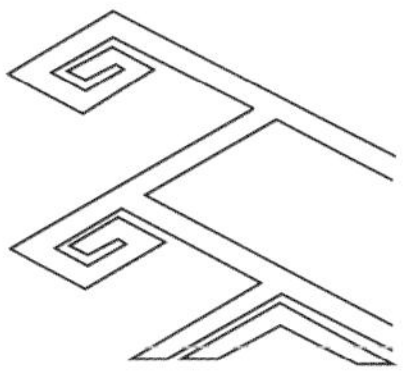

"革王"类线条图，"努莫"

图六 景颇族织锦图案（四）

由"哥王"类线条组成的"丁努"类图案　　　　　　罂粟花图案

蕨叶样波浪图纹、野猫脚印　　　　　　"同掐"和罂粟花圈套图案

由"干作"小图纹组合的新花样图案，是新出现的现代织锦图案　　　　　　由罂粟花组成的大波浪线"冬怪"图案

图七　景颇族织锦图案延展图

景颇族腰机

图一　景颇族腰机主图

　　景颇族传统的织布方式与云南傣族、独龙族等众多民族一样，都是自给自足的手工织布方式，所用的织布器具便是腰机。腰机被称为现代织布机的始祖，是一种席地而坐的"踞织机"。景颇族日常所用的棉、麻、葛、毛等素布、织锦都是用腰机来织造的，通常是将织造的卷布轴的一头系束在腰间，借用腰臀的力量支撑的织造方式。腰机是传统的景颇族人家必备的生产工具，通过景颇族女子的织造为景颇族人民提供了衣着和装饰等重要物品。

　　用腰机织布是景颇族女子必备的生产技能。通过手口相传的传承方式经过数代人的流传使用到现在。腰机作为一种较为古老传统织布工具，有着很强的适应能力。景颇族的腰机主要由卷布轴、提综杆、分经棍、梭杼和经轴构成。织布前需将经线缠绕在腰机上，经线的一端固定在经轴上，另外一端固定在卷布轴上，接着将卷布轴围在编织者的腰上。织造时，编织者席地而坐，双脚蹬在经轴上，依靠两脚的位置及腰脊来控制经丝的张力。首先用分经棍把经线分为上下两层，单数经线为一层，双数经线为一层。分层之后会形成一个梭口，再用竹制的提综杆从上层经丝上面用线垂直穿过上层经纱，把下层经纱一根根牵吊起来，这样用手将提综杆提起便可使上下经线层位置对调，形成新的梭口，众多上下层经线均被提综杆操控。纺纱时需要用到梭杼，梭杼也是竹制的，上面绕有纬线。织第一梭时，将绕有纬线的梭杼穿过梭口，并用打纬刀打纬。织第二梭时，提起提综杆，下层经纱提起，形成第二梭口，打纬刀放入梭口，立起刀并固定接口。梭杼用来引纬，打纬刀用来打纬。有时候梭口开口不清，则在上层经纱之上增加一根或两根较粗的压辊，以防上层经纱浮动。腰机就是这样交替织作，一直循环下去。用腰机来织不同的花纹时，只需将色彩不一的纬线穿过不同数量的经线便可达到这一效果。

在现代工业化快速批量生产的环境下，传统织造过程中产生的许多有生命力的图形纹样正在以新的生产方式去传播延续。在这样的背景下，我们需要将这些织造基本原理、工具及其使用方法进行系统整理、传承和有效的保护，这是景颇族文化的重要展现方式，传统腰机的织造方式有其特定的手工魅力，也能够打造高端的定制方式的手工产品，传统与现代的结合更会使得景颇族的纺织品具有新的民族特色。

图片来源
图一、图四至图五　李向前.景颇族文史画册.昆明：云南民族出版社，2007.
图二至图三　张孙晨　制图

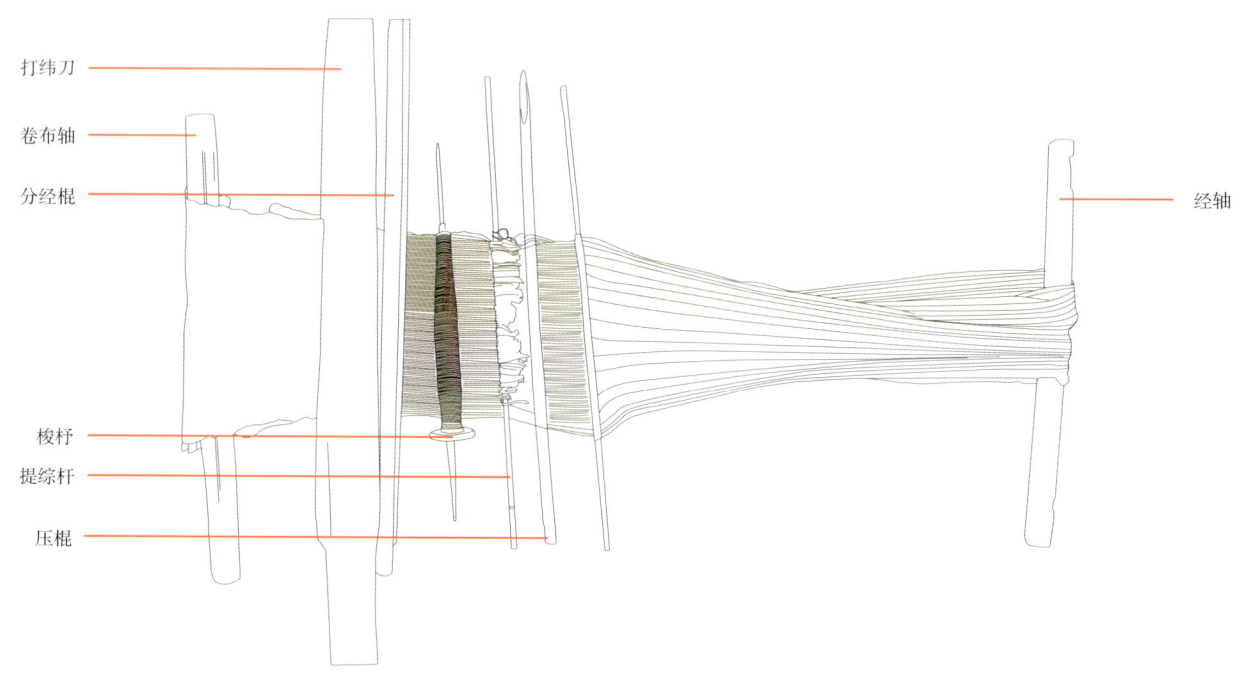

图二　景颇族腰机名称图

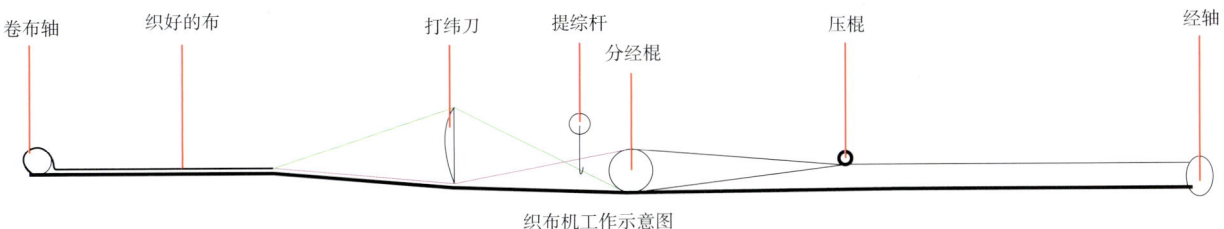

织布机工作示意图

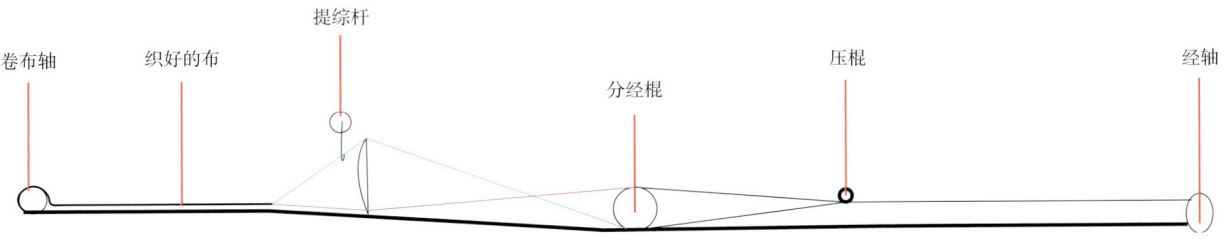

织布机工作原理图：织第一梭时，将纬线通过梭杼插入打纬刀形成的梭口当中，然后插入打纬刀将梭口内的纬线打紧

织第二梭时，用提综杆将下层经线向上提起，把打纬刀插入梭口，立起打纬刀进行固定，将梭杼进行第二次引纬

图三 景颇族腰机工作过程图

图四 景颇族腰机使用情景图

图五 景颇族腰机延展图（纺线机及碾棉机）

景颇族竹藤圆凳

图一 景颇族竹藤圆凳主图

景颇族人善于编织，尤其是善于用竹子进行编织，这源于景颇族当地丰富的竹资源。景颇族人的众多建筑、生产、生活器物都离不开竹制品，朴素的制作能够直接解决问题，这类竹子产品较为常见，相对精美、体现工艺水平的竹器一般要耗费较多精力和智慧才能实现。本案例竹藤圆凳便是兼具实用与美观的较为精致的造物设计。其选自云南省德宏州盈江县卡场镇草坝村，竹藤圆凳的直径约为30厘米，高度约为20厘米，凳面厚度约为5厘米。

整个竹藤圆凳均由竹藤和竹篾编织而成。凳面与凳底的编织方式相同，为八角孔编织方式，编织时以4条竹篾起头，然后再配以 3 条竹篾，编成八角孔形状，往后编织都分别以 8 条竹篾向上增加。凳面的边缘部分用竹藤包裹收边，可以让边缘部分更加光滑，使用时不会戳到手。该竹藤圆凳最精妙的地方在于其凳腿部分，凳腿由一根根细竹条相互交叉而成，细竹条的两端分别卡进凳面的边缘。相互交叉的凳腿与凳面和凳底共同构成两个角对角的三角形，这样当凳面受力时，交叉的凳腿就可以把力分散开来，提高了圆凳的稳定性，圆凳两边还编有两条竖直的凳腿，也可以分散部分来自凳面的压力。

环境可以造就人，人可以根据环境提供的资源因势利导地去设计，编织美好生活。本案例的竹藤圆凳便是一个展现景颇族人从美好器物的设计开始提升生活乐趣和品质的典型，没有止步于"能用""够用"的初级生产需求，对设计造物提出了"好用""用美"的新的追求。

图片来源
图一、图五　樊进　摄影
图二至图四　张孙晨　制图

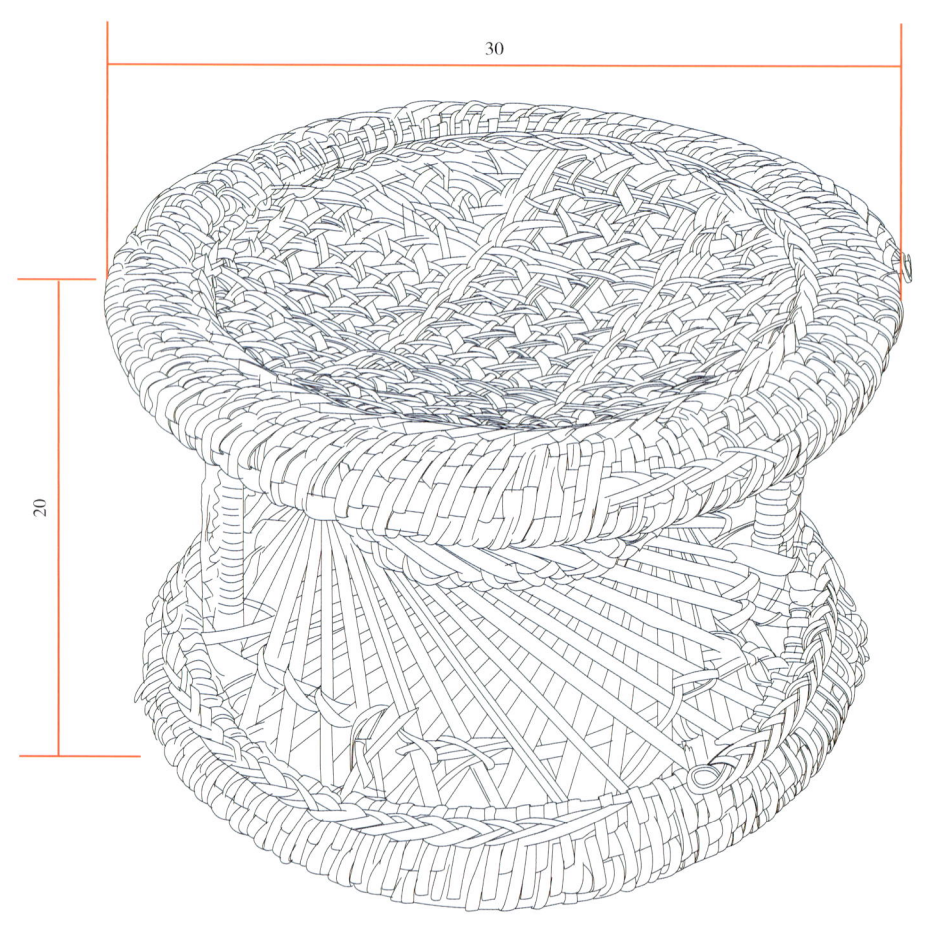

图二　景颇族竹藤圆凳尺寸图（单位：cm）

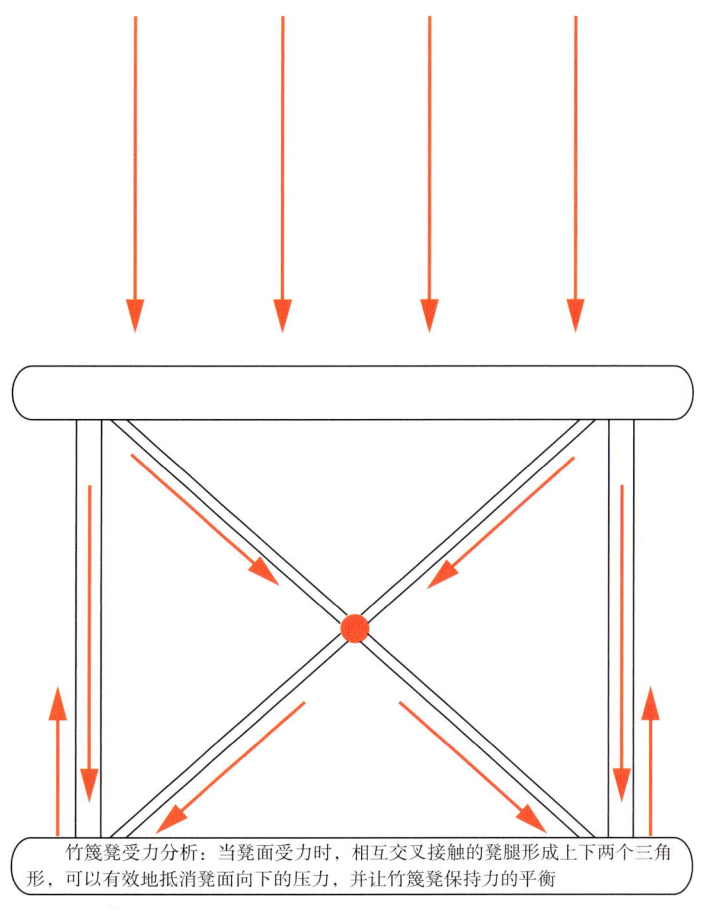

图三 景颇族竹藤圆凳受力分析图

图四 景颇族竹藤圆凳八角孔编织方式图

图五　景颇族竹藤圆凳凳底图

景颇族鸡笼

图一 景颇族鸡笼主图

景颇族鸡窝、鸡笼通常用较粗的竹竿制成。其基本结构都是将竹竿纵向劈裂成十余根竹条，将这些竹条由向外侧撑开，再用竹篾横向编织，形成一个喇叭口的造型。喇叭口朝上的编织可以做成简易的鸡窝，通常放至屋檐底下靠墙立住，竹竿通常保留一米以上的高度，需要生蛋的鸡便可以通过鸡道走入生产。喇叭口朝下的编织可以制成较为复杂的鸡笼，可以用来保护抚育期的母鸡和小鸡，也可以保护重要的蛋鸡过夜。本案例选自云南省德宏州盈江县卡场镇草坝村，其总高度约70厘米，底部圆形直径约为40厘米。

景颇族鸡笼的总体造型有些类似于圆锥体，但不同的鸡笼大小略有差异。鸡笼采用手工竹篾编织而成，找一根粗约5至6厘米的竹竿，用刀从竹节底部向上划开，划至距顶端10厘米左右为止，将竹节底部平均分成多片细长的竹篾，然后就可以编织了。景颇族鸡笼的竹编技法也较为常见，以挑压编为主，将竹节分成的竹篾当成经线，把需要编织的竹篾条当成纬线，把纬线挑一压一垂直地缠绕在经线上即可。编织时需将竹篾（纬线）压实，以防止纬线脱落，造成鸡笼不牢固。最后在鸡笼的上、中、下三端分别缠上一圈竹篾进行加固和收边，这样做不仅可以使鸡笼变得更加牢固，也可以让鸡笼的边缘更加顺滑，防止竹篾条的尖锐部分伤害到手。鸡笼的开关门是景颇族鸡笼设计中的精华所在，鸡笼门用一块较薄的方形木板制成，门是用绳索固定在鸡笼底部，绳索上端缠绕在鸡笼顶端，下端则固定在鸡笼底部（缠绕在鸡笼底部的收边上），门上开有4个小洞，左右各两个，门可以在绳索上下滑动，当鸡笼需要打开时，将门向上沿着绳索滑动，然后在绳索与门之间横插一块木销，木销可以使绳索产生阻力，这样门就不会自动向下滑落。同样若要将鸡笼关闭，则只需将木销拿下，把门向下滑动，就可以关闭鸡笼，十分方便。

鸡笼在景颇族当地使用较为普遍，它制作简单，使用方便，将简单的物理学原理应用在实际生活中，体现了景颇族人适应环境的能力与生活的智慧。

图片来源
图一、图五至图六　樊进　摄影
图二至图四　张孙晨　制图

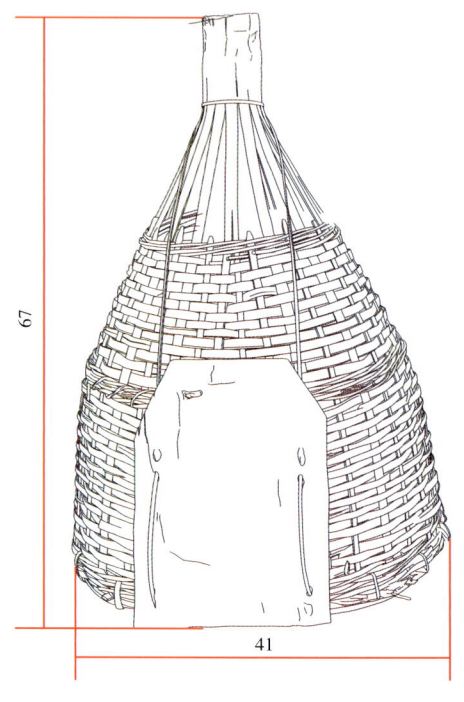

图二　景颇族鸡笼尺寸图（单位：cm）

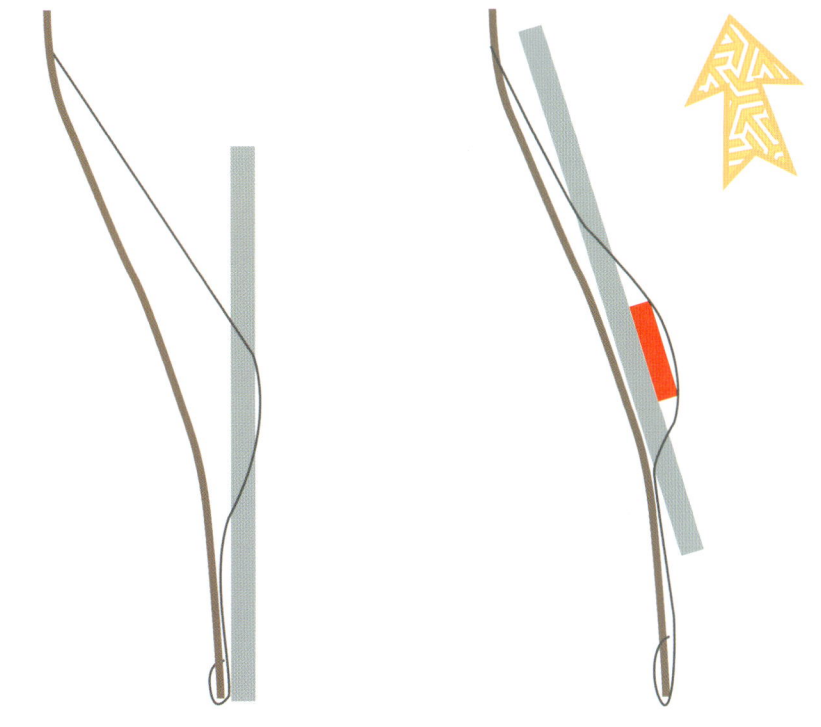

图三 景颇族鸡笼门开合示意图

图四 景颇族鸡笼侧面编织结构图

图五 景颇族鸡笼底面图

第六章 景颇族传统手工艺

图六　景颇族鸡笼使用情景图

景颇族牛皮盾

图一　景颇族牛皮盾主图

景颇族人骁勇善战，在防御性兵器设计方面也有独特手法，牛皮盾便是其典型的案例，盾是冷兵器时代人们常用的一种防御性武器。牛皮盾，顾名思义，是用牛皮制作而成的盾，是景颇族常用防御性武器。盾体通常长约100厘米，宽约40厘米，整体呈现细长屋脊形态。

盾体的皮胎通常用动物皮制作，然后加以漆饰，制成漆盾。因其坚韧轻便，特别适应山区使用。行进中以盾内侧的皮带挂在背后，与使用者融为一体，避免与周边的环境发生接触，提高灵活性。在使用时用皮带将盾系在一只手臂上，能够覆盖绝大部分人体，使用者受到最大程度保护，屋脊形态倾角有助于降低正面武器穿透力。盾面绘制夸张图形或图腾，借此迷惑猎物或恐吓敌人。生牛皮绷于木模表面风干，形成坚硬的牛皮盾形，牛皮熬胶涂于表面，再度加强盾体强度与韧度。牛皮盾制作完毕后，多以醒目的颜色装饰。在野外使用时，也可起到迷惑猎物，震慑敌人的作用。

牛皮盾取材简便，制作步骤简易。造型刚劲有力，使用时轻便易用，是景颇族具有远古气息的防御性器具。其将生牛皮硬化的自然现象进行了合理利用并加以强化，记录了景颇族人民在冷兵器时代的设计智慧。

图片来源

图一、图六、图八　李向前.景颇族文史画册.昆明：云南民族出版社，2007.

图二至图五、图七　汤懿　乔安琪　制图

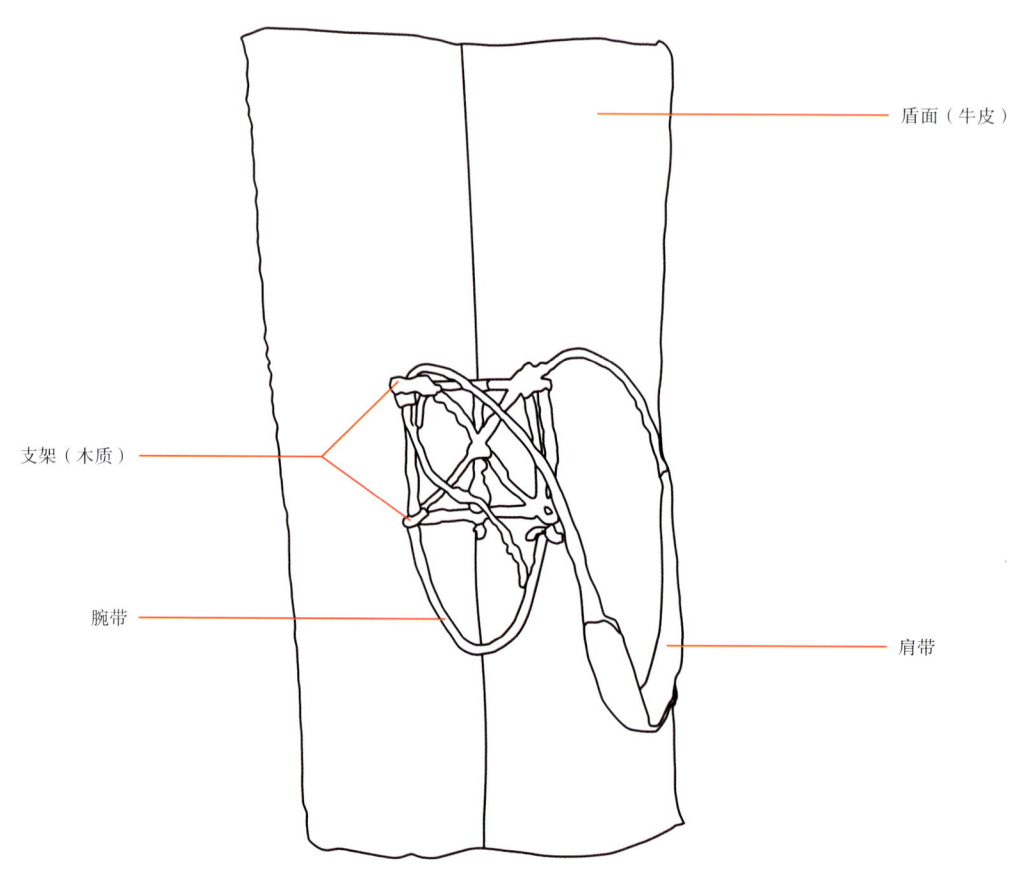

图二　景颇族牛皮盾名称示意图

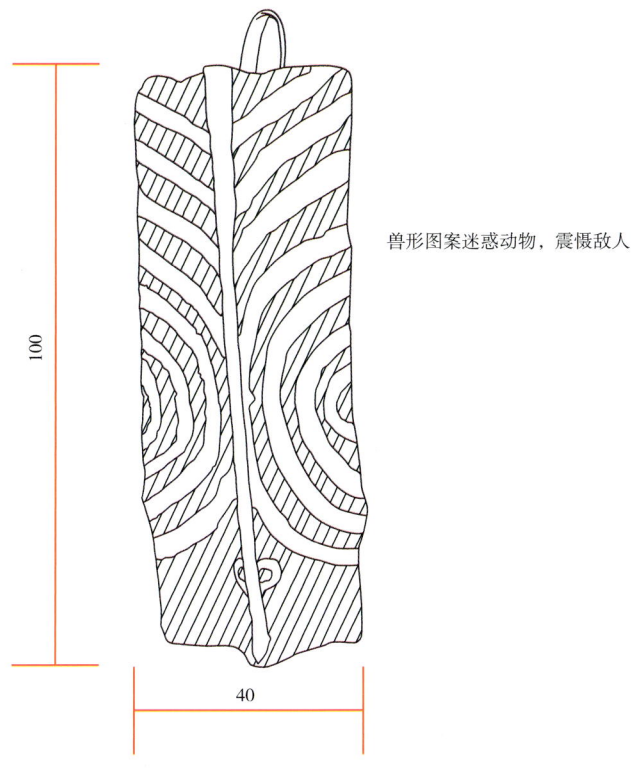

图三 景颇族牛皮盾尺寸图（单位：cm）

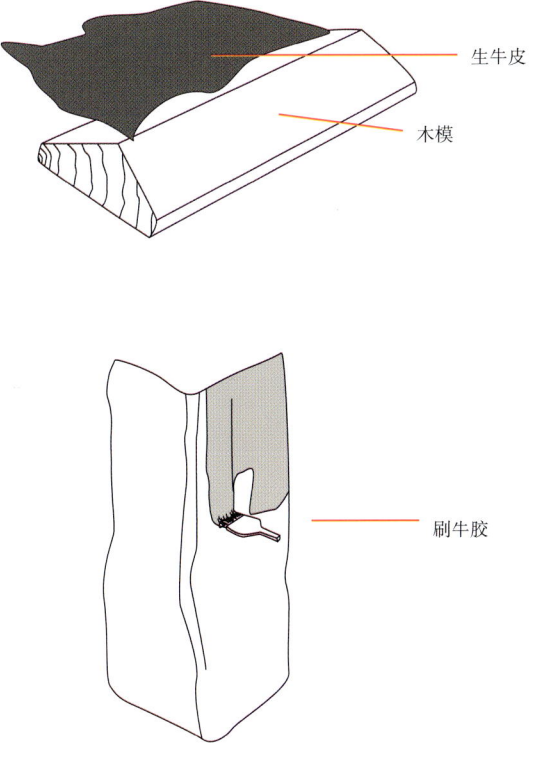

图四 景颇族牛皮盾制作工艺图

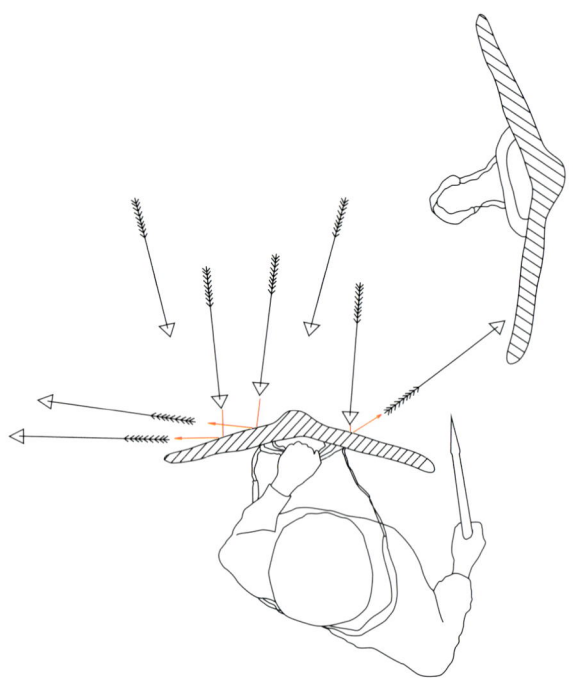

图五 景颇族牛皮盾顶视使用示意图

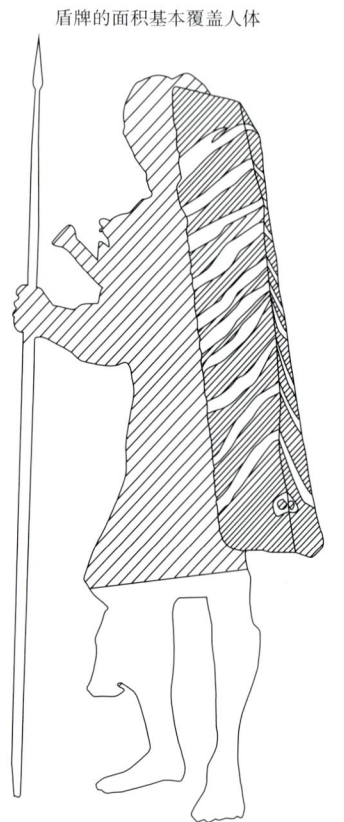

盾牌的面积基本覆盖人体

图七 景颇族牛皮盾使用示意图

图六 景颇族牛皮盾使用情景图

图八　景颇族牛皮盾延展图

景颇族棕树皮蓑衣

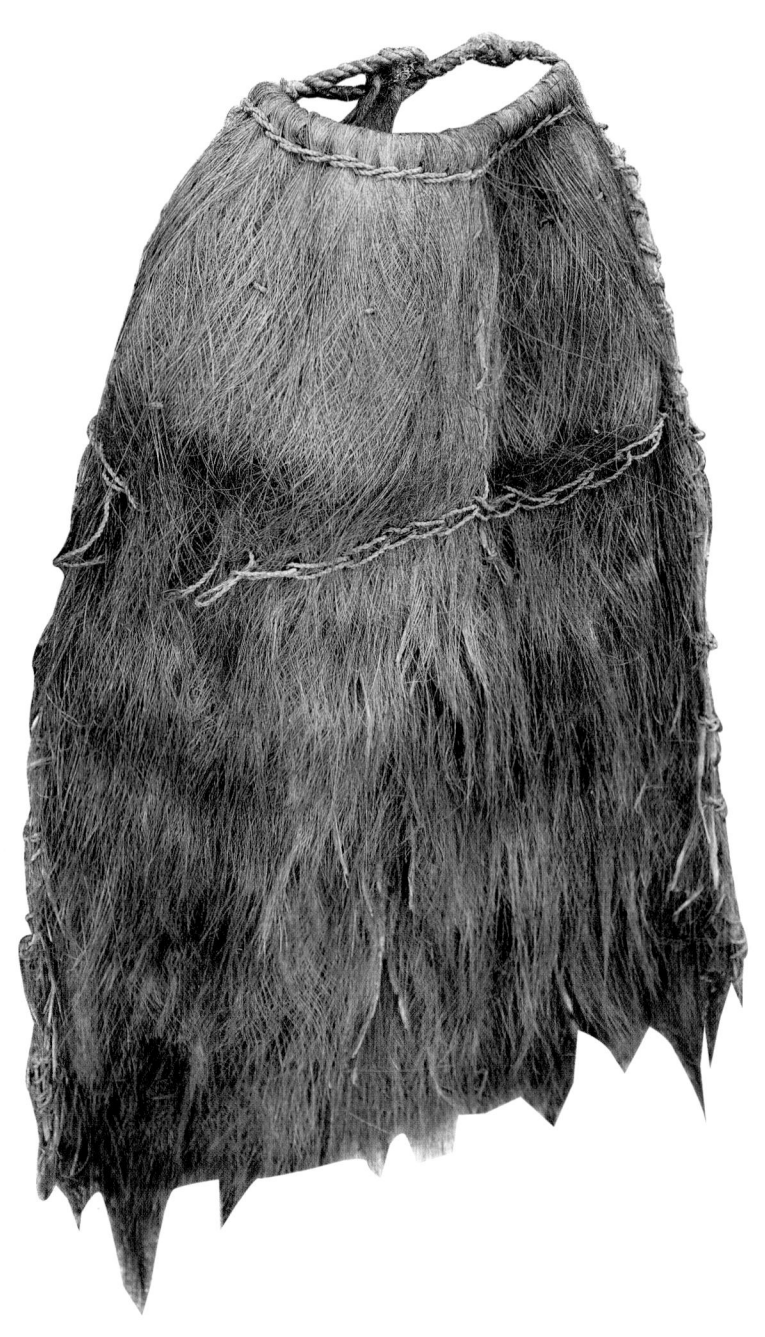

图一 景颇族棕树皮蓑衣主图

蓑衣是我国传统的防雨具，其制作的材料多样，通常使用不易腐烂、不易扯碎的植物茎叶、棕毛等制成。常用材料有蓑草（龙须草）、筲麻、三棱草、棕树皮等，本案例中的棕树皮蓑衣便是景颇族传统的防雨器具之一，选自云南省德宏州盈江县卡场镇草坝村麦冬寨，其总高90厘米左右，穿戴时宽约50厘米左右。

棕树皮蓑衣是用棕树皮通过穿挂缝制而成。棕树皮有交织状的棕毛结构，当将四层以上的棕树皮叠合后，其防御性能非常好，披挂在身上既防风雨又透气。首先，准备合适的材料，处理干净的长短宽窄适中的棕树皮和粗细相宜的棕绳。其次，按照不同部位选用不同质地的棕皮缝制，用棕刷理顺棕毛。相对圆滑松软棕树皮用来制作领口，这是蓑衣的起始部分，也是蓑衣与脖颈接触最密切的部分，通常选用上好的棕皮，制作完成还要进行进一步拍打，使其柔软，穿戴舒适。领口位置通常需要十几片棕皮，用棕绳缝制领口，制作成合适的弧度，较为结实、有硬皮的部分多缝制在衣襟两侧。最后，由领口向下将棕皮折叠穿挂在较粗的棕绳上，中间用细棕绳将上下两层的棕皮穿系固定，两侧的粗棕绳进行上下缝合连续。这样制作出的蓑衣灵活得体，双手可以完全解放出来，在雨中行走、站立劳作时可以起到良好的防雨效果。较现代的雨披相对较重，重量通常都在1.5公斤以上，雨中不会轻易摇摆，也不会像塑料雨披一样容易贴人身体。即使在雨中狩猎使用时，雨滴打在蓑衣上不会像塑料雨披一样会发出噼里啪啦的声响，影响狩猎效果。本案例的棕皮蓑衣领口穿挂棕片的粗棕绳两端做成了一个简易的环状盘扣，盘扣有两个扣纽，可以调节其松紧程度。棕树蓑衣皮披挂在肩背上时，可以覆盖后背至胸口两侧的位置，起到很好的遮风避雨的作用。在穿戴时要配一顶斗笠，这样便可以将头至脖颈处遮蔽起来，达到全身最大部分免遭冷雨的侵扰。有的地方还会制作披肩和下衣，和上衣相配合，以形成更完备的遮蔽体系。

景颇族棕树皮蓑衣从片状的防雨棕树皮到系结悬挂的棕绳都使用了棕树皮毛，材料易得，加工工艺相对简易，使用功效明显，是传统原生态的绿色设计。

图片来源
图一至图二、图六　樊进　摄影
图三至图五　卢慧敏　制图

图二　景颇族棕树皮蓑衣背面图

图三　景颇族棕树皮蓑衣穿戴方式示意图

图四　景颇族棕树皮蓑衣尺寸图（单位：cm）

图五 景颇族棕树皮蓑衣编织示意图

图六 景颇族棕树皮蓑衣使用情景图

第六章 景颇族传统手工艺

第七章 景颇族传统民俗和宗教造像

景颇族志歌舞

图一 景颇族志歌舞主图

志歌舞是景颇族欢庆性舞蹈，是景颇语（jinggo）的音译，又称"整过"、"直过"、"织歌"、"直歌"，也称"通戛戛"。"整"为山歌或歌之意，"过"为跳舞。景颇族通常在新居落成、婚娶、过节、吃新米时都会载歌载舞，以示庆贺。本案例选自云南省德宏州盈江县，是庆贺新房落成时跳的舞蹈。传统的景颇族村寨会在相对农闲的时节盖房子，每年第一季度是房屋集中落成的日子。景颇族人习惯盖房时互帮互助，谁家盖房，全寨的人都来帮忙。等新房落成以后，大家一起跳志歌舞，庆祝主人新房落成。

志歌舞通常在院落等空旷场地开展，大家着盛装，在领舞者的歌声中开始组建一支一字形的舞队，领唱和伴奏者走在前头，伴奏的乐器有景颇族特色的象脚鼓、铜铓、锣、笛子等等。参加志歌舞的人们没有年龄限制，男女老幼都可以随时加入。整个队伍围着火塘沿着院墙行进，舞蹈的动作为模仿人劳作行进的动作，既有前后跨越，又有左右腾挪，既有手牵手的共同动作，也有前后左右配合的默契，每个参与歌舞的人，都在这种放松喜悦的节奏与歌声中欢乐开怀。当地流行的舞蹈语汇有很多，如：平地基——腾拉图（thing ra htu）、抬柱子——史多排（shado hpai）、架屋梁——能过干（nirg go gran）、搭木椽子——拉八干（lapa gran）、椽子上的横竹片——史日干、无肉中间的竹墙——

贡巴达（kun bada）、盖茅草——史我贡仑（shangu galup）、盖屋脊草——比蒙格仑（bi mung galup）等。

景颇族志歌舞节奏较为舒缓，老幼皆能载歌载舞，其乐融融，也为青年男女沟通交流创造了机会。志歌舞是景颇族劳动之余歌颂幸福生活的欢庆舞蹈之一，通常由一人领唱领舞，大家伴唱共舞。体现了景颇族团结互助、欢乐共享的集体智慧。

图片来源

图一、图四至图七　樊进　摄影

图二至图三　卢慧敏　制图

参考资料

石锐.景颇族文化习俗论.昆明：德宏民族出版社，1998.

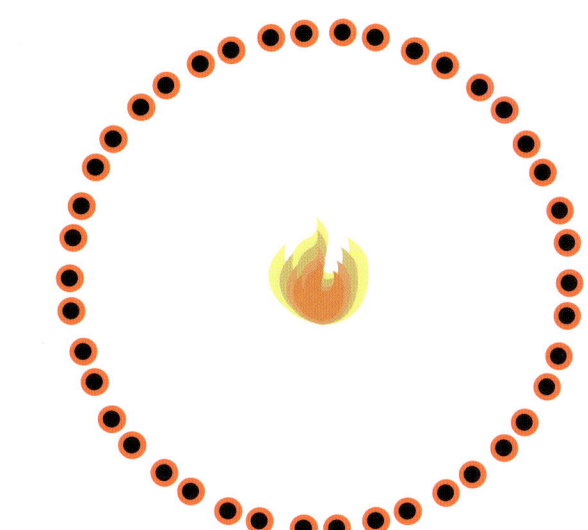

图二　景颇族志歌舞队形示意图

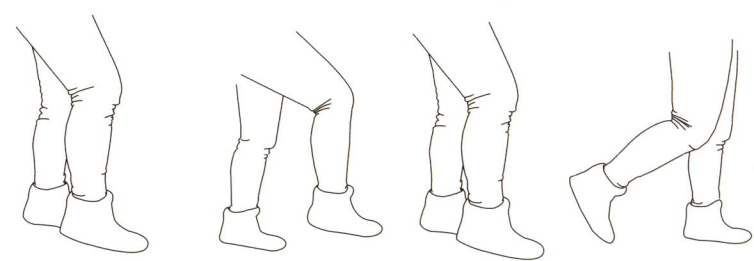

从舞者右侧观察到的腿部（右腿动作，左腿的动作类似）分析示意图

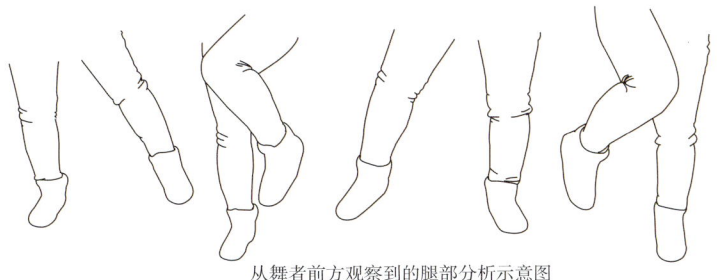

从舞者前方观察到的腿部分析示意图

图三　景颇族志歌舞腿部动作分析示意图

图四 景颇族志歌舞情景图（一）

图五 景颇族志歌舞情景图（二）

图六　景颇族志歌舞情景图（三）

图七　景颇族志歌舞情景图（四）

景颇族春菜舞

图一　景颇族春菜舞主图

　　景颇族的民间歌舞通常来源于自身的生产实践，是景颇族人火热生活中短暂的放松和娱乐。本案例的春菜舞便是景颇族人对饮食文化的情感的表达，景颇族俗语讲"春筒不响，吃饭不香"，春菜是景颇族每天必备的菜品，在景颇族生活中占有重要地位，因

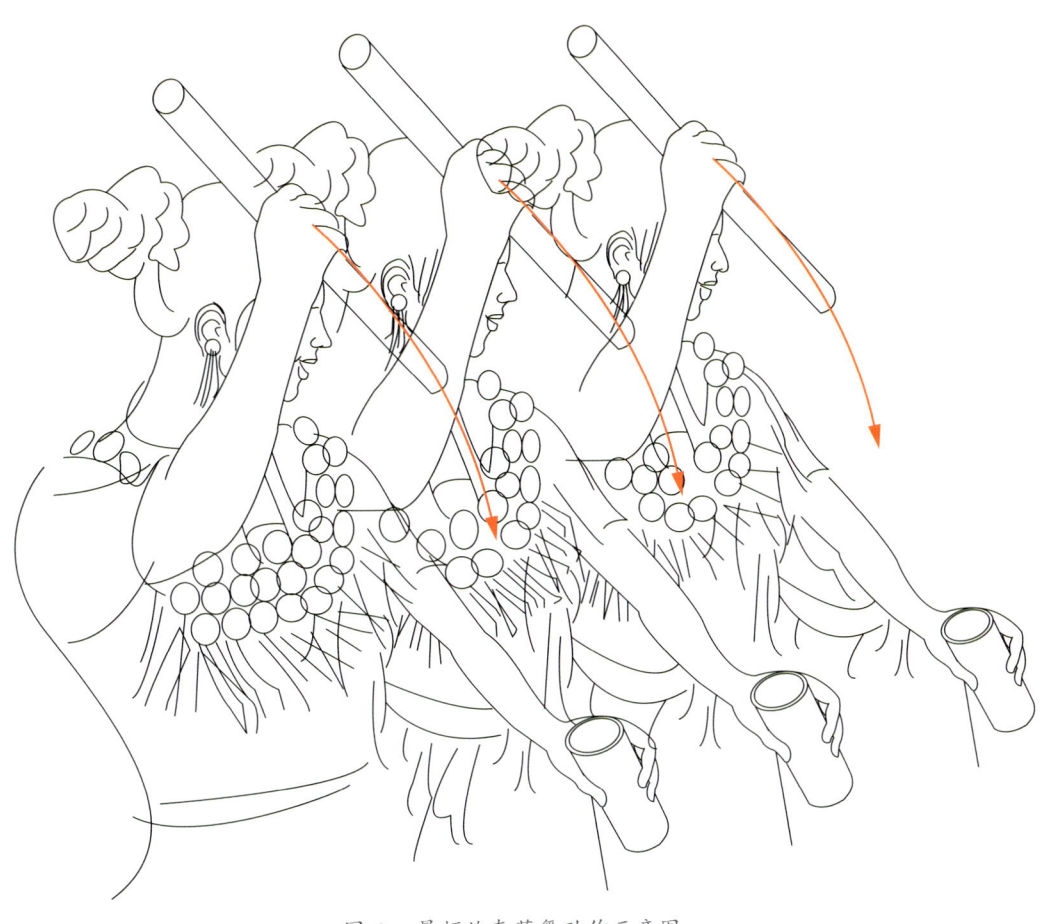

图二 景颇族春菜舞动作示意图

而用舞蹈的形式来表达人们对春菜的喜爱，对生活的感恩，本案例源于陇川县城子镇巴达村曼崩坝村民小组。

春菜舞是景颇族女子模拟春菜时的动作创作出来并流传开来的特色舞蹈，是当地年轻的景颇族妇女自行组织表演的舞蹈。景颇族女子着黑衣缀银泡，穿筒裙，筒帕、发髻上佩戴有红色、绿色、黄色、白色等色系缀穗的彩色头巾，盛装表演。一般有20个景颇族妇女参加舞蹈，一开始有4组，其中3组（6个人）各围成一个圈，还剩2个人单独跳。接着队形变成2排，一排有10个人，跳一段时间后队形又变成4排，每排是5个人，跳一段时间后又变成了2个大圈，一个圈由10个人组成。舞蹈的基本动作是景颇族妇女一手拿春筒，另一只手拿木杵，做出春菜的样子，一边春一边舞蹈。在表演春菜动作时干脆熟练，舞蹈节奏欢快热烈，有着较强的力度与速度美。将木杵轻轻在空中晃时，表现的是春菜休息的状态，又体现了景颇族女子的柔性一面。整个舞蹈动作所表现的是日常生活中春菜的场景，并将春菜动作进行了艺术的提炼和演绎，舞蹈的形式与内容相得益彰，体现了艺术和魅力。

春菜舞是景颇族人创新的一种舞蹈形

式，是一种生产活动性的歌舞，充满了生活气息，富有舞蹈感染力。舞蹈的动作和节奏体现了景颇族人坚韧、阳光和乐观向上的民族性格，展现了景颇族人对自然生活的眷恋和热爱。

图片来源
图一　王苗露　制图
图二至图三　卢慧敏　制图
图四　张一丹　摄影
图五　吴佳恒　制图

参考文献
祁德川.中国景颇族.银川：宁夏人民出版社，2012.

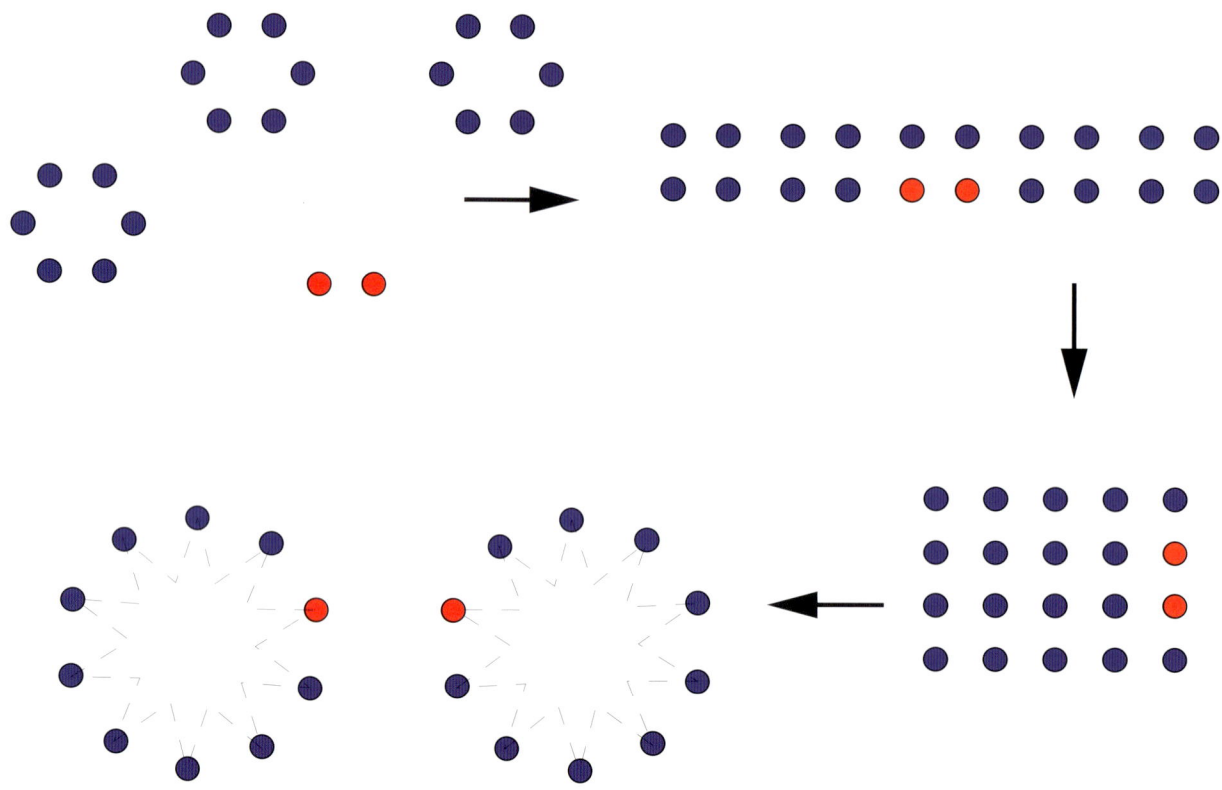

图三　景颇族春菜舞队形示意图

图四 景颇族舂菜舞的道具及手法情景图

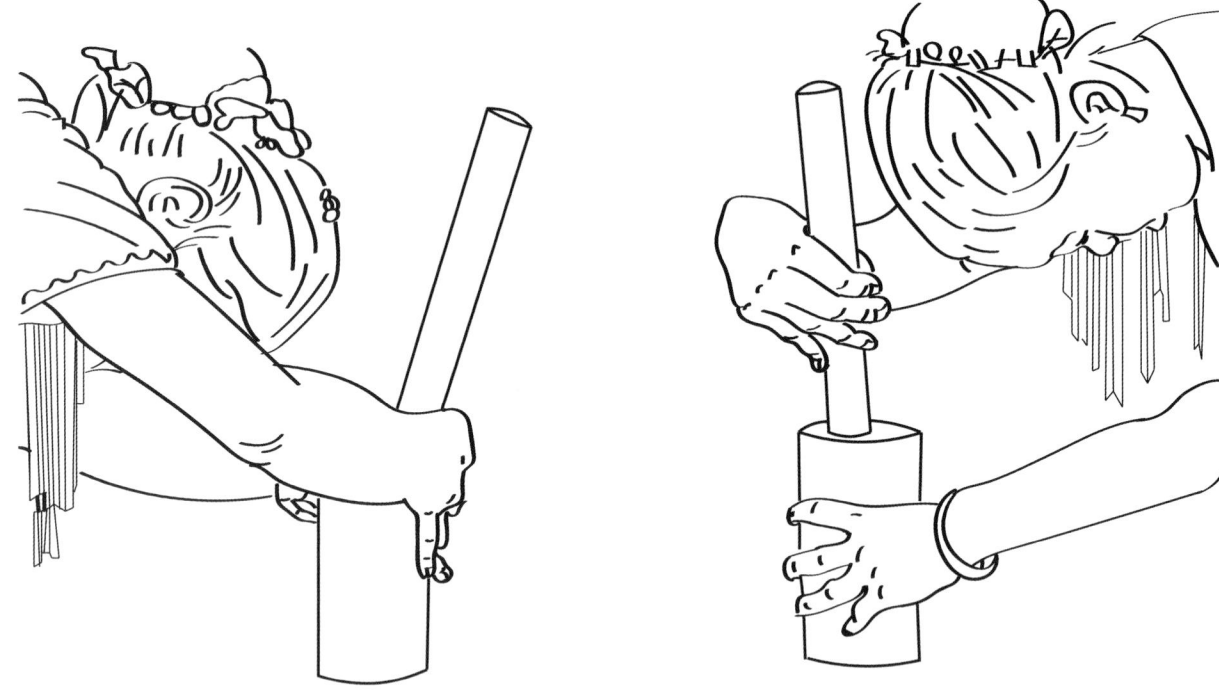

图五　景颇族舂菜舞动作示意图

景颇族背礼篓习俗

图一　景颇族背礼篓习俗主图

　　传统的景颇族是典型的高山民族，与山为伴是其生活状态，高山陡坡，密林窄路，日常生产生活需要翻山越岭地运各类物资，背篓是主要的人力运输器具。将生活方式转化为节日习俗是人类面对世界的自我认同，也是众多文化风俗形成的缘由之一。景颇族人背礼篓的习俗便是基于背篓这一生产器具及其独特的人文关系产生的。

景颇族妇女背篓出门或归来都有明确的目的，背篓里装满了丰收的果实或家里适用的物品，很少空篓而归。在日常生活中，景颇族人常赶街采购烟、酒、糖果等日用物品，用来解决一段时间的家庭所需。在生产劳作中，景颇族人常将使用的工具、材料和简易饮食等置于背篓中，归来时将采摘的各类物产背回家。景颇族的背篓背出了他们简单而幸福的生活，也背出了景颇族历史文化的传承和延续。景颇族的背篓常用竹篾和藤条编织，其造型简洁实用。礼篓即装有礼物的背篓，背礼篓的人是寨子出嫁的女子，在逢年过节回娘家时需要背回装有礼物的背篓，相当于中原汉族出嫁女子回娘家要带礼物一样。这样的习俗带有感恩父母不忘养育的情感在里面，是血脉亲情的一种表现。景颇族礼篓里面通常会盛放白斩鸡、鱼类、春菜、竹筒肉、腌菜、花生米、鸡鸭蛋、白米饭和糯米饭、米酒、水酒以及盐辣等等。这些食品都要用芭蕉叶包裹，再用竹篾捆绑。铺开就是地道的景颇族绿叶宴。通常要与最好的朋友们分享。若在节日期间，会赠予在场的德高望重的尊者和恩人以及重要人物等。按照景颇族的习俗，收了礼篓礼物的人，通常要给20至100元不等的钱款，以表谢意。传统的景颇族人在婚嫁、过节、集会或走亲串戚时，通常会"送礼篮"，礼篮内装水酒、煮鸡蛋、糯米饭团等，主人在接过礼篮后，先要向前来的客人一一敬酒，自己最后喝酒，再清点礼物，之后再把篮子还给客人，以表示礼物如数收到。

世世代代的景颇族人与其他高山民族一样都选择用背篓来背东西，但景颇族人却将这一运输方式转化成了一种情感交流的仪式性习俗，显现了景颇族人在亲情、友情、爱情等情感处理方面的细腻和含蓄，在感情维系方面特有的自信和豪迈，增加了自身文化的认同感和归属感，有利于景颇族文化的传承和创新发展。

图片来源
图一　苏千欢　制图
图二至图三　卢慧敏　摄影、制图
图四　德宏网

图二　景颇族礼篓里的东西示意图

图三 景颇族背礼篓示意图

图四　景颇族享用礼篮中的美食情景图

景颇族祭"家堂鬼"

图一 景颇族祭"家堂鬼"主图

景颇族同众多少数民族一样,信奉"万物有灵",并且都有自己的一套独特的祭祀方式。祭"家堂鬼",便是景颇族供奉祖先的一种仪式,也是每家都要进行的一种祭祀活动。本案例采自云南省德宏傣族景颇族自治州盈江县卡场镇草坝寨。

景颇族以家庭为单位的祖先崇拜就是供奉"家堂鬼"。其供奉办法是:祖父母去世,由父母负责供奉;父母去世,由子女负责供奉,而对祖父母则不必供奉,由此往下相承,每代人只负责供奉自己的父母。但景颇族的各小家庭供奉共同姓氏的"家堂鬼",这应是氏族祖先崇拜的遗留。

景颇族每家都有祭台,祭台一般设在堂屋进门右手边的墙角,悬空的,依靠在两面墙上,距离地面近两米。祭台是由木头打制而成的长方体状的柜子。在祭祀之前,要把祭台收拾打扫一下,然后用绿叶装扮一番(所用的绿叶主要有三种,最好的一种叫"坡开",其次是"坡鬼",第三个才是芭蕉叶)。装扮好了之后,在祭台上放上祭品(一般有绿叶鸡、水酒等)。一切准备工作做好后,董萨穿着景颇族传统正装，戴礼帽，配长刀坐在祭台前面，面对着祭台，坐在董萨专用小凳子上开始做祭祀。祭祀的时候，董萨嘴里念念有词，要念上一段时间。

祭祀结束后，家里主人把祭台撤掉，将祭品打开，绿叶鸡和水酒可以给上宾食用，绿叶鸡吃完后要把包裹用的绿叶放在火塘里烧掉。

图片来源
图一至图三　樊进　摄影
图四至图五　张若翼　制图

图二　景颇族祭"家堂鬼"祭品

图三 景颇族祭"家堂鬼"祭台

图四　景颇族祭"家堂鬼"情景示意图

图五　景颇族祭"家堂鬼"之焚烧包裹祭品的芭蕉叶

景颇族传统婚俗

图一　景颇族传统婚俗主图

　　景颇族传统的婚俗与他们的历史文化、宗教信仰、山官制度和民族心理等等有着密切的联系。传统的景颇族婚俗是等级内的婚姻制，传说中的婚姻习俗是男方盛装出嫁到女方，后来随着私有制的发展，男方财物过多，又常丢三落四，逐渐改为女方嫁男方了。由此可见，女子出嫁是私有制发展的产物，也是父权社会超越母权社会的结果。现代所见的景颇族婚俗是在此基础上不断发展演变的结果。本案例是云南省德宏州陇川县的婚俗之一。

　　传统的景颇族婚庆程序主要包括：婚庆前的准备工作，迎接新娘，祭献神灵，独具特色的过草桥，新娘步入新郎家，新娘沐浴，新娘新郎接受董萨贺喜，举行新人播种仪式等。在结婚的当天，新郎官会带领一伙男女青年鼓乐齐鸣地迎接新娘。在敲锣打鼓的热闹氛围中，新郎家人背着载满情谊的沉甸甸礼篮准备迎接新娘家人。在新郎家人身后是一座用树枝与鲜花搭建的迎宾彩门，类似中原婚庆出现的"幸福之门"，门下是盛装的迎宾姑娘及传统乐队。迎新途中，新郎家人要为新娘家人送上自酿的美酒，这样的礼俗须在进入新郎家前完成三次，以示尊重。在迎新的沿途能看到讨喜酒喝的景颇族小伙，类似中原地区中途要喜烟的环节。新郎的兄弟或嫂子（具体的人选要事先经卜卦确定）要牵新娘从草桥上走过。如果确定的人选是新郎的兄弟，他也必须乔装打扮成女性，牵着新娘的右手走过草桥。在旧时的传统婚俗中，景颇族人认为，如果不举行过草桥的仪式，不算正式结婚。只要能走过"桥"头，新娘就算是新郎家的人了，而且意味着新娘在家会是一个勤劳能干的姑娘，到了婆家也必将继续保持勤劳能干的本色，成为一个勤劳贤淑的好媳妇。走过草桥后，早已在门槛处等待的婆婆，会满心欢喜地将手镯或银项圈戴在新娘身上，以示认同并接纳了这个儿媳。新人进门时通常要喝一杯喜酒。新娘一到新郎家，即请董萨念咒祭"家堂鬼"，大约半小时。在董萨诵经期间，一对新人端坐在一起，为长辈裹制"嚼烟"。为祭"家堂鬼"，要杀鸡，还要将其鲜血洒到棒升草上。祭司将根据死去的鸡身的位置、朝向等卜卦算命。

本案例的景颇族传统婚俗在现代演变的案例，仅是景颇婚俗文化的一小部分，在不同的区域和支系都会有不同的变化。随着社会生产生活的不断发展，景颇族的传统婚俗也必然会出现一些新的变化和发展。

图片来源
图一　顾津　焦少鹏　制图
图二至图六　王楠　摄影

新郎带领一伙男女青年鼓乐齐鸣地迎接新娘

新郎家人背着载满情谊的沉甸甸的礼篮准备迎接新娘家人。身后是一座用树枝与鲜花搭建的迎宾彩门，门下是盛装的迎宾姑娘及传统乐队

新郎今天可得美美地喝上几杯

途中，新郎家人为新娘家人送上自酿的美酒

图二　景颇族婚礼进行过程图（一）

进门再喝一杯

新娘一到，即请董萨念咒祭"家堂鬼"

要杀鸡，将其鲜血淋洒到棒升草上。
祭司将根据死去的鸡身的位置、朝向等卜卦算命

在董萨诵经的时候（大约半个小时），
一对新人坐在一起，为长辈裹制"嚼烟"

图三　景颇族婚礼进行过程（二）

图四　景颇族婚礼之过草桥

第七章　景颇族传统民俗和宗教造像

391

图五　景颇族婚礼——过草桥的新娘

图六　景颇族婚礼情景图

景颇族戈崩恩东

图一　景颇族戈崩恩东主图

戈崩恩东是景颇语的音译，它是景颇族丧葬舞蹈中的一种道具，现在并不常见，以前只有在山官贵族或富人家有人去世时举行仪式中才有可能出现，因为举行这样的仪式一方面需要大量的人力、财力，另一方面去世的人还必须是儿孙满堂的有福之人。本案例选自云南省德宏州芒市，为私人收藏品，其长约36厘米，竹筒直径约4厘米。

戈崩恩东是用竹竿砍削而成的，其直径大小适合手拿，方便携带。景颇族善于利用竹材料的结构特征来进行有针对性的造物设计。戈崩恩东在使用的时候必须是成对成对使用，象征一对完整的夫妻，但其具体的结构又有明显的区别。如果一对夫妻中一方已经去世，另一方刚去世时，所用的戈崩恩东是两端带有完整竹节结构，即保留横隔结构的竹节，表示其人生已经终结，跟阳间画上了一个圆满的句号。如果一对夫妻中一方去世，而另一方还在世时，选用的戈崩恩东是没有竹节的竹管，空腔左右，表示在世的一方还在继续进行人生历程，没有完结，与阳间还相通。戈崩恩东表面有很多用刀划出来的竹皮，其张开的形态近似羽毛球的尾羽，这种放射状的竹羽有两种排布方式：一种是戈崩恩东的中线为对称线，左右首尾相连设两圈羽状竹青条；另一种是戈崩恩东削有三组头相对的圈状竹羽。戈崩恩东上面的青竹羽，表示死者生前所做的事情和所养育的子孙。做的事情越多，养育的子孙越多，那么划出来的竹皮的数目也就越多。

戈崩恩东的使用体现了景颇族人朴素的丧葬习俗，通过对竹节与竹管的解读来象征人生的存在与消亡，展现了景颇族人对于人生的别样解读和体悟。通过对逝者生前对当地人所做的事情和贡献来进行一定的描述来肯定其生的意义，也是一个向善向智的赞美和肯定，这对于景颇族而言具有一定的文化导向的作用。

图片来源
图一、图三至图五　樊进　摄影
图二　卢慧敏　制图

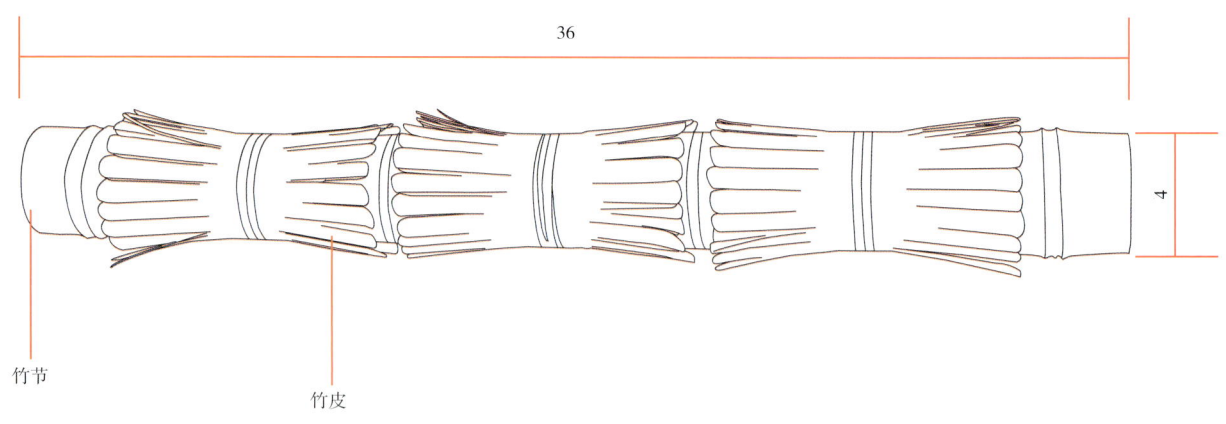

竹节

竹皮

图二　景颇族戈崩恩东尺寸名称示意图（单位：cm）

图三　景颇族戈崩恩东实物图

图四 景颇族戈崩恩东细节图

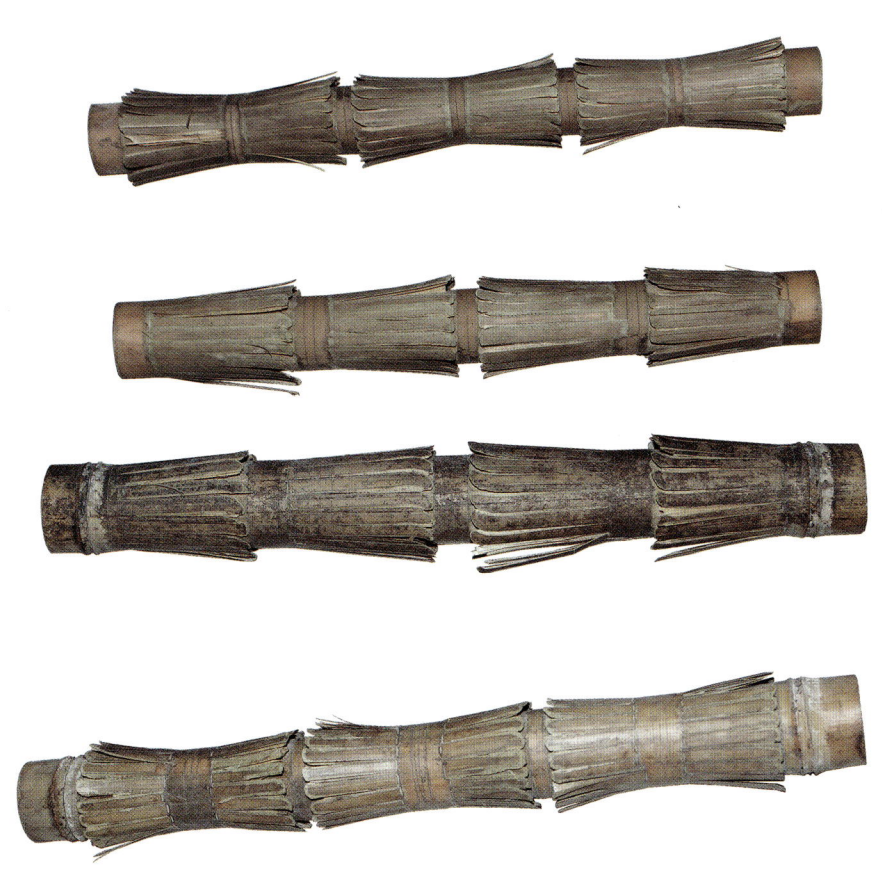

图五 景颇族戈崩恩东延展图

景颇族金斋斋

图一　景颇族金斋斋主图

　　金斋斋也称"金寨寨"、"金再再"，它是景颇族的一种较为原始的祭祀舞蹈，是一种送魂驱鬼舞，属于丧葬舞的一种。在景颇族的习俗中，若有威望的人去世，人们通常要跳最富有景颇族民族特色的金斋斋舞。本案例主要分析景颇族金斋斋舞的主要内容和表现形式。

　　景颇族金斋斋舞通常要由2至8个成对的雌雄疫鬼来跳，这些疫鬼由裸身男性扮成"鬼"的形态。他们头部套猪或牛的尿脖，将眼、鼻、口的位置挖孔，戴上笋叶帽，从头到脚身体全部绘有黑、红、白三色相间的花纹，下身用野藤树叶或蕨叶做成的短裙来遮蔽，手持长矛，面目狰狞粗野。男鬼全身涂满直线图形，女鬼脸上涂绘螺旋形纹饰，身体上涂绘波纹状线。金斋斋跳舞的路线是从坟头跳到家里，跳舞的动作是根据死者生平来演绎，若是一个武者，金斋斋会手持树皮作的盾牌和木棒，模仿各种战斗的姿势。在送魂驱鬼舞中，舞者常手持长矛长刀，有的手持树枝，载歌载舞，时而高声呐喊加狂奔，时而持枪对空鸣放，舞姿勇猛坚决，剽悍勇猛，刀光火影，整个场面热烈而诡异。人们相信这些带有图腾崇拜的活动具备强大的魔力，能够驱邪野鬼，驯服各种禽兽。在跳舞的过程中，舞者有时还会故意跳出各种各样有趣的舞姿来引人发笑，让人们感受到此时自己好像置身于另外一个世界。有时为了增加互动效应，舞者会突然跳出舞场，来到人们面前，做出风趣的舞蹈动作，向人们索取金钱。凡是被索取者，如果你表示出不肯给钱，舞者总是要缠着你不放，而且还会做出许多动作,说你小气,引起人们大笑。如果为了逃避舞者的追逐,可以尽快离开舞场,走到死者家的屋檐下即可。据说,有"家堂鬼"保护野鬼,他们不敢越过屋檐下的水沟。这些舞者讨钱,通常大家都是愿意给的。其背后的含义是亡灵拿到钱就该回老家了,去与死去祖先们团聚。跳金斋斋舞是在丧事最后一天进行,花费也大,一般是山官家庭、富裕的人家才能跳得起。另外,有的地区三代同堂或德高望重的老人正常去世也会举行这个仪式。

景颇族金斋斋舞者身上涂绘的图案与景

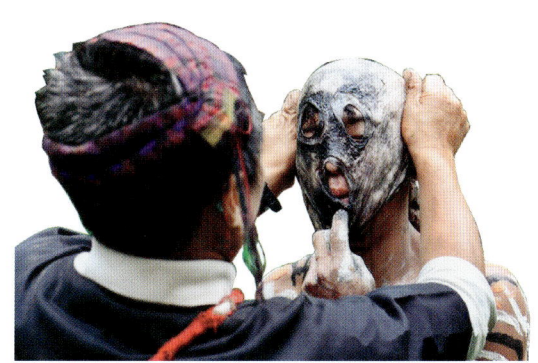

图二 景颇族金斋斋舞者装扮图

图三 景颇族金斋斋舞者在奔跑

图四 景颇族金斋斋舞者在跳舞

颇族氏族公社时期的图腾非常相似，也是景颇族在祭祀中常用的造型元素，带有浓烈的神秘色彩。景颇族的金斋斋舞是本民族最高规格的丧葬礼俗舞蹈，是研究景颇族丧葬文化、图腾信仰等原始宗教文化的一个窗口。

图片来源

图一至图五　德宏网

资料来源

祁德川.中国景颇族.银川：宁夏人民出版社，2012.

图五　景颇族金斋斋情景图

景颇族目瑙纵歌

图一　景颇族目瑙纵歌主图

　　景颇族的舞蹈具有浓郁的民族特色和地方特色，共分为祭祀性、狩猎性、军事性、生产劳动性和欢庆性这5个舞蹈类型，其中祭祀性舞蹈又有"目瑙纵歌"、"布滚歌舞"和"金斋斋"三种。"目瑙纵歌"是景颇族最为隆重的祭祀性舞蹈，是景颇族最大的区域性祭祀活动，目的是为了祭祀最大的天鬼"木代鬼"（太阳神）而举行的隆重仪式，同时也是景颇族盛大的传统节日，具有悠久的历史和广泛的群众性。

　　目瑙纵歌在当地有多种称谓，在景颇语中被称作"manau"，使用汉字读音便是"目瑙"或者"木脑"，在载瓦、浪莪、勒期等其他支系语言中被称作"纵歌"或者"总戈"，翻译成汉语意思为"跳舞"，是数千甚至上万人汇聚在一起跳的大型舞蹈，其中包括多种舞蹈形式。舞蹈开场前要选择一块大面积的圆形场地，四周用竹栅栏围好，东西南北各保留一个出入口，在场地正中坐西向东竖立目瑙示栋，并在目瑙示栋的两端搭建祭祀台，前方的场地上安置铓锣和长鼓。场地整理好后，在场地的西北方向搭建木代房（供奉"木代鬼"的屋子），由"瑙双"引导群众从木代房沿特定的路线一路模仿寻找场地经西门进场，之后由祭祀领舞者"瑙双"、"瑙巴"领舞，群众身着盛装，男子手握长刀，女子手拿绢扇，排成两列纵队，遵循一定的舞蹈路线，舞步有序，节奏鲜明，体现了群舞的高度和水平。在景颇族的远古神话中，目瑙纵歌原是天上太阳神的舞蹈，"空让乌"（犀鸟）和"乌东"（孔雀）从太阳神那里学来并传授给景颇族先民，因此领舞的"瑙双"和"瑙巴"都头戴着装饰有犀鸟头骨、尾羽和孔雀尾羽的鸟冠，以此象征领舞的犀鸟和孔雀。目瑙纵歌先由瑙双领舞，以固定的舞蹈路线和规定舞蹈动作依次跳完出门舞、开场舞和闭门舞，再由瑙巴领舞，依照目瑙示栋上的象征祖先迁徙路线的指示图形为舞蹈路线完成舞蹈。瑙双的舞蹈路线模拟了从选择场地、竖立示栋、绘制示栋、拴挂迎宾到拆卸示栋，清扫场地以及收场的全部祭祀过程。

中华人民共和国成立前的目瑙纵歌由景颇族的"山官"举行。随着景颇族社会的发展、历史的变化，目瑙纵歌从内容到形式上产生了多种类型：其中"祝（ju）目瑙"是最为庄严的目瑙纵歌，为了祭祀木代鬼（太阳神），由有势力和财富的"山官"举行。"苏（sut）目瑙"意思为财富目瑙，这是山官为了祈求财富、祈求太阳神和祖宗保佑并且提高在管辖区内百姓之中的号召力而举行的目瑙纵歌。"贡然（kum ran）目瑙"是家族或部落人口众多需要分家或者迁徙至他处时举行的目瑙纵歌。"布当（ba dang）目瑙"是在部落之间或与外界发生战争，战士出征前或胜利归来时举行的鼓舞士气和欢庆

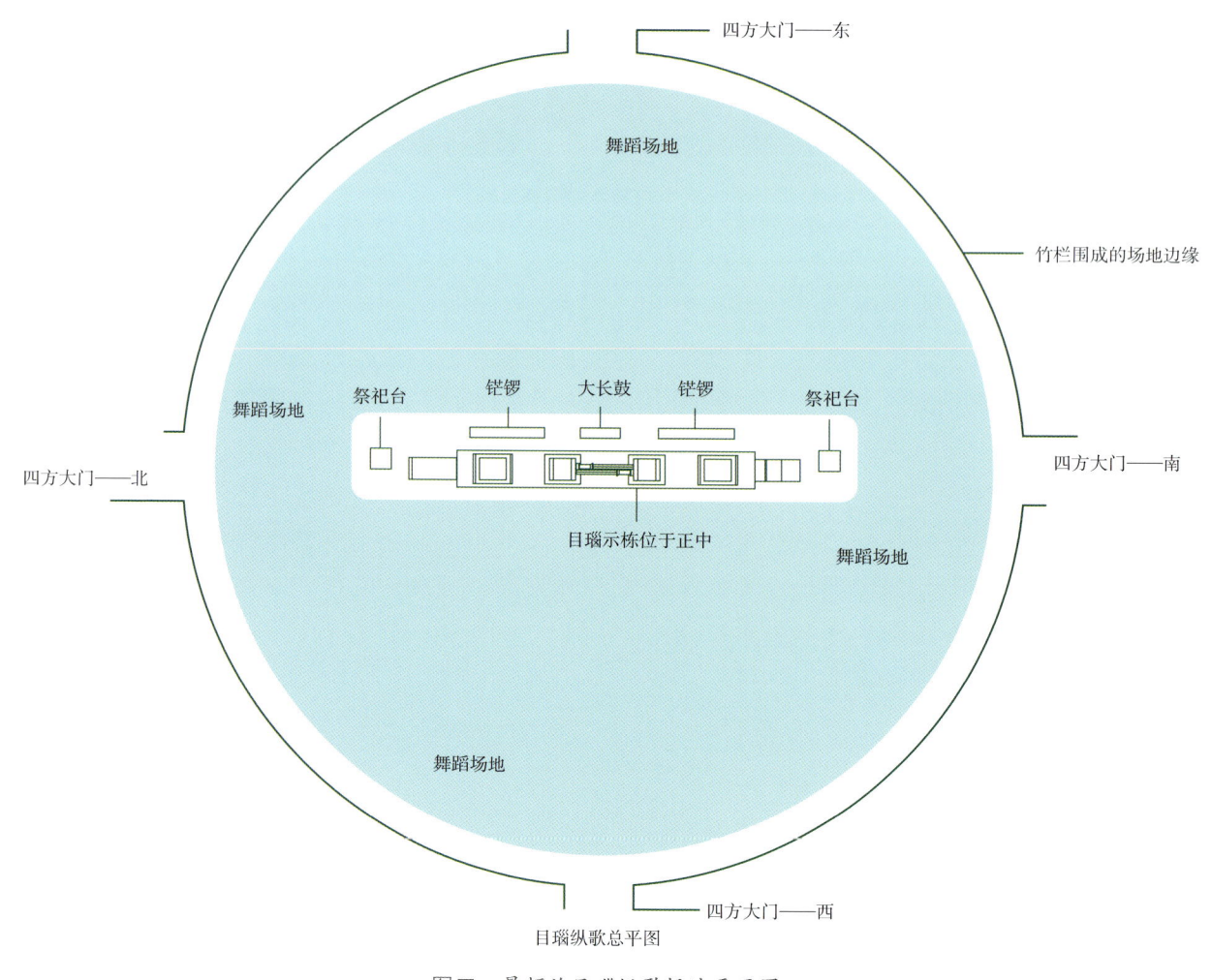

图二　景颇族目瑙纵歌场地平面图

胜利的目瑙纵歌。还有每当有山官、头人、斋瓦、"董萨"（民间艺人或有文化的人）或有威望的老人去世时举行的"息（si）目瑙"，为山官头人或家境富裕的"斋瓦"、"董萨"盖新房或乔迁新居时举行的"定栓（ding shawn）目瑙"等种类繁多的目瑙纵歌。

中华人民共和国成立之后的目瑙纵歌被称作"统肯（htunghking）目瑙"，成为地区性的节日和大众化的传统文化活动，于每年农历正月十五、十六两日举行，为期两至六天，一方面为了庆祝丰收，祈祷六畜兴旺、五谷丰登；一方面为了传承景颇族的传统祭祀文化，丰富了景颇族人的文化生活。

目瑙纵歌最初是景颇族先民在祭祀木代鬼的祭祀活动中所跳的舞蹈，经过漫长的演变发展，成为今天景颇族规模最为宏大壮观的传统节日，舞蹈的过程集中表现了景颇族的历史起源、宗教信仰、道德观念、音乐和舞蹈艺术。

图片来源

图一、图十四　孙志荣　摄影

图二至图十三　鞠斐　制图

图十五　孙志荣.景颇族传统丧葬习俗.昆明:德宏民族出版社,2016.

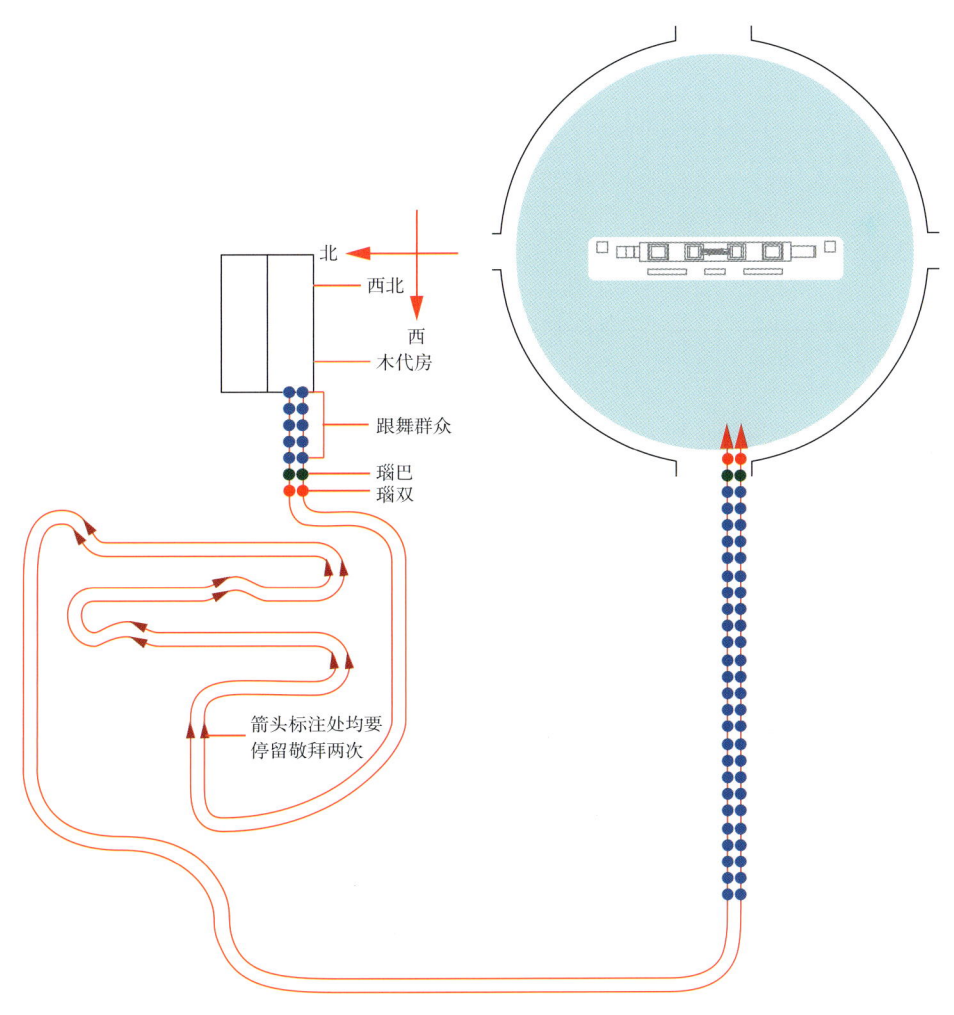

图三　景颇族目瑙纵歌瑙双出门舞蹈图形

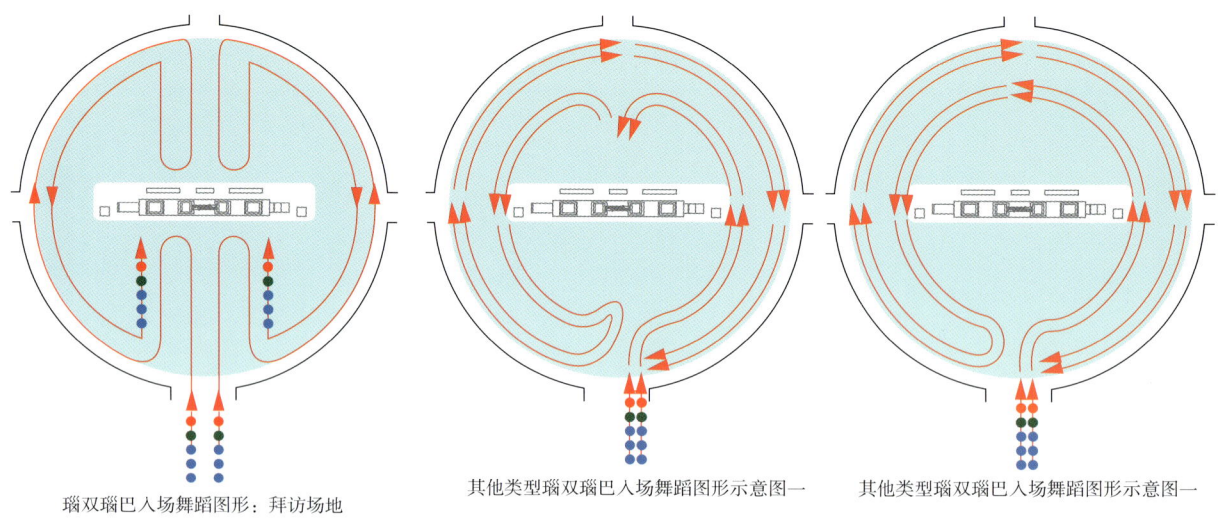

图四　景颇族目瑙纵歌瑙双瑙巴入场舞蹈图形

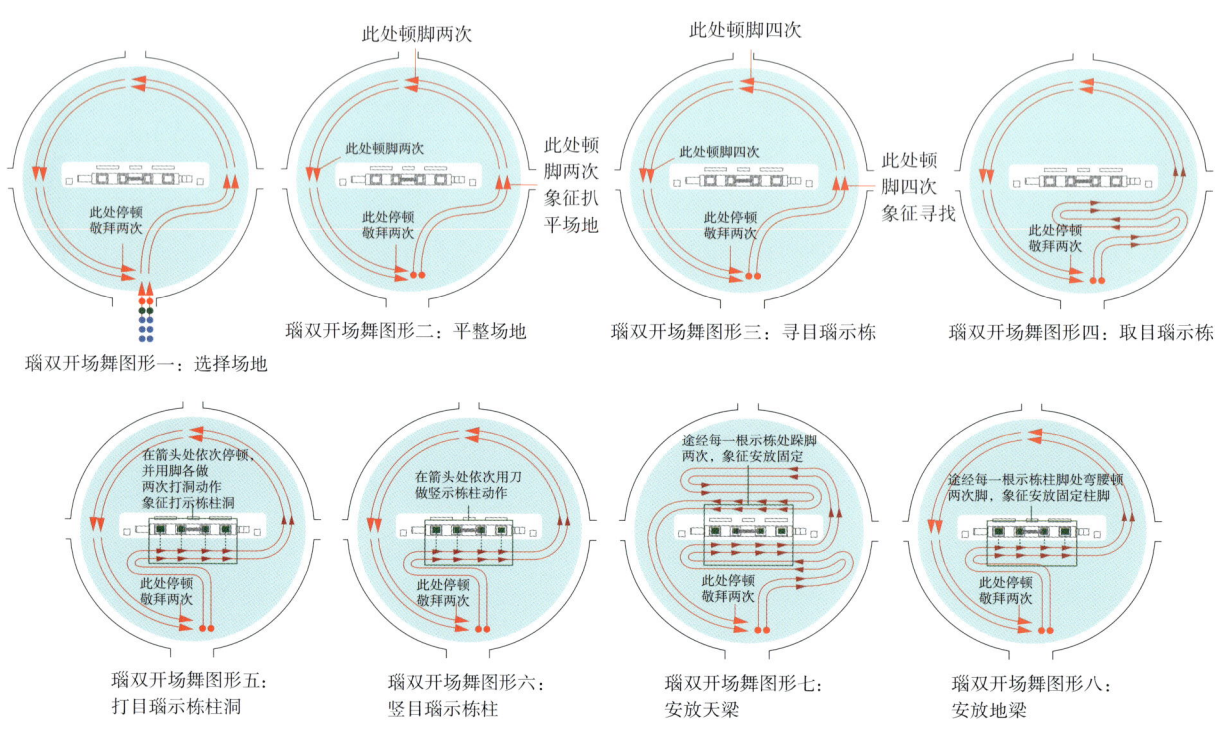

图五　景颇族目瑙纵歌瑙双开场舞蹈图形之一

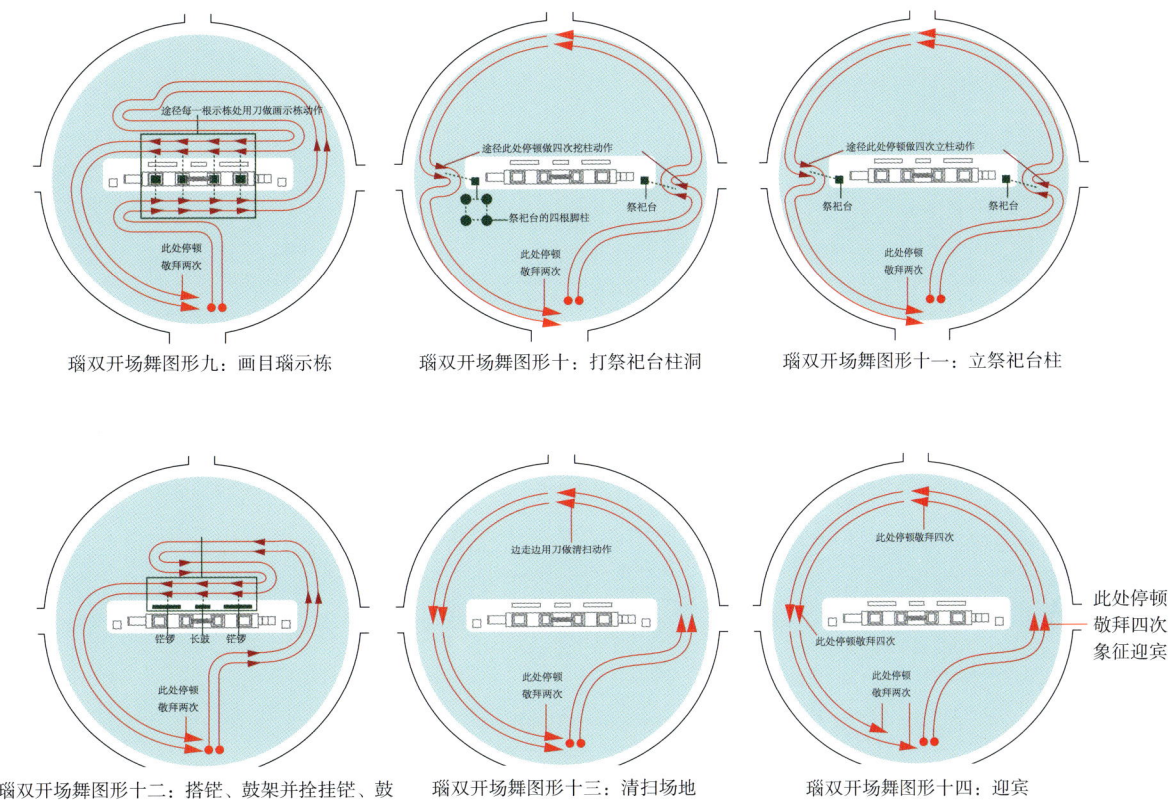

图六　景颇族目瑙纵歌瑙双开场舞蹈图形之二

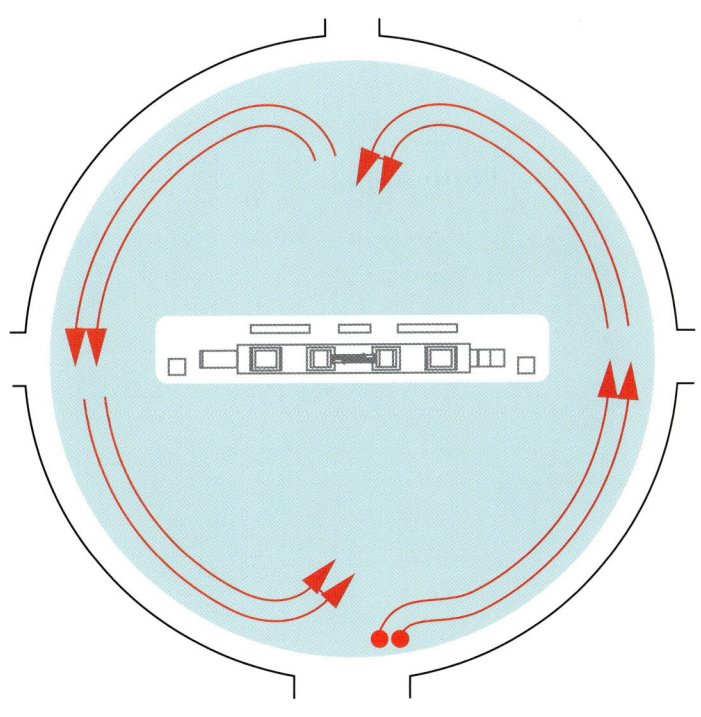

图七　景颇族目瑙纵歌其他瑙双开场舞蹈图形

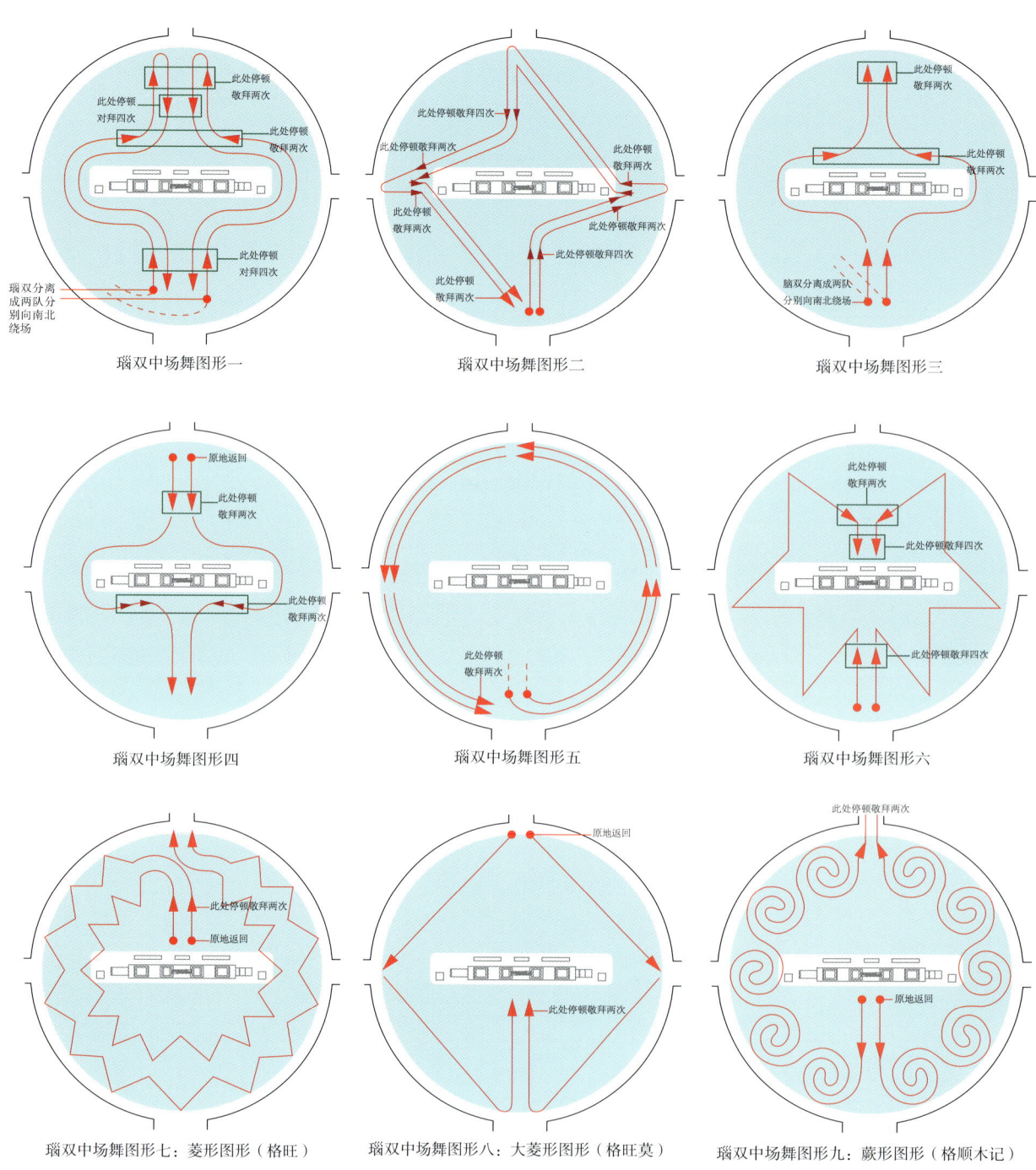

图八 景颇族目瑙纵歌瑙双中场舞蹈图形

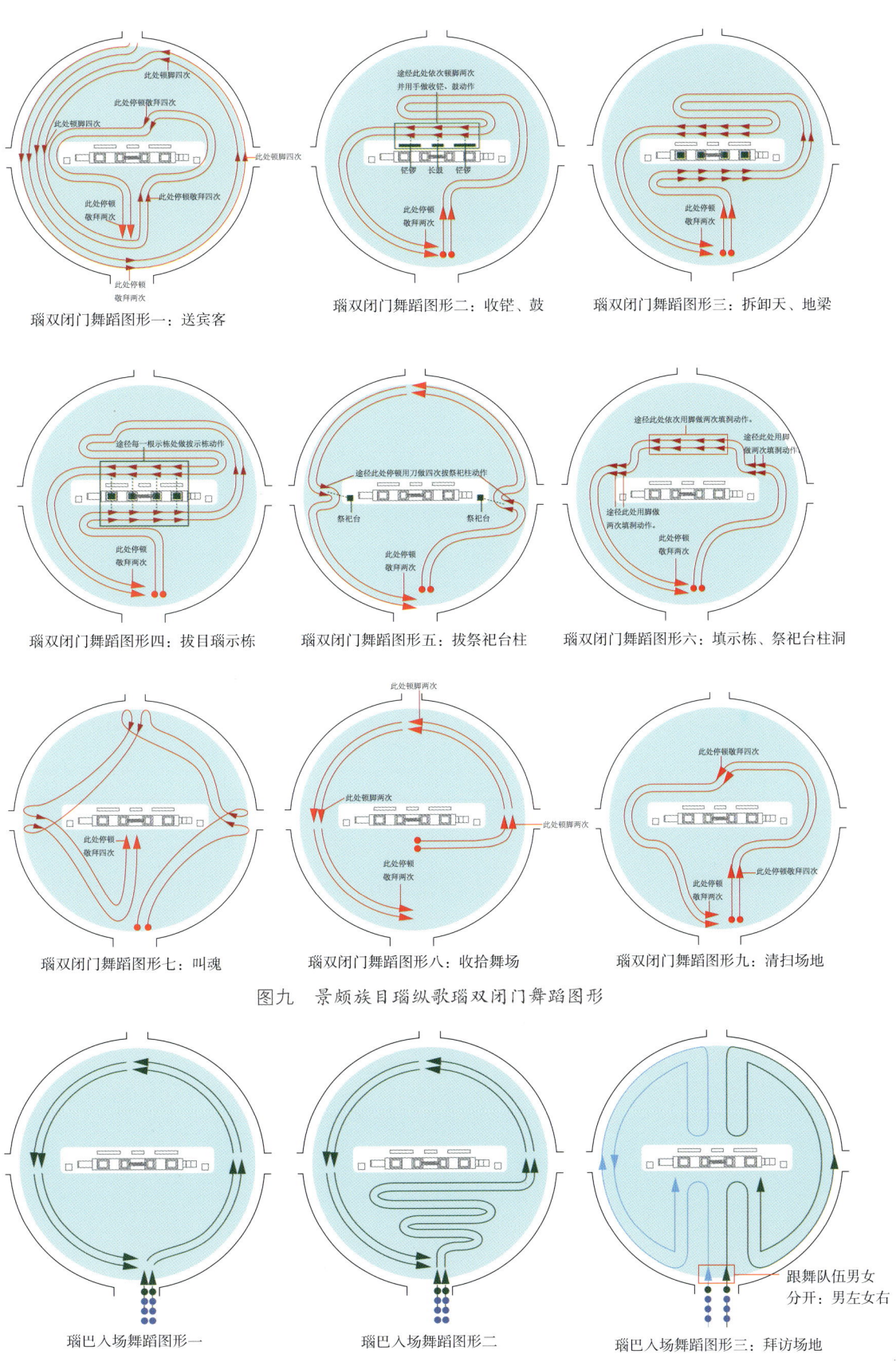

图九 景颇族目瑙纵歌瑙双闭门舞蹈图形

图十 景颇族目瑙纵歌瑙巴入场舞蹈图形

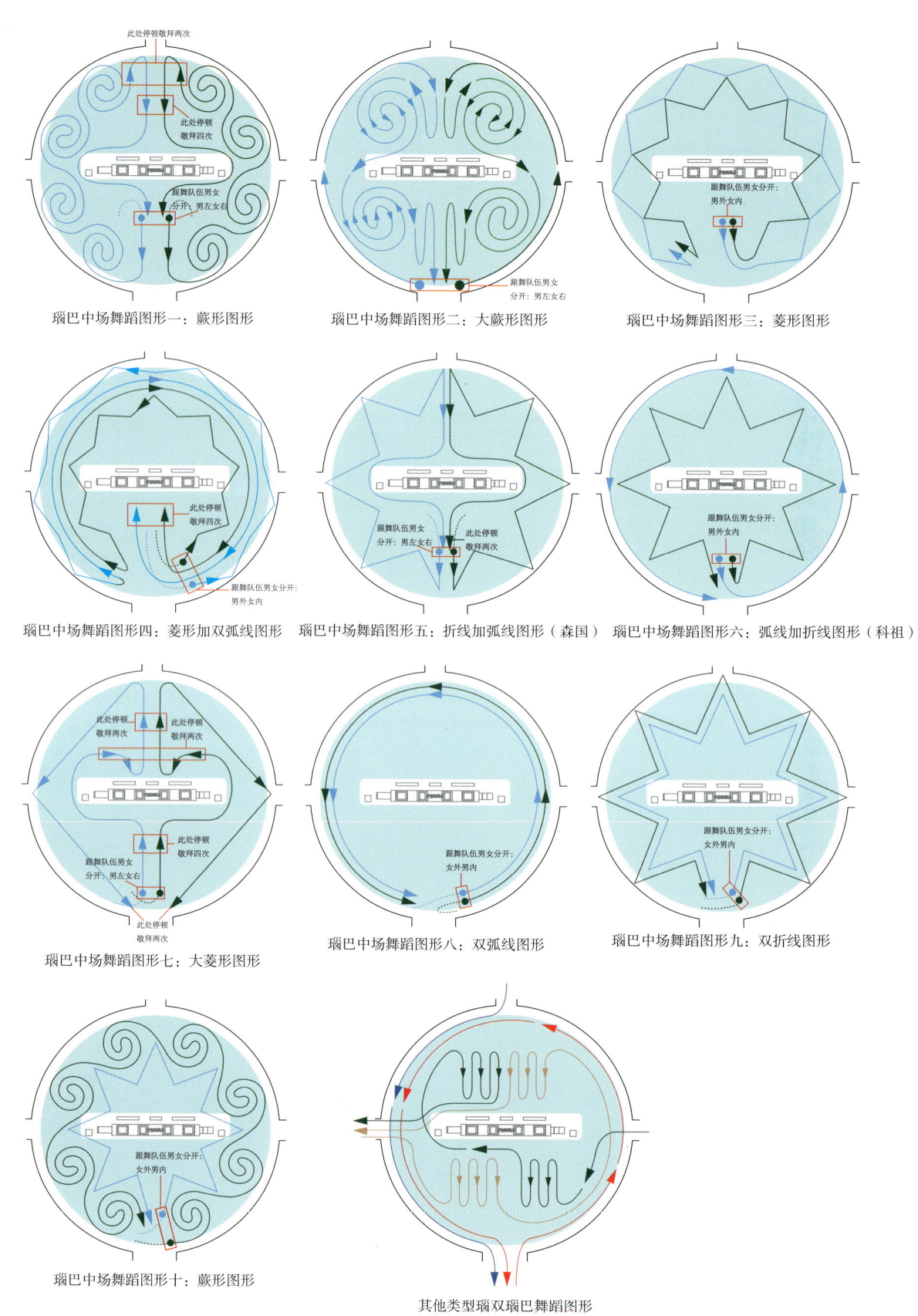

图十一 景颇族目瑙纵歌瑙巴中场舞蹈图形

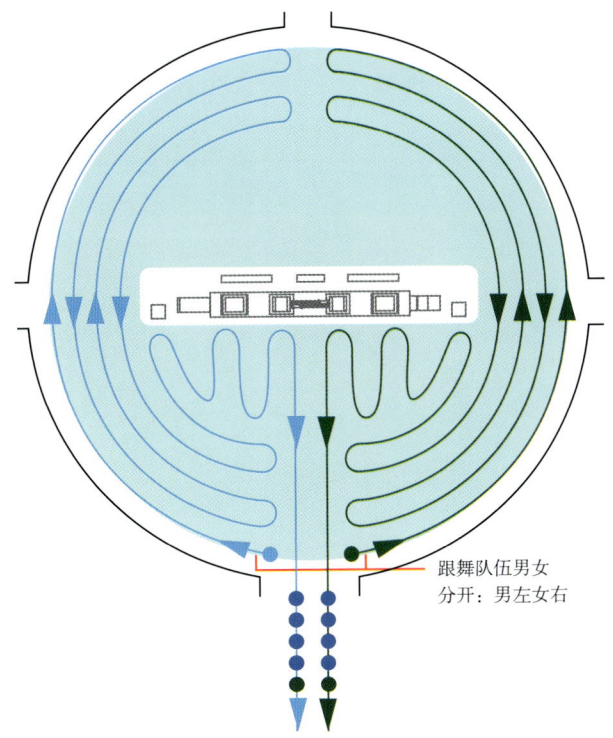

图十二 景颇族目瑙纵歌瑙巴闭门舞蹈图形

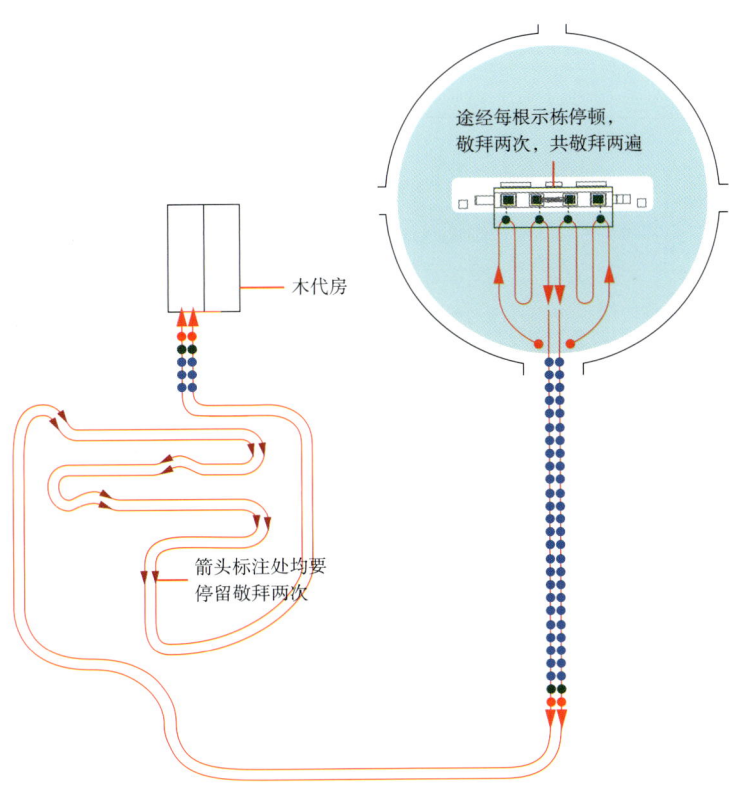

图十三 景颇族目瑙纵歌瑙双收场舞蹈图形

图十四 景颇族目瑙纵歌情景图

图十五　景颇族目瑙纵歌领舞者情景图

景颇族瑙双鸟冠

图一　景颇族瑙双鸟冠主图

　　瑙双鸟冠是景颇族的目瑙纵歌中的祭祀领舞者瑙双头上佩戴的鸟冠。在目瑙纵歌开始之前有一个隆重的授冠仪式，通常邀请德高望重的族人将鸟冠授予瑙双。瑙双鸟冠由头冠和冠顶装饰鸟羽两部分组成。头冠通常采用竹篾或细藤条编结成篮筐状，分为直身的桶状头冠和如同覆碗的碗状头冠两种。桶状头冠的冠顶一共装饰5组鸟羽，其中正面两组，两侧靠后各一组，背面一组，分别在细竹管中插入孔雀的尾羽和犀鸟的尾羽，再用细藤篾将细竹管捆扎固定在头冠上。桶装头冠的表面通常使用野猪獠牙、银泡、细藤条和彩色布条作为装饰，简单的桶装头冠只在头冠两侧各装饰一对野猪獠牙，使用细藤篾将獠牙与头冠扎牢。复杂的桶装头冠正面通常以对称的形式进行装饰，如以一颗银泡居中，两侧的细藤条以蕨叶尖的形状对称盘绕，或在头冠的正面贴一张正方形的纸，纸面上绘有对称的正面孔雀图案。碗状头冠通常在头冠的背面一前一后装饰两组鸟羽，前一组插放孔雀尾羽，后一组插放犀鸟尾羽。碗状头冠的表面装饰与桶状头冠相似，简单的头冠在两侧或正中装饰野猪獠牙，复杂的头冠用细藤条在正中添加蕨形纹样，有的用细布条添加川形纹样，有的在正中贴一张绘有刀剑的纸张，还有的在正中竖立三根短小的竹管，有些竹管中会插一些雄鸡的尾羽作为装饰。头冠的顶上安放一只犀鸟的头骨，长长的鸟嘴向前伸出，令整个鸟冠十分具有神秘感。

图片来源

图一　李向前.景颇族文史画册.昆明：云南民族出版社.2007.

图二至图八　鞠斐　制图

图九　鞠斐　摄影

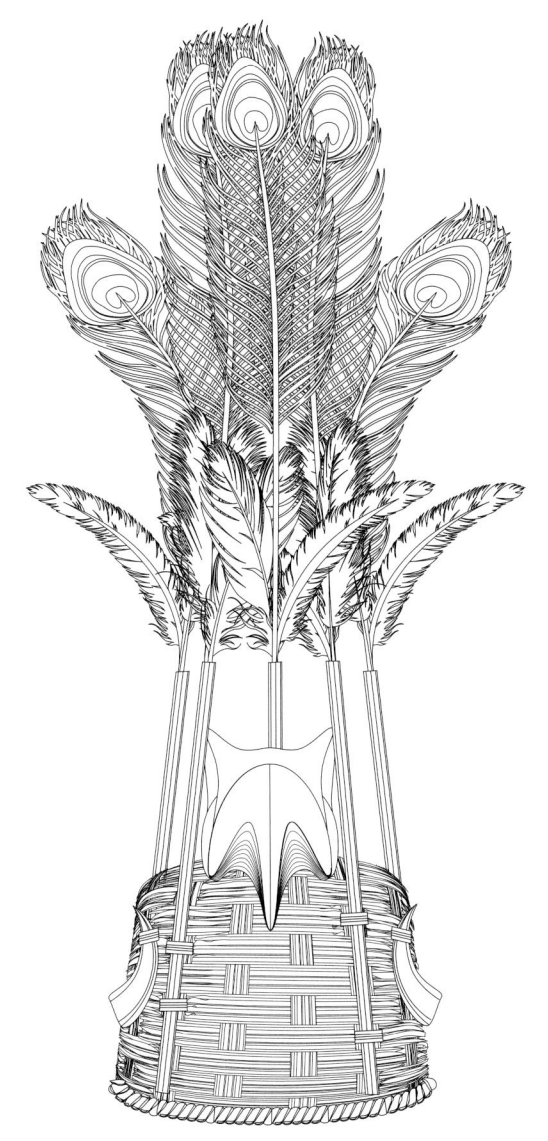

图二　景颇族瑙双鸟冠墨线图

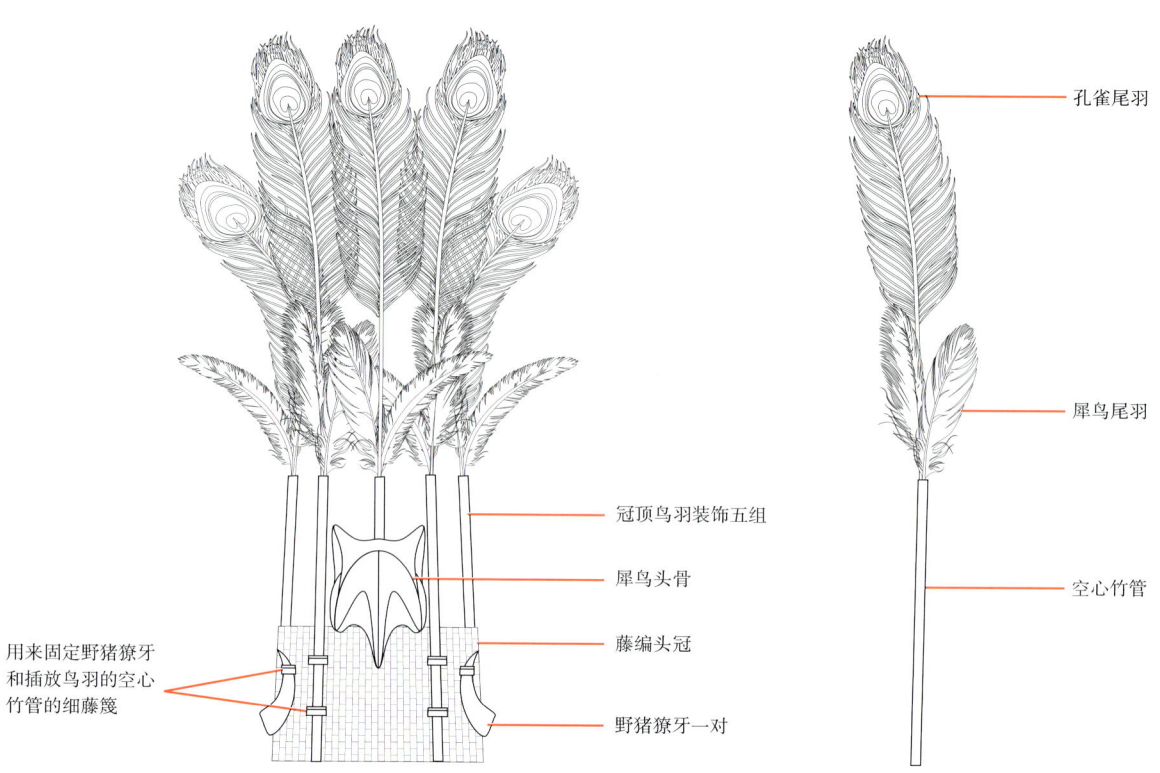

图三　景颇族瑙双鸟冠构造名称示意图

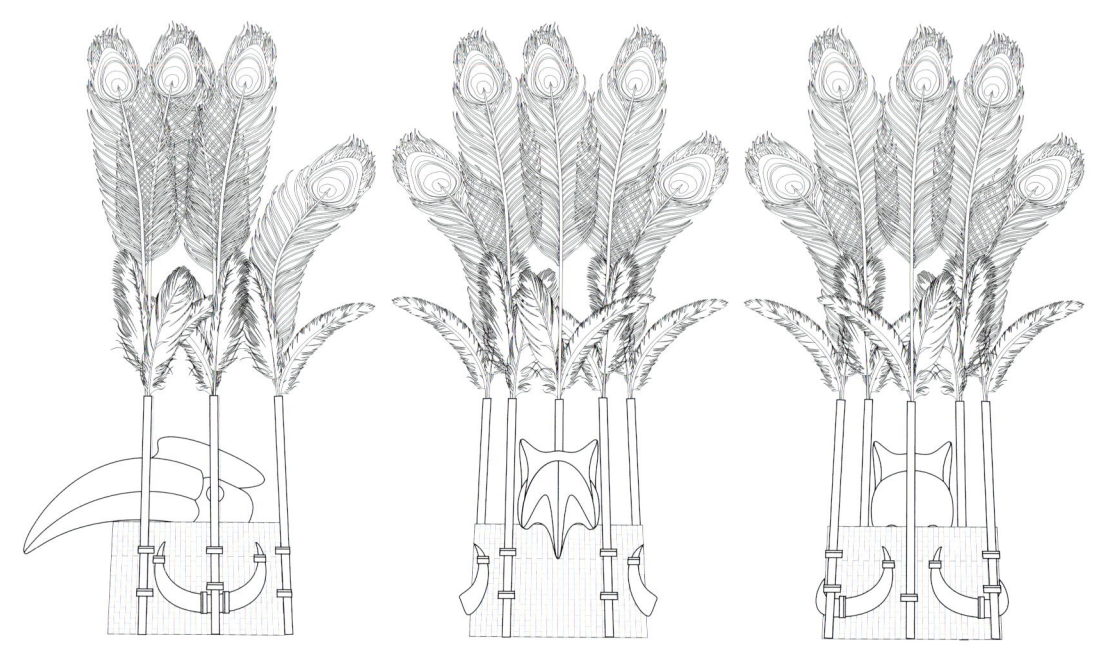

图四　景颇族瑙双鸟冠不同角度示意图

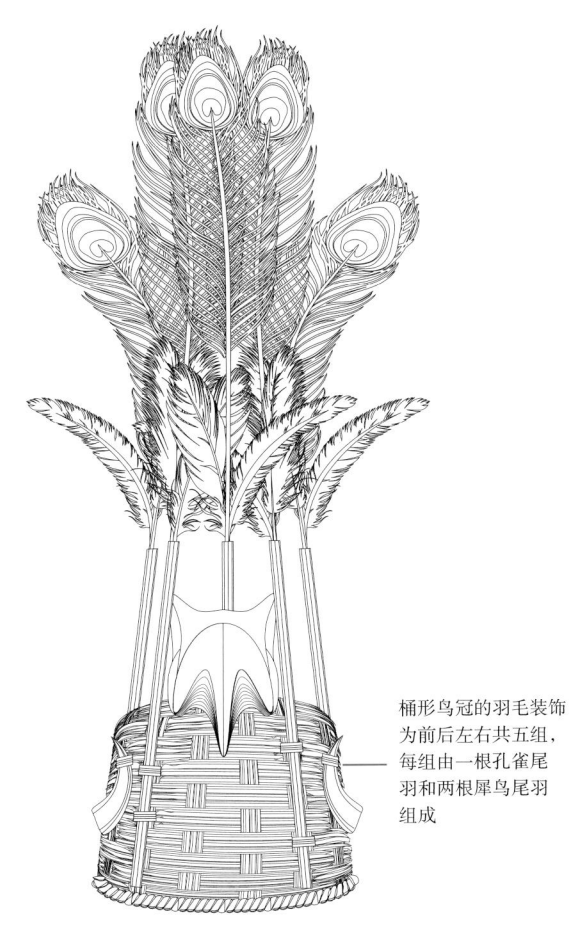

图五　景颇族桶形璁双鸟冠鸟羽装饰形制示意图

桶形鸟冠的羽毛装饰为前后左右共五组，每组由一根孔雀尾羽和两根犀鸟尾羽组成

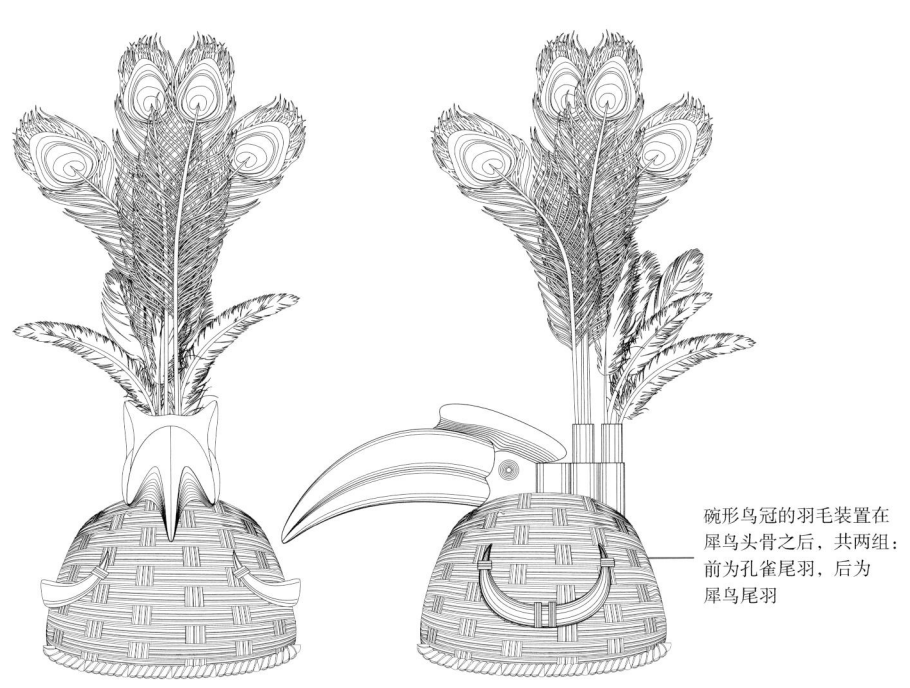

图六　景颇族碗形璁双鸟冠鸟羽装饰形制示意图

碗形鸟冠的羽毛装置在犀鸟头骨之后，共两组：前为孔雀尾羽，后为犀鸟尾羽

第七章　景颇族传统民俗和宗教造像

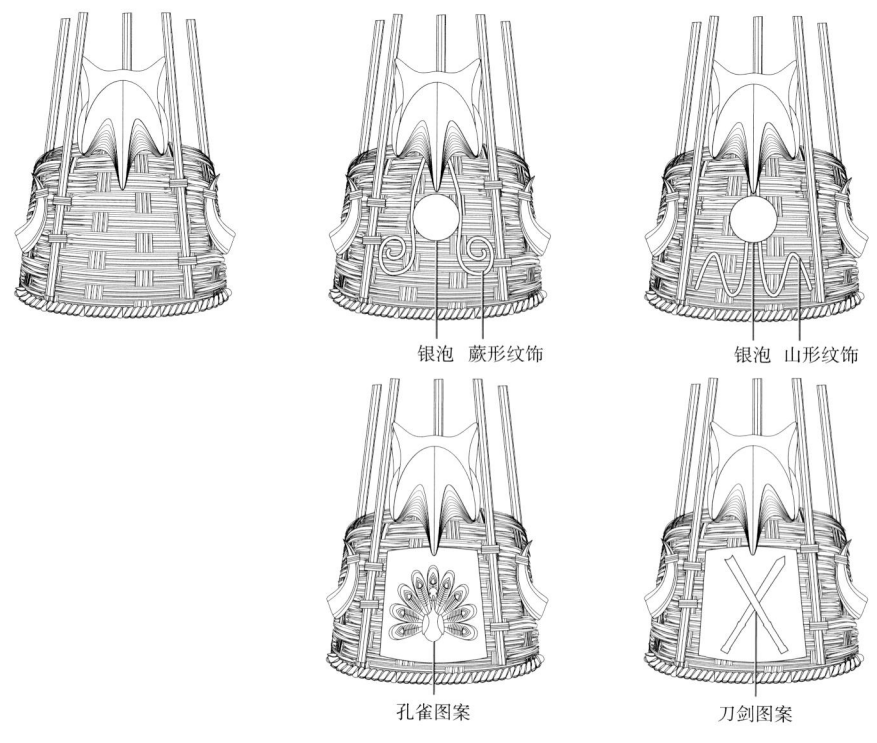

图七　景颇族桶形璁双鸟冠表面装饰类型分析图

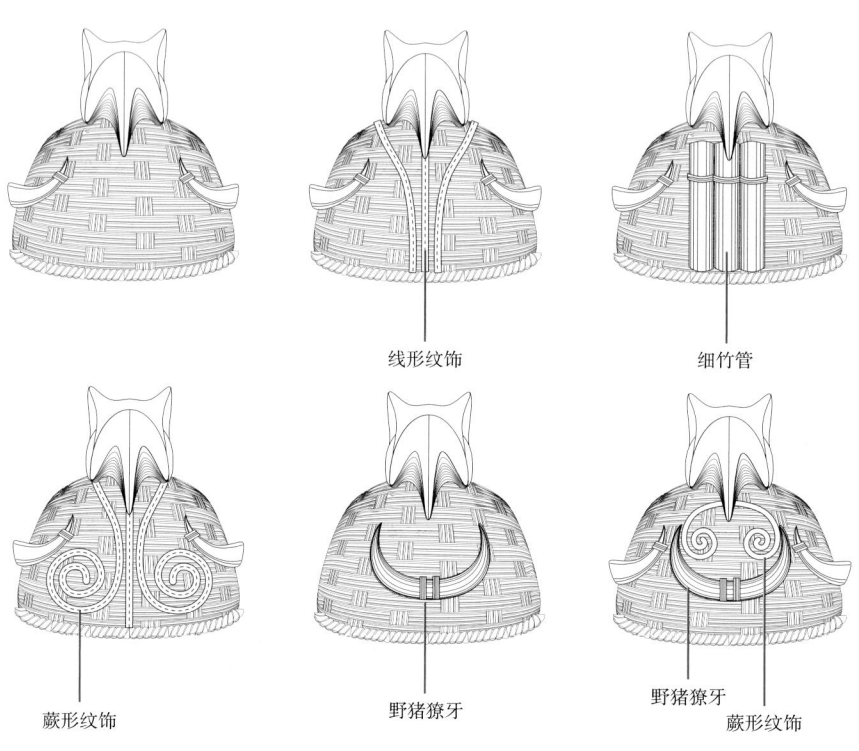

图八　景颇族碗形璁双鸟冠表面装饰类型分析图

图九　景颇族瑙双鸟冠延展图

景颇族农尚桩

图一 景颇族农尚桩主图

景颇族的"农尚"也称"龙尚"、"能尚",是与农业生产有关的祭祀仪式,当地汉族称为祭"官庙"。农尚桩便是在寨头和寨尾两旁竖的鬼桩,鬼桩分"男桩"和"女桩"。景颇族山官制时期农尚桩非常普遍,传统的农尚祭祀以山官为首,在"董萨"主持下进行祭献仪式,祭祀的是山官家的祖宗鬼。寨门的农尚桩也有阻止野鬼进入村寨作怪的说法。一般见到农尚桩则意味着马上进入村寨了,骑马而行的人须下马走进村寨。现在的农尚桩设在村寨出入口道路的两旁,具有了标识村寨的功能。目前在云南省德宏州盈江县铜壁关乡还继续沿用类似的农尚桩,但多是改良过的形制。本案例选自铜壁关乡凯邦亚的农尚桩,由此便是进入凯邦亚的区域,道路左右两边对称排布着4组桩牌,其高分别约是220厘米、180厘米、140厘米、140厘米。左右碑状的桩宽约50厘米,厚约10厘米。

旧时景颇族农尚桩一般由厚木板和粗木棒组成,上面雕刻和涂绘着景颇村寨有关生产生活的图形符号。现在的农尚桩则是用石板等材料进行雕刻而成的。本案例便是用石材雕刻，再用水泥浇筑而成。这样的材料比传统的木材更能够经风受雨，使用寿命更长。此组农尚桩整体造型有：玉璋形的女桩、圆头男桩和塔状柱形，其整体形态与景颇族的目瑙示栋的形态一致。雌性桩牌上部绘有红、黄、蓝、绿的竖条纹饰，下面雕绘蓝底白图浮雕，白色的是月亮和星星。碧空的皓月和闪烁的星星在语义和形象上与苍天、宇宙浑然一体，它们是黑夜的灯塔，指引着景颇族先民跋涉前行。接下来是一排绿色的和一排红色的三角形，象征着山脉，再下方是类似蕨叶卷纹组成的长方框，里面是景颇文的雕刻。后方的雌性碑形上头装饰与前方一致，下方是用波浪线组成水纹状造型，再下方是用三角形组成的方框，里面雕刻了玉璋形的神刀，刀刃朝外，刀背朝内，底下是一组圆形铜铓、铜钹的造型，也类似乳房的正面造型，有生殖崇拜的含义。与这两个雌性桩碑相对的路另一侧是圆头雄性桩碑，碑头上方雕的是外弧型条纹，下方雕刻的是蓝天红日，光芒四射的太阳是永恒可靠的光源和热量，是一切生命赖以生存的保障。太阳下方雕刻了用波浪纹和三角形组成的装饰框，里面雕刻了上中下三组中文；其后面的雄性桩碑中间雕刻了景颇宝剑，最底下雕刻了象脚鼓的浮雕，象征雄性的生殖崇拜。在雌雄桩碑后面等距立着形制相同的桩柱，下方为八棱柱形，上方为圆柱形。八棱柱形的每个面都涂绘条状色块、网格和菱形色块。菱形图也表示理想中的野果，美味可口，四季丰收，也有农尚桩用雕刻五谷六畜图形来表达对五谷丰登、六畜兴旺的幸福生活的祈望。

传统农尚桩的纹饰丰富多样，男桩上的图案多是农耕、狩猎工具和一些动物形象，女桩上的图案是农作物和项圈等装饰类造型。本案例的造型和雕刻图案组合要简化许多，但其形态也明确地表明了阴阳互生互助

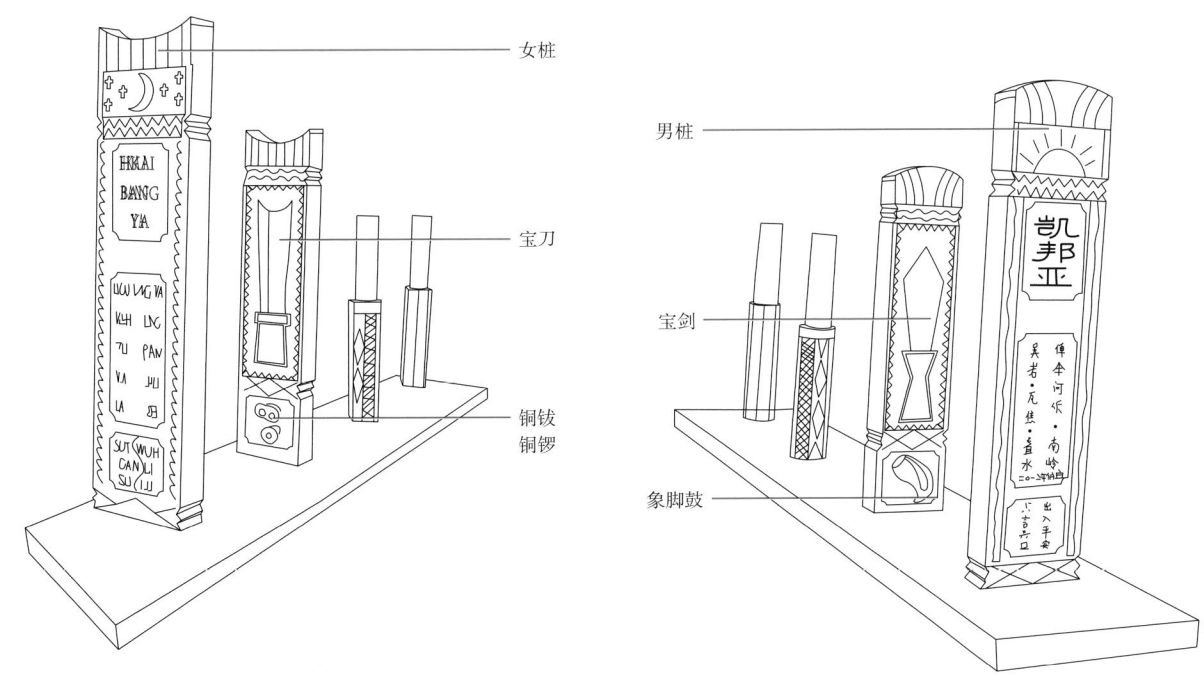

图二　景颇族农尚桩名称示意图

的朴素自然观，崇拜自然和祖先，与景颇族万物有灵的信仰一致，现在的农尚桩的传统意义随着山官制的消解而逐渐失去，产生了新的文化功能和寓意，作为景颇族传统文化的传承，值得进一步去发掘。

图片来源
图一、图五至图六　樊进　摄影
图二至图四　卢慧敏　制图
参考文献
祁德川.中国景颇族.银川：宁夏人民出版社，2012.

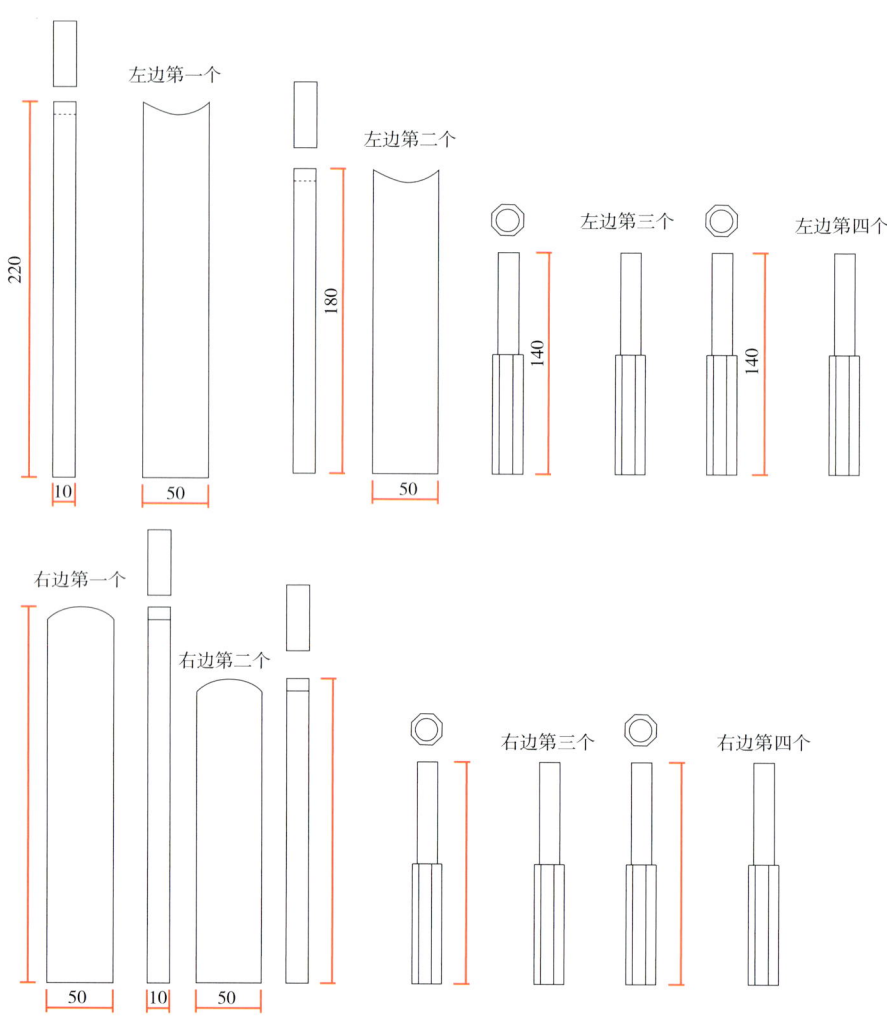

图三　景颇族农尚桩尺寸图（单位：cm）

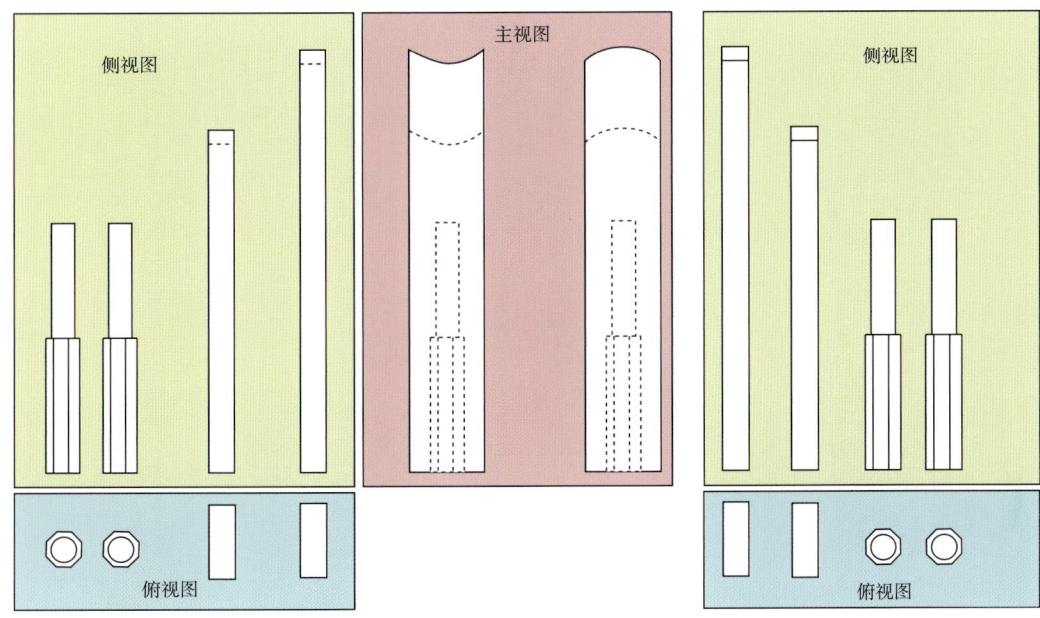

图四　景颇族农尚桩多视角图

图五　景颇族农尚桩情景图

第七章　景颇族传统民俗和宗教造像

419

图六 景颇族农尚桩延展图

景颇族目瑙示栋

图一　景颇族目瑙示栋主图

景颇族的目瑙示栋是目瑙纵歌活动场地正中竖立的祭坛，是目瑙纵歌不可缺少的标志，竖立和拆除目瑙示栋是目瑙纵歌过程中重要的组成环节，在目瑙纵歌的舞蹈过程中，瑙双瑙巴要带领群众按照规定的路线围绕目瑙示栋进行舞蹈。本案例选自陇川县。

传统的目瑙示栋采用木质材料，以容易削砍的"攀枝花树（木棉树）"树干为佳，当代的立柱则通常采用钢筋水泥做成。目瑙示栋通常由四根立柱、两根横柱外加底座组成。四根立柱左右对称，中间两根立柱为雄柱，身量较高，两柱之间交叉刀剑，代表景颇族人的生活中离不开刀和剑，象征着景颇人民的英勇果敢。两端的两根立柱为雌柱，身量较矮，立柱的正反面全部刻画有记录迁徙路线的图案，这些图案与景颇族妇女穿着的筒裙图案有许多相似或相近之处，如由记事记物的象征符号演变而来的菱形纹样、蕨形纹样和曲折线纹样等，这些图案都记录了景颇族先民从日月山一路向南迁徙的百转千回的复杂路线。目瑙示栋上绘制的图案色彩大多以红、黑、白三色为主，两根雄柱的顶端绘有太阳和日月山，象征太阳神和景颇族发源地。往下为波状线与螺旋线相结合的舞蹈图案，象征祖先从发源地一路迁徙的艰辛历程。其中波形纹样象征迁徙路途中的大江大河，而螺旋线纹样被称作"格木顺记（蕨叶尖）"，象征景颇族人的食物——蕨叶尖。雄柱的底座绘制左右对称的弧形纹，象征沿途经过的河谷和沟渠。雌柱顶端绘制星星和月亮，象征景颇人民不辞辛劳、披星戴月地劳作，下方的菱形纹样被称作"格旺"，象征景颇族人的食物——水中的鱼和田地。菱形反复排列象征食物丰富，物产丰收。雌柱底座上绘制的蕨叶花纹以蕨类植物繁殖力强、生命旺盛来象征人类繁衍。底座下方为上下排列的两根横柱，上方横柱上绘制犀鸟孔雀领舞的神话传说并装饰有仿乳饰雕，分别代表母亲和牲畜的乳房，象征人类和牲畜的生殖繁衍。横柱两端装饰有立体的犀鸟头部和尾部，象征着古老传说中的犀鸟领舞。下方横柱上通常绘有五谷和禽畜，象征五谷丰登、六畜兴旺。

目瑙示栋流传至今形制多样，除了传统四竖四横之外，还有四竖一横以及六竖两横的形制，雄柱之间竖立的器物除了刀剑之外，还竖立有一根木桩，然后悬挂数个藤篾和木鼓。

目瑙示栋上绘制的图案大多是单线波纹、回纹图案和单线直纹、折纹图案，代表

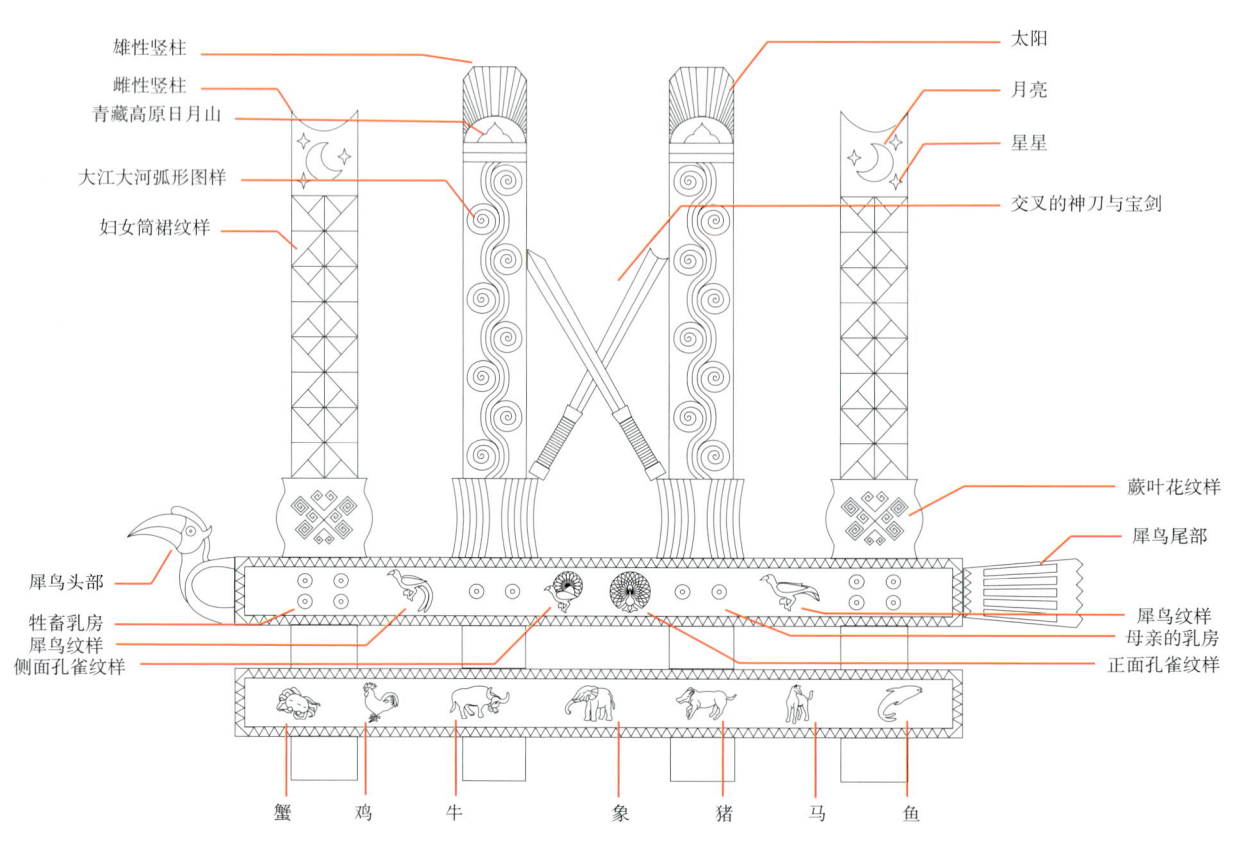

图二　景颇族目瑙示栋名称图

了与原始的宗教信仰相结合的景颇族传统民间美术，这些图案的内容大多取材于景颇族的神话传说和日常生产生活中常见的食物、动植物和器物，采用自然抽象的表现方法，在简化图形的同时，保留了事物的自然特征，图案风格原始朴拙，是景颇族文化遗产的历史积淀，也是景颇族人民的智慧结晶。

图片来源

图一　樊进　摄影
图二　鞠斐　吴佳恒　制图
图三至图九　鞠斐　制图
图十　孙志荣　摄影

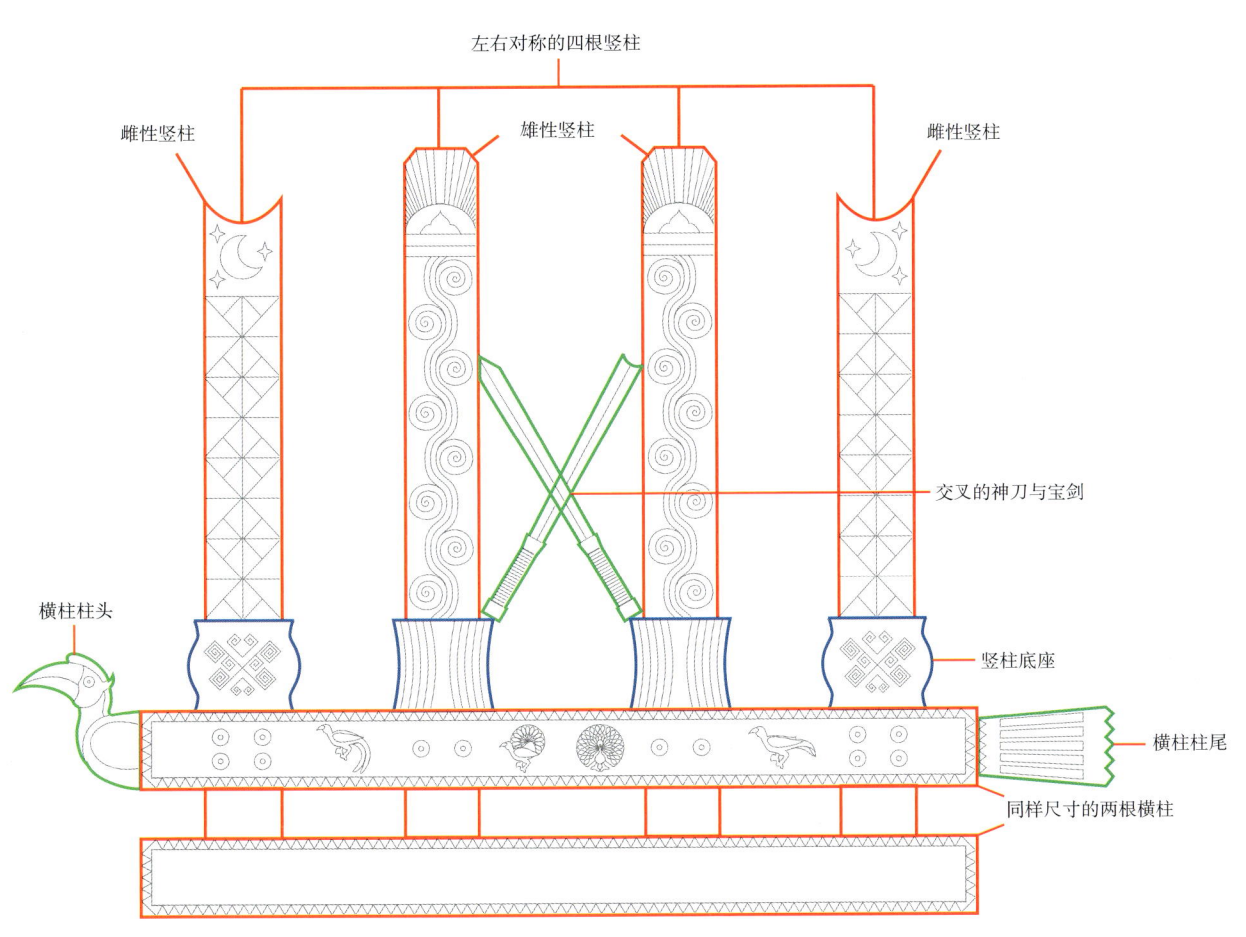

图三　景颇族目瑙示栋结构分析示意图

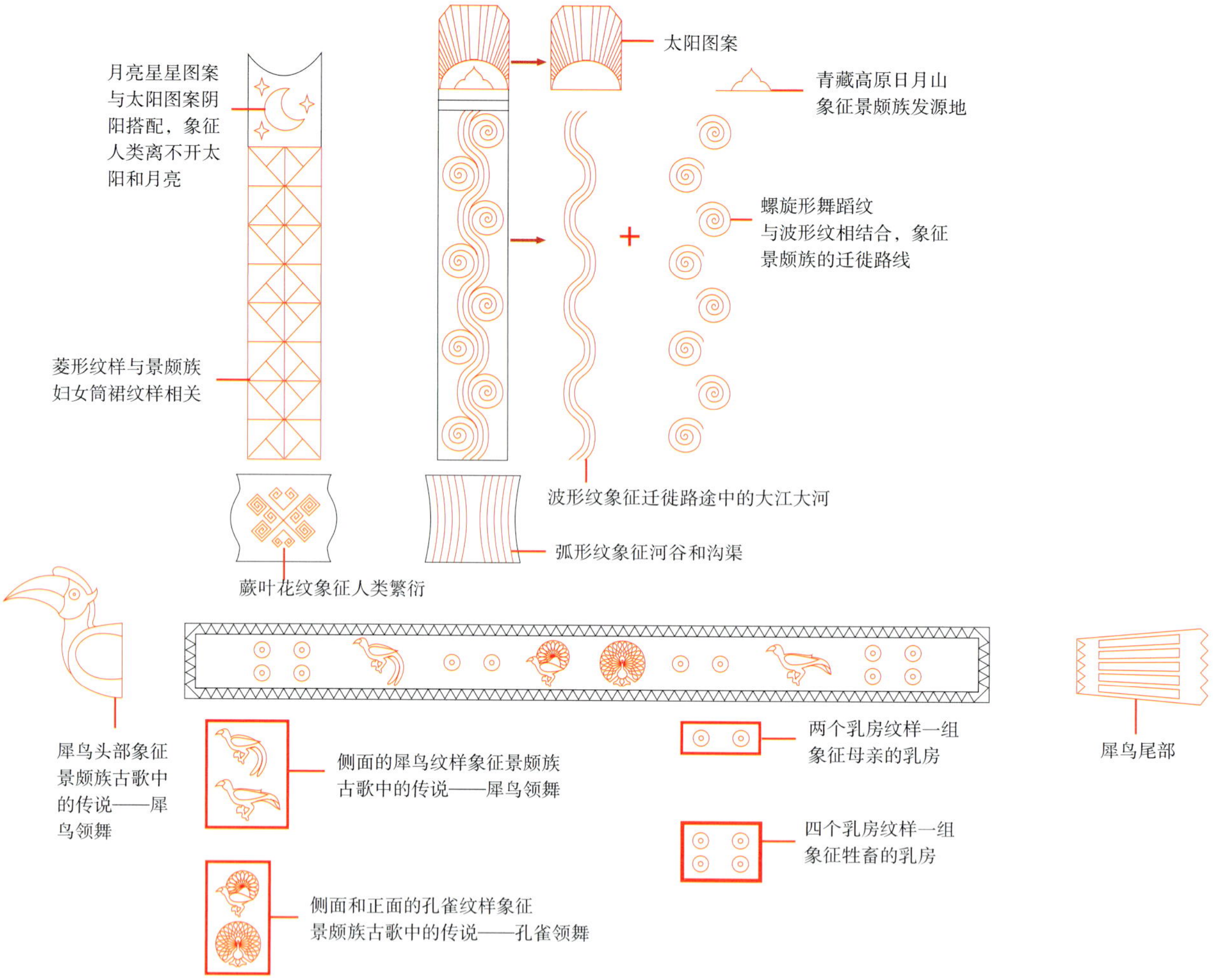

图四 景颇族目瑙示栋图案构成分析图

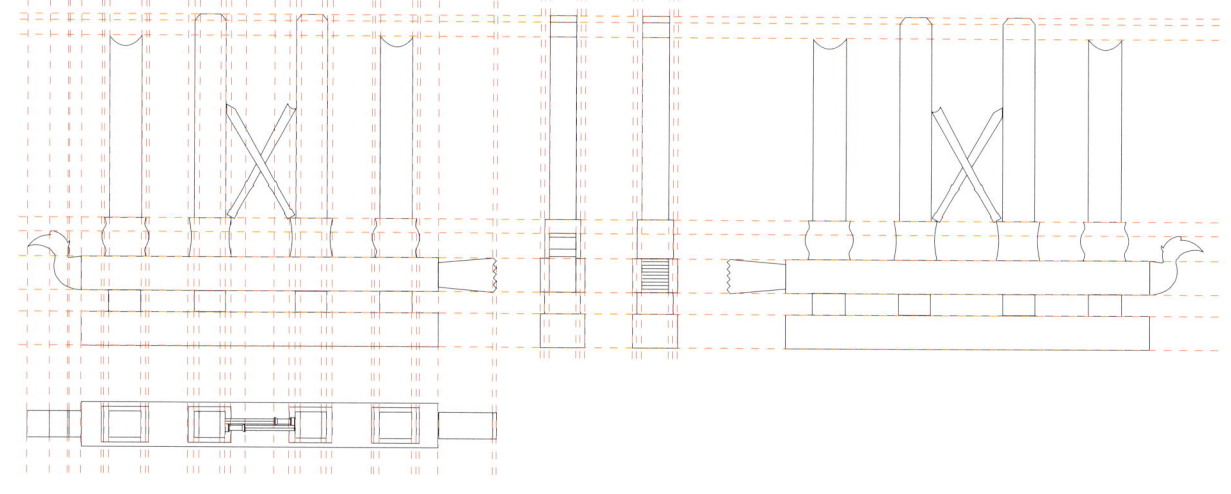

图五 景颇族目瑙示栋不同角度分析图

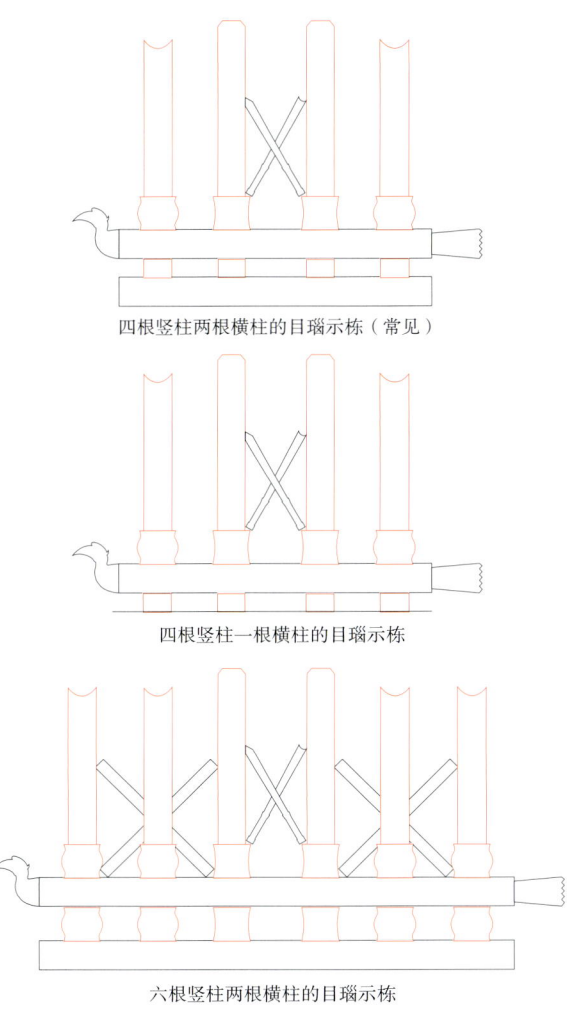

图六 景颇族目瑙示栋形制分析图

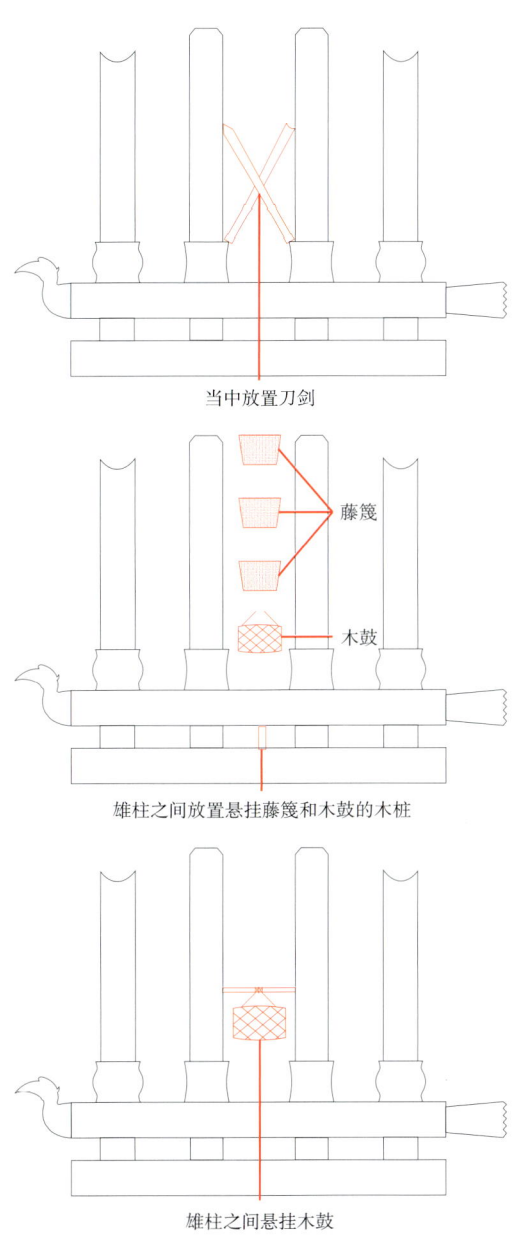

图七 景颇族目瑙示栋雄柱间器物种类示意图

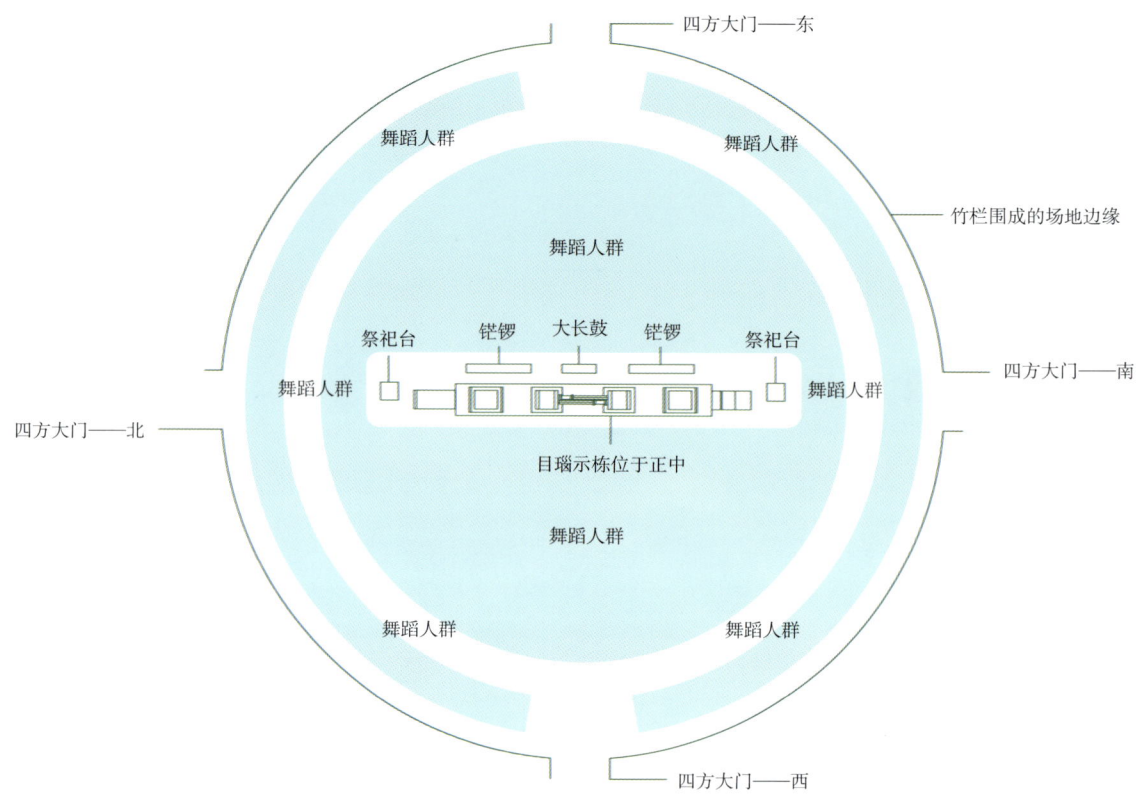

图八 景颇族目瑙示栋祭祀场所摆放位置示意图

图九 景颇族目瑙示栋彩色效果图

图十　景颇族目瑙示栋延展图

景颇族董萨

图一　景颇族董萨主图

　　董萨是景颇族原始宗教的祭师，也是景颇族文化的主要传播者和继承者。当时在信奉鬼魂的背景下，人们可以通过董萨向鬼魂祈福消灾。景颇族的大小祭祀都由董萨来主持，还兼为社会成员驱鬼医病，获得心理的平和。董萨还是景颇族原始宗教的问卜者。董萨在景颇族社会中的地位比较高，在某种程度上相当于精神的引导者。本案例的董萨是云南省德宏州盈江县卡场镇的董萨形象。

景颇族每个村寨都有董萨，大小有别，分为斋瓦、大董萨、小董萨三个等级。多数董萨是世代相传的，且要口齿伶俐、记忆力超群，社会知识丰富，能够解释各种鬼魂的来源并念颂它们的祭辞。最高级的董萨是"斋瓦"，必须从小学起，是祭祀活动中最大的祭师，能胜任在祭祀天鬼木代举行的"目脑"时念颂斋瓦木代祭辞，熟悉景颇族口头历史传说、民族起源等等。不同级别的董萨能够祭祀的对象也不同。本案例董萨佩戴的帽子、腰带、刀具、祭祀凳等等制作都是较为精良的。董萨的帽子上面的羽毛是孔雀羽毛和野鸡的羽毛。孔雀是吉祥鸟，也是景颇族祖先喜爱的鸟雀，与景颇族历史文化发展有着密切的渊源。鸡在景颇族文化中是具有灵性的禽类，能够战胜黑暗迎来黎明。存储孔雀羽毛时，要用长竹筒将孔雀羽毛捆好置入，野鸡羽毛则用专门制作的两块木板对夹在中间储存，然后用铁丝圈套住木板将其固定。这

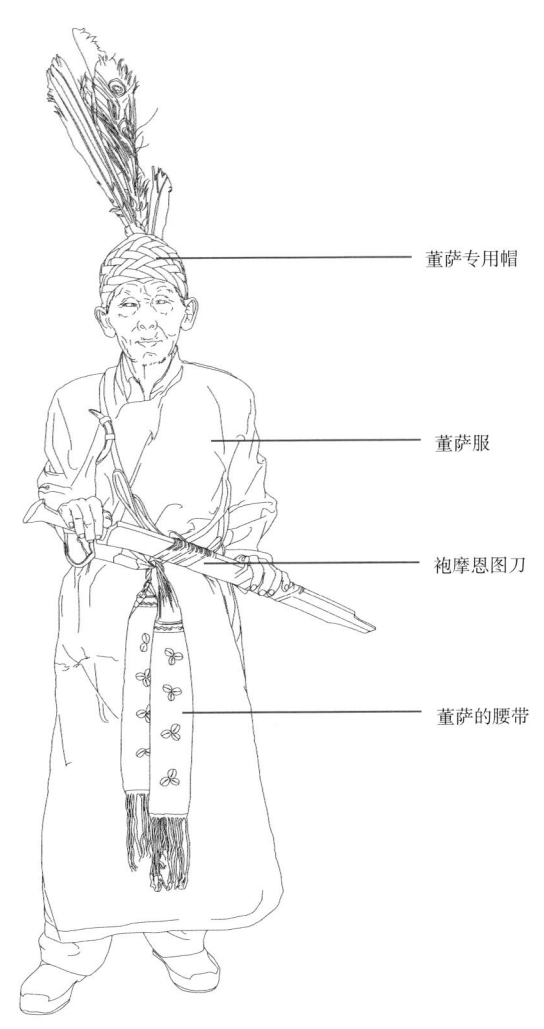

图二　景颇族董萨佩戴物品名称示意图

两块木板形状与野鸡羽毛的外轮廓相像，内侧与表面都打磨得光滑仔细。董萨的腰带是缀有贝壳的织锦腰带，红色织锦和素色棉麻相间，装饰性较强，制作较为考究。祭祀凳运用了藤竹材料编制而成，整体直线与曲线造型相互穿插，结构扎实，装饰性实用性兼具。

　　董萨在景颇族社会中的身份与老百姓一样，只因景颇族需要通过董萨来进行祭祀和打卦问卜，解决精神信仰和沟通问题，使得他们的社会地位很高，受人尊敬。正是有这些大小董萨的世代相传，使景颇族的精神文化更加丰富，也在一定程度上塑造了景颇族的文化性格。在没有文字的历史时期，他们成为景颇族历史文化和民间文学的传播者和继承者，他们是景颇族活的历史，要好好珍惜、爱护、记录和传承。

图片来源
图一、图三至图四、图八　樊进　摄影
图二、图五至图七、图九至图十一　卢慧敏　制图

参考资料
石锐.景颇族文化习俗论.昆明：德宏民族出版社，1998.

图三　景颇族董萨形象的多角度示意图

董萨服正面　　　　　　　　　　　董萨服反面

图四　景颇族董萨服正反示意图

图五　景颇族董萨服尺寸示意图（单位：cm）

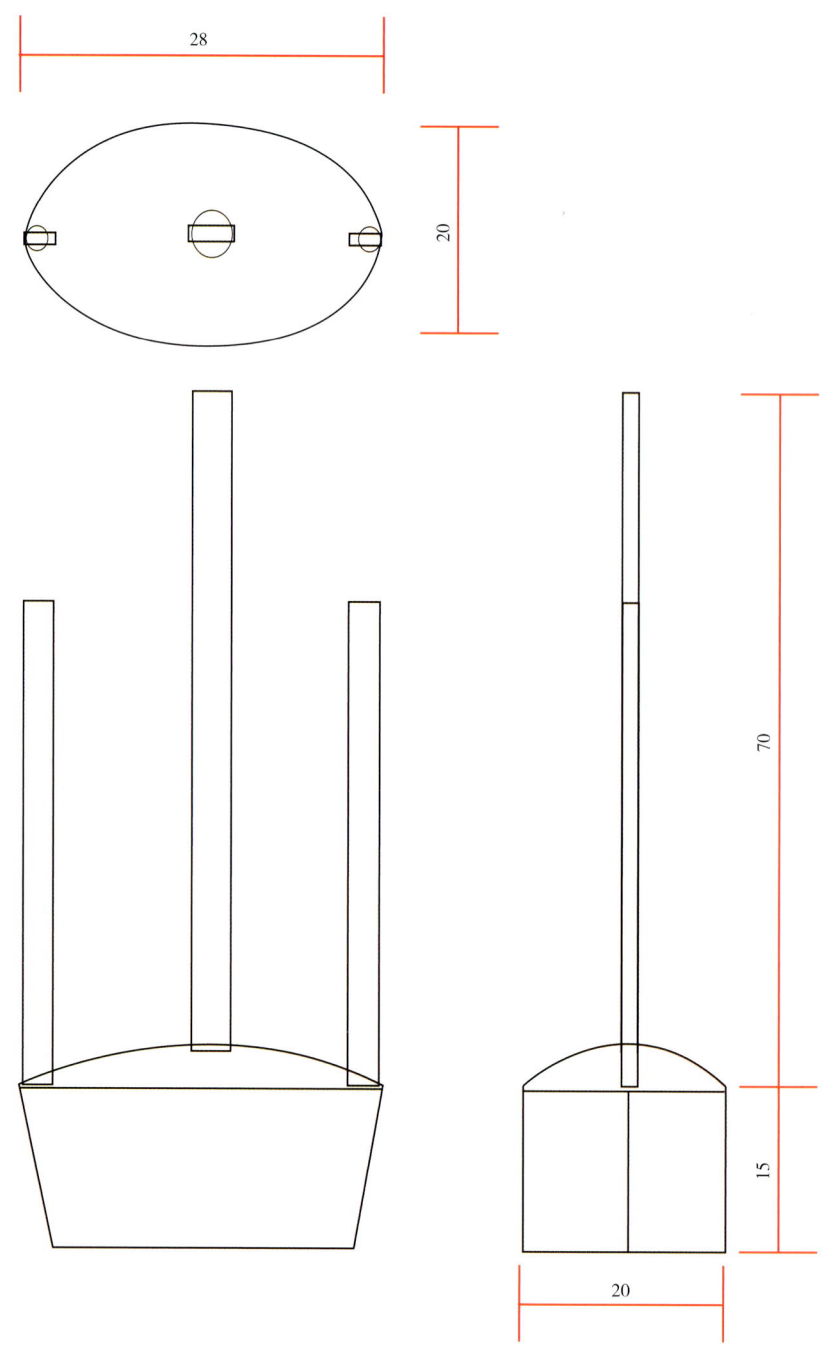

图六　景颇族董萨帽尺寸示意图（单位：cm）

图七　景颇族野鸡毛的存贮方式示意图

图八　景颇族孔雀毛的存贮方式示意图

第七章　景颇族传统民俗和宗教造像

433

图九 景颇族董萨用刀的尺寸示意图(单位:cm)

图十 景颇族董萨专用凳的尺寸示意图(单位:cm)

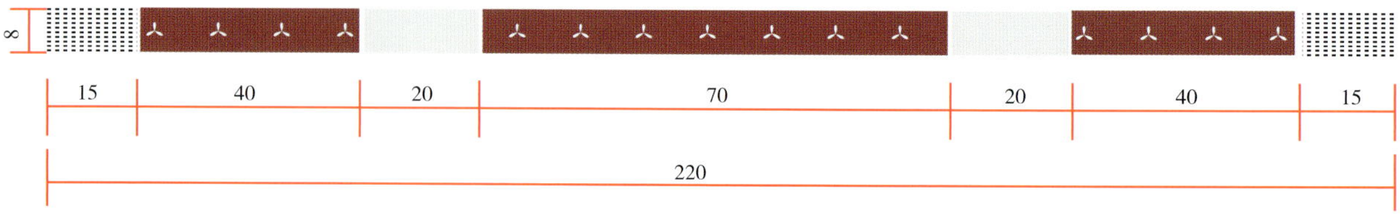

图十一 景颇族董萨所系腰带尺寸示意图(单位:cm)

声 明

本书编写时收入的个别图片，因条件所限，未能同相关著作权人取得联系，获得授权，敬请谅解。请相关著作权人及时与编者联系，以便奉上稿酬。谢谢！